中学生数学思维方法丛书

4 改造命题

冯跃峰 著

中国科学技术大学出版社

内 容 简 介

本书介绍了数学思维方法的一种形式:改造命题,详细讨论了改造命题的目的、相关形式及其方法与技巧. 许多研究内容都是本书首次提出的. 比如轮换叠合、顺序搭配、错位搭配、同构搭配、功能搭配、奉陪搭配、胜负局搭配、捆绑同类元素、捆绑相邻元素、操作捆绑等,这些都是作者潜心研究的成果.

本书适合高等院校数学系师生、中学数学教师、中学生和数学爱好者阅读.

图书在版编目(CIP)数据

改造命题/冯跃峰著. —合肥:中国科学技术大学出版社,2017.1
(2024.5 重印)

(中学生数学思维方法丛书)
ISBN 978-7-312-03860-0

Ⅰ. 改…　Ⅱ. 冯…　Ⅲ. 中学数学课—教学研究　Ⅳ. G633.602

中国版本图书馆 CIP 数据核字(2015)第 280809 号

出版	中国科学技术大学出版社
	安徽省合肥市金寨路 96 号,230026
	http://press.ustc.edu.cn
	https://zgkxjsdxcbs.tmall.com
印刷	安徽省瑞隆印务有限公司
发行	中国科学技术大学出版社
开本	880 mm×1230 mm　1/32
印张	10
字数	259 千
版次	2017 年 1 月第 1 版
印次	2024 年 5 月第 4 次印刷
定价	30.00 元

序

  问题是数学的心脏,学数学离不开解题.我国著名数学家华罗庚教授曾说过:如果你读一本数学书,却不做书中的习题,那就犹如入宝山而空手归.因此,如何解题,也就成为了一个千古话题.

  国外曾流传着这样一则有趣的故事,说的是当时数学在欧几里得的推动下,逐渐成为人们生活中的一个时髦话题(这与当今社会截然相反),以至于托勒密一世也想赶这一时髦,学点数学.虽然托勒密一世见多识广,但在学数学上却很吃力.一天,他向欧几里得请教数学问题,听了半天,还是云里雾里不知所云,便忍不住向欧几里得要求道:"你能不能把问题讲得简单点呢?"欧几里得笑着回答:"很抱歉,数学无王者之路."欧几里得的意思是说,要想学好数学,就必须扎扎实实打好基础,没有捷径可走.后来人们常用这一故事讥讽那些凡事都想投机取巧之人.但从另一个角度想,托勒密一世的要求也未必过分,难道数学就只能是"神来之笔",不能让其思路来得更自然一些吗?

  记得我少年时期上学,每逢学期初发新书的那个时刻是最令我兴奋的,书一到手,总是迫不及待地看看书中有哪些新的内容,一方面是受好奇心的驱使,另一方面也是想测试一下自己,看能不能不用老师教也能读懂书中的内容.但每每都是失望而终:尽管书中介绍的知识都弄明白了,书中的例题也读懂了,但一做书中的练习题,却还

是不会. 为此, 我曾非常苦恼, 却又万思不得其解. 后来上了大学, 更是对课堂中老师那些"神来之笔"惊叹不已, 严密的逻辑推理常常令我折服. 但我未能理解的是, 为什么会想到这么做呢?

20 世纪中叶, 美国数学教育家 G. Polya 的数学名著《怎样解题》风靡全球, 该书使我受益匪浅. 这并不是说, 我从书中学到了"怎样解题", 而是它引发了我对数学思维方法的思考.

实际上, 数学解题是一项系统工程, 有许许多多的因素影响着它的成败. 本质的因素有知识、方法(指狭义的方法, 即解决问题所使用的具体方法)、能力(指基本能力, 即计算能力、推理能力、抽象能力、概括能力等)、经验等, 由此构成解题基础; 非本质的因素有兴趣、爱好、态度、习惯、情绪、意志、体质等, 由此构成解题的主观状态; 此外, 还受时空、环境、工具的约束, 这些构成了解题的客观条件. 但是, 具有扎实的解题基础, 且有较好的客观条件, 主观上也做了相应的努力, 解题也不一定能获得成功. 这是因为, 数学中真正标准的、可以程序化的问题(像解一元二次方程)是很少的. 解题中, 要想把问题中的条件与结论沟通起来, 光有雄厚的知识、灵活的方法和成功的解题经验是不够的. 为了判断利用什么知识, 选用什么方法, 就必须对问题进行解剖、识别, 对各种信息进行筛选、加工和组装, 以创造利用知识、方法和经验的条件. 这种复杂的、创造性的分析过程就是数学思维过程. 这一过程能否顺利进行, 取决于思维方法是否正确. 因此, 正确的思维方法亦是影响解题成败的重要因素之一.

经验不止一次地告诉我们: 知识不足还可以补充, 方法不够也可以积累, 但若不善思考, 即使再有知识和方法, 不懂得如何运用它们解决问题, 也是枉然. 与此相反, 掌握了正确的思维方法, 知识就不再是孤立的, 方法也不再是呆板的, 它们都建立了有血有肉的联系, 组成了生机勃勃的知识方法体系, 数学思维活动也就充满了活力, 得到了更完美的发挥与体现.

序

G. Polya 曾指出,解题的价值不是答案本身,而在于弄清"是怎样想到这个解法的","是什么促使你这样想、这样做的".这实际上都属于数学思维方法的范畴.所谓数学思维方法,就是在基本数学观念系统作用下进行思维活动的心理过程.简单地说,数学思维方法就是找出已有的数学知识和新遇的数学问题之间联系的一种分析、探索方法.在一般情况下,问题与知识的联系并非是显然的,即使有时能在问题中看到某些知识的"影子",但毕竟不是知识的原形,或是披上了"外衣",或是减少了条件,或是改变了结构,从而没有现成的知识、方法可用,这就是我在学生时代"为什么知识都明白了,例题也看懂了,还是不会做习题"的原因.为了利用有关的知识和方法解题,就必须创造一定的"条件",这种创造条件的认识、探索过程,就是数学思维方法作用的过程.

但是,在当前数学解题教学中,由于"高考"指挥棒的影响,教师往往只注重学生对知识方法掌握的熟练程度,不少教师片面地强调基本知识和解决问题的具体方法的重要性,忽视思维方法方面的训练,造成学生解决一般问题的困难.为了克服这一困难,各种各样的、非本质的、庞杂零乱的具体解题技巧统统被视为规律,成为教师谆谆告诫的教学重点,学生解题也就试图通过记忆、模仿来补偿思维能力的不足,利用胡猜乱碰代替有根据、有目的的探索.这不仅不能提高学生的解题能力,而且对于系统数学知识的学习,对于数学思维结构的健康发展都是不利的.

数学思维方法通常又表现为一种解题的思维模式.例如,G. Polya就在《怎样解题》中列出了一张著名的解题表.容许我们大胆断言,任何一种解题模式均不可能囊括人们在解题过程中表现出来的各种思维特征,诸如观察、识别、猜想、尝试、回忆、比较、直觉、顿悟、联想、类比、归纳、演绎、想象、反例、一般化、特殊化等.这些思维特征充满解题过程中的各个环节,要想用一个模式来概括,那就像用

数以千计的思维元件来构造一个复杂而庞大的解题机器.这在理论上也许是可行的,但在实际应用中却很不方便,难以被人们接受.更何况数学问题形形色色,任何一个模式都未必能适用所有的数学问题.因此,究竟如何解题,其核心内容还是学会如何思考.有鉴于此,笔者想到写这样一套关于数学思维方法的丛书.

本丛书也不可能穷尽所有的数学思维方法,只是选用一些典型的思维方法为代表做些介绍.这些方法,或是作者原创发现,或是作者从一个全新的角度对其进行了较为深入的分析与阐述.

囿于水平,书中观点可能片面武断,错误难免,敬请读者不吝指正.

冯跃峰

2015 年 1 月

目 录

序 ·· (ⅰ)

1 符号化 ··· (001)
  1.1 数学语言刻画 ··· (001)
  1.2 引入记号 ·· (011)
  1.3 编号 ·· (025)
  习题 1 ··· (037)
  习题 1 解答 ··· (041)

2 叠合 ·· (060)
  2.1 倒序叠合 ·· (060)
  2.2 轮换叠合 ·· (076)
  习题 2 ··· (095)
  习题 2 解答 ··· (097)

3 搭配 ·· (108)
  3.1 顺序搭配 ·· (108)
  3.2 错位搭配 ·· (114)
  3.3 同构搭配 ·· (120)
  3.4 功能搭配 ·· (125)

 3.5 奉陪搭配 ································· (130)

 3.6 胜负局搭配 ······························· (147)

 习题 3 ··· (176)

 习题 3 解答 ····································· (181)

4 捆绑 ··· (205)

 4.1 同类元素捆绑 ····························· (205)

 4.2 相邻元素捆绑 ····························· (213)

 4.3 操作捆绑 ································· (220)

 习题 4 ··· (235)

 习题 4 解答 ····································· (238)

5 更新观点 ··· (252)

 5.1 方程观点 ································· (252)

 5.2 模观点 ··································· (264)

 5.3 函数观点 ································· (277)

 习题 5 ··· (300)

 习题 5 解答 ····································· (303)

1 符号化

在数学解题中,有时原始问题难以直接解答,或是条件比较繁琐,或是结论比较复杂.此时,我们需要对命题进行改造,由此发现问题隐含的特点,找到解题途径.

本章介绍改造命题的一种方式:符号化.所谓符号化,就是用一些符号来表示有关的数学对象.最常见的符号化方式有:数学语言刻画、引入记号、染色分类、编号染色分类等.

1.1 数学语言刻画

在有些数学问题中,所涉及的条件和解题目标都是用通常的自然语言来描述的,这样的语言通俗易懂,但不便于进行数学推理.所谓数学语言刻画,就是要将那些通俗的语言用特定的数学符号语言来代替,为解题顺利进行奠定基础.

字母代数是数学语言刻画的最常见方式,它是用若干个字母参数来描述题中的对象,使有关状态相对确定.

例 1 求一个最大的平方数,使它的末两位不都是零,且去掉末两位后仍然是一个平方数.

分析与解 先看条件,考虑用怎样的数学语言表示"去掉末两位后仍然是一个平方数".于是,设所求的平方数为 n^2,它的末两位

为 $b(1\leqslant b\leqslant 99)$,去掉末两位后的数是 a^2,则 $n^2=100a^2+b$.

至此,要求 n 的最大值,可先求 a 的最大值.

子目标为"$a\leqslant$?".

因为题目条件中并没有关于字母 a 的不等式信息,但有关于字母 b 的不等式信息:$1\leqslant b\leqslant 99$. 于是想到要由"$1\leqslant b\leqslant 99$"得到"$a\leqslant$?".

这可等价变换为寻找 $b\geqslant g(a)$(新的子目标),即
$$n^2-100a^2\geqslant g(a)$$
至此,只需 $n\geqslant t(a)$ 即可.因为
$$n^2=100a^2+b\geqslant 100a^2+1$$
所以
$$n\geqslant 10a+1$$
于是
$$b=n^2-100a^2\geqslant (10a+1)^2-100a^2=20a+1$$
所以
$$20a+1\leqslant b\leqslant 99$$
解得
$$a\leqslant 4$$
于是
$$n^2=100a^2+b\leqslant 1600+b\leqslant 1699$$
所以 $n<42$,即 $n\leqslant 41$.

当 $n=41$ 时,$n^2=41^2=1681$ 合乎条件.

综上所述,所求最大数为 1681.

另解 设 $n^2=100a^2+b(1\leqslant b\leqslant 99)$,则
$$b=n^2-100a^2=(n+10a)(n-10a)$$
所以
$$n+10a\mid b,\quad n-10a>0$$

所以
$$n + 10a \leqslant b \leqslant 99, \quad n > 10a$$
$$99 \geqslant n + 10a > 10a + 10a = 20a$$
所以 $a < 5$，即 $a \leqslant 4$(下略).

例 2 给定 4 个不全等的数字，用它们组成一个最大的四位数，又用它们组成一个最小的四位数(允许首位数字为 0)，然后做差，称为一次运算，对差中的 4 个数字再进行类似的运算. 求证：可以经过有限次操作，使最终运算得到 6174.

分析与证明 首先考虑如何用数学语言描述题中"最大的四位数"与"最小的四位数"，想到设例题给定的 4 个数字为 a,b,c,d，其中 $a \leqslant b \leqslant c \leqslant d, a < d$.

此外，为了确定做相应的减法时是否有借位，需分 $b = c$ 和 $b < c$ 两种情况讨论.

(1) 若 $b = c$，则操作一次后，有

最大数 $\overline{dcba}$ − 最小数 $\overline{abcd}$ = $\overline{(d-a-1)99(10+a-d)}$

算式如下：
$$\begin{array}{r} d\,c\,b\,a \\ a\,b\,c\,d \\ \hline \overline{(d-a-1)99(10+a-d)} \end{array}$$

所以操作一次以后，四位数的 4 个数字为 $9, 9, d-a-1, 10+a-d$.

注意到 $(d-a-1) + (10+a-d) = 9$，从而 $abcd$ 操作一次以后得到的四位数的 4 个数字具有形式：$9, 9, x, 9-x$，只需对 $x = 0, 1, 2, 3, 4$ 进行讨论即可. 逐一验证 9990, 9981, 9972, 9963, 9954，都可得到 6174.

(2) 若 $b < c$，则操作一次后，有

$$\overline{dcba} - \overline{abcd} = \overline{(d-a)(c-b-1)(9+b-c)(10+a-d)}$$

算式如下：

$$\frac{\begin{array}{cccc} d & c & b & a \\ a & b & c & d \end{array}}{(d-a)(c-b-1)(9+b-c)(10+a-d)}$$

注意到 $(d-a)+(10+a-d)=10$,$(c-b-1)+(9+b-c)=8$,从而 $abcd$ 操作一次以后得到的四位数的 4 个数字具有形式:$x,y,10-x,8-y$,只需对 $x=1,2,3,4,5$ 及 $y=0,1,2,3,4$ 进行讨论即可.逐一验证,都可得到 6174.

综上所述,命题获证.

例 3 已知正整数 n 是一个可以写成某正整数的 k 次幂的数(其中 $k \in \mathbf{N}, k \geq 2$),且 n 具有如下性质:

(1) 其末尾 k 个数字不全为 0;

(2) 划去它的末尾 k 个数字后所得到的数仍是一个正整数的 k 次幂.

试求所有符合题意的正整数 n 的个数.

分析与证明 首先考虑如何用数学语言描述题中 n 具有的性质"划去它的末尾 k 个数字后所得到的数仍是一个正整数的 k 次幂",想到设题给的正整数

$$n = c^k = (10a)^k + b$$

其中 $a, b, c \in \mathbf{N}^+, k \geq 2$.

注意 $(10a)^k$ 的末尾 k 个数字都为 0,而 b 是 c^k 的末尾 k 位数,从而 $b < 10^k$. 又因为 $b > 0$,所以 $c > 10a$,于是

$$\begin{aligned} b &= c^k - (10a)^k \\ &= (c-10a)[c^{k-1} + c^{k-2} \cdot 10a + c^{k-3} \cdot (10a)^2 + \cdots + (10a)^{k-1}] \\ &\geq c^{k-1} + c^{k-2} \cdot 10a + c^{k-3} \cdot (10a)^2 + \cdots + (10a)^{k-1} \\ &> (10a)^{k-1} + (10a)^{k-1} + \cdots + (10a)^{k-1} \\ &= k \cdot (10a)^{k-1} \end{aligned}$$

所以 $k \cdot (10a)^{k-1} < b < 10^k$,故

$$a^{k-1} \cdot k < 10 \qquad ①$$

因为 $k \geq 2$,所以由式①,知

$$1 \leq a \leq 4, \quad 2 \leq k \leq 9$$

若 $a=1$,当 $k=9$ 时,由于 $b = c^9 - 10^9 \geq 11^9 - 10^9 > 10^9$,与 $b < 10^9$ 矛盾,所以,$k \neq 9$;

当 $k=8$ 时,由于 $b = c^8 - 10^8 \geq 11^8 - 10^8 > 10^8$,与 $b < 10^8$ 矛盾,所以,$k \neq 8$;

可以验证当 $a=1$ 且 $c=11$ 时,有 $2 \leq k \leq 7$ 均符合题意;

当 $a=1$ 且 $c=12$ 时,$k=2,3$ 都符合题意;

当 $a=1$ 且 $c=13$ 时,$k=2$ 符合题意;

当 $a=1$ 且 $c \geq 14$ 时,不存在符合题意的整数 k.

若 $a>1$,当 $a=2$ 时,$k=2$,此时 $b=c^2-20^2<10^2$,得 $c=21$ 或 22;

当 $a=3$ 时,$k=2$,此时 $b=c^2-30^2<10^2$,得 $c=31$;

当 $a=4$ 时,$k=2$,此时 $b=c^2-40^2<10^2$,得 $c=41$;

当 $a \geq 5$ 时,不存在符合题意的整数 k.

综上所述,符合题意的正整数 n 共有 13 个.

例 4(原创题) 过桥问题:有一士兵要通过一座由敌人封锁的浮桥,经过侦察发现,桥两端关口的守卫在 8:00~9:00 的时间内都会打一次时长为 10 分钟的瞌睡,而士兵通过浮桥所需要的时间为 15 分钟.为了保证有足够的时间过桥,士兵在某日 8:00 前就来到桥头等待,当发现桥头的守卫开始瞌睡时则立即通过关口.当士兵到达桥末端的时候,如果发现那里的守卫此时没有打瞌睡,就可以潜伏在桥上等待时机,直到桥末端的守卫开始瞌睡时就立即通过关口.求士兵能在桥两端守卫分别打瞌睡时平安通过浮桥两端关口的概率,其中假定过桥士兵不在桥两端关口时,守卫不能发现过桥士兵.

分析与解 显然,事件"士兵平安通过浮桥两端关口"由以下两

个事件复合而成.一是事件 A:"士兵在 $8:00\sim 8:45$ 平安通过浮桥始端关口"(因为士兵通过浮桥所需要的时间为 15 分钟);二是事件 B:"士兵在 $8:15\sim 9:00$ 平安通过浮桥末端关口".现在考虑如何用数学语言来描述事件 A 和 B.

对于事件 A,可假设桥始端守卫在 8 点 x 分钟开始打瞌睡,则总体事件所包括的基本事件可表示为区间 $0\leqslant x\leqslant 60$,而事件 A 包括的基本事件可表示为区间 $0\leqslant x\leqslant 45$,于是

$$P(A)=\frac{45}{60}=\frac{3}{4}$$

对于事件 B,再设桥末端守卫在 8 点 y 分钟开始打瞌睡,则事件 B 可表示为:$0\leqslant x\leqslant 45, 0\leqslant y\leqslant 60, x+15\leqslant y+10\leqslant 60$.

由于 x 在 $[0,45]$ 区间内等可能地独立随机取值(它实际上是桥始端守卫以 $\frac{3}{4}$ 的概率在这个时间内开始打瞌睡),且 y 在 $[0,60]$ 区间内等可能地独立随机取值,从而总体事件包括的基本事件可表示为区域 $M=\{(x,y)\mid 0\leqslant x\leqslant 45, 0\leqslant y\leqslant 60\}$;而事件 B 包括的基本事件可表示为区域 $N=\{(x,y)\mid 0\leqslant x\leqslant y-5\leqslant 45\}$(图 1.1).于是

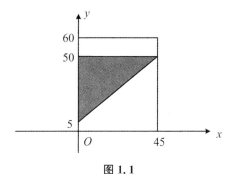

图 1.1

$$P(B)=\frac{S(N)}{S(M)}=\frac{\frac{1}{2}(45\times 45)}{45\times 60}=\frac{3}{8}$$

$$P(AB) = P(A)P(B) = \frac{3}{4} \cdot \frac{3}{8} = \frac{9}{32}$$

故士兵能平安通过浮桥两端关口的概率为 $\frac{9}{32}$.

例 5(2013 年清华大学招收保送生试题) 蒲丰投针问题:平行平面内间距为 d 的平行直线,任意放一长度为 l 的针($l < d$),求针与直线相交的概率.

分析与解 先弄清题意,所谓"平行平面内间距为 d 的平行直线",其实际意义是指:平面上无穷多条平行直线,每相邻两条平行直线之间的距离为 d. 现在,我们要用数学语言描述"任意放一长度为 l 的针($l < d$)"这一随机事件. 怎样才能使"长度为 l 的针"在平面上的位置相对确定呢? 选用不同的参数,可得到不同的数学语言描述,从而本题是一个开放性问题,不同参数(等可能取值)的选择会导致不同的结果.

方案 1:选用长度为 l 的针的中点 P 及针的倾斜角 α 确定针的位置. 此时,点 P 的位置可用 P 到距离最近的直线的距离 x 来确定,显然 $0 \leqslant x \leqslant \frac{d}{2}, 0 \leqslant \alpha \leqslant \pi$. 如果认定 x 在 $\left[0, \frac{d}{2}\right]$ 上及 α 在 $[0, \pi]$ 上都是等可能地随机取值,那么基本事件集合可用二维随机变量 (x, α) 构成的区域:$A = \left\{(x, \alpha) \mid 0 \leqslant x \leqslant \frac{d}{2}, 0 \leqslant \alpha \leqslant \pi\right\}$ 来表示,即图 1.2 中的矩形.

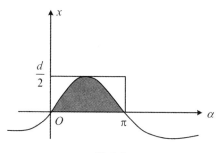

图 1.2

现在,我们用数学语言来描述"针与直线相交". 也就是说,当二维随机变量(x,α)中的x,α分别取怎样的值时,针与直线相交.

从反面考虑,如果针与直线不相交,则针的两端点位于同一个带形中,此时针的中点O到最近直线的距离

$$x = ON > OM = \frac{l}{2}\sin\alpha$$

反之亦然(图1.3). 于是,当且仅当$0 \leqslant x \leqslant \frac{l}{2}\sin\alpha$时针与直线相交. 概率事件所包含的基本事件集合可用二维随机变量(x,α)构成的区域: $B = \left\{(x,\alpha) \mid 0 \leqslant x \leqslant \frac{l}{2}\sin\alpha\right\}$来表示,见图1.2中的阴影部分. 由于$l < d$,正弦曲线在区间$[0,\pi]$上的部分与$x$轴围成的区域完全在前述矩形中,于是,所求的概率

$$P = \frac{S(B)}{S(A)} = \frac{\int_0^\pi \frac{l}{2}\sin\alpha \, d\alpha}{\frac{d}{2} \cdot \pi} = \frac{2l}{d\pi}$$

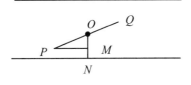

图1.3

方案2:选用长度为l的针的两端点P,Q确定针的位置. 此时,对针的任一位置,称平行直线中与针的中点距离最近的直线为该位置的"近直线". 当针的中点位于相邻两条平行线之间的中线上时,相应位置有两条与中点距离最近的直线,由于此时的图形关于针的中点对称,从而取其中任意一条作为近直线即可. 于是,点P,Q的位置可用P,Q到"近直线"的有向距离x,y来确定,其中规定平行直线是水平方向,点位于直线上方时,点到直线的距离为正,否则为负.

1 符 号 化

因为 P,Q 是针的两端点,从而 x,y 并不能在 $[-d,d]$ 上独立随机取值,它们还受到如下限定: $0 \leqslant |x-y| \leqslant l, 0 \leqslant |x+y| \leqslant d$.

实际上,以近直线为横轴建立直角坐标系,设 l 的倾斜角为 α,点 O、P、Q 到近直线的距离分别为 t、x、y,则由近直线的定义,有 $|t| \leqslant \dfrac{d}{2}$,于是

$$|x+y| = |2t| \text{（中点坐标公式）} \leqslant 2 \cdot \dfrac{d}{2} = d$$

$$|x-y| = |l \sin \alpha| \leqslant l$$

又当针与平行直线平行时, $|x-y|=0$;当针与平行直线垂直时, $|x-y|=l$.

当针的中点在平行直线上时, $|x+y|=0$;当针的中点在平行直线的中线上时, $|x+y|=d$. 所以

$$0 \leqslant |x-y| \leqslant l, \quad 0 \leqslant |x+y| \leqslant d$$

此外, $|x| \leqslant |t| + OP \leqslant |t| + \dfrac{l}{2} \leqslant \dfrac{d}{2} + \dfrac{l}{2} \leqslant \dfrac{d}{2} + \dfrac{d}{2} \leqslant d$,同理, $|y| \leqslant |t| + OQ \leqslant d$.

再注意到 $l<d$,从而由 $0 \leqslant |x-y| \leqslant l < d, 0 \leqslant |x+y| \leqslant d$,得

$$-d < x-y < d, \quad -d \leqslant x+y \leqslant d$$

两式相加、减,得 $-d < x < d, -d < y < d$,于是 x,y 满足的充分必要条件为

$$0 \leqslant |x-y| \leqslant l, \quad 0 \leqslant |x+y| \leqslant d$$

如果认定 x,y 在 $0 \leqslant |x-y| \leqslant l, 0 \leqslant |x+y| \leqslant d$ 上都是等可能地随机取值,那么总体包含的基本事件集合可用二维随机变量 (x,y) 构成的区域: $A = \{(x,y) | 0 \leqslant |x-y| \leqslant l, 0 \leqslant |x+y| \leqslant d\}$ 来表示(图 1.4 中的四边形).

现在,我们用数学语言来描述"针与直线相交". 也就是说,当二维随机变量 (x,y) 中的 x,y 分别取怎样的值时,针与直线相交.

显然,当且仅当针的两端点 P,Q 位于不同的带形或者 P,Q 之一在直线上时,针与直线相交,这等价于 $xy \leqslant 0$.

于是,概率事件所包含的基本事件集合可用二维随机变量 (x,y) 构成的区域:$B = \{(x,y) \mid xy \leqslant 0, 0 \leqslant |x-y| \leqslant l\}$ 来表示(图 1.4 中的阴影部分).

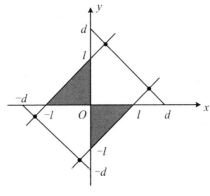

图 1.4

注意到阴影三角形是等腰直角三角形,其斜边上的高为斜边的一半,从而矩形的宽恰好是斜边的长 $\sqrt{2}\,l$. 同理,矩形的长为 $\sqrt{2}\,d$,所以 $S(A) = 2ld$. 于是,所求的概率

$$P = \frac{S(B)}{S(A)} = \frac{l^2}{2ld} = \frac{l}{2d}$$

注:本题是开放性问题,选取不同的随机变量得到不同的计算结果.

实际上,从严格意义上说,无论是"针的倾斜角 α",还是"针的两端点",它们在平面上的分布并不是"等可能"的,所以求得的两个结果都是近似值.

我们以为,其中以后者较接近实际情况,因为抛针显然不能保证针均匀地旋转,从而倾斜角取值的等可能性更难保证.

1.2 引入记号

有些数学问题,所涉及的条件或解题目标比较别扭,很难用规范的数学语言描述,或者描述形式非常复杂,此时,可引入一些相关记号,用一些特定的符号来代替有关对象,这样题中各种相互关系就会变得直观明了,为顺利解题铺平道路.

引入记号的最简单情形,是通过标数表示特定的意义.

例1(2003年福建省泉州市中考数学试题加分题) 图1.5是由4个单位正方形拼成的图形,每个单位正方形的顶点称为格点.以其中任意3个格点为顶点,共有多少个不同的等腰直角三角形?

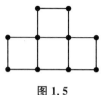

图 1.5

分析与解 这显然是一个简单的问题,但就是这个看似不起眼的问题,人们最初给出的答案为24.后有人撰文指出其错误,将答案更改为30,但这仍是错误答案.直到最后再次有人撰文更正,得出其正确答案为32.

由此可见,即使是一个看似简单的计数问题,若没有选用较好的方法,稍不留神,就会导致解题失误.

本题若采用标数法,则能很好地避免出现上述失误.基本想法是,在每个格点处标上一个数,所标的数就是以该点为直角顶点的等腰直角三角形的个数.

显然,当直角顶点确定后,等腰直角三角形可能有多个,但可分成两大类:第一大类是直角边平行格线的(称为正置的)等腰直角三角形,第二大类是直角边不平行格线的(称为斜置的)等腰直角三角形.

对每一个大类,又可分为"开口"向上、下、左、右4种不同情况,而方向确定后,进一步可按直角边的长度继续分类.

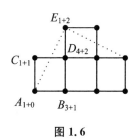

图 1.6

按照上述 3 个层次的分类,在每个格点处标上以它为直角顶点的等腰直角三角形的个数(图 1.6). 比如:B_{3+1} 表示以 B 为直角顶点的等腰直角三角形有 3 个正置的、1 个斜置的. E_{1+2} 表示以 E 为直角顶点的等腰直角三角形有 1 个正置的、2 个斜置的,其中有 1 个斜置的(虚线表示)不容易被发现.

注意到图形的对称性,我们只需对一半格点进行标数. 由于每一类格点都在图形中出现两次,所以

$$2[(1+0)+(3+1)+(1+1)+(4+2)+(1+2)]=32$$

图中共有 32 个等腰直角三角形.

例 2(2004 年全国初中数学联赛试题) 在 2×3 的矩形方格纸上(图 1.7),各个小正方形的顶点称为格点,求以格点为顶点的等腰直角三角形的个数.

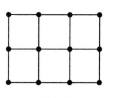

图 1.7

分析与解 这也是一个简单的问题,但有人撰文花了一页多的篇幅才给出了它的完整解答,过程相当冗长. 若采用上述标数法,则解答一目了然.

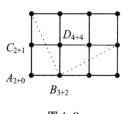

图 1.8

如图 1.8 所示,在每个格点处标上以它为直角顶点的等腰直角三角形的个数. 比如:A_{2+0} 表示以 A 为直角顶点的等腰直角三角形有 2 个正置的,没有斜置的. B_{3+2} 表示以 B 为直角顶点的等腰直角三角形有 3 个正置的、2 个斜置的,其中有 1 个斜置的(用虚线表示)不容易被发现.

由图形的对称性,我们只需对四分之一面积内的格点进行标数. 注意其中 A 类点和 B 类点都有 4 个,C 类点和 D 类点都有 2 个,所以,图中共有

$$4(2+0)+4(3+2)+2(2+1)+2(4+4)=50$$

个等腰直角三角形.

例 3 设 n 为正整数,在 $m\times n$ 的矩形方格纸上,各个小正方形的顶点称为格点,记以格点为顶点的等腰直角三角形的个数为 $f(m,n)$,求证:

(1) $f(1,n)=6n-2$;

(2) $f(2,n)=\begin{cases}10, & n=1 \\ 28, & n=2. \\ 24n-22, & n\geqslant 3\end{cases}$

分析与证明 本题是有人花了大量篇幅经过复杂计算得出的结果,若用标数法,则公式的推导却是轻而易举的.

(1) 对于 $1\times n$ 的矩形方格棋盘(图 1.9),除矩形的 4 个顶点外,其余格点处的标数都是 $2+1$,而 4 个顶点处的标数都是 $1+0$,从而 $f(1,n)=4\cdot1+3(2n-2)=4+(6n-6)=6n-2.$

图 1.9

(2) 对于 $2\times n$ 的矩形方格棋盘,当 $n=1$ 时,显然有 $f(2,1)=f(1,2)=10$.

当 $n=2$ 时,A,B 两类格点都有 4 个,C 类格点有 1 个,各类格点的标数如图 1.10 所示,于是 $f(2,2)=4\cdot 2+4\cdot 3+1\cdot 8=28$.

当 $n\geqslant 3$ 时,A,B 两类格点都有 4 个,C 类格点有 $2(n+1-4)$

图 1.10

$=2n-6$ 个,D 类格点有 2 个,E 类格点有 $n+1-2$ $=n-1$ 个,各类格点的标数如图 1.11 所示,其中一些格点处斜置的等腰直角三角形只标出了一条直角边(虚线),将其绕直角顶点按顺时针方向旋转 $90°$ 便得到另一条直角边.于是 $f(2,n)=4\cdot2+4\cdot5+8\cdot(2n-6)+2\cdot3+8\cdot(n-1)=24n-22.$

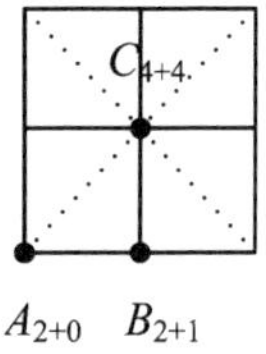

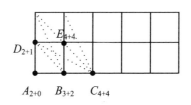

图 1.11

进一步,采用类似的方法,不难求得 $f(3,n)$ 的计算公式.

首先,显然有 $f(3,1)=f(1,3)=16$,$f(3,2)=f(2,3)=50$.

其次,当 $n=3$ 时,如图 1.12 所示,A、C 两类格点都有 4 个,B 类格点有 8 个,各类格点的标数如图 1.12 所示,其中格点 C 处斜置的等腰直角三角形只标出了一条直角边(虚线),将其绕直角顶点按顺时针方向旋转 $90°$ 便得到另一条直角边.于是

$$f(3,3)=4\cdot3+4\cdot11+8\cdot5=96$$

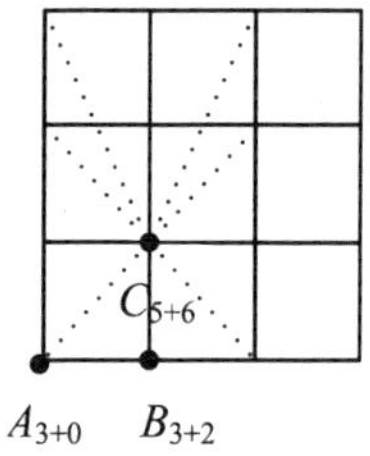

图 1.12

而当 $n=4$ 时,A,B,D,E 四类格点都有 4 个,C,F 类格点都有 2 个,各类格点的标数如图 1.13、图 1.14 所示,其中一些格点处斜置的等腰直角三角形只标出了一条直角边(虚线),将其绕直角顶点按顺时针方向旋转 $90°$ 便得到另一条直角边.于是

$$f(3,4)=4\cdot(3+7+5+11)+2(8+15)=150$$

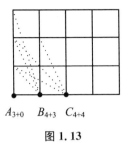

图 1.13

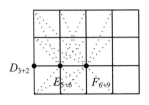

图 1.14

当 $n \geqslant 5$ 时,A,B,C,E,F,G 六类格点都有 4 个,D,H 两类格点都有 $2(n+1-6)=2n-10$ 个,各类格点的标数如图 1.15、图 1.16 所示,其中一些格点处斜置的等腰直角三角形只标出了一条直角边(虚线),将其绕直角顶点按顺时针方向旋转 $90°$ 便得到另一条直角边.于是

$$f(3,n) = 4 \cdot (3+7+11+5+11+15) + (15+15) \cdot (2n-10)$$
$$= 60n - 92$$

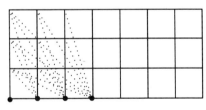

图 1.15

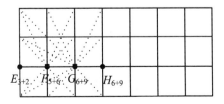

图 1.16

综上所述

$$f(3,n) = \begin{cases} 16, & n = 1 \\ 50, & n = 2 \\ 96, & n = 3 \\ 150, & n = 4 \\ 60n - 92, & n \geq 5 \end{cases}$$

如何求 $f(m,n)$ 的计算公式？这是一个相当复杂的问题，沿用"标数法"似乎难于获解，改进方法无疑是十分必要的．

例 4（1996 年圣彼得堡数学奥林匹克试题） 在 9×9 的国际象棋盘上放有 9 只棋子"车"，它们中任何两只都不能相互搏杀（不同行也不同列）．现在对所有棋都进行一次操作：每只棋都按照"马"的走法移动到另一个格中．证明：操作结束后，一定有某两只棋能相互搏杀．

分析与证明 首先考虑如何用适当的符号描述放在棋盘上的 9 只"车"．由于每只棋都在棋盘的一个方格中，想到用有序数对 (i,j) 表示一只位于棋盘的第 i 行第 j 列方格中的棋．

这样一来，题中给定的操作可以表示为：$(i,j) \to (i \pm 1, j \pm 2)$ 或 $(i \pm 2, j \pm 1)$ 次操作具有什么特点？注意到

$$(i \pm 1) + (j \pm 2) \equiv i + j + 1 \pmod{2}$$
$$(i \pm 2) + (j \pm 1) \equiv i + j + 1 \pmod{2}$$

所以设棋子 (i,j) 操作一次之后得到 (i',j')，则 $i' + j' \equiv i + j + 1 \pmod{2}$．

现在考虑解题目标，如何描述"一定有某两只棋能相互搏杀"．显然，所谓两只棋能相互搏杀，就是这两只棋位于同一行或同一列．由于难以直接找到同行或同列的两只棋，我们考虑目标的反面：若 9 只棋中任何 2 只都不相互搏杀，这等价于 9 只"车"位于 9 个不同行和 9 个不同列，即 9 只"车"所在的行号与列号都是 $1,2,\cdots,9$ 的一个排列．

从整体上考虑,自然想到计算这9个行号及9个列号的和,于是,令
$$M = \{(a_1,b_1),(a_2,b_2),\cdots,(a_9,b_9)\}$$
表示棋盘上9只车为$(a_i,b_i)(i=1,2,\cdots,9)$的状态,令
$$f(M) = (a_1+b_1)+(a_2+b_2)+\cdots+(a_9+b_9)$$
为该状态的特征值.对于最初状态:
$$M_1 = \{(a_1,b_1),(a_2,b_2),\cdots,(a_9,b_9)\}$$
由于任何两只都不能相互搏杀,从而$a_1,a_2,\cdots,a_9$与$b_1,b_2,\cdots,b_9$都是$1,2,\cdots,9$的一个排列,所以
$$\begin{aligned}f(M_1) &= (a_1+b_1)+(a_2+b_2)+\cdots+(a_9+b_9)\\ &=2(1+2+\cdots+9)\equiv 0\pmod 2\end{aligned}$$
对于最终状态:
$$M_2 = \{(a'_1,b'_1),(a'_2,b'_2),\cdots,(a'_9,b'_9)\}$$
由操作的特点,有
$$\begin{aligned}f(M_2) &\equiv (a_1+b_1+1)+(a_2+b_2+1)+\cdots+(a_9+b_9+1)\\ &=2f(M_1)+9\equiv 1\pmod 2\end{aligned}$$

因为$f(M_2)$为奇数,从而状态M_2中9只棋所在的行号、列号不能都是$1,2,\cdots,9$的一个排列,从而必有2只棋同行或同列,它们相互搏杀.

例5 若干只棋被分成了n堆,现在将它们重新分成m堆(其中m,n是给定的正整数,且$m>n$),如果一只棋第二次所在的堆比第一次所在的堆小(棋子数少),则称该只棋被稀释.求证:上述操作中至少有$m-n+1$只棋被稀释.

分析与证明 先考虑如何用适当的符号来刻画一只棋"被稀释".考察任意一只棋,假定它在操作前所在的那堆中共有a只棋,在操作后所在的那堆中共有b只棋,那么,当且仅当$a>b$时,该棋被稀释.

由此想到,对每只棋,都令其对应一个有序数对(a,b),其中a,b分别为该棋操作前后所在堆中的棋子数.

设共有t只棋,记为$1,2,\cdots,t$.又设第i只棋对应的有序数对为$(a_i,b_i)(i=1,2,\cdots,t)$,我们只需证明,至少有$m-n+1$个$i$,使$a_i>b_i$.

现在考虑我们的标数(a_i,b_i)与给定的数m,n有何联系.为此,考虑任意一堆棋子(无论是操作前还是操作后),设其中有k只棋,则每只棋的标数都是k.从个体上看,每只棋的标数k是一个变数,即使从整体上考虑该堆中各棋子标数的和(或积),它也是一个变数$k^2(k^k)$.

若注意到$k\cdot\dfrac{1}{k}=1$为常数,可知该堆中各棋子标数的倒数和为常数.

由于每一堆都有一个"倒数和",对于操作前的n堆,各堆棋子标数的倒数和之和为
$$S_1=\sum_{i=1}^{t}\dfrac{1}{a_i}=n$$
对于操作后的m堆,各堆棋子标数的倒数和之和为
$$S_2=\sum_{i=1}^{t}\dfrac{1}{b_i}=m$$
所以
$$m-n=S_2-S_1=\sum_{i=1}^{t}\left(\dfrac{1}{b_i}-\dfrac{1}{a_i}\right)$$
但$\dfrac{1}{b_i}-\dfrac{1}{a_i}<\dfrac{1}{b_i}\leqslant 1$,所以至少有$m-n+1$个$i$,使$\dfrac{1}{b_i}-\dfrac{1}{a_i}>0$,否则
$$m-n=\sum_{i=1}^{t}\left(\dfrac{1}{b_i}-\dfrac{1}{a_i}\right)<\underbrace{1+1+\cdots+1}_{(m-n)\text{个}1}=m-n$$
矛盾.所以至少有$m-n+1$个i,使$a_i>b_i$,故至少有$m-n+1$只棋被稀释.

例 6(2006年俄罗斯数学奥林匹克试题) 今有一个 $3n \times 3n$ 的白色方格棋盘,若可以适当将其中 r 个方格染黑色,使不出现黑色的 3-L 形(由 2×2 正方形去掉一个方格得到的图形称为 3-L 形),但若再染一个黑色方格,就出现黑色的 3-L 形,求 r 的最小值.

分析与解 先考虑如何染色,使"不出现黑色的 3-L 形". 因为这一要求是否定性的,我们考察其反面,假设出现了黑色的 3-L 形,由 3-L 形的特征,必定有连续两行中都有黑色方格,也有连续两列中都有黑色方格. 我们现在破坏这一性质,使任何连续两行都不同时有黑色方格,则必定没有黑色的 3-L 形. 由此可想到这样染色:将棋盘的若干行方格都染黑色,为了使黑色方格尽可能少,我们希望染色的行尽可能少. 于是,我们令第 1 行不染色,此时第 2 行必定染色,否则棋盘不饱和(我们称任意加入一个黑色方格就会出现黑色的 3-L 形的棋盘为饱和棋盘),比如在第一行中增加一个黑色方格并不出现 3-L 形,与题意矛盾. 于是,我们将第 2 行所有方格都染黑色. 接下来,可发现第 3、4 行都可以不染黑色,再将第 5 行所有方格都染黑色. 如此下去,将棋盘的第 $2,5,8,\cdots,3n-1$ 行的所有格都染黑色,棋盘满足要求,此时 $r = 3n^2$.

下面证明:若 r 个黑方格的棋盘是饱和的,则 $r \geqslant 3n^2$.

实际上,考察任意一个有 r 个黑色方格的饱和棋盘 P,此时棋盘 P 有 $9n^2 - r$ 个白色方格.

现在,我们将棋盘的所有白色方格依次染黑色,直至所有方格都变成黑色,并称每染一个方格黑色为一次操作.

先研究操作的性质,由于棋盘是饱和的,假定某次操作是取其中一个白色方格 x 染黑色,则方格 x 必与两个已有标数的黑色方格构成一个 3-L 形,我们称这样的 3-L 形为奇异 3-L 形. 于是,每次操作都至少对应一个奇异 3-L 形.

由此想到,适当对棋盘中的格标数,每次操作都按一定规则使对

应的奇异 3-L 形中标数发生改变,然后考察棋盘中相关的改变量,由此得到 r 的估计.

为此,先将最初棋盘的每个黑色方格都标上数字 0,白色方格不标数,令 S 为棋盘中所有标数的和.

考察任意一次操作,假定该操作是将一个白色方格 x 染黑色,按下述规则改变其对应的奇异 3-L 形中的标数:如果存在一个以 x 为中心的奇异 3-L 形(称 3-L 形中与另两个方格都有公共边的方格为 3-L 形的中心),则任取一个这样的奇异 3-L 形,将其非中心的两个黑色方格的标数各增加 1;否则,任取一个以黑色方格为中心的奇异 3-L 形,将其中心的标数增加 2.

这样,每次操作都使棋盘上各数的和 S 增加 2. 当所有方格都变成黑色时,一共操作了 $9n^2 - r$ 次,于是,最终棋盘上各数的和
$$S = 0 + 2(9n^2 - r) = 18n^2 - 2r$$

此外,每次操作总是将原有的标数增加,不会增加新的有标数的格,从而棋盘恒保持 r 个方格中有标数.

再考察每个最初数 0 的黑色方格在所有操作中标数的总增量,我们证明:每个标数最终都不超过 4.

首先注意,根据操作规则,将一个白色方格 x 染黑,只会使 x 的邻格中的标数增加.

考察任意一个标数为 0 的黑色方格 y,设它周围有 k 个邻格为白色($0 \leqslant k \leqslant 4$),只有这 k 个方格中的某个方格由白变黑时,才可能使 y 中的标数增加.

(1) 如果 $k = 4$,则对应的 4 次操作都不能使 y 为对应奇异 3-L 形的中心,于是,每次操作至多使 y 中的标数增加 1,一共 4 次操作最多使 y 中的标数增加 4,从而 y 中的标数 $f(y) \leqslant 0 + 4 = 4$.

(2) 如果 $k \leqslant 2$,因为每次操作至多使 y 中的标数增加 2,一共 k 次操作最多使 y 中的标数增加 $2k$,从而 y 中的标数 $f(y) \leqslant 0 + 2k \leqslant 4$.

(3) 如果 $k=3$,设格 y 的 4 个邻格按逆时针方向排列依次为 A, B,C,D(图 1.17),不妨设 A,B,C 为白色,D 为黑色.

图 1.17

显然,将 B 染黑时,y 不是对应奇异 3-L 形的中心,从而该操作使 y 中的数至多增加 1.

(ⅰ) 如果染 B 时使 y 中的数增加 1,则方格 U,V 至少有一个是已有标数的黑色方格,设 U 为已有标数的黑色,则染 A 时,y 不是奇异 3-L 形 (U,A,y) 的中心,从而 y 中的标数至多增加 1. 最后染 C 时,y 中的标数至多增加 2,从而 y 中的标数 $f(y) \leqslant 1+1+2 = 4$.

(ⅱ) 如果染 B 时使 y 中的标数不增加,则染 A,C 时,y 中的标数都至多增加 2,从而 y 中的标数 $f(y) \leqslant 2+2 = 4$.

所以,恒有 y 中的标数 $f(y) \leqslant 4$.

因为棋盘中共恰有 r 个格中有标数,于是,对棋盘的任何状态,都有 $S \leqslant 4r$. 特别地,对全为黑色格的状态,有
$$18n^2 - 2r = S \leqslant 4r$$
解得 $r \geqslant 3n^2$.

综上所述,r 的最小值为 $3n^2$.

例 7 在坐标平面的有限个格点上放有棋子,每个格点上至多放一只棋子,对棋子进行如下操作:一只棋子可以沿水平或垂直方向跨越与它相邻的一只棋子到达下一个没有放棋子的格点(如果该格点上放有棋子,则此操作不能进行),而被跨越的那只棋子被拿掉. 假定最初的棋子都在 x 轴下方或 x 轴上,问能否经过若干次操作,使某只棋子跳到直线 $y=5$ 上?

分析与解 考察一些特殊情况即可发现,目标状态是不能实现的,下面证明这一结论.

首先考虑如何用适当的符号描述放在坐标平面上的有限只棋.由于每只棋都在格点上,由此想到用有序数对(x,y)表示一只坐标为(x,y)的格点上的棋.

设想采用标数的方法,令棋(x,y)的标数为$f(x,y)$,考察所有棋的标数之和S,期望最初状态中对应的和S_1与最终状态中对应的和S_2满足:$S_1 < S_2$,且S在操作中不增,则目标状态不能实现.

现在根据上述要求来确定标数$f(x,y)$.

尽管最初的棋子数不确定,但只有有限只,从而它们不可能布满下半平面(包括x轴),于是,最初S_1小于下半平面内所有格点的标数的和,即

$$S_1 < \sum_{x=-\infty}^{\infty} \sum_{y=-\infty}^{0} f(x,y)$$

为了便于计算$\sum_{x=-\infty}^{\infty} \sum_{y=-\infty}^{0} f(x,y)$,想象可分离参数,于是,取

$$f(x,y) = p(x)q(y)$$

则

$$\sum_{x=-\infty}^{\infty} \sum_{y=-\infty}^{0} f(x,y) = \sum_{x=-\infty}^{\infty} \sum_{y=-\infty}^{0} p(x)q(y) = \sum_{x=-\infty}^{\infty} p(x) \sum_{y=-\infty}^{0} q(y)$$

由于涉及无穷和,自然想到"无穷递降等比数列"各项和公式,于是,设想取

$$p(x) = t^x, \quad q(y) = t^y$$

其中$0 < t < 1$(t待定).下面根据$S_1 < S_2$及操作中S不增来确定t,尽管$t = \dfrac{1}{2}$是$(0,1)$内最简单的数,但它并不满足上述要求.先求S_1,考察

$$\sum_{x=-\infty}^{\infty} p(x) = \sum_{x=-\infty}^{\infty} t^x = \sum_{x=-\infty}^{0} t^x + \sum_{x=1}^{\infty} t^x$$

注意到 x 的值有正有负,而 $x<0, 0<t<1$ 时,$t^x>1$,上式右边第一个和是发散的,所以应将 $p(x)$ 修改为 $p(x) = t^{|x|}$,此时

$$\sum_{x=-\infty}^{\infty} p(x) = \sum_{x=-\infty}^{\infty} t^{|x|} = \sum_{x=-\infty}^{0} t^{-x} + \sum_{x=1}^{\infty} t^x = 1 + 2\sum_{x=1}^{\infty} t^x = 1 + \frac{2t}{1-t}$$

类似地,因为 $y \leqslant 0$,所以取 $q(y) = t^y$ 时,$\sum_{y=-\infty}^{0} q(y) = \sum_{y=-\infty}^{0} t^y$ 是发散的,从而应将 $q(y)$ 修改为 $q(y) = t^{|y|} = t^{-y}$,此时

$$\sum_{y=-\infty}^{0} q(y) = \sum_{y=-\infty}^{0} t^{-y} = \sum_{y=0}^{\infty} t^y = \frac{1}{1-t}$$

这样,将格点 (x, y) 上的棋标上数:$f(x, y) = t^{|x|} \cdot t^{-y} = t^{|x|-y}$,则最初状态中所有棋的标数的和为

$$S_1 < \sum_{x=-\infty}^{\infty} \sum_{y=-\infty}^{0} t^{|x|-y} = \sum_{x=-\infty}^{\infty} t^{|x|} \cdot \sum_{y=-\infty}^{0} t^{-y}$$

$$= \sum_{x=-\infty}^{\infty} t^{|x|} (1 + t + t^2 + t^3 + \cdots)$$

$$= \sum_{x=-\infty}^{\infty} \left(t^{|x|} \cdot \frac{1}{1-t} \right) = \frac{1}{1-t} \sum_{x=-\infty}^{\infty} t^{|x|}$$

$$= \frac{1}{1-t} \sum_{x=-\infty}^{\infty} t^{|x|} = \frac{1}{1-t} \left(1 + 2\sum_{x=1}^{\infty} t^x \right)$$

$$= \frac{1}{1-t} \left(1 + \frac{2t}{1-t} \right) = \frac{1}{1-t} + \frac{2t}{(1-t)^2} = \frac{1+t}{(1-t)^2}$$

为了简化 $\dfrac{1+t}{(1-t)^2}$,进一步想象 $1-t$ 为 t 的方幂,注意到 $0<t<1$,有 $1-t>0$,可令 $1-t = t^2$,此时 $t = \dfrac{-1+\sqrt{5}}{2}$,满足 $0<t<1$ 的要求.

注意到 t 是方程 $1-t = t^2$ 的根,从而

$$t^2 + t = 1, \quad t(t+1) = 1, \quad t + 1 = \frac{1}{t}$$

所以(注意:不要代入 t 的具体数值,而要由 t 满足的方程变形,采用

整体代入)

$$S_1 < \frac{1+t}{(1-t)^2} = \frac{1+t}{t^4} = t^{-4} \cdot \frac{1}{t} = t^{-5}$$

反设目标状态可以实现,考察直线 $y=5$ 上的那只棋 $(x,5)$,它的标数为

$$f(x,5) = t^{|x|-5} = t^{-5} \cdot t^{|x|}$$

当 $x=0$(即棋在 y 轴上)时,上述标数达到最大值 t^{-5}.

由此可见,如果直线 $y=5$ 上的那只棋为 $(0,5)$,则 $S_1 < S_2$. 因此,我们将最初所有棋同时向左平移 x 个单位,则按规则操作后到该棋子最后到达 $(x-x,5)=(0,5)$,此时,$S_2 \geqslant t^{-5}$.

最后,我们只需验证,每只棋 (x,y) 的标数 $f(x,y) = t^{|x|-y}$ 时,S 在操作中不增.

实际上,考察一只棋子 $A(x,y)$,假定操作一次后,棋 $A(x,y)$ 横向跨越一只棋 $B(x+1,y)$ 运动到 $C(x+2,y)$,这时,相当于去掉两只棋 $A(x,y),B(x+1,y)$,加入一只棋 $C(x+2,y)$,所以 S 的增量为

$$\Delta = t^{|x+2|-y} - t^{|x|-y} - t^{|x+1|-y} = \frac{t^{|x+2|} - t^{|x|} - t^{|x+1|}}{t^y}$$

当 $x \geqslant 0$ 时,$\Delta = \dfrac{t^{x+2} - t^x - t^{x+1}}{t^y} = \dfrac{t^x(t^2 - 1 - t)}{t^y} < \dfrac{t^x(t-1-t)}{t^y} < 0$;

当 $-1 \leqslant x < 0$ 时,$\Delta = \dfrac{t^{x+2} - t^{-x} - t^{x+1}}{t^y} = \dfrac{t^x\left(t^2 - \dfrac{1}{t^{2x}} - t\right)}{t^y} = \dfrac{t^x\left(1 - t - \dfrac{1}{t^{2x}} - t\right)}{t^y} < 0 \left(因为 t > \dfrac{1}{2}\right)$;

当 $-2 \leqslant x < -1$ 时,$\Delta = \dfrac{t^{x+2} - t^{-x} - t^{-x-1}}{t^y} = \dfrac{t^{-x-1}(t^{2x+3} - t - 1)}{t^y}$

<0(因为 $2x+3>0$,有 $t^{2x+3}<1$);

当 $x<-2$ 时,$\Delta = \dfrac{t^{-x-2}-t^{-x}-t^{-x-1}}{t^y} = \dfrac{t^{-x-2}(1-t^2-t)}{t^y} = 0$(注意,若最初取 $t=\dfrac{1}{2}$,则此时的 $\Delta>0$,所以 $t=\dfrac{1}{2}$ 不合乎要求).

所以恒有 $\Delta \leqslant 0$,即 S 在这样的操作下不增.类似可以证明,S 在其他形式的操作下亦不增.

综上所述,不可能有棋子到达 $(0,5)$.

1.3 编号

按照一定的规则对题中涉及的有关对象进行编号,常可使一些关系隐晦的问题变得直观明了.这里的编号并非一定是序号,有的情况下,我们可以让某个编号出现多次.

编号的实质是分类,但编号不仅能使每个对象都属于其中的一个类,它还使每个对象都具有确定的数值特征,因而常常给我们解题带来很多方便.

例 1(原创题) 有 n 个人围着圆桌讨论某个数学问题,休息一段时间后,他们又围在圆桌旁继续讨论.如果不论如何安排座位,总有 2 个人,记为 x,y,在休息前后从 x 开始,按逆时针方向走到 y,跨过的人数是相等的,求所有合乎要求的正整数 n.

分析与解 将 n 个位置按逆时针方向编号为 $1,2,3,\cdots,n$,设休息前坐在第 $i(1\leqslant i \leqslant n)$ 号位置的人休息后坐在第 $t_i(1\leqslant i \leqslant n)$ 号位置,显然,从第 i 号位置按逆时针方向走到第 j 号位置,越过的位置数为 $j-i-1 \pmod{n}$.

考察任意两个人 x,y,设他们在休息前分别在第 i 号位与第 j 号位,则休息前后从 x 开始,按逆时针方向走到 y,跨过的人数是相等的,等价于 $i-j \equiv t_i - t_j \pmod{n}$.

由此可见,如果 n 不合乎要求,则对任何 $i,j(1\leqslant i<j\leqslant n)$,有
$$i-j\not\equiv t_i-t_j\pmod n$$
也就是 $i-t_i\not\equiv t-t_j\pmod n$(变成相同结构的元素:$f(i)$,$f(j)$).

这表明,所有 $i-t_i(i=1,2,3,\cdots,n)$ 关于模 n 互不同余,即 $1-t_1,2-t_2,\cdots,n-t_n$ 构成模 n 的完系,所以 $(1-t_1)+(2-t_2)+\cdots+(n-t_n)\equiv 0+1+2+\cdots+(n-1)=\frac{1}{2}n(n-1)\pmod n$.

又 $(1-t_1)+(2-t_2)+\cdots+(n-t_n)\equiv(1+2+\cdots+n)-(t_1+t_2+\cdots+t_n)\equiv 0\pmod n$,所以 $\frac{1}{2}n(n-1)\equiv 0\pmod n$,所以 $n\mid\frac{1}{2}n(n-1)$,所以 $2\mid(n-1)$,即 n 为奇数.

上述结果说明,如果 n 不合乎要求,则 n 为奇数,所以 n 为偶数时合乎要求.

反之,当 n 为奇数时,我们证明 n 不合乎要求.

我们需要构造休息前后的两种排列 A 和 B,使任何两个人休息前后坐在他们之间的人数是不同的.

令 $n=2k+1$,设排列 $P=(1,2,3,\cdots,2k+1)$,排列 $Q=(a_1,a_2,\cdots,a_{2k+1})$,我们要使对于任何 $1\leqslant i<j\leqslant n$,有 $i-j\not\equiv t_i-t_j\pmod n$.

从特例入手.

当 $k=1$ 时,$n=3$,此时,令 $Q=(1,3,2)$ 即可.

当 $k=2$ 时,$n=5$,此时,不妨设 1 仍在 1 号位上(否则适当旋转即可),则 1 的右侧不能是 2,先考虑 1 的右侧为 3 的情形.

由于 3 的右侧不能是 4,只有两种可能:$(1,3,2)$,$(1,3,5)$,分别在右边扩充 5,4 及 2,4,得到两个合乎要求的构造 $(1,3,2,5,4)$ 及 $(1,3,5,2,4)$(其他构造不合乎要求),所以 $n=5$ 不合乎条件.

显然,这两个构造以 $(1,3,5,2,4)$ 有明显的规律性:奇数在前面递增排列,偶数在后面递增排列.

由此可见,一般地,对奇数 n,令 $Q=(1,3,5,\cdots,n,2,4,6,\cdots,n-1)$,我们证明排列 Q 合乎要求.

考察任意两个人 $i,j(1\leqslant i<j\leqslant n)$,休息后他们的位置序号分别为 a_i,a_j.

(1) 如果 i,j 都为奇数,令 $i=2p-1,j=2q-1$,则 $j-i=(2q-1)-(2p-1)=2(q-p)$.

又 $2p-1,2q-1$ 在新排列 Q 中的序号为 $t_{2p-1}=p,t_{2q-1}=q$,于是,$t_{2q-1}-t_{2p-1}=q-p$.

若 $j-i\equiv t_j-t_i(\bmod n)$,则 $2(q-p)\equiv q-p(\bmod n)$,即 $q-p\equiv 0(\bmod n)$.

由于 $1\leqslant i<j\leqslant n$,有 $1\leqslant p<q<n$,从而 $q-p\not\equiv 0(\bmod n)$,矛盾.

(2) 如果 i,j 都为偶数,令 $i=2p,j=2q$,则 $j-i=2q-2p=2(q-p)$.

又 $2p,2q$ 在新排列 Q 中的序号为 $t_{2p}=\dfrac{n+1}{2}+p,t_{2q}=\dfrac{n+1}{2}+q$,于是,$t_{2q}-t_{2p}=q-p$.

若 $j-i\equiv t_j-t_i(\bmod n)$,则 $2(q-p)\equiv q-p(\bmod n)$,即 $q-p\equiv 0(\bmod n)$.

由于 $1\leqslant i<j\leqslant n$,有 $1\leqslant p<q<n$,从而 $q-p\not\equiv 0(\bmod n)$,矛盾.

(3) 如果 i 为奇数,j 为偶数,令 $i=2p-1,j=2q$,则 $j-i=2q-(2p-1)=2(q-p)+1$.

又 $2p-1,2q$ 在新排列 Q 中的序号为 $t_{2p-1}=p,t_{2q}=\dfrac{n+1}{2}+q$,于是,$t_{2q}-t_{2p-1}=\dfrac{n+1}{2}+q-p$.

若 $j-i \equiv t_j - t_i \pmod{n}$，则 $2(q-p)+1 \equiv \dfrac{n+1}{2} + q - p$ $\pmod{n}$，即 $q-p \equiv \dfrac{n+1}{2} - 1 = \dfrac{n-1}{2} \pmod{n}$，所以 $2(q-p) \equiv n-1 \equiv -1 \pmod{n}$，即 $2(q-p)+1 \equiv 0 \pmod{n}$.

由 $1 \leqslant i < j \leqslant n$，得 $2q = j \leqslant n$，即 $q \leqslant \dfrac{n}{2}$，但 n 为奇数，所以 $q \leqslant \dfrac{n-1}{2}$，于是，有 $1 \leqslant p \leqslant q \leqslant \dfrac{n-1}{2}$，即 $2 \leqslant 2p \leqslant 2q \leqslant n-1$，所以 $0 \leqslant 2q - 2p \leqslant n-3$，所以 $1 \leqslant 2q - 2p + 1 \leqslant n-2$，从而 $2(q-p)+1 \not\equiv 0 \pmod{n}$，矛盾.

(4) 如果 i 为偶数，j 为奇数，令 $i = 2p, j = 2q-1$，则 $j - i = 2q - 1 - 2p = 2(q-p) - 1$.

又 $2p, 2q-1$ 在新排列 Q 中的序号为 $t_{2p} = \dfrac{n+1}{2} + p$，$t_{2q-1} = q$，于是，$t_{2q-1} - t_{2p} = q - \left(\dfrac{n+1}{2} + p\right) = -\dfrac{n+1}{2} + q - p$.

若 $j-i \equiv t_j - t_i \pmod{n}$，则 $2(q-p) - 1 \equiv -\dfrac{n+1}{2} + q - p$ $\pmod{n}$，即 $q - p \equiv 1 - \dfrac{n+1}{2} \equiv -\dfrac{n-1}{2} \pmod{n}$，所以 $2(q-p) \equiv 1 - n \equiv 1 \pmod{n}$，即 $2(q-p) - 1 \equiv 0 \pmod{n}$.

由 $1 \leqslant i < j \leqslant n$，得 $2q - 1 = j \leqslant n$，即 $q \leqslant \dfrac{n+1}{2}$，于是，有 $1 \leqslant p < q \leqslant \dfrac{n+1}{2}$，即 $2 \leqslant 2p < 2q \leqslant n+1$，则 $0 < 2q - 2p \leqslant n-1$，所以 $0 \leqslant 2q - 2p - 1 \leqslant n-2$，于是，只能是 $2(q-p) - 1 = 0$，即 $2(q-p) = 1$，但此式左边为偶数，右边为奇数，矛盾.

综上所述，所有合乎条件的数为一切正偶数.

例2 有 n 个儿童等距离围着一个可旋转的木马站一圈等待着

上木马,木马上恰有 n 个空座位. 当木马停止转动时,可以让一个儿童坐到自己面前是空位的座位上(任何两个人不能同时一起上木马,但他们不必按圈所排定的顺序上木马). 当一个儿童坐上木马的一个座位后,木马则按逆时针方向旋转 $\dfrac{360°}{n}$ 后又停下(没有人上木马时木马不会旋转),使没有上木马的每一个人又对应着木马的一个位置,如果某人前面的座位上有人,则该人不能上木马,也不能移动到别的位置上木马. 求 n 的所有可能取值,使这 n 个儿童能按某种顺序都坐到木马的某个位置上.

分析与解 本题属于"无选择性"操作,可以直接模拟操作过程,但题中涉及的木马旋转的相关数量特征并不明显,而通过编号,便可将"图形操作规则"及"解题目标"都转化为数的形式或运算,问题变得一目了然.

将 n 个儿童按逆时针方向编号为 $1,2,\cdots,n$,他们所在的位置也用 $1,2,\cdots,n$ 表示. 假定这 n 个儿童都能坐到木马的某个位置上,设第 $k(k=1,2,\cdots,n)$ 个坐上木马的人的编号为 a_k(以确定操作对象),则 $a_1,a_2,\cdots,a_n$ 是 $1,2,\cdots,n$ 的一个排列.

显然,每次旋转使每人所在位置序号增加 1,设木马旋转 k 次后,已坐上木马的人为 $a_1,a_2,\cdots,a_k$,他们分别在木马上旋转的次数为 $k,k-1,\cdots,1$,于是,木马旋转 k 次后,木马上的 k 个人对应的位置序号分别为 $a_1+k,a_2+(k-1),\cdots,a_k+1$(其中的数按模 n 理解).

依题意,对 $k=1,2,\cdots,n$,上述 k 个编号关于模 n 两两不同余,特别地,取 $k=n$(即当木马旋转 $n-1$ 次后的时刻,a_n 可以入座),有

$$a_1+n,a_2+(n-1),\cdots,a_{n-1}+2,a_n+1$$

为模 n 的完系,所以

$$1+2+3+\cdots+n \equiv a_1+n+a_2+(n-1)+\cdots$$
$$+(a_{n-1}+2)+(a_n+1)$$
$$\equiv (a_1+a_2+\cdots+a_n)+n+(n-1)+\cdots+1$$
$$\equiv (a_1+a_2+\cdots+a_n)+\frac{n(n+1)}{2} \pmod{n}$$

所以 $\frac{n(n+1)}{2} \equiv 0 \pmod{n}$,令 $\frac{n(n+1)}{2}=kn$,则 $\frac{n+1}{2}=k$,$n=2k-1$,所以 n 为奇数.

反之,当 n 为奇数时,对 $t=1,2,\cdots,n$,取 $a_t=2t-1$(其中的数按模 n 理解),我们证明 $a_1,a_2,\cdots,a_n$ 可以依次入座(先看特例 $n=3$,可将入座数列 $1,3,2$ 更改为递增数列 $1,3,5 \pmod{3}$).

实际上,对 $a_t(1 \leqslant t \leqslant n)$ 的下标 t 归纳,当 $t=1$ 时,a_1 显然可以依次入座.

设 $a_1,a_2,\cdots,a_k$ 都可按要求入座,则当 $t=k+1$ 时,木马旋转 $k(k \leqslant n-1)$ 次后,已坐上木马的人为 $a_1,a_2,\cdots,a_k$,木马上的这 k 个人对应的位置序号分别为 $1+k,3+(k-1),5+(k-2),\cdots,(2k-1)+1$(按模 n 理解),即 $k+1,k+2,k+3,\cdots,k+k$.

由于 $k+1,k+2,k+3,\cdots,k+k$ 与 $2k+1$ 关于模 n 都不同余(连续 $k+1 \leqslant n$ 个数),从而 $k+1,k+2,\cdots,k+k$ 都没有转到 $a_{k+1}=2k+1$ 的位置,于是 a_{k+1} 可按规则入座.

由归纳原理,$a_1,a_2,\cdots,a_n$ 都可入座.

综上所述,所求 n 为一切正奇数.

探索 1 如果每上一个人,木马旋转 $r(r \geqslant 2)$ 个位置,其结果如何?

此时,木马旋转 k 次后,木马上的 k 个人对应的位置序号分别为 $a_1+kr,a_2+(k-1)r,\cdots,a_k+r$(按模 n 理解).

我们猜想:此时的 n 是满足 $n \equiv r \pmod{2}$ 的一切整数.

探索 2 如果第 $k(k=1,2,\cdots,n)$ 个人上木马后,木马旋转 k 个

位置,其结果又如何?

例3 圆周上有 n 个白点,先将其中一个染黑色(称为第一次染色),对任何正整数 k,第 k 次染色后按逆时针方向间隔 k 个点将下一个点染成与原来颜色相反的颜色(称为第 $k+1$ 次染色).

(1) 给定正整数 $n(n>1)$,是否都存在正整数 m,使 m 次染色后 n 个点都是白色?

(2) 是否存在正整数 m,n,使 m 次染色后 n 个点都是黑色?

分析与解 本题也属于"无选择性"操作,可直接模拟操作过程. 但需要将题目的内容符号化,使操作转化为一种运算. 这自然想到: 设 n 个点按逆时针方向编号为 $1,2,\cdots,n$.

本题要进行两个层次的实验.

第一个层次的实验:对固定的 n,确定第 k 次染色是染哪一个点.

记第 k 次染色的点的编号为 $a_k(k=1,2,\cdots)$,我们称 $\{a_k\}(k=1,2,\cdots)$ 为染色数列.

观察前面几次染色的点的编号,不妨设 $a_1=1$,则 $a_2=3,a_3=6,a_4=10,\cdots$.

注意到 $a_2-a_1=2,a_3-a_2=3,a_4-a_3=4,\cdots$,发现染色数列是 2 阶等差数列,即 $a_k=1+2+\cdots+k$,其中编号关于模 n 理解.

第二个层次的实验:对不同的 n,结合解题目标,观察各染色数列的特征.

(1) 显然,第 k 次染色后 n 个点都是白色,等价于染色数列的前 k 项中每个数出现的次数都是偶数.

分别考察 $n=2,3,4,5,6,\cdots$ 的情形,各染色数列见表 1.1.

表 1.1

n 的值	a_1	a_2	a_3	a_4	a_5	a_6	a_7	a_8	a_9	a_{10}	最小次数
2	1	3≡1									2
3	1	3	6≡3	10≡1							4
4	1	3	6≡2	10≡2	15≡3	21≡1					6
5	1	3	6≡1	10≡5	15≡5	21≡1	28≡3	36≡1			8
6	1	3	6≡6	10≡4	15≡6	21≡3	28≡4	36≡6	45≡3	55≡1	10

由此归纳"通式":当有 n 个点时,经过 $r=2n-2$ 次染色,全变成白色.并且上述染色中,"与始末等时距"的两次染色染的是同一个点(从而改变两次颜色).

下面给出证明.证明的关键,是将染色时刻 $1,2,\cdots,2n-2$ 两两配对,其中 1 与 $2n-2$ 配对,2 与 $2n-3$ 配对,$\cdots$,k 与 $2n-1-k$ 配对 ($k=1,2,\cdots,n-1$).

我们只需证明,在前 $2n-2$ 次染色中,第 k 次与第 $2n-1-k$ 次染同一个点($1 \leqslant k \leqslant n-1$),从而每个点都被染偶数次(包括 0 次).

假设第 k($1 \leqslant k \leqslant n-1$)次染了点 A,则 A 的编号是
$$1+2+\cdots+k = \frac{k(k+1)}{2}$$
考察第 $2n-1-k$ 次染色的点,其编号是
$$\frac{(2n-1-k)(2n-1-k+1)}{2}$$
$$= \frac{(2n-1-k)(2n-k)}{2}$$
$$= n(2n-1-k) - \frac{1}{2}k(2n-1-k)$$
$$\equiv -\frac{1}{2}k(2n-1-k)$$
$$\equiv \frac{k(k+1)}{2} \pmod{n}$$

所以第 $2n-1-k$ 次染色的点也是 A.

由上可知,前 $2n-2$ 次染色恰好可分成 $n-1$ 组,其中第 k 组是第 k 次与第 $2n-1-k$ 次染色 ($1 \leqslant k \leqslant n-1$),则每组中的两次染色染同一个点,从而每个点都染偶数次色(包括 0 次),都变成白色.

(2) 不存在.

若所有点变黑,则每个点都至少操作一次.

我们证明如下结论:对任何正整数 n,都不存在正整数 m,使 m 次染色后全部变黑.

再进行第二个层次的实验:对不同的 n,结合解题目标,观察各染色数列的特征.

将表 1.1 扩充,即可发现 $a_k \equiv a_{2n+k} \pmod{n}$,即染色数列(关于模 n)是以 $2n$ 为周期的数列,且 $a_{2n} \equiv a_{2n-1} \pmod{n}$(即第 $2n$ 次与第 $2n-1$ 次染色的是同一个点),见表 1.2.

表 1.2

n 值	a_1	a_2	a_3	a_4	a_5	a_6	a_7	a_8	a_9	a_{10}	a_{11}	a_{12}
2	1	3≡1	6≡2	10≡2	15≡1	21≡1	28≡2	36≡2				
3	1	3	6≡3	10≡1	15≡3	21≡3	28≡1	36≡3	45≡3	55≡1	66≡3	78≡3
4	1	3	6≡2	10≡2	15≡3	21≡1						
5	1	3	6≡1	10≡5	15≡5	21≡1	28≡3	36≡1				
6	1	3	6≡6	10≡4	15≡6	21≡3	28≡4	36≡6	45≡3	55≡1		

实际上:

$$a_k = \frac{k(k+1)}{2} \pmod{n}$$

$$a_{2n+k} = \frac{(2n+k)(2n+k+1)}{2} = \frac{4n^2 + 2n(2k+1) + k(k+1)}{2}$$

$$= 2n^2 + n(2k+1) + \frac{k(k+1)}{2} \equiv \frac{k(k+1)}{2} \pmod{n}$$

于是,$a_k \equiv a_{2n+k}$,即染色数列以 $2n$ 为周期.此外

$$a_{2n} = \frac{2n(2n+1)}{2} = n(2n+1) \equiv n \pmod{n}$$

$$a_{2n-1} = \frac{2n(2n-1)}{2} = n(2n-1) \equiv n \pmod{n}$$

于是

$$a_{2n} \equiv a_{2n-1} \pmod{n}$$

考察前 $2n-2$ 次染色中染色的总次数,发现至少有一个点未染色.

实际上,由(1)知,第 k 次($1 \leqslant k \leqslant n-1$)与第 $2n-1-k$ 次染色的是同一个点,于是在前 $2n-2$ 次染色中,被染过色的点都至少染过两次颜色,从而至多有 $n-1$ 个点被染过颜色,即至少有一个点从未被染过色,于是前 $2n-2$ 次染色中不可能出现全黑的情形.

而第 $2n-2$ 次染色后全白,于是,第 $2n-1$ 次染色后只有一个黑子,又 $a_{2n} \equiv a_{2n-1}$,第 $2n$ 次染色后全白,于是,前 $2n$ 次染色中不可能出现全黑的情形.

由周期性,任何时候都不可能出现全黑的情形.

探索 下述一些问题都是未决的:

(1) 对给定正整数 $n(n>1)$,求所有可能的(最小的)正整数 m,使 m 次染色后 n 个点都是白色.

(2) 对哪些 n,使能出现 $n-1$ 个点是黑色?

(3) 对哪些 n,使至少有一个点始终是白色?

(4) 对给定的 n,求出现黑点个数的最大值.

例 4 将 $m \times n(m, n \geqslant 5)$ 棋盘的每个方格都随意染黑白二色之一,每次操作是将其中同行、同列、同对角线的连续 5 个方格改变成相反的颜色,试问:能否经过有限次操作,使所有方格的颜色都变成与原先相反的颜色?

分析与解 利用分块技巧,很容易发现,当 $5 \mid mn$ 时,操作目标可以实现.

实际上,如果 $5 \nmid mn$,则因为 5 是质数,不妨设 $5 \mid n$,于是 $m \times n$ 棋盘可以划分为若干个 1×5 矩形,对每一个 1×5 矩形操作一次即可.

现在考虑 $5 \mid mn$ 时,目标是否可以实现.

考察特例,取 $m=6$,研究 $6 \times n$ ($n=1,2,3,4$) 棋盘,发现其操作目标均不可以实现,于是猜想结论是否定的.

由于操作是"可选性"的,应采用一种方案,使每次操作表现出一种共性:每次操作无论选取怎样的连续 5 个方格,其操作产生的"效果"是一样的.

由此想到,将棋盘的所有方格分为 5 个类,分别用 1,2,3,4,5 进行编号,称编号为 i 的格为 i 号格.而操作具有的"共性"是:每次操作无论选取怎样的连续 5 个方格,其中每个类的格都恰有一个.

采用周期编号方案,我们只需对左上角 5×5 棋盘编号,使横、纵、对角连续 5 个方格中各个编号都出现一次.再每行、每列按周期编号扩充到整个棋盘,即每一行、每一列的数都构成周期为 5 的周期数列.

对于左上角 5×5 棋盘,不妨设第 1 行为 1,2,3,4,5,它是公差为 1 的等差数列,我们可想象所有行都是公差为 1 的等差数列,其中的数按 mod 5 理解,这样一来,就只需确定第 1 列中的数.

第 1 列第 2 个数不能是 2,否则第 2 条斜 45° 对角线上有 2 个 2,矛盾.于是,可假定第 1 列第 2 个数是 3.如此下去,第 1 列第 3 个数不能是 4,否则第 3 条斜 45° 对角线上有 2 个 4,矛盾.于是,可假定第 1 列第 3 个数是 5,进而第 1 列后 2 个数是 $7(\equiv 2 \pmod 5)$,$9(\equiv 4 \pmod 5)$,由此可得到左上角 5×5 棋盘的编号如图 1.18 所示.

```
1 2 3 4 5
3 4 5 1 2
5 1 2 3 4
2 3 4 5 1
4 5 1 2 3
```

图 1.18

因为表中每行、每列的数都是以 5 为周期的周期数列,这样,同行、同列、同对角线的连续 5 个数都恰好包含 1,2,3,4,5 各数各一个.

于是,每次操作,每一类编号的方格中都恰有一个方格改变一次颜色.

对 $i=1,2,3,4,5$,用 $S(i)$ 表示编号为 i 的方格颜色改变的次数之和(整体思考),则每次操作,各 $S(i)$ 同时增加 1,于是操作中恒有 $S(1)=S(2)=S(3)=S(4)=S(5)$(差不变).

另一方面,因为 $5 \nmid mn$,不妨设 $m=5p+s, n=5q+t(1 \leqslant s, t \leqslant 4)$.

考察棋盘左上角 $s \times t$ 子棋盘 A,它便是图 1.18 中的 5×5 棋盘左上角 $s \times t$ 子棋盘,逐一验证其左上角 $1 \times 1, 1 \times 2, 1 \times 3, 1 \times 4, 2 \times 1, 2 \times 2, \cdots, 4 \times 4$ 子棋盘,发现不论 s, t 为何值,A 中一定存在一个编号 i 与一个编号 $j(1 \leqslant i, j \leqslant 5)$,使 i 出现的次数比 j 出现的次数多 1.

除了棋盘 A 外,$m \times n$ 棋盘的其余部分每个编号出现的次数相等(可划分为若干个 5×5 棋盘),于是整个 $m \times n$ 棋盘中编号为 i, j 的个数一个为奇数,一个为偶数.

由于所有方格的颜色都变成与原先相反的颜色,从而每个方格的颜色都改变奇数次,于是 $S(i), S(j)$ 中一个为奇数个奇数的和,一个为偶数个奇数的和,所以 $S(i), S(j)$ 一个为奇数,一个为偶数,这与 $S(i)=S(j)$ 矛盾.

故不可能所有方格的颜色都变成与原先相反的颜色.

1 符 号 化

习 题 1

1. 将 $1,2,3,4,5$ 这五个数字排成一排,最后一个数是奇数,且使得其中任意连续三个数之和都能被这三个数中的第一个数整除,那么满足要求的排法有多少种?

2. 求四个互不相同的自然数,使得:其中任何两个数的和都被它们的差整除. 如果要求这四个数中最大的数与最小的数之和最小,那么这四个数中中间两个数的和是多少?

3. 将 2014×2014 棋盘的每个方格染红蓝两色之一,使关于棋盘中心对称的两个方格异色,试问:是否可以适当染色,使每行每列中红蓝两色格的个数都相等?

4. 试问:当 n 为何值时,能将 $2n \times 2n$ 棋盘的每个方格染红蓝两色之一,使关于棋盘中心对称的两个方格异色,且每行每列中红蓝两色方格的个数都相等?

5. 由边长为 1 的单位正方形的两条相邻边构成的图形称为等腰直角,其中由单位正方形的左边下边两条相邻边构成的等腰直角称为 A 型直角,简称图形 A;由单位正方形的右边上边两条相邻边构成的等腰直角称为 B 型直角,简称图形 B,今用若干个图形 A 和若干个图形 B 不重叠(任何边不重合)地拼成一个 $n \times n$ 的方格棋盘,求证:其中图形 A 和图形 B 的个数相等.

6. (原创题) 有 n 个人围着圆桌讨论某个数学问题,休息一段时间后,他们又围在圆桌旁继续讨论. 如果不论如何安排座位,总有两个人,在休息前后夹在他们之间的人数(指有人较少的那一侧的人数)是相等的,求所有合乎要求的正整数 n.

7. (第 11 届奥地利-波兰数学奥林匹克试题) 将 8 边形的边染红色或蓝色,如果某条边的两条邻边异色,则称此边为好边. 每次操作是把所有的好边同时改为蓝色,其他边都改为红色. 求证:有限次

操作后,所有边都变为红色.并求使任何初始状态都能变为红色的操作次数的最小值.

8. 一枚棋子放在 7 边形 $ABCDEFG$ 的顶点 A 处(顶点处的字母按顺时针方向排列),现按顺时针方向移动该棋子 10 次,移动的规则是:第 k 次依次移动 k 个顶点(如第一次移动 1 个顶点,棋子停在顶点 B 处;第二次移动 2 个顶点,棋子停在顶点 D 处).按照这样的规则,在这 10 次移动过程中,棋子不可能停到的顶点有哪些?

9. (1993 年圣彼得堡数学竞赛题) 在矩形棋盘的某些方格中放棋,使得每个放有棋的方格所在的行与所在的列中,放有棋的方格的个数相等.证明:放有棋的行的个数与放有棋的列的个数相等.

10. 桌面上有 7 只茶杯,杯口都朝上.每次操作是将其中偶数只茶杯翻转(杯口朝上的变为杯口朝下,杯口朝下的变为杯口朝上),是否可以经过有限次操作,使得所有的茶杯都变为杯口朝下?

11. 在 2×2 棋盘中放有 3 个黑子、1 个白子(每个格中放一个子),每次操作是取定一行或一列,将其中所有的子变成相反的颜色.试问:能否经过有限次操作,使得棋盘中变成 2 个黑子、2 个白子?

12. 圆周上排列 5 个方格,其中一个方格中有一只棋,棋子绕圆周移动,第 1 次移动 1 个格,第 2 次移动 2 个格……第 n 次移动 n 个格.试问:棋子在移动过程中能到达哪几个方格?

13. 在数轴上给定两点 1 和 $\sqrt{2}$,在区间 $(1,\sqrt{2})$ 内任取 n 个点,在此 $n+2$ 个点中,每相邻两点连一线段,可得 $n+1$ 条线段,求证:在此 $n+1$ 条线段中,以一个有理点和一个无理点为端点的线段恰有奇数条.

14. 有男孩、女孩共 n 个围坐在一个圆周上($n\geq 3$),若顺序相邻的 3 人中恰有一个男孩的有 a 组,顺序相邻的 3 人中恰有一个女孩的有 b 组,求证:$3\mid a-b$.

1 符 号 化

15. 由 6 行 6 列方格构成了一个 6×6 正方形,以格点为圆心,在 6×6 正方形内作圆,使圆至少通过一个格点,且圆不允许露出 6×6 正方形外,求可作出的不同圆的个数.

16. 将正三角形 ABC 各边 n 等分,过各分点作它两边的平行线,将其分成 n^2 个小正三角形. 将这些小正三角形的顶点染红、蓝、黄三色之一,并且 AB 上的点不染红色,BC 上的点不染蓝色,CA 上的点不染黄色.

求证:存在 1 个小正三角形,它的 3 个顶点两两异色.

17. 今有男女各 $2n$ 人,围成内外两圈跳舞,每圈各 $2n$ 人,有男有女,外圈的人面向内,内圈的人面向外,跳舞规则如下:每当音乐一起,如面对面为一男一女,则男的邀请女的跳舞,如果均为男的或均为女的,则鼓掌助兴,曲终时,外圈的人均向左横移一步,如此继续下去,直至外圈的人移动一周.

求证:在整个跳舞过程中至少有一次跳舞的人数不少于 n 对.

18. (2006 年中国东南数学竞赛试题) 对于周长为 n ($n \in \mathbf{N}^+$) 的圆,称满足如下条件的最小的正整数 p_n 为"圆剖分数":如果在圆周上有 p_n 个点 $A_1, A_2, \cdots, A_{p_n}$,对于 $1, 2, \cdots, n-1$ 中的每一个整数 m,都存在两个点 A_i, A_j ($1 \leqslant i, j \leqslant p_n$),以 A_i, A_j 为端点的一条弧长等于 m;圆周上每相邻两点间的弧长顺次构成的序列 $T_n = (a_1, a_2, \cdots, a_{p_n})$ 称为"圆剖分序列". 例如:当 $n=13$ 时,圆剖分数为 $p_{13} = 4$,如图 1.19 所示,图中所标数字为相邻两点之间的弧长,圆剖分序列为 $T_{13} = (1, 3, 2, 7)$ 或 $(1, 2, 6, 4)$. 求 p_{21}, p_{31},并各给出一个相应的圆剖分序列.

19. $n \times n \times n$ 的立方体由 n^3 个 $1 \times 1 \times 1$ 的小立方体组成,n 个其中心的连线平行于大立方体的一条棱的小立方体组成一"列". 现取出若干小立方体且染成红色,要使每个小立方体所在的列中至少一列含有红色小立方体,问至少应有多少个红色小立方体?

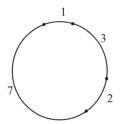 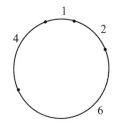

图 1.19

20. (1994年中国数学集训队选拔考试试题) 对于两个凸多边形 S, T,如果 S 的顶点都是 T 的顶点,则称 S 是 T 的子多边形.

(1) 求证:当 $n(n>4)$ 是奇数时,对于凸 n 边形,存在 m 个无公共顶点的子多边形,使得原多边形的每条边及对角线都是这 m 个子多边形中的边.

(2) 求出上述 m 的最小值.

21. (1999年俄罗斯数学竞赛题) 一个 $n \times n(n>1)$ 的正方形放在一个无限大的方格棋盘上,正方形的每个格都与棋盘的一个格重合且放有一只棋.现在进行如下操作:每次都是将一只棋跳过与它相邻(所在的格具有公共边)的一只棋到达一个空格中,同时拿走被跳过的那只棋.证明:直至操作不能继续进行时,操作次数不少于 $\left[\dfrac{n^2+2}{3}\right]$.

22. (第34届IMO试题) 在一个无限棋盘上进行如下游戏:先把 n^2 只棋子放在其中的 $n \times n$ 正方形内,每个方格放一只棋子.每次操作允许一只棋沿水平方向和垂直方向跨越相邻并放有棋子的一个小方格进入下一个空格,且把被跨越的那只棋子拿掉.求出所有的正整数 n,使存在一种操作方法,棋盘中最后只剩下一只棋子.

1 符 号 化

习题 1 解答

1. 设 $(a_1, a_2, \cdots, a_5)$ 是 $1,2,3,4,5$ 的一个满足要求的排列. 首先, 注意到条件"最后一个数是奇数", 从而要分析各个位置上的数的奇偶性.

其次, 注意条件"其中任意连续三个数之和都能被这三个数中的第一个数整除", 可用符号表示为 $a_i \mid a_i + a_{i+1} + a_{i+2} (i=1,2,3)$, 进而

$$a_i \mid a_{i+1} + a_{i+2} \qquad (*)$$

由式(*)可知, 排列中偶数不相邻. 实际上, 若 a_i, a_{i+1} 都是偶数, 则由式(*)知, $a_{i+1} + a_{i+2}$ 是偶数, 进而 a_{i+2} 是偶数, 如此下去, a_5 是偶数, 矛盾.

注意到排列中有 2 个偶数, 考察排在左边的一个偶数, 设为 $a_i(i=1,2,3)$, 则 a_{i+1} 是奇数, 进一步由式(*)知, a_{i+2} 是奇数, 又 a_5 是奇数, 另一个偶数为 a_4, 于是两个偶数为 a_1, a_4.

(1) 当 $a_1 = 2, a_4 = 4$ 时, 排列为 $(2,1,3,4,5), (2,3,5,4,1), (2,5,1,4,3)$;

(2) 当 $a_1 = 4, a_4 = 2$ 时, 排列为 $(4,3,1,2,5), (4,5,3,2,1)$. 故共有 5 种合乎条件的排法.

2. 设 a_1, a_2, a_3, a_4 是合乎条件的 4 个数, 且 $a_1 < a_2 < a_3 < a_4$.

(1) 当 $a_1 = 1$ 时, 4 个数分别为 $1, a_2, a_3, a_4$.

依题意, $a_j - a_i \mid a_j + a_i$, 令 $a_i = 1$, 有 $a_j - 1 \mid a_j + 1 (j=2,3,4)$, 进而 $a_j - 1 \mid (a_j + 1) - (a_j - 1)$, 即 $a_j - 1 \mid 2$, 于是 $a_j - 1 \leqslant 2$, 即 $a_j \leqslant 3$, 特别地, $a_4 \leqslant 3$.

但 $a_1 = 1$ 时, $a_2 \geqslant 2, a_3 \geqslant 3, a_4 \geqslant 4$, 矛盾.

(2) 当 $a_1 = 2$ 时, 4 个数分别为 $2, a_2, a_3, a_4$, 由 $a_4 - 2 \mid a_4 + 2$, 推出 $a_4 - 2 \mid (a_4 + 2) - (a_4 - 2)$, 即 $a_4 - 2 \mid 4$, 所以 $a_4 \leqslant 6$, 进而 $a_2 \leqslant 4$(否则, $a_2 \geqslant 5, a_3 \geqslant 6, a_4 \geqslant 7$, 矛盾).

① 当 $a_2=3$ 时,则得到 $(a_1,a_2,a_3,a_4)=(2,3,4,5),(2,3,4,6),(2,3,5,6)$,但其中只有 $(2,3,4,6)$ 合乎条件,此时,$a_1+a_4=8$,而中间两个数之和为 7.

② 当 $a_2=4$ 时,则得到 $(a_1,a_2,a_3,a_4)=(2,4,5,6)$,它不合乎条件.

③ 当 $a_1\geqslant 3$ 时,$a_2\geqslant 4,a_3\geqslant 5,a_4\geqslant 6$(请大家证明此时 a_1+a_4 不是最小的),此时 $a_1+a_4\geqslant 3+6=9>8$,与 a_1+a_4 最小矛盾.

故 $(a_1,a_2,a_3,a_4)=(2,3,4,6)$,中间两个数之和为 7.

图 1.20

3. 答案是否定的. 反设存在合乎条件的染色方法, 则将红色格赋值 1, 蓝色格赋值 -1, 并将棋盘划分为 4 个 1007×1007 的正方形棋盘 A_1,A_2,A_3,A_4(图 1.20), 记正方形 $A_i(i=1,2,3,4)$ 内各数的和为 $S(A_i)$.

由染色的目标条件可知, $S(A_1)+S(A_2)=0,S(A_1)+S(A_3)=0$, 两式相加, 得 $2S(A_1)+S(A_2)+S(A_3)=0$.

再由染色的对称性可知, $S(A_2)+S(A_3)=0$, 所以 $S(A_1)=0$.

但由于每个正方形有奇数个格, $S(A_1)\equiv 1007\equiv 1(\bmod 2)$, 矛盾.

4. n 为一切正偶数.

(1) 当 n 为奇数时, 不可按要求染色, 证明同上题.

(2) 当 n 为偶数时, 令 $n=2k$, 将 $4k\times 4k$ 棋盘分成 4 个 $2k\times 2k$ 的棋盘, 将其中一个 $2k\times 2k$ 棋盘 2-染色, 使相邻格异色, 记这个染色后的棋盘为 A. 将 A 的每个格都改为相反的颜色, 改动后的棋盘记为 B, 那么, 前 $2k$ 行构成的 2 个 $2k\times 2k$ 棋盘都按 A 的方式染色, 后 $2k$ 行构成的 2 个 $2k\times 2k$ 棋盘都按 B 的方式染色(图 1.21), 则 $4k\times 4k$ 棋盘

图 1.21

的染色合乎要求.

5. 在 $n \times n$ 的方格棋盘中,称方格的两个相邻顶点间的线段为单位边,棋盘中的单位边共有 $2n(n+1)$ 条,于是图形 A 和图形 B 的个数之和为 $n(n+1)$.

$n \times n$ 的方格棋盘共有 $n+1$ 条横向格线,从上到下依次称为第 1 行,第 2 行,$\cdots$,第 $n+1$ 行;共有 $n+1$ 条纵向格线,从左到右依次称为第 1 列,第 2 列,$\cdots$,第 $n+1$ 列.

将第 1 行的 n 条单位边依次标数 $1,2,\cdots,n$,第 2 行的 n 条单位边依次标数 $2,3,\cdots,n+1$,第 $n+1$ 行的 n 条单位边依次标数 $n+1, n+2,\cdots,2n$.

将第 1 列的 n 条单位边依次标数 $-1,-2,\cdots,-n$,第 2 列的 n 条单位边依次标数 $-2,-3,\cdots,-n-1$,第 $n+1$ 列的 n 条单位边依次标数 $-n-1,-n-2,\cdots,-2n$.

显然,棋盘中所有单位边上的标数的和 $S=0$.

对任意一个图形 A,它的两条边上的标数的和为 -1,对任意一个图形 B,它的两条边上的标数的和为 1,假定有 p 个图形 A,q 个图形 B,则 $S=p-q$,但 $S=0$,所以 $p=q$,结论成立.

最后,我们说明,对任何正整数 n,可以由 $\dfrac{n(n+1)}{2}$ 个图形 A 和 $\dfrac{n(n+1)}{2}$ 个图形 B 拼成 $n \times n$ 的方格棋盘. 实际上,主对角线上方的单位边都由图形 A 拼成,主对角线下方的单位边都由图形 B 拼成即可.

6. 将 n 个位置按逆时针方向编号为 $1,2,3,\cdots,n$,设休息前坐在第 $i(1 \leqslant i \leqslant n)$ 号位置的人休息后坐在第 $t_i(1 \leqslant i \leqslant n)$ 号位置,显然,从第 i 号位置按逆时针方向走到第 j 号位置,越过的位置数为 $j-i-1 \pmod{n}$.

于是,第 i 号位与第 j 号位两人休息前后坐在他们之间的人数是相等的,等价于 $i-j\equiv t_i-t_j\pmod{n}$ 或 $i-j\equiv t_j-t_i\pmod{n}$.

由此可见,如果 n 不合乎要求,则对任何 i,j ($1\leqslant i<j\leqslant n$),有
$$i-j\not\equiv t_i-t_j\pmod{n}$$
也就是 $i-t_i\not\equiv t-t_j\pmod{n}$(变成相同结构的元素:$f(i),f(j)$).

这表明,所有 $i-t_i$ ($i=1,2,3,\cdots,n$) 关于模 n 互不同余,即 $1-t_1,2-t_2,\cdots,n-t_n$ 构成模 n 的完系,所以
$$\begin{aligned}0&\equiv(1-t_1)+(2-t_2)+\cdots+(n-t_n)\\&\equiv 0+1+2+\cdots+(n-1)\\&=\frac{1}{2}n(n-1)\pmod{n}\end{aligned}$$

所以 $n\mid\frac{1}{2}n(n-1)$,进而 $2\mid n-1$,即 n 为奇数.

由此可知,如果 n 不合乎要求,则 n 为奇数,所以 n 为偶数时合乎要求.

反之,当 n 为奇数时,n 是否一定不合乎要求?并非如此!

比如,$n=3$ 时,设休息前的排列为 $(1,2,3)$,则休息后本质上只有 2 个不同排列:$(1,2,3)$ 及 $(1,3,2)$,从而 $n=3$ 合乎要求.

再考虑 $n=5$ 的情形,设休息前的排列为 $(1,2,3,4,5)$,假设 n 不合乎条件,则需要构造一个排列 $(a_1,a_2,\cdots,a_5)$,使对任何两个编号 i,j,在这两个排列中,夹在 i,j 之间的人数(指有人较少的那一侧的人数)不同.

不妨设 1 仍在 1 号位上(否则适当旋转即可),则 1 的两侧不能是 2,有如下情形:

(1) 若 1 的两侧为 3,4,不妨设为 $(3,1,4)$,在一边扩充 2 和 5,而 5 不能和 4 相邻,从而只能是 $(3,1,4,2,5)$,容易验证,这一构造合乎要求,所以 $n=5$ 不合乎条件.

为了找到具有规律的构造,我们再考虑其他形式的构造.

(2) 若 1 的两侧为 3,5,不妨设为 $(3,1,5)$,在一边扩充 2 和 4,而

5 不能和 4 相邻,从而只能是 (3,1,5,2,4),但这一构造不合乎要求,因为 1 与 4 之间都是夹着一个人.

(3) 若 1 的两侧为 4,5,不妨设为 (4,1,5),在一边扩充 2 和 3,而 3 不能和 4 相邻,从而只能是 (4,1,5,3,2),但这一构造不合乎要求,因为 1 与 3 之间都是夹着一个人.

由此可见,只有唯一的合乎要求的构造:(3,1,4,2,5),将其整理为 (5,3,1,4,2),再反序排列为 (2,4,1,3,5),即 (1,3,5,2,4).

现在的问题是,对奇数 $n > 3$,令 $Q = (1,3,5,\cdots,n,2,4,6,\cdots,n-1)$,排列 Q 是否合乎要求?希望读者能给出解答.

7. 蓝色边记为 -1,红色边记为 1,则每次操作各边的值变为它相邻两边的值的积,模拟操作,有 $(x_1, x_2, \cdots, x_8) \to (x_8 x_2, x_1 x_3, x_2 x_4, \cdots, x_7 x_1) \to (x_7 x_3, x_5 x_4, x_1 x_5, \cdots, x_4 x_8, x_5 x_1, x_6 x_2) \to (x_2 x_4 x_6 x_8, x_1 x_3 x_5 x_7, x_2 x_4 x_6 x_8, \cdots, x_1 x_3 x_5 x_7) \to (1, 1, \cdots, 1)$.

当 $x_1 = -1, x_2 = x_3 = \cdots = x_8 = 1$ 时,至少操作 4 次.

8. 将顶点 A, B, C, D, E, F, G 分别标数 $0, 1, 2, 3, 4, 5, 6$,则棋子移动 k 次到达的顶点的标数为 $1 + 2 + 3 + \cdots + k = \dfrac{k(k+1)}{2}$,其中标数按模 7 理解,即不小于 7 的数都看成是它除以 7 所得的余数.

这样,问题等价于,当 $k = 1, 2, 3, \cdots, 10$ 时,$\dfrac{k(k+1)}{2} \pmod 7$ 不能取 $0, 1, 2, \cdots, 6$ 中的哪些数. 分别取 $k = 1, 2, \cdots, 7$ 时,发现 $\dfrac{k(k+1)}{2} \pmod 7$ 不能取 $2, 4, 5$.

而 $k > 7$ 时,令 $k = 7m + t (1 \leqslant t \leqslant 7)$,则

$$\dfrac{k(k+1)}{2} = \dfrac{(7m+t)(7m+t+1)}{2} = \dfrac{(7m+t)[7m+(t+1)]}{2}$$
$$= \dfrac{t(t+1)}{2} + \dfrac{7m(7m+1)}{2} + 7t$$

因为 $2 \mid 7m(7m+1)$，$(2,7)=1$，所以 $2 \mid m(7m+1)$，故 $\dfrac{k(k+1)}{2} \equiv \dfrac{t(t+1)}{2} \pmod{7}$，所以 $\dfrac{k(k+1)}{2} \pmod{7}$ 仍不能取 $2,4,5$，故棋子不可能停到的顶点是 C,E,F.

9. 在放棋的方格中标数，其数为该格所在的行中棋子数的倒数. 这样，同一行中的标数相同（都为该行中棋子数的倒数），且同一行中标数的和为 1.

依题意，每个放有棋的方格所在的行与所在的列中，放有棋的方格的个数相等. 从而每个标数也是所在列中棋子数的倒数，所以同一列中的标数相同（都为该行中棋子数的倒数），且同一列中标数的和为 1.

设表中各数之和为 S，那么，有 S 行放有棋，也有 S 列放有棋，命题获证.

10. 不可. 每只茶杯只有两种状态：杯口朝上或朝下. 我们分别用两个数 1 和 -1 表示这两种状态.

这样，7 只茶杯得到 7 个数：$x_1,x_2,\cdots,x_7$，考察 $T=x_1 x_2 \cdots x_7$.

最初，$T_0 = 1 \cdot 1 \cdots \cdot 1 = 1$，由于每次操作改变两只茶杯的状态，即改变 $x_1,x_2,\cdots,x_7$ 中两个数的符号，从而 T 的值不变.

但目标状态中 $T_0' = (-1)(-1)\cdots(-1) = -1$，故这一目标不能实现.

11. 用 1 表示白色，-1 表示黑色，则操作可表示为：$(a,b) \to (-a,-b)$ 或 $(a,b)^T \to (-a,-b)^T$. 令 $f(M)=M$ 中各数的积，则 $f(M)$ 在操作中不变.

但初始状态 $f(M)=(-1)^3=-1$，目标状态 $f(M)=(-1)^2=1$，所以不能按要求操作.

12. 将方格依次编号为 $0,1,2,3,4$，且不妨设棋子在编号为 0 的方格中，那么，第 1 次移动后到达方格 1 中，第 2 次移动后到达方格

$1+2$ 中,第 3 次移动后到达方格 $1+2+3$ 中……第 n 次移动后到达方格 $1+2+3+\cdots+n$ 中,其中方格的编号按模 5 理解,即大于 4 的数都换成模 5 的余数.

对任何正整数 n,设 $n \equiv r \pmod 5$,其中 $0 \leqslant r < 5$,则
$$1+2+3+\cdots+n = \frac{n(n+1)}{2} \equiv \frac{r(r+1)}{2} \pmod 5$$

当 $r = 0,1,2,3,4$ 时,$\frac{r(r+1)}{2} \equiv 0,1,3,1,0 \pmod 5$,于是
$$\frac{n(n+1)}{2} \equiv 0,1,3 \pmod 5$$

这表明,棋子永远不能到达编号为 $2,4$ 的方格. 又第 1 次移动后到达方格 1 中,第 2 次移动后到达方格 3 中,第 4 次移动后到达方格 0 中,所以棋子在移动过程中能到达编号为 $0,1,3$ 的 3 个方格中.

13. 将 $n+2$ 个点按从小到大的顺序记为 $A_1, A_2, \cdots, A_{n+2}$,并在每一点 a_i 赋值,令
$$a_i = \begin{cases} 1, & \text{当 } A_i \text{ 为有理数点时} \\ -1, & \text{当 } A_i \text{ 为无理数点时} \end{cases}$$

与此同时,每条线段 $A_i A_{i+1}$ 也可赋值 $a_i a_{i+1}$:
$$a_i a_{i+1} = \begin{cases} -1, & \text{当 } A_i, A_{i+1} \text{ 一为有理数点,另一为无理数点时} \\ 1, & \text{当 } A_i, A_{i+1} \text{ 同为有理数点或无理数点时} \end{cases}$$

记 $a_i \cdot a_{i+1} = -1$ 的线段有 k 条,则 $(-1)^k = (-1)^k \cdot (+1)^{n-k+1} = (a_1 a_2)(a_2 a_3)(a_3 a_4) \cdots (a_{n+1} a_{n+2}) = a_1 (a_2 a_3 \cdots a_{n+1})^2 a_{n+2} = a_1 a_{n+2} = -1$,故 k 为奇数.

14. 现将小孩记作 $a_i (i=1,2,\cdots,n)$,令
$$a_i = \begin{cases} 1, & a_i \text{ 表示男孩时} \\ -1, & a_i \text{ 表示女孩时} \end{cases}$$
则

$$A_i = a_i + a_{i+1} + a_{i+2} = \begin{cases} 3, & a_i, a_{i+1}, a_{i+2} \text{ 均为男孩} \\ -3, & a_i, a_{i+1}, a_{i+2} \text{ 均为女孩} \\ 1, & a_i, a_{i+1}, a_{i+2} \text{ 恰有 1 个女孩} \\ -1, & a_i, a_{i+1}, a_{i+2} \text{ 恰有 1 个男孩} \end{cases}$$

其中 $a_{n+j} = a_j$. 又设取值为 3 的 A_i 有 p 个,取值为 -3 的 A_i 有 q 个,依题意,取值为 1 的 A_i 有 b 个,取值为 -1 的 A_i 有 a 个,于是

$$\begin{aligned} 3(a_1 + a_2 + \cdots + a_n) &= (a_1 + a_2 + a_3) + (a_2 + a_3 + a_4) \\ &\quad + \cdots + (a_n + a_1 + a_2) \\ &= 3p + (-3)q + (-1)a + b \\ &= 3(p - q) + (b - q) \end{aligned}$$

故 $3 \mid a - b$.

注:也可令 $a_j = \begin{cases} \omega, & a_j \text{ 表示男孩时} \\ \bar{\omega}, & a_j \text{ 表示女孩时} \end{cases}$,其中 $\omega = -\frac{1}{2} + \frac{\sqrt{3}}{2}\mathrm{i}$. $\omega^3 = 1$.

那么,$a_i a_{i+1} + a_{i+2} = \begin{cases} 1, & a_i, a_{i+1}, a_{i+2} \text{ 表示 3 男或 3 女} \\ \omega, & a_i, a_{i+1}, a_{i+2} \text{ 表示 2 男 1 女} \\ \omega^2, & a_i, a_{i+1}, a_{i+2} \text{ 表示 1 男 2 女} \end{cases}$.

考虑积,$1 = (a_1 a_2 \cdots a_n)^3 = \omega^{b-a}$,知 $3 \mid a - b$.

15. 在每个格点处,标上以其为圆心且至少过一格点的圆的个数,如图 1.22 所示.

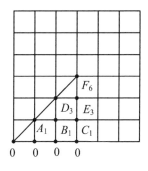

图 1.22

1 符号化

其中 A,C,D,E 类点各有 4 个,B 类点有 8 个,F 类点有 1 个. 以 D,E 类点为圆心恰能作 3 个圆,其半径分别为 $1,\sqrt{2},2$. 以 F 类点为圆心恰能作 6 个圆,其半径分别为 $1,\sqrt{2},2,\sqrt{5},2\sqrt{2},3$. 于是一共有 $4(1+1+3+3)+8 \cdot 1+1 \cdot 6 = 32+8+6 = 46$ 个圆.

16. 由于 AB 上无红点,从而 A 非红;AC 上无黄点,从而 A 非黄,所以 A 为蓝点. 同理,B 为黄点,C 为红点. 如果一条线段的两个端点异色,则称之为奇异线段,一个三角形中的奇异线段的条数称为三角形的奇异度,计算所有小正三角形的奇异度之和 S.

一方面,设 3 顶点含有 3 种颜色的小正三角形有 x 个,这样的三角形奇异度为 3;设 3 顶点含有 2 种颜色的小正三角形有 y 个,这样的三角形奇异度为 2;设 3 顶点含有 1 种颜色的小正三角形有 z 个,这样的三角形奇异度为 0,则 $S = 3x + 2y$.

另一方面,当一条奇异线段在 $\triangle ABC$ 的内部时,它同时属于两个不同的小正三角形,它对 S 的贡献为 2;当它位于 $\triangle ABC$ 的边上时,它对 S 的贡献为 1.

设 AB,BC,CA 上分别有 p,q,r 条奇异线段,大三角形内部有 t 条奇异线段,则 $S = p+q+r+2t$,于是 $p+q+r+2t = S = 3x+2y$.

注意目标为 $x \geqslant 1$,即 $x \neq 0$. 考察"补集",若 $x = 0$,则 $p+q+r+2t = 2y$ 为偶数,即 $p+q+r$ 为偶数. 考察 AB 上的异色线段,因为 A 为蓝色,B 为黄色,又 AB 上只有蓝、黄两种颜色,于是,从 A 到 B 共改变奇数次颜色,即 p 为奇数.

同样,q,r 都为奇数,所以 $p+q+r$ 为奇数,矛盾,故至少有一个奇异三角形,证毕.

另证:采用标数法,将长为 1 的两端点同色的线段标数 1,两端点异色的线段标数 -1,对每个小正三角形,将其 3 边上的标数的积作为它的特征值 t,考察所有特征值的积 $\prod t_i$.

对于 $\triangle ABC$ 内部线段的标数,它属于 2 个小正三角形,它在 $\prod t_i$ 中被计算 2 次,于是,所有在 $\triangle ABC$ 内部线段的标数对 $\prod t_i$ 的贡献为 $(\pm 1)^2 = 1$. 对于 $\triangle ABC$ 边界上线段的标数,它属于 1 个小正三角形,它在 $\prod t_i$ 中被计算 1 次. 考察 $\triangle ABC$ 的边 AB,由于 AB 上无红点,AC 上无黄点,所以 A 为蓝点. 同理,B 为黄点. 又 AB 上只有蓝、黄两种颜色,于是,从 A 到 B 共改变奇数次颜色,于是,AB 上线段的标数对 $\prod t_i$ 的贡献为 -1. 同理,BC,CA 上线段的标数对 $\prod t_i$ 的贡献为 -1,所以 $\prod t_i = 1 \cdot (-1)^3 = -1$.

又每个有 3 顶点同色的三角形的特征值 $t = 1 \cdot 1 \cdot 1 = 1$;

每个有 2 顶点同色的三角形的特征值 $t = 1 \cdot (-1) \cdot (-1) = 1$;

每个有 3 顶点异色的三角形的特征值 $t = (-1) \cdot (-1) \cdot (-1) = -1$.

由 $\prod t_i = -1$ 可知,必有 1 个三角形的特征值为 -1,此三角形 3 个顶点两两异色.

17. 将男人记为 $+1$,女人记为 -1,外圈的 $2n$ 个数 $a_1, a_2, \cdots, a_{2n}$ 与内圈的 $2n$ 个数 $b_1, b_2, \cdots, b_{2n}$ 中有 $2n$ 个 1,$2n$ 个 -1,因此,和 $a_1 + a_2 + \cdots + a_{2n} + b_1 + b_2 + \cdots + b_{2n} = 0$,从而

$$(a_1 + a_2 + \cdots + a_{2n})(b_1 + b_2 + \cdots + b_{2n})$$
$$= -(b_1 + b_2 + \cdots + b_{2n})^2 \leqslant 0 \qquad ①$$

另一方面,当 a_1 与 b_i 面对面时,$a_1 b_i, a_2 b_{i+1}, \cdots, a_{2n} b_{i-1}$ 中的 -1 的个数表示这时跳舞的对数,如果在整个过程中,每次跳舞的人数均少于 n 队,那么恒有 $a_1 b_i + a_2 b_{i+1} + \cdots + a_{2n} b_{i-1} > 0$ ($i = 1, 2, \cdots, 2n$),从而总和

$$0 < \sum_{i=1}^{2n} (a_1 b_i + a_2 b_{i+1} + \cdots + a_{2n} b_{i-1})$$
$$= (a_1 + a_2 + \cdots + a_{2n})(b_1 + b_2 + \cdots + b_{2n}) \qquad ②$$

由式①与式②矛盾知,至少有一次跳舞的人数不少于 n 对.

18. 每两个点间至多可得 2 段长度不同的弧(一段优弧和一段劣弧),于是 k 个点至多可得 $k(k-1)$ 个弧长值.对于 p_{21},有 20 个不同的弧长值,令 $k(k-1) \geqslant 20$,得 $k \geqslant 5$.当 $k=5$ 时,存在相应的 $T_{21} = (1,3,10,2,5)$,所以 $p_{21} = 5$(图 1.23).

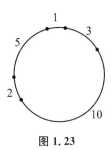

图 1.23

对于 p_{31},有 30 个不同的弧长值,令 $k(k-1) \geqslant 30$,得 $k \geqslant 6$.

当 $k=6$ 时,存在相应的 $T_{31} = (1,2,7,4,12,5)$,$(1,2,5,4,6,13)$,$(1,3,2,7,8,10)$,$(1,3,6,2,5,14)$,$(1,7,3,2,4,14)$ 等,所以 $p_{31} = 6$(图 1.24).

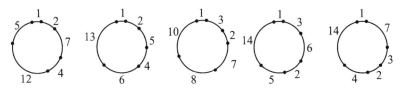

图 1.24

19. 设共有 m 个红色的小立方体,取出 $n \times n \times n$ 的立方体的第一层,在该层每个正方形小格子中标上此格(含此格)正下方 n 个 $1 \times 1 \times 1$ 的小立方体中红色小立方体的个数,得到一个 $n \times n$ 的数表,m 为该数表中全部数之和,该数表有下述性质:若数表中某格中所填数为 O,则该数表中此格所在行与列共有 $2n-1$ 个小方格数之

和小于 n.

在数表中所有的行和与列和中,不妨设第一行的行和最小,最小值为 l,其中有 k 个 0,所在的列和都不小于 $n-l$,而 $n-k$ 个非零数所在的列和都不小于 l(因为 l 为行和、列和中的最小值),因此,$m \geq k(n-l)+(n-k)l$,且 $k+1 \geq n$.

当 $l \leq \dfrac{n}{2}$ 时,$m \geq (n-2l)k+nl \geq (n-2l)(n-l)+nl = (n-l)^2+l^2 \geq \left[\dfrac{n^2+1}{2}\right]$;

当 $l > \dfrac{n}{2}$ 时,$m \geq nl > \left[\dfrac{n^2+1}{2}\right]$,故 $m \geq \left[\dfrac{n^2+1}{2}\right]$. 下证:$m = \left[\dfrac{n^2+1}{2}\right]$ 是可以取到的. 首先,构造循环数表 A,B,其中 $k = \left[\dfrac{n+1}{2}\right]$:

$$A = \begin{pmatrix} 1 & 2 & \cdots & k \\ 2 & 3 & \cdots & 1 \\ \vdots & \vdots & & \vdots \\ k & 1 & \cdots & k-1 \end{pmatrix}, \quad B = \begin{pmatrix} k+1 & k+2 & \cdots & n \\ k+2 & k+3 & \cdots & k+1 \\ \vdots & \vdots & & \vdots \\ n & k+1 & \cdots & n-1 \end{pmatrix}$$

再构造 $n \times n$ 数表:$\begin{pmatrix} A & 0 \\ 0 & B \end{pmatrix}$,其中右上角的"0"表示由数字 0 构成的 $k \times (n-k)$ 数表,左下角的"0"表示由数字 0 构成的 $(n-k) \times k$ 数表,该数表非零数所在格正上方有一个红色的小立方体,此数表示这个红色小立方体所在层数,这种染色满足要求,此时 $m = k^2 + (n-k)^2 = \left[\dfrac{n^2+1}{2}\right]$. 故至少需 $\left[\dfrac{n^2+1}{2}\right]$ 个红色小立方体.

20.(1)设 $n = 2k+1$,对 k 归纳. 当 $k = 2$ 时,凸 5 边形及对角线可以划分为 $\triangle A_1 A_3 A_5$,$\triangle A_2 A_4 A_5$ 与四边形 $A_1 A_2 A_3 A_4$.

设结论对 $k-1$ 成立,考察 $2k+1$ 边形 $A_1 A_2 \cdots A_{2k+1}$. 由归纳假

设,凸 $2k-1$ 边形: $A_2A_3\cdots A_kA_{k+2}A_{k+3}\cdots A_{2k+1}$ 及所有对角线可以划分为若干个子凸多边形,去掉这些子凸多边形,剩下由 A_1 和 A_{k+1} 引出的边或对角线. 这些线可以划分为一个 $\triangle A_1A_{k+1}A_{2k+1}$ 和 $k-1$ 个四边形: $A_1A_jA_{k+1}A_{k+j}(j=2,3,\cdots,k)$. 所以结论成立.

(2) 在(1)的构造中,设凸 $2k+1$ 边形及对角线被划分为 a_k 个子凸多边形,则 $a_2=3, a_k=k+a_{k-1}(k\geqslant 3)$. 于是 $a_k=k+(k-1)+\cdots+3+a_2=\dfrac{k(k+1)}{2}$.

这样,凸 $n=2k+1$ 边形被划分为 $\dfrac{n^2-1}{8}$ 个子多边形,即 $m=\dfrac{n^2-1}{8}$.

对任意的一个划分,我们按下列规则对所有边及对角线赋值:

设线段 $A_iA_j(i<j)$ 为子凸多边形 S 的边,若在 S 关于 A_iA_j 的异侧共有 $t-1$ 个原凸 n 边形的顶点,则将 A_iA_j 赋值 t.

易知,每个子凸多边形各边赋值的和为 n,所以 m 个子多边形各边赋值的总和为 mn.

设 A_iA_j 的赋值为 a_{ij},则 $a_{ij}=\min\{j-i, n+i-j\}$,所以
$$mn=\sum_{1\leqslant i<j\leqslant n}a_{ij}\geqslant \sum_{1\leqslant i<j\leqslant n}\min\{j-i,n+i-j\}=1\times n+2\times n+\cdots+(n-1)\times\dfrac{n}{2}=n\cdot\dfrac{n^2-1}{8},$$
所以 $m\geqslant\dfrac{n^2-1}{8}$,故 $m_{\min}=\dfrac{n^2-1}{8}$.

另解:(1) 设 $n=2k+1$,由同构性质,不妨取正 $2k$ 边形及其外接圆上另一点 A 作为凸 $2k+1$ 边形的顶点,现在将其所有边及对角线划分为若干个无公共边的子凸多边形.

先取出图中的所有矩形,任何两个矩形没有公共边,这些矩形包含了正 $2k$ 边形的所有非直径的边及对角线,剩下 k 条直径与点 A

构成 k 个无公共边的三角形,于是这些矩形和三角形合乎条件.

(2) 先证明上述取法中矩形和三角形的个数之和为 $m = \dfrac{n^2-1}{8}$.

实际上,所有矩形用去了 $C_{2k}^2 - k$ 条线段,所以共有 $\dfrac{C_{2k}^2 - k}{4} = \dfrac{k(k-1)}{2}$ 个矩形,连同 k 个三角形,得 $m = \dfrac{k(k-1)}{2} + k = \dfrac{n^2-1}{8}$.

下面证明 $m \geqslant \dfrac{n^2-1}{8}$.

对多边形的每条边标上数 1,对每条对角线标上一个数 x,使 x 是此对角线"跨过"的边数(取较小的一段),这样,共有 n 个 1,n 个 2,$\cdots$,n 个 k,所有标数之和为 $n \cdot \dfrac{k(k+1)}{2}$. 而每个子凸多边形上的标数之和至多为 n,所以至少要用 $n \cdot \dfrac{k(k+1)}{2n} = \dfrac{k(k+1)}{2} = \dfrac{n^2-1}{8}$ 个子凸多边形才能覆盖所有的边及对角线. 综上所述,$m_{\min} = \dfrac{n^2-1}{8}$.

21. 我们先证明引理:设 P 是 $n \times n$ $(n > 1)$ 棋盘的 1×2 骨牌的饱和覆盖,则骨牌数 $|P| \geqslant \left[\dfrac{n^2+2}{3}\right]$.

称 $n \times n$ 棋盘的两个相邻(具有公共边)的格为一个"板块". 如果一个板块的 2 个格都在棋盘的边界上,则称此板块为"外板块",否则称为"内板块".

记每个外板块的分值为 1.5 分,每个内板块的分值为 1 分. 将这些分值分配给棋盘中覆盖的骨牌:如果一个板块只与一张骨牌相交(有公共格),则该骨牌可获得此板块的全部分值. 若一个板块同时与 k 张骨牌相交,则每张骨牌同时分得此板块分值的 $\dfrac{1}{k}$.

考察第一行中一张横向的骨牌 A,它下方的 2 个格 a,b 中至少一个,设为 a,被另一张骨牌盖住,于是,含有格 a 的板块的分值至多一半属于 A.利用这一事实,穷举所有可能位置的骨牌,可知每张骨牌的得分不多于 6.而且,得分为 6 的骨牌同时满足如下条件:(1) 不能覆盖棋盘角上的格.(2) 不能与另一张骨牌的长度为 1 的边界相邻.

在棋盘的饱和覆盖中,每个板块的分值都被分掉.因为共有 $4(n-1)$ 个外板块,$2(n-1)(n-2)$ 个内板块,所有分值的和为 $4(n-1)\times 1.5+2(n-1)(n-2)\times 1=2(n^2-1)$,于是,骨牌数目 $|P|\geqslant \dfrac{2(n^2-1)}{6}=\dfrac{n^2-1}{3}$.

如果骨牌数 $|P|=\dfrac{n^2-1}{3}$,则 n 不是 3 的倍数,且每张骨牌的得分都是 6.考察棋盘中任意一张骨牌,不妨设是横向的.如果它不位于最下一行,则它下方的 2 个格中至少有一个被一张骨牌盖住,由断言(2),这张骨牌也是横向骨牌.再考虑此骨牌,如果它仍不位于最下一行,则它下方的 2 个格中至少有一个被一张骨牌盖住,由断言(2),这张骨牌也是横向骨牌……如此下去,得到一条骨牌链,一直延伸到最后一行.同样,此链也一直延伸到最上一行.此外,如果棋盘中有纵向骨牌,同样得到一条骨牌链,从最左边一列一直延伸到最右边一列.这两个骨牌链必然相交,矛盾.于是,棋盘中的所有骨牌都是横向的.

考察第一行,由断言(1),a_{11} 是空格,于是,a_{12},a_{13} 被一张骨牌盖住,再由断言(2),a_{14} 是空格,如此下去,每空一格盖 2 格,注意到 n 不是 3 的倍数,从而 $n\equiv 1\pmod 3$.再考察第二行,因为 a_{11} 是空格,由断言(1),a_{21},a_{22} 被一张骨牌盖住,再由断言(2),a_{23} 是空格,如此下去,每盖 2 格空一格,注意到 n 不是 3 的倍数,从而 $n\equiv 2\pmod 3$,

矛盾.所以$|P|>\dfrac{n^2-1}{3}$,于是$3|P|>n^2-1$,所以$3|P|\geqslant n^2$,即$|P|\geqslant\dfrac{n^2}{3}$,所以$|P|\geqslant\left[\dfrac{n^2+2}{3}\right]$,引理获证.

解答原题.当一只棋跳过与它相邻的一只棋到达一个空格时,将该棋原来位置及跳过的那只棋的位置放置一张骨牌(允许骨牌重叠).当不能继续操作时,$n\times n$正方形中没有相邻的空格,从而是饱和覆盖.如果存在骨牌A,A与另外的骨牌重叠或A露出$n\times n$正方形外,则拿走骨牌A.但若拿走骨牌A后棋盘不再是饱和覆盖,则A原来盖住的格之一,设为a,在A拿走后变成空格且a与另一空格相邻,此时,将A再放在这两个相邻的空格中,使a仍被盖住,棋盘仍被饱和覆盖.反复进行这样的操作,可得到任何骨牌互不重叠的饱和覆盖,于是,由引理,骨牌数不少于$\left[\dfrac{n^2+2}{3}\right]$,即操作次数不少于$\left[\dfrac{n^2+2}{3}\right]$,证毕.

22. 所求的自然数是一切不被3整除的自然数.

当$n=2$时,放在2×2正方形棋盘中的棋子可完成操作(图1.25),从而$n=2$可行,结论成立,其中横跳a_{ij}记为(a_{ij}),纵跳a_{ij}记为$[a_{ij}]$.

图1.25

另外,放在2×3正方形棋盘中的棋子可借助一个与其相邻的空行,按要求操作,去掉其中的一行棋子,这若干个操作合成一个"大操作"A(图1.26).

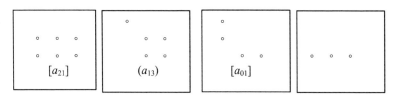

图 1.26

这样,当 $n=4$ 时,通过操作 A,先后横向去掉上边 3 只棋,再纵向去掉右边 3 只棋,最后横向去掉下边 6 只棋,剩下 4 只棋(图 1.27).

图 1.27

接着按图 1.28 操作,直至剩下一只棋,从而 $n=4$ 可行.

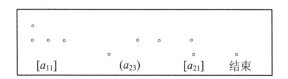

图 1.28

当 $n=5$ 时,可按图 1.29,通过操作 A,依次去掉右、上、左、下若干个 3-棋组,化归为图 1.27 的情形.

当 $3\nmid n$,且 $n>5$ 时,可按图 1.30,依次去掉右、上、左若干个 3-棋组,化归为 $(n-3)\times(n-3)$ 的情形.

另一方面,当 $3\mid n$ 时,如图 1.31 所示,将各个方格赋值,其中 $\omega=-\dfrac{1}{2}+\dfrac{\sqrt{3}}{2}\mathrm{i}$.

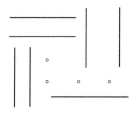

图 1.29

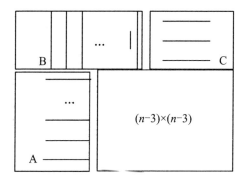

图 1.30

$$\begin{array}{ccccccc} \cdots & 1 & \omega & \omega^2 & 1 & \omega & \omega^2 & \cdots \\ \cdots & \omega & \omega^2 & 1 & \omega & \omega^2 & 1 & \cdots \\ \cdots & \omega^2 & 1 & \omega & \omega^2 & 1 & \omega & \cdots \\ \cdots & 1 & \omega & \omega^2 & 1 & \omega & \omega^2 & \cdots \end{array}$$

图 1.31

记棋盘中各个棋子占住的方格中各数之和为 S,则 S 在操作中广义模 2 不变(这里的广义模 2 是将代数和中 2 的整数倍及 2ω 的整数倍去掉).

实际上,左横跳 1:去掉 1,ω^2 号棋,增加 ω 号棋,S 的增量为 $\omega - 1 - \omega^2 = 2\omega \equiv 0$;右横跳 1:去掉 1,$\omega$ 号棋,增加 ω^2 号棋,S 的增量为 $\omega^2 - 1 - \omega = -2 - 2\omega \equiv 0$.

左横跳 ω：去掉 ω，1 号棋，增加 ω^2 号棋，S 的增量为 $\omega^2-1-\omega=-2-2\omega\equiv 0$；右横跳 ω：去掉 ω，ω^2 号棋，增加 1 号棋，S 的增量为 $1-\omega^2-\omega=2\equiv 0$.

左横跳 ω^2：去掉 ω^2，ω 号棋，增加 1 号棋，S 的增量为 $1-\omega^2-\omega=2\equiv 0$；右横跳 ω^2：去掉 ω^2，1 号棋，增加 ω 号棋，S 的增量为 $\omega-1-\omega^2=2\omega\equiv 0$.

由于 $3\mid n$，而连续 3 格的和为 0，所以最初有 $S=0$.

若最终只剩下一只棋，则 $S\equiv 1$，ω，或 $\omega^2=-1-\omega\neq 0$，矛盾.

另解：将棋盘中填入 A,B,C 三个字母取代图 1.32 中的三种数，记棋子覆盖的 A,B,C 的个数分别为 $S(A),S(B),S(C)$.

$$\cdots\ A\ B\ C\ A\ B\ C\ \cdots$$
$$\cdots\ B\ C\ A\ B\ C\ A\ \cdots$$
$$\cdots\ C\ A\ B\ C\ A\ B\ \cdots$$
$$\cdots\ A\ B\ C\ A\ B\ C\ \cdots$$

图 1.32

操作中，有 $S(A)-S(B)$，$S(B)-S(C)$，$S(C)-S(A)$ 的奇偶性不变（每次操作某两类减少 1，另一类增加 1，而增加 1 者在模的理解下也是减少 1）.

当 $3\mid n$ 时，最初有 $S(A)\equiv S(B)\equiv S(C)\pmod 2$，从而最终也有 $S(A)\equiv S(B)\equiv S(C)\pmod 2$，故不可能最后恰剩下一只棋.

本章介绍的改造命题的一种方式为叠合.所谓叠合,就是将若干个相同的数学对象按一定的规则重叠在一起.若干对象叠合后,构成对象的对应元素在同一位置重叠,将重叠的元素按照一定的法则进行运算,由此产生新的元素,得到新的数学对象,通过对新对象的讨论,发掘原对象具有的某些性质.

2.1 倒序叠合

如果构成对象的元素按一定的顺序排成了一个序列,我们称这样的对象为"线性对象"或"一维对象".

对于"线性对象",可将构成对象的一系列元素反序排列,得到一个由这些元素构成的新的对象,然后将新旧两个对象按照已有的顺序对应叠合在一起,以产生由"新元素"构成的全新的数学对象.

例1 设$\{a_n\}$是等差数列,求证:$C_n^0 a_1 + C_n^1 a_2 + \cdots + C_n^n a_{n+1} = (a_1 + a_{n+1})2^{n-1}$.

分析与证明 注意到等式右边含有$a_1 + a_{n+1}$,由此联想到等差数列的性质:

$$a_1 + a_{n+1} = a_2 + a_n = \cdots = a_{n+1} + a_1$$

想到应将等式左边的式子倒序叠合,于是,令

2 叠 合

$$M = C_n^0 a_1 + C_n^1 a_2 + \cdots + C_n^n a_{n+1}$$

则

$$M = C_n^n a_{n+1} + C_n^{n-1} a_n + \cdots + C_n^0 a_1$$

两式相加,得

$$2M = (C_n^0 a_1 + C_n^n a_{n+1}) + (C_n^1 a_2 + C_n^{n-1} a_n) + \cdots + (C_n^n a_{n+1} + C_n^0 a_1)$$
$$= C_n^0 (a_1 + a_{n+1}) + C_n^1 (a_2 + a_n) + \cdots + C_n^n (a_{n+1} + a_1)$$
$$= (C_n^0 + C_n^1 + \cdots + C_n^n)(a_1 + a_{n+1})$$
$$= (a_1 + a_{n+1}) 2^n$$

故

$$C_n^0 a_1 + C_n^1 a_2 + \cdots + C_n^n a_{n+1} = (a_1 + a_{n+1}) 2^{n-1}$$

例 2 求证:$\dfrac{1}{n+1} + \dfrac{1}{n+2} + \cdots + \dfrac{1}{2n} < \dfrac{3}{4}$.

分析与证明 不等式各项的分母构成一个等差数列,可用倒序叠合方法.

设 $S = \dfrac{1}{n+1} + \dfrac{1}{n+2} + \cdots + \dfrac{1}{2n}$,则由倒序叠合,有

$$2S = \left(\dfrac{1}{n+1} + \dfrac{1}{2n}\right) + \left(\dfrac{1}{n+2} + \dfrac{1}{2n-1}\right) + \cdots + \left(\dfrac{1}{n+1} + \dfrac{1}{2n}\right)$$

因为

$$\dfrac{1}{n+i} + \dfrac{1}{n+(n-i+1)} = \dfrac{3n+1}{(n+i)(2n-i+1)}$$
$$= \dfrac{3n+1}{2n^2 + ni + n - i^2 + i}$$
$$= \dfrac{3n+1}{2n^2 + ni + n - i^2 + i}$$
$$= \dfrac{3n+1}{2n^2 + n + i(n-i) + i}$$
$$\leq \dfrac{3n+1}{2n^2 + n + (n-i) + i} = \dfrac{3n+1}{2n^2 + 2n}$$

所以

$$2S = \sum_{i=1}^{n}\left(\frac{1}{n+i} + \frac{1}{n+(n-i+1)}\right) \leqslant \sum_{i=1}^{n}\frac{3n+1}{2n^2+2n}$$

$$= n \cdot \frac{3n+1}{2n^2+2n} = \frac{3n+1}{2n+2} < \frac{3}{2}$$

故 $S < \frac{3}{4}$.

例3 设 $a > 0, n \in \mathbf{N}, n > 1$,求证:$\dfrac{1+\sum_{k=1}^{n}a^k}{\sum_{k=1}^{n-1}a^k} \geqslant \dfrac{n+1}{n-1}$.

分析与证明 不等式的左右两边都是"假分式",结构比较复杂,先分离整数部分将其简化.原不等式等价于

$$\frac{1+\sum_{k=1}^{n-1}a^k + a^n}{\sum_{k=1}^{n-1}a^k} \geqslant \frac{2+(n-1)}{n-1}$$

$$\frac{1+a^n}{\sum_{k=1}^{n-1}a^k} \geqslant \frac{2}{n-1}$$

$$(1+a^n)(n-1) \geqslant 2\sum_{k=1}^{n-1}a^k$$

注意到上述不等式右边是 $n-1$ 个项的和,我们把其左边也写成 $n-1$ 个项的和的形式,则不等式又变为

$$\sum_{k=1}^{n-1}(1+a^n) \geqslant 2\sum_{k=1}^{n-1}a^k$$

因为上述不等式左边各项 a 的指数都是 n,而右边各项 a 的指数分别为 $1,2,3,\cdots,n-1$,由此想到将右边的式子倒序叠合,则叠合的对应的指数相加即为 n.这样,不等式又变为

$$\sum_{k=1}^{n-1}(1+a^n) \geqslant \sum_{k=1}^{n-1}(a^k + a^{n-k})$$

至此,找一个充分条件,期望有 $1+a^n \geqslant a^k + a^{n-k}$,这个做差比

较即可
$$1 + a^n - a^k - a^{n-k} = (1-a^k)(1-a^{n-k}) \geqslant 0$$
综上所述,不等式获证.

例4(第35届IMO试题) 设 $m, n \in \mathbf{N}, a_1, a_2, \cdots, a_m$ 是集合 $\{1, 2, \cdots, n\}$ 中的不同元素,且满足:若 $a_i + a_j \leqslant n (1 \leqslant i \leqslant j \leqslant m)$,则存在 $k(1 \leqslant k \leqslant m)$,使 $a_i + a_j = a_k$,求证:$\sum_{i=1}^{m} \dfrac{a_i}{m} \geqslant \dfrac{n+1}{2}$.

分析与证明 为叙述方便,不妨设 $a_1 < a_2 < \cdots < a_m$,记 $P = \{a_1, a_2, \cdots, a_m\}, X = \{1, 2, \cdots, n\}$,则依题意,$P$ 是 X 的子集.

本题的条件非常别扭,它属于一种"存在型"条件,如果从正面运用此条件,则在"$a_i + a_j \leqslant n$"$(1 \leqslant i \leqslant j \leqslant m)$ 的前提下,必定存在 $k(1 \leqslant k \leqslant m)$,使 $a_i + a_j = a_k$,这等价于 $a_i + a_j \in P = \{a_1, a_2, \cdots, a_m\}$. 但 $a_i + a_j \in P$ 与所证的不等式相去甚远.

从反面来理解上述条件,可知条件等价于:

如果 $a_i + a_j \notin P$,则必有 $a_i + a_j \geqslant n+1$ ①

此时的条件①与所证的不等式则比较接近.

现在考察目标:$\sum_{i=1}^{m} \dfrac{a_i}{m} \geqslant \dfrac{n+1}{2}$,去分母后即为

$$2\sum_{i=1}^{m} a_i \geqslant m(n+1)$$

注意到上述不等式左边是 m 个项的和,我们把其右边也写成 m 个项的和的形式,则不等式又变为

$$2\sum_{i=1}^{m} a_i \geqslant \sum_{i=1}^{m} (n+1)$$

为了构造形如条件①左边"$a_i + a_j$"的式子,想到将上述不等式左边的式子倒序叠合,这样,不等式又变为

$$\sum_{i=1}^{m} (a_i + a_{m+1-i}) \geqslant \sum_{i=1}^{m} (n+1)$$

至此,找一个充分条件,期望对任何自然数 $i \leq m$,有
$$a_i + a_{m+1-i} \geq n+1 \qquad ②$$

用反证法,设有某个 i,使 $a_i + a_{m-i+1} \leq n$. 由于
$$a_1 + a_{m-i+1} < a_2 + a_{m-i+1} < \cdots < a_{i-1} + a_{m-i+1}$$
$$\leq a_i + a_{m-i+1} \leq n$$

则由题设条件可知,$a_1 + a_{m-i+1}, a_2 + a_{m-i+1}, \cdots, a_{i-1} + a_{m-i+1} \in P$.

由 $a_1 + a_{m-i+1} \in P$ 及 $a_1 + a_{m-i+1} > a_{m-i+1}$,得(至少是下一个项)
$$a_1 + a_{m-i+1} \geq a_{m-i+2}$$

由 $a_2 + a_{m-i+1} \in P$ 及 $a_2 + a_{m-i+1} > a_1 + a_{m-i+1} \geq a_{m-i+2}$,得
$$a_2 + a_{m-i+1} \geq a_{m-i+3}$$

如此下去,有
$$a_{i-1} + a_{m-i+1} \geq a_{m-i+i} = a_m$$

所以 $a_i + a_{m-i+1} > a_m$(超出边界值),于是 $a_i + a_{m-i+1} \notin \{a_1, \cdots, a_m\}$.

再利用①,有 $a_i + a_{m-i+1} \geq n+1 (i=1,2,\cdots,m)$,与假设矛盾.

综上所述,不等式获证.

例5(2013年中国数学奥林匹克试题) 给定整数 $n \geq 2$,设 n 个非空有限集 $A_1, A_2, \cdots, A_n$ 满足:对任意 $i, j \in \{1, 2, \cdots, n\}$,有 $|A_i \Delta A_j| = |i-j|$,求 $|A_1| + |A_2| + \cdots + |A_n|$ 的最小值. 这里,$|X|$ 表示有限集合 X 的元素个数,对于集合 X, Y,规定 $X \Delta Y = \{a \mid a \in X, a \notin Y\} \cup \{a \mid a \in Y, a \notin X\}$.

分析与解 先考虑如何使条件接近目标. 由于 $|A_i \Delta A_j| = |i-j|$,这自然要研究 $|A_i| + |A_j|$ 与 $|A_i \Delta A_j|$ 的关系,由 $X \Delta Y$ 的定义可知
$$|A_i| + |A_j| \geq |A_i \Delta A_j| \qquad (*)$$

2 叠 合

但这一估计并不精确,有些情况下等号不成立,比如,当 $|A_i \triangle A_j| = 1$ 时,上述不等式可以改进为 $|A_i| + |A_j| \geqslant 3$.

实际上,若 $|A_i| + |A_j| \leqslant 2$,而 A_i, A_j 非空,从而 $|A_i| = |A_j| = 1$. 设 $A_i = \{a\}, A_j = \{b\}$,则当 $a = b$ 时,$|A_i \triangle A_j| = 0$;当 $a \neq b$ 时,$|A_i \triangle A_j| = 2$,矛盾.

记 $S_n = |A_1| + |A_2| + \cdots + |A_n|$,为了利用不等式 $(*)$,我们需要构造若干个形如 $|A_i| + |A_j|$ 的式子,由此想到将 S_n 倒序叠合,于是

$$2S_n = (|A_1| + |A_n|) + (|A_2| + |A_{n-1}|)$$
$$+ \cdots + (|A_n| + |A_1|)$$

考察其"通项" $|A_i| + |A_{n+1-i}|$,由不等式 $(*)$,我们有

$$|A_i| + |A_{n+1-i}| \geqslant |A_i \triangle A_{n+1-i}|$$

但当 i 与 $n+1-i$ 是相邻正整数时,由题给条件,有 $|A_i \triangle A_{n+1-i}| = |i - (n+1-i)| = 1$,此时上面的不等式右边可以改进为 3. 什么时候 i 与 $n+1-i$ 是相邻正整数呢? 这需要分 n 为奇、偶数两种情况讨论.

当 n 为偶数时,令 $n = 2k$,则

$$2S_{2k} = (|A_1| + |A_{2k}|) + (|A_2| + |A_{2k-1}|) + \cdots$$
$$+ (|A_{2k}| + |A_1|)$$

取 $i = k$,有 i 与 $n+1-i$ 是相邻正整数,于是

$$|A_i| + |A_{2k+1-i}| \geqslant |A_i \triangle A_{2k+1-i}|$$
$$= 2k+1-2i \quad (i = 1, 2, \cdots, k-1)$$

$$|A_k| + |A_{k+1}| \geqslant 3$$

此时

$$2S_{2k} = (|A_1| + |A_{2k}|) + (|A_2| + |A_{2k-1}|)$$
$$+ \cdots + (|A_{2k}| + |A_1|)$$

$$= 2\sum_{i=1}^{k-1}(|A_i|+|A_{2k+1-i}|) + 2(|A_k|+|A_{k+1}|)$$

$$\geq 2\sum_{i=1}^{k-1}(2k+1-2i) + 3 = 2k^2 + 4$$

所以 $S_{2k} \geq k^2 + 2 \geq \dfrac{n^2}{4} + 2 = \left[\dfrac{n^2}{4}\right] + 2.$

当 n 为奇数时，令 $n = 2k+1$，则

$$2S_{2k+1} = (|A_1|+|A_{2k+1}|) + (|A_2|+|A_{2k}|)$$
$$+ \cdots + (|A_{2k+1}|+|A_1|)$$

此时，对任何 i，都有 i 与 $n+1-i$ 不相邻，但取 $i=k$，则 i 与 $n+1-i$ 很接近，仅相差 2，若仍用不等式（*）来估计则太弱，因为此时只能得到 $|A_k|+|A_{k+2}| \geq 2$，而我们却有 $|A_k|+|A_{k+1}| \geq 3$，于是，应调整上述叠合方式，对于连续 3 项：$|A_k|,|A_{k+1}|,|A_{k+2}|$，我们将 $|A_k|$，$|A_{k+1}|$ 叠合在一起，而 $|A_{k+2}|$ 则单独估计，于是，我们有

$$|A_i| + |A_{2k+2-i}| \geq |A_i \Delta A_{2k+2-i}|$$
$$= 2k+2-2i \quad (i=1,2,\cdots,k-1)$$
$$|A_k|+|A_{k+1}| \geq 3, \quad |A_{k+2}| \geq 1$$

此时，

$$2S_{2k+1} = (|A_1|+|A_{2k+1}|) + (|A_2|+|A_{2k}|)$$
$$+ \cdots + (|A_{2k+1}|+|A_1|)$$
$$= 2\sum_{i=1}^{k-1}(|A_i|+|A_{2k+2-i}|)$$
$$+ 2(|A_k|+|A_{k+1}|) + 2|A_{k+2}|$$
$$\geq 2\sum_{i=1}^{k-1}(2k+2-2i) + 2\cdot 3 + 2\cdot 1 = 2k(k+1) + 4$$

所以 $S_{2k+1} \geq k(k+1) + 2 = \dfrac{n^2-1}{4} + 2 = \left[\dfrac{n^2}{4}\right] + 2.$

下面构造合乎条件的 $A_1, A_2, \cdots, A_n$，使 $|A_1| + |A_2| + \cdots +$

2 叠 合

$|A_n| = \left[\dfrac{n^2}{4}\right] + 2.$

首先注意相邻两个集合 A_i, A_{i+1},有 $|A_i \triangle A_{i+1}| = |i+1-i| = 1$,从而 A_i, A_{i+1} 相差一个元素,且其中一个是另一个的子集.

从等号成立的条件入手.

当 n 为奇数时,令 $n = 2k+1$,我们要求 $|A_k| + |A_{k+1}| \geqslant 3$,$|A_{k+2}| \geqslant 1$ 等号都成立.

对称地,将 $|A_k| + |A_{k+1}| + |A_{k+2}|$ 这样搭配:$|A_k| + (|A_{k+1}| + |A_{k+2}|)$,同样有 $|A_k| \geqslant 1$,$|A_{k+1}| + |A_{k+2}| \geqslant 3$ 等号都成立.

于是,我们有 $|A_k| = |A_{k+2}| = 1$,$|A_{k+1}| = 2$.

由此想到构造包含链:$A_1 \supset A_2 \supset A_3 \supset \cdots \supset A_k$,$A_k \subset A_{k+1} \supset A_{k+2}$,$A_{k+2} \subset A_{k+3} \subset \cdots \subset A_{2k+1}$. 令

$A_1 = \{1, 2, \cdots, k\}$

$A_2 = \{2, 3, \cdots, k\}$

$A_3 = \{4, 4, \cdots, k\}$

……

$A_{k-1} = \{k-1, k\}$

$A_k = \{k\}$

$A_{k+1} = \{k, k+1\}$

$A_{k+2} = \{k+1\}$

$A_{k+3} = \{k+1, k+2\}$

$A_{k+4} = \{k+1, k+2, k+3\}$

……

$A_{2k} = \{k+1, k+2, \cdots, 2k-1\}$

$A_{2k+1} = \{k+1, k+2, \cdots, 2k\}$

那么,对任何 $1 \leqslant i < j \leqslant 2k+1$,我们证明 $|A_i \triangle A_j| = |i - j|$.

(1) 当 $1 \leqslant i \leqslant k$ 时,有 $j \geqslant k+1$.

若 $j = k+1$,则 $A_i \cap A_j = \{k\}$,于是

$|A_i \triangle A_j| = |A_i| + |A_j| - 2|A_i \cap A_j| = (k+1-i) + 2 - 2$
$= k + 1 - i = j - i$

若 $j \geqslant k+2$,则 $A_i \cap A_j = \varnothing$,于是

$|A_i \triangle A_j| = |A_i| + |A_j| - 2|A_i \cap A_j|$
$= (k+1-i) + (j-k-1) = j - i$

(2) 当 $i = k+1$ 时,有 $j \geqslant k+2$, $A_i \cap A_j = \{k+1\}$,于是

$|A_i \triangle A_j| = |A_i| + |A_j| - 2|A_i \cap A_j| = 2 + (j-k-1) - 2$
$= j - k - 1 = j - i$

(3) 当 $i \geqslant k+2$ 时,有 $A_i \cap A_j = A_i$,于是

$|A_i \triangle A_j| = |A_i| + |A_j| - 2|A_i \cap A_j| = |A_j| - |A_i|$
$= (j-k-1) - (i-k-1) = j - i$

所以 $A_1, A_2, \cdots, A_{2k+1}$ 满足对任何 $1 \leqslant i < j \leqslant 2k+1$,有 $|A_i \triangle A_j| = |i - j|$.

此时

$|A_1| + |A_2| + \cdots + |A_n|$
$= [k + (k-1) + \cdots + 1] + 2 + (1 + 2 + \cdots + k)$
$= k(k+1) + 2 = \left[\dfrac{n^2}{4}\right] + 2$

当 n 为偶数时,令 $n = 2k$,我们取上述 $2k+1$ 个集合中的前 $2k$ 个集合 $A_1, A_2, \cdots, A_{2k}$,它们显然满足对任何 $1 \leqslant i < j \leqslant 2k$,有 $|A_i \triangle A_j| = |i - j|$.

此时,

$|A_1| + |A_2| + \cdots + |A_n|$
$= [k + (k-1) + \cdots + 1] + 2 + [1 + 2 + \cdots + (k-1)]$
$= [k + (k-1) + \cdots + 1] + 2 + [1 + 2 + \cdots + (k-1) + k] - k$
$= k(k+1) + 2 - k = k^2 + 2 = \left[\dfrac{n^2}{4}\right] + 2$

2 叠 合

综上所述,$|A_1|+|A_2|+\cdots+|A_n|$ 的最小值为 $\left[\dfrac{n^2}{4}\right]+2$.

例6 设 $a \geqslant b \geqslant c > 0, a+b+c = 3$,求证:
$$\frac{b}{a}+\frac{c}{b}+\frac{a}{c} \geqslant 3+4|(a-1)(b-1)(c-1)|$$

分析与证明 本题原来的证明非常复杂,我们利用倒序叠合方法,给出一个简单的证明.令
$$S = \frac{b}{a}+\frac{c}{b}+\frac{a}{c}$$

则注意到 $a \geqslant b \geqslant c > 0$,我们有

$$\left(\frac{b}{a}+\frac{c}{b}+\frac{a}{c}\right)-\left(\frac{a}{b}+\frac{b}{c}+\frac{c}{a}\right)$$

$$= \frac{b-c}{a}+\frac{c-a}{b}+\frac{a-b}{c}$$

$$= \frac{b-c}{a}+\frac{c-b}{b}+\frac{b-a}{b}+\frac{a-b}{c}$$

$$= (b-c)\left(\frac{1}{a}-\frac{1}{b}\right)+(b-a)\left(\frac{1}{b}-\frac{1}{c}\right)$$

$$= \frac{(b-c)(b-a)}{ab}+\frac{(b-a)(c-b)}{bc}$$

$$= \frac{(b-c)(a-b)(a-c)}{abc} \geqslant 0$$

所以

$$2S = \left(\frac{b}{a}+\frac{a}{c}\right)+\left(\frac{c}{b}+\frac{c}{b}\right)+\left(\frac{a}{c}+\frac{b}{a}\right)$$

$$\geqslant \left(\frac{b}{a}+\frac{a}{b}\right)+\left(\frac{c}{b}+\frac{b}{c}\right)+\left(\frac{a}{c}+\frac{c}{a}\right)$$

下面只需证明

$$\left(\frac{b}{a}+\frac{a}{b}\right)+\left(\frac{c}{b}+\frac{b}{c}\right)+\left(\frac{a}{c}+\frac{c}{a}\right)$$

$$\geqslant 6+8|(a-1)(b-1)(c-1)|$$

实际上,令 $x = ab + bc + ca, y = abc$,而 $a + b + c = 3$,从而上式等价于
$$\frac{3x}{y} \geq 9 + 8|y - x + 2|$$

这等价于以下两个不等式同时成立
$$\frac{3x}{y} \geq 8y - 8x + 25 \qquad ①$$

$$\frac{3x}{y} \geq 8x - 8y - 8x - 7 \qquad ②$$

将式①变形为 $(8y+3)x \geq y(8y+25)$,而 $x \geq 3y^{\frac{2}{3}}$,所以只需证明
$$3y^{\frac{2}{3}}(8y+3) \geq y(8y+25)$$

令 $y^{\frac{1}{3}} = z$,则上式等价于
$$(z-1)(8z^3 - 16z^2 + 9) \leq 0$$

由 $3 = a + b + c \geq 3(abc)^{\frac{1}{3}} = 3z$,知 $z \leq 1$.
$$8z^3 - 16z^2 + 9 = 8(1-z)(1+z-z^2) + 1 > 0$$

所以式①成立.

将式②变形为 $(8y-3)x \leq y(8y+7)$. 若 $8y - 3 \leq 0$,则不等式显然成立,下设 $8y - 3 > 0$,则由
$$x = ab + bc + ca \leq \frac{1}{3}(a + b + c)^2 - 3$$

可知只需证明
$$3(8y-3)x \leq y(8y+7)$$

上式等价于
$$(y-1)(9-8y) \leq 0$$

由 $3 = a + b + c \geq 3(abc)^{\frac{1}{3}} = 3y^{\frac{1}{3}}$,知 $y \leq 1$.

所以式②成立.

综上所述,不等式获证.

例7 设 p 为质数,$p \equiv 1 \pmod{4}$,求证:$\left[\left(\frac{p-1}{2}\right)!\right]^2 \equiv -1$

$(\bmod\ p)$.

分析与证明　由证题目标,很容易联想到威尔逊定理:$(p-1)! \equiv -1(\bmod\ p)$. 于是,我们只需证明:$(p-1)! \equiv \left[\left(\dfrac{p-1}{2}\right)!\right]^2$ $(\bmod\ p)$.

因为 $p \equiv 1(\bmod\ 4)$,所以 $\dfrac{p-1}{2}$ 为偶数,利用倒序叠合,有

$$[(p-1)!]^2 = \prod_{i=1}^{p-1}[i(p-i)]$$

$$= \prod_{i=1}^{\frac{p-1}{2}}[i(p-i)] \cdot \prod_{i=\frac{p+1}{2}}^{p-1}[i(p-i)]$$

$$= (\prod_{i=1}^{\frac{p-1}{2}}[i(p-i)])^2$$

$$(p-1)! = \prod_{i=1}^{\frac{p-1}{2}}[i(p-i)] \equiv \prod_{i=1}^{\frac{p-1}{2}}[i(-i)]$$

$$\equiv (-1)^{\frac{p-1}{2}} \prod_{i=1}^{\frac{p-1}{2}}(i^2) \equiv (\prod_{i=1}^{\frac{p-1}{2}} i)^2$$

$$\equiv \left[\left(\dfrac{p-1}{2}\right)!\right]^2 (\bmod\ p)$$

所以结论成立.

例8(第21届 IMO 试题)　设 $p, q \in \mathbf{N}$,且 $\dfrac{p}{q} = 1 - \dfrac{1}{2} + \dfrac{1}{3} - \dfrac{1}{4} + \cdots + \dfrac{1}{1317} - \dfrac{1}{1318} + \dfrac{1}{1319}$,求证:$1979 \mid p$.

分析与证明　首先注意到条件等式中各项分母成等差数列,由此想到倒序叠合的技巧,但需要先将有些符号为负的项转化为符号为正的项. 于是

$$\frac{p}{q} = \left(1 + \frac{1}{2} + \frac{1}{3} + \frac{1}{4} + \cdots + \frac{1}{1317} + \frac{1}{1318}\right)$$
$$\quad - 2\left(\frac{1}{2} + \frac{1}{4} + \cdots + \frac{1}{1318}\right) + \frac{1}{1319}$$
$$= \left(1 + \frac{1}{2} + \frac{1}{3} + \frac{1}{4} + \cdots + \frac{1}{1317} + \frac{1}{1318}\right)$$
$$\quad - \left(1 + \frac{1}{2} + \frac{1}{3} + \cdots + \frac{1}{659}\right) + \frac{1}{1319}$$
$$= \frac{1}{660} + \frac{1}{661} + \cdots + \frac{1}{1318} + \frac{1}{1319}$$

倒序叠合,得

$$2 \cdot \frac{p}{q} = \frac{1979}{660 \times 1319} + \frac{1979}{661 \times 1318} + \cdots + \frac{1979}{1319 \times 660}$$

因为 $660, 661, \cdots, 1319$ 都是 $1319!$ 的因子,所以上式两边同乘以 $q \times 1319!$,有 $1979 \mid 2p(1319!)$.

但 1979 是奇质数,所以 $(1979, 2p(1319!)) = 1$,所以 $1979 \mid p$.

例9 设 p 是大于 3 的奇质数,且 $1 + \frac{1}{2} + \frac{1}{3} + \cdots + \frac{1}{p-1} = \frac{a}{b}$ $(a, b \in \mathbf{N}^*)$,求证: $p^2 \mid a$.

分析与证明 易证 $p \mid a$(见习题 2 第 6 题),可令 $a = pa'$,下证 $p \mid a'$.

倒序叠合,并约去 p 后,得

$$2 \cdot \frac{a'}{b} = \frac{1}{1 \times (p-1)} + \frac{1}{2 \times (p-2)}$$
$$\quad + \frac{1}{3 \times (p-3)} + \cdots + \frac{1}{(p-1) \times 1}$$
$$= 2\sum_{j=1}^{\frac{p-1}{2}} \frac{1}{j \times (p-j)}$$

所以

2 叠 合

$$\frac{a'}{b} = \sum_{j=1}^{\frac{p-1}{2}} \frac{1}{j \times (p-j)}$$

上式两边同乘以 $b \cdot (p-1)!$，去分母，得

$$a' \cdot (p-1)! = b \cdot \sum_{j=1}^{\frac{p-1}{2}} a_j$$

其中 $a_j = \dfrac{(p-1)!}{j \times (p-j)}$.

期望有 $p \mid \sum_{j=1}^{\frac{p-1}{2}} a_j$，由此便得 $p \mid a' \cdot (p-1)! \Rightarrow p \mid a'$，于是关键是研究 a_j 的性质以求出 $\sum_{j=1}^{\frac{p-1}{2}} a_j$.

由威尔逊定理，有 $(p-1)! \equiv -1 \pmod{p}$，而由 $a_j = \dfrac{(p-1)!}{j \times (p-j)}$，得

$$(p-1)! = j(p-j)a_j$$

所以 $j(p-j)a_j \equiv -1 \pmod{p}$，展开，得 $j^2 \cdot a_j \equiv 1 \pmod{p}$.

由熟知的引理（证明附后）可知，对每个 $j \leqslant t$，都有唯一的 $x_j \leqslant t$，使 $j^2 x_j^2 \equiv 1 \pmod{p}$，且 $x_1, x_2, \cdots, x_t$ 是 $1, 2, \cdots, t$ 的一个排列，其中 $t = \dfrac{p-1}{2}$.

于是，$j^2 \cdot a_j \equiv 1 \equiv j^2 x_j^2 \pmod{p}$，又 $(j^2, p) = 1$，所以 $a_j \equiv x_j^2 \pmod{p}$.

由此可见，a_j 是 $a_1, a_2, \cdots, a_t$ 是 $1^2, 2^2, \cdots, t^2$ 的一个排列，所以

$$\sum_{j=1}^{\frac{p-1}{2}} a_j \equiv \sum_{j=1}^{\frac{p-1}{2}} x_j^2 = \sum_{j=1}^{\frac{p-1}{2}} j^2 = \frac{1}{6} \cdot \frac{p-1}{2} \cdot \frac{p+1}{2} \cdot p = \frac{p(p^2-1)}{24}$$

下证 $\dfrac{p^2-1}{24}$ 为整数，即 $24 \mid p^2 - 1$.

因为 p 为奇数，令 $p = 2n+1$，则 $p^2 - 1 = 4n^2 + 4n = 4n(n+1) \equiv 0 \pmod{8}$.

又 p 为质数，且 $p \neq 3$，所以 $p \equiv \pm 1 \pmod 3$，$p^2 - 1 \equiv 0 \pmod 3$.

因为 $(3, 8) = 1$，所以 $24 \mid p^2 - 1$，所以

$$\sum_{j=1}^{\frac{p-1}{2}} a_j \equiv \frac{p(p^2-1)}{24} \equiv 0 \pmod p$$

于是，$a' \cdot (p-1)! = b \cdot \sum_{j=1}^{\frac{p-1}{2}} a_j \equiv 0 \pmod p$.

又 $(p, (p-1)!) = 1$，所以 $a' \equiv 0 \pmod p$，即 $p \mid a'$，故 $p^2 \mid a$.

引理 设 $M = \left\{1, 2, \cdots, \dfrac{p-1}{2}\right\}$，$p$ 为奇质数，则对任何给定的 $j \in M$，都有唯一的 $x_j \in M$，使 $j^2 x_j^2 \equiv 1 \pmod p$，且 $x_1, x_2, \cdots, x_{\frac{p-1}{2}}$ 是 $1, 2, \cdots, \dfrac{p-1}{2}$ 的一个排列.

证明 因为 p 为奇质数，对任何 $j \in M$，有 $(j, p) = 1$，从而 $j, 2j, \cdots, pj$ 构成模 p 的完系，于是，存在唯一的 $k(1 \leqslant k \leqslant p)$，使 $kj \equiv 1 \pmod p$，也存在唯一的 $k'(1 \leqslant k' \leqslant p)$，使 $k'j \equiv -1 \pmod p$.

下面证明 k, k' 中恰有一个属于 M.

注意到 $kj \equiv 1 \pmod p$ 时，有 $(p-k)j = pj - kj \equiv -kj \equiv -1 \pmod p$，再由 k' 的唯一性可知，$k' = p - k$.

又 $k, p-k$ 中恰有一个属于 M（另一个属于 $\left\{\dfrac{p+1}{2}, \dfrac{p+3}{2}, \cdots, p-1\right\}$），从而有唯一的 $x_j \in M (x_j = k$ 或 $p-k)$，使 $jx_j \equiv \pm 1 \pmod p$，即 $(jx_j)^2 \equiv 1 \pmod p$.

此外，如果对 $i, j \in M$，且 $i \neq j$，有 $x_i = x_j$，使 $(ix_i)^2 \equiv 1 \pmod p$，$(jx_j)^2 \equiv 1 \pmod p$，那么 $ix_i \equiv jx_j \pmod p$ 或 $ix_i + jx_j \equiv$

$0 \pmod{p}$,又 $x_i = x_j$,所以 $ix_i \equiv jx_i \pmod{p}$ 或 $ix_i + jx_i \equiv 0 \pmod{p}$,但 $(x_i, p) = 1$,所以 $i \equiv j \pmod{p}$ 或 $i + j \equiv 0 \pmod{p}$,因为 $i, j \in M, 0 < i + j < p - 1$,所以 $i + j \not\equiv 0 \pmod{p}$,于是 $i \equiv j \pmod{p}$,进而 $i = j$,矛盾.

因此 $x_1, x_2, \cdots, x_{\frac{p-1}{2}}$ 互异,所以 $x_1, x_2, \cdots, x_{\frac{p-1}{2}}$ 是 $1, 2, \cdots, \frac{p-1}{2}$ 的一个排列.

例 10(匈牙利数学奥林匹克试题) 设 $0 < p \leqslant a_i \leqslant q$,$b_i$ 是 a_i 的一个排列 $(1 \leqslant i \leqslant n)$,求 $F = \sum_{i=1}^{n} \dfrac{a_i}{b_i}$ 的最值.

分析与解 不妨设 $a_1 \leqslant a_2 \leqslant \cdots \leqslant a_n$,由于函数在闭域中连续,所以 F 存在最大值、最小值. 由排序不等式,有
$$F = \sum_{i=1}^{n} \frac{a_i}{b_i} \geqslant \sum_{i=1}^{n} \frac{a_i}{a_i} = \sum_{i=1}^{n} 1 = n$$
等号在 $a_i = b_i (1 \leqslant i \leqslant n)$ 时成立,所以 $F_{\min} = n$.

对确定的 $a_1 \leqslant a_2 \leqslant \cdots \leqslant a_n$,数列 $(b_1, b_2, \cdots, b_n)$ 还有 $n!$ 种不同顺序,但由排序不等式,有 $F = \sum_{i=1}^{n} \dfrac{a_i}{b_i} \leqslant \sum_{i=1}^{n} \dfrac{a_i}{a_{n+1-i}} = F'$,我们只需考虑 $(b_1, b_2, \cdots, b_n) = (a_n, a_{n-1}, \cdots, a_1)$ 这一种顺序,即只需求 $F' = \sum_{i=1}^{n} \dfrac{a_i}{a_{n+1-i}}$ 的最大值. 利用顺序叠合,得
$$2F' = \sum_{i=1}^{n} \left(\frac{a_i}{a_{n+1-i}} + \frac{a_{n+1-i}}{a_i} \right)$$

观察"代表元": $\dfrac{a_i}{a_{n+1-i}} + \dfrac{a_{n+1-i}}{a_i}$,想到构造形如 $f(x) = x + \dfrac{1}{x}$ 的函数.

因为 $f(x) = x + \dfrac{1}{x}$ 在 $(0, 1]$ 上单调递减,在 $[1, \infty)$ 上单调递增,而由 $p \leqslant a_i \leqslant q$,知 $\dfrac{p}{q} \leqslant \dfrac{a_i}{a_{n+1-i}} \leqslant \dfrac{q}{p}$,所以

$$f\left(\frac{a_i}{a_{n+1-i}}\right) \leqslant \max\left\{f\left(\frac{p}{q}\right), f\left(\frac{q}{p}\right)\right\} = f\left(\frac{p}{q}\right) = \frac{p}{q} + \frac{q}{p}$$

当 n 为偶数时,

$$2F' = \sum_{i=1}^{n}\left(\frac{a_i}{a_{n+1-i}} + \frac{a_{n+1-i}}{a_i}\right) \leqslant n \cdot \left(\frac{p}{q} + \frac{q}{p}\right)$$

$$F' \leqslant \frac{n}{2} \cdot \left(\frac{p}{q} + \frac{q}{p}\right) = n + \left[\frac{n}{2}\right]\left(\sqrt{\frac{p}{q}} - \sqrt{\frac{q}{p}}\right)^2$$

其中等号在 $a_1 = a_2 = \cdots = a_{\frac{n}{2}} = p, a_{\frac{n}{2}+1} = a_{\frac{n}{2}+2} = \cdots = a_n = q$ 时成立,此时,

$$F_{\max} = n + \left[\frac{n}{2}\right]\left(\sqrt{\frac{p}{q}} - \sqrt{\frac{q}{p}}\right)^2$$

当 n 为奇数时,

$$2F' = \sum_{i=1}^{n}\left(\frac{a_i}{a_{n+1-i}} + \frac{a_{n+1-i}}{a_i}\right) \leqslant (n-1) \cdot \left(\frac{p}{q} + \frac{q}{p}\right) + 2$$

$$F' \leqslant \frac{n-1}{2} \cdot \left(\frac{p}{q} + \frac{q}{p}\right) + 1 = n + \left[\frac{n}{2}\right]\left(\sqrt{\frac{p}{q}} - \sqrt{\frac{q}{p}}\right)^2$$

其中等号在 $a_1 = a_2 = \cdots = a_{\frac{n-1}{2}} = a_{\frac{n+1}{2}} = p, a_{\frac{n+3}{2}} = a_{\frac{n+5}{2}} = \cdots = a_n = q$ 时成立,此时,

$$F_{\max} = n + \left[\frac{n}{2}\right]\left(\sqrt{\frac{p}{q}} - \sqrt{\frac{q}{p}}\right)^2$$

故 F 的最小值为 n,最大值为 $n + \left[\frac{n}{2}\right]\left(\sqrt{\frac{p}{q}} - \sqrt{\frac{q}{p}}\right)^2$.

2.2 轮换叠合

如果构成对象的元素按一定的顺序排成了一个平面序阵,比如矩形序阵、正方形序阵、圆形序阵、三角形序阵等,我们称这样的对象为"二维对象".

2 叠 合

对于"二维对象",可将构成对象的一系列元素按照一定的顺序轮换,它通常表现为相关序阵的一个旋转,由此得到一个由这些元素构成的多个新的对象,然后将这些对象按照已有的顺序对应叠合在一起,以产生由"新元素"构成的全新的数学对象.

例1 设 $x_i \in \mathbf{R}^+ (1 \leqslant i \leqslant n)$,$\sum_{i=1}^n x_i = 1$. 求证:

$$\frac{x_1^2}{x_1 + x_2} + \frac{x_2^2}{x_2 + x_3} + \cdots + \frac{x_n^2}{x_n + x_1} \geqslant \frac{1}{2}$$

分析与证明 观察不等式左边各项的分母,它们可以看成是由第一项的分母按 $x_i \to x_{i+1}$ 的顺序反复轮换得到的,它类似于将 x_1,$x_2,\cdots,x_n$ 依次排列在圆周上,形成了一个"二维对象",由此想到可对不等式左边各项的分子 $x_1^2, x_2^2, \cdots, x_n^2$ 采用轮换叠合技巧. 令

$$M = \frac{x_1^2}{x_1 + x_2} + \frac{x_2^2}{x_2 + x_3} + \cdots + \frac{x_n^2}{x_n + x_1}$$

将 M 中各项的分子按 $x_i^2 \to x_{i+1}^2$ 的顺序轮换,分母不变,得到如下一个新的式子

$$N = \frac{x_2^2}{x_1 + x_2} + \frac{x_3^2}{x_2 + x_3} + \cdots + \frac{x_1^2}{x_n + x_1}$$

因为 $\sum_{i=1}^n x_i = 1$,所以

$$M - N = \sum_{i=1}^n \frac{x_i^2}{x_i + x_{i+1}} - \sum_{i=1}^n \frac{x_{i+1}^2}{x_i + x_{i+1}}$$

$$= \sum_{i=1}^n \frac{x_i^2 - x_{i+1}^2}{x_i + x_{i+1}} = \sum_{i=1}^n (x_i - x_{i+1}) = 0$$

所以 $M = N$. 又

$$2M = M + N = \sum_{i=1}^n \frac{x_i^2 + x_{i+1}^2}{x_i + x_{i+1}} \geqslant \frac{1}{2} \cdot \sum_{i=1}^n \frac{(x_i + x_{i+1})^2}{x_i + x_{i+1}}$$

$$= \frac{1}{2} \cdot \sum_{i=1}^n (x_i + x_{i+1}) = 1$$

故 $M \geqslant \dfrac{1}{2}$,不等式获证.

例2(1998年河南省数学奥林匹克试题) 设 $x_i \in \mathbf{R}^+ (1 \leqslant i \leqslant n)$,$\sum\limits_{i=1}^{n} x_i = 1$. 求证:

$$\sum_{i=1}^{n} \frac{x_i^4}{x_i^3 + x_i^2 x_{i+1} + x_i x_{i+1}^2 + x_{i+1}^3} \geqslant \frac{1}{4}$$

分析与证明 观察不等式左边各项的分母,它们可以看成是由第一项的分母按 $x_i \to x_{i+1}$ 的顺序反复轮换得到的,它类似于将 $x_1, x_2, \cdots, x_n$ 依次排列在圆周上,形成了一个"二维对象",由此想到可对不等式左边各项的分子 $x_1^4, x_2^4, \cdots, x_n^4$ 采用轮换叠合技巧.令

$$M = \sum_{i=1}^{n} \frac{x_i^4}{x_i^3 + x_i^2 x_{i+1} + x_i x_{i+1}^2 + x_{i+1}^3}$$

$$N = \sum_{i=1}^{n} \frac{x_{i+1}^4}{x_i^3 + x_i^2 x_{i+1} + x_i x_{i+1}^2 + x_{i+1}^3}$$

则

$$M - N = \sum_{i=1}^{n} \left[\frac{x_i^4}{(x_i^2 + x_{i+1}^2)(x_i + x_{i+1})} - \frac{x_{i+1}^4}{(x_i^2 + x_{i+1}^2)(x_i + x_{i+1})} \right]$$

$$= \sum_{i=1}^{n} \frac{x_i^4 - x_{i+1}^4}{(x_i^2 + x_{i+1}^2)(x_i + x_{i+1})} = \sum_{i=1}^{n} (x_i - x_{i+1}) = 0$$

所以 $M = N$.

又由 $2(a^2 + b^2) \geqslant (a+b)^2$,有

$$M + N = \sum_{i=1}^{n} \frac{x_i^4 + x_{i+1}^4}{(x_i^2 + x_{i+1}^2)(x_i + x_{i+1})}$$

$$\geqslant \sum_{i=1}^{n} \frac{(x_i^2 + x_{i+1}^2)^2}{2(x_i^2 + x_{i+1}^2)(x_i + x_{i+1})}$$

$$\geqslant \frac{1}{2} \sum_{i=1}^{n} \frac{x_i^2 + x_{i+1}^2}{x_i + x_{i+1}}$$

$$\geqslant \frac{1}{4}\sum_{i=1}^{n}\frac{(x_i+x_{i+1})^2}{x_i+x_{i+1}} = \frac{1}{4}\sum_{i=1}^{n}(x_i+x_{i+1}) = \frac{1}{2}$$

故

$$\sum_{i=1}^{n}\frac{x_i^4}{x_i^3+x_i^2 x_{i+1}+x_i x_{i+1}^2+x_{i+1}^3} = M \geqslant \frac{1}{4}$$

例 3(1987 年中国数学奥林匹克试题) 把边长为 1 的正 $\triangle ABC$ 的各边 n 等分,过各分点做平行于其他两边的直线,将此三角形分成小三角形,各小三角形的顶点都称为结点,在每一结点上放置了一个实数. 已知:

① A,B,C 三点上放置的数分别为 a,b,c;

② 在每个由有公共边的两个最小三角形组成的菱形之中,两组相对顶点上放置的数之和相等.

试求:

(1) 放置最大数的点与放置最小数的点之间的最短距离 r;

(2) 所有结点上的数的总和 S.

分析与解 (1) 考察同一直线上的任意 3 个相邻结点,设它们放置的数依次为 x,y,z. 该直线必定在某一侧还有结点,取该侧中与 x,y 构成单位正三角形的结点,设它放置的数为 a. 再取该侧中与 y,z 构成单位正三角形的结点,设它放置的数为 b(图 2.1). 由题给条件可知

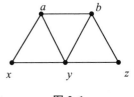

图 2.1

$$x+b = a+y, \quad a+z = b+y$$

两式相加,得

$$x+z+a+b = 2y+a+b, \quad x+z = 2y$$

由此可见,同一直线上任意相邻三个结点上放置的数按顺序成等差数列,所以同一直线上的数按顺序成等差数列.

于是,在同一直线上,两端的数为最大数和最小数. 特别地,当两

端的数相等时,该直线上所有的数都相等.

若 $a = b = c$,则由上面的讨论可知,正 $\triangle ABC$ 中的所有数都相等,此时最短距离 $r = 0$.

若 a,b,c 两两不相等,则最大的数与最小的数必出现在 A,B,C 上,此时最短距离为正 $\triangle ABC$ 的边长,所以 $r = 1$.

若 a,b,c 中有两个相等但不与第三个相等,不妨设 $a = b > c$(或 $a = b < c$),此时最小(大)的数为 c,而最大(小)的数出现在线段 AB 的任意结点上.

当 n 为偶数时,与 C 最近的结点为 AB 中点,此时最短距离为正 $\triangle ABC$ 的高,所以 $r = \frac{\sqrt{3}}{2}$.

当 n 为奇数时,与 C 最近的结点为 AB 上与 AB 中点距离最近的两个结点,这样的结点与 AB 中点的距离为 $\frac{1}{2n}$,此时,由勾股定理,得最短距离为

$$r = \sqrt{\left(\frac{\sqrt{3}}{2}\right)^2 + \left(\frac{1}{2n}\right)^2} = \frac{1}{2}\sqrt{3 + \frac{1}{n^2}}$$

(2) 如果直接对题给的三角形数表的各行依次求和,则计算过程相当繁琐.若采用轮换叠合方法,则解答异常简单.

将这个三角形绕其中心依次旋转 $120°$、$240°$,得到两个新的三角形数表,对应 3 顶点上放置的数分别为 b,c,a 和 c,a,b.将这三个三角形数表叠合在一起,将对应结点的数相加,又得到一个"崭新的"三角形数表,由等式的基本性质可知,最后那个"崭新的"三角形数表也满足题给的条件,且其三个顶点上的数均为 $a + b + c$.

由(1)中的论述可知,该数表所有结点上的数均为 $a + b + c$.由于共有

$$1 + 2 + \cdots + (n + 1) = \frac{1}{2}(n + 1)(n + 2)$$

2 叠 合

个结点,所以"崭新的"三角形数表中各数的和为 $\frac{1}{2}(n+1)(n+2)$ $(a+b+c)$,故原数表中所有结点上的数的总和 $S = \frac{1}{6}(n+1)(n+2)(a+b+c)$.

例 4(2012 年中国西部数学奥林匹克试题) 在 $n \times n$ 的正方形棋盘中,每个方格都写着 $+1$,定义操作如下:任取一个方格,不改变这个方格中的数,而将与之相邻(有公共边的)的方格中的数都变号. 求所有的正整数 $n \geqslant 2$,使得可以经过有限次操作,将棋盘中所有方格的数都变为 -1.

分析与解 为叙述问题方便,记棋盘第 i 行第 j 列的方格为 A_{ij} $(1 \leqslant i,j \leqslant n)$. 如果一个操作是取定某一个方格,改变它的邻格中所有数的符号,则称该格为该操作的中心.

将棋盘的方格染黑、白二色,使相邻的格不同色,不妨设格 A_{11} 为黑色.

现在,想象取定若干白格作为相应操作的中心,使这些操作恰好改变所有黑格中的数一次. 然后再取定若干黑格作为相应操作的中心,使这些操作恰好改变所有白格中的数一次. 这样一来,所有数都变成 -1.

考察特例 当 $n=2$ 时,先任取一个白格为操作中心操作一次,再任取一个黑格为操作中心操作一次,所有数都变成 -1.

当 $n=3$ 时,棋盘中只有 4 个白格,且它们的地位是平行的. 任取其中一个白格为操作中心操作一次,此操作必改变格 A_{22} 中的数,但格 A_{22} 中的数由 $+1$ 变成 -1,应改变奇数次符号,于是,以白格为操作中心的操作共有奇数次.

设各白格为中心的操作次数分别为 x,y,z,u(图 2.2),则
$$x+y+z+u \equiv 1 \pmod{2}$$

再考察格 A_{11},其中的数要改变奇数次,于是 $x+y \equiv 1 \pmod{2}$,

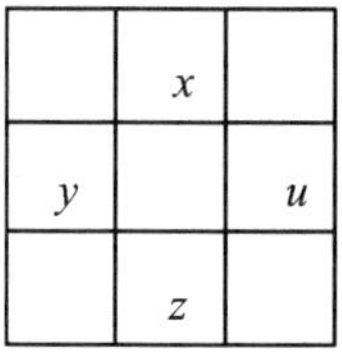

同理，$z + u \equiv 1 \pmod{2}$，此两式相加，得 $x + y + z + u \equiv 0 \pmod{2}$，矛盾.

将上述思考方法推广到一般情形，即可发现，若能按规则操作，使棋盘中所有方格的数都变为 -1，则 n 为偶数.

图 2.2

实际上，考察棋盘主对角线上各方格 A_{11}，$A_{22}, \cdots, A_{nn}$ 中的数，它们都必须改变奇数次. 设主对角线上方与主对角线相邻的一条对角线上各方格被选取做操作中心的操作次数依次为 $x_1, x_2, \cdots, x_{n-1}$，主对角线下方与主对角线相邻的一条对角线上各方格被选作操作中心的操作次数依次为 $y_1, y_2, \cdots, y_{n-1}$（图 2.3），那么

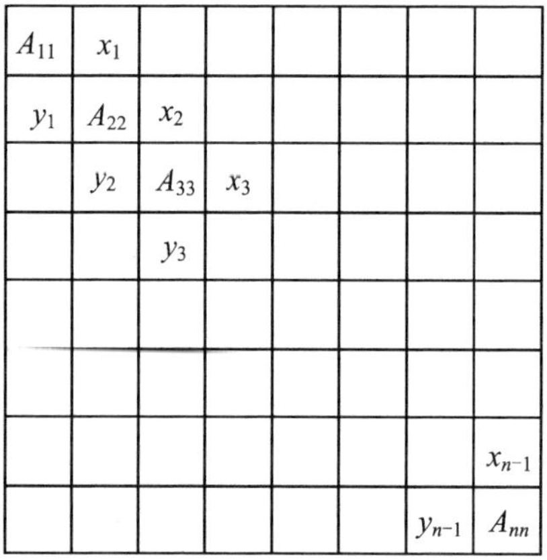

图 2.3

$$x_1 + y_1 \equiv 1 \pmod{2}$$
$$x_1 + y_1 + x_2 + y_2 \equiv 1 \pmod{2}$$
……
$$x_{n-2} + y_{n-2} + x_{n-1} + y_{n-1} \equiv 1 \pmod{2}$$
$$x_{n-1} + y_{n-1} \equiv 1 \pmod{2}$$

2 叠 合

将上述 n 式子相加,得
$$2(x_1 + x_2 + \cdots + x_{n-1} + y_1 + y_2 + \cdots + y_{n-1}) \equiv n \pmod{2}$$
所以 n 为偶数.

证明 n 为偶数,我们还有更简单的方法:设主对角线上 n 个格在操作中改变符号的次数依次为 $a_1, a_2, \cdots, a_n$,则 $a_i (1 \leqslant i \leqslant n)$ 都为奇数,于是,主对角线上各格改变符号次数的总和
$$S = a_1 + a_2 + \cdots + a_n \equiv 1 + 1 + \cdots + 1 = n \pmod{2}$$

又每一个操作改变主对角线上偶数(0 或 2)个格中数的符号,从而
$$S \equiv 0 \pmod{2}$$
所以 n 为偶数.

另一方面,当 n 为偶数时,我们证明操作目标可以实现.继续考察特例,取 $n = 4$,研究 4×4 棋盘如何操作可以实现目标.

为了改变 A_{11} 中的数,必须取格 A_{21} 或 A_{12},不妨假定取格 A_{21}(用斜线表示),如图 2.4 所示.此时,格 A_{11}, A_{22}, A_{31} 中的数都已改变.继而,为了改变 A_{13} 中的数,必须取格 A_{14},此时,格 A_{13}, A_{24} 中的数都已改变.最后,为了改变 A_{44} 中的数,必须取格 A_{43},这样,格 A_{33}, A_{42}, A_{44} 中的数都已改变.

由此可见,当 $n = 4$ 时,分别取白格 A_{21}, A_{14}, A_{43} 为操作中心各操作一次,则所有黑格中的数都恰好改变一次符号.

现在考虑,能否类似地取若干个黑格为操作中心各操作一次,则所有白格中的数都恰好改变一次符号,这采用旋转叠合即可.

实际上,将图 2.4 绕其中心按逆时针方向旋转 $90°$,得到一个新的染色棋盘(图 2.5),将两个棋盘对应叠合在一起,则旋转后的棋盘的白格恰好覆盖旋转前的棋盘的每一个黑格.

于是,以旋转后的棋盘的每一个取定的白格为操作中心再操作一次,它等价于旋转前棋盘的对应黑格为操作中心操作一次,从

而旋转前棋盘的所有白格的数都变成 -1,其余格的数不变. 所以,经过上述两轮操作后, 4×4 正方形棋盘的每一个方格中的数都变成 -1.

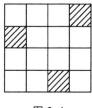
图 2.4

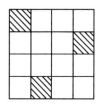
图 2.5

现在的问题是,对一般情形,我们应取哪些白格为操作中心. 为了发现其规律,再考察 $n=6$ 的情形.

类似地分析,我们可想象若干次操作,使所有黑格都恰改变一次符号. 先取带斜线的白格 A_{21}, A_{14}, A_{43} 为操作中心各操作一次(图 2.6),则格 $A_{11}, A_{13}, A_{15}, A_{22}, A_{24}, A_{31}, A_{33}, A_{42}, A_{44}, A_{53}$ 中的数都恰好改变一次符号(用"·"表示),且这些格的邻格都不能再选为操作中心(用"×"表示).

图 2.6

为了改变 A_{51} 中的数,必须取格 A_{61},此时,格 A_{51}, A_{62} 中的数都已改变. 为了改变 A_{64} 中的数,必须取格 A_{65},此时,格 A_{64}, A_{66}, A_{55} 中的数都已改变. 最后,为了改变 A_{26} 中的数,必须取格 A_{36},这样,格

A_{26}, A_{35}, A_{46} 中的数都已改变.

由此可见,当 $n = 6$ 时,分别取白格 $A_{21}, A_{14}, A_{43}, A_{61}, A_{65}, A_{36}$ 为操作中心各操作一次,则所有黑格中的数都恰好改变一次符号(图 2.7).然后,通过与 $n = 4$ 类似的旋转叠合,又可使所有白格中的数都恰好改变一次符号,从而所有数都变成 -1.

现在我们来研究图 2.7 中所选定的白格的特征(斜线表示),其下标构成的数对 $(i, j) = (2,1), (1,4), (4,3), (6,1), (6,5), (3,6)$. 由此归纳 i, j 满足的条件是比较困难的,但借助几何直观,考察上述取定的格所在位置的分布特征,不难发现所有取定的格都在若干条由白格构成的 $135°$ 对角线上,我们称这样的对角线为"白对角线",且每隔一条白对角线取定一条白对角线,而对取定的白对角线,则每隔一个白格取定一个白格.

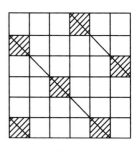

图 2.7

此外,第一行取定的白格所在的列标以 4 为周期,第一列取定的白格所在的行标以 4 为周期,由此不难归纳出一般情况下白格的取定方法.

对任何正偶数 n,在 $n \times n$ 棋盘的第一行取定这样一些白格 A_{1j},其中 $j \equiv 0 \pmod 4$;在第一列取定这样一些白格 A_{i1},其中 $i \equiv 2 \pmod 4$.然后对上述一些取定的白格,再取定其所在的白对角线,并在这些白对角线上从已取定的那个白格开始,每间隔一个白格取定一个白格,直至不能取为止.图 2.8 是 $n = 16$ 的情形,其中标有字母 a 的表示取定的白格.

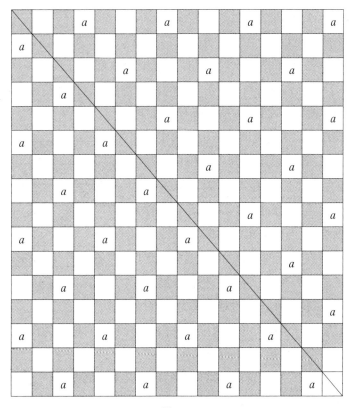

图 2.8

这样取定的白格具有如下特征:每一个黑格都恰好有一个邻格为取定的白格. 实际上,主对角线 $A_{11}A_{22}\cdots A_{nn}$ 上方取定的格同行同列都以 4 为周期,从而对于主对角线上方那些黑格只需验证 8×8 棋盘内位于主对角线上方的那些黑格即可. 同样,主对角线 $A_{11}A_{22}\cdots A_{nn}$ 下方取定的格同行同列都以 4 为周期,从而对于主对角线下方那些黑格只需验证 8×8 棋盘内位于主对角线下方的那些黑格即可.

于是,以每个取定的格为操作中心操作一次,则所有黑格中的数都变为 -1,其余格中的数不变.

2 叠 合

将上述棋盘绕其中心按逆时针方向旋转 $90°$,得到一个新的染色棋盘,将两个棋盘对应叠合在一起,则旋转后的棋盘的白格恰好覆盖旋转前的棋盘的每一个黑格.

于是,以旋转后的棋盘的每一个取定的白格为操作中心再操作一次,它等价于以旋转前的棋盘的对应黑格为操作中心操作一次,从而旋转前的棋盘的所有白格的数都变成 -1,其余格的数不变.所以,经过上述两轮操作后,$n \times n$ 正方形棋盘的每一个方格中的数都变成 -1.

综上所述,所求正整数 n 为一切正偶数.

注:本题命题者给出的解答中所选取白格 A_{ij} 满足:$j-i \equiv 3 \pmod{4}$,$j-i \not\equiv j+i \pmod{4}$ 是错误的.见《走向 IMO,数学奥林匹克试题集锦(2013)》一书.正确的应该是:当 $i<j$ 时,$i-j \equiv 1 \pmod{4}$,$i \equiv 1 \pmod{2}$;当 $i>j$ 时,$i-j \equiv 1 \pmod{4}$,$i \equiv 0 \pmod{2}$.

例 5 在一个 $(2^n-1) \times (2^n-1)$ 方格棋盘的每个方格填数 1 或 -1,每个方格恰填一个数,如果对其中任何一个方格所填的数都等于它的邻格(与其有公共边)所填的数的积,则称该填法是允许的.试问:$(2^n-1) \times (2^n-1)$ 方格棋盘共有多少种允许的填数方法?

分析与解 如果一个方格棋盘填数的方法是允许的,则称该填好了数的棋盘为允许棋盘.

首先注意的一个事实是,对任何两个不同的允许棋盘,将其叠合在一起,并将重叠的两个方格中的数的积作为该方格中的填数,则得到一个新的允许棋盘.我们称这一操作过程为这两个允许棋盘融合.

通过特例试验,发现允许棋盘中的数只能都是 1,下面证明这一结论.

对于任何 $p \times q$ 棋盘,记它的第 i 行第 j 列的格为 a_{ij}($1 \leqslant i \leqslant p$,$1 \leqslant j \leqslant q$),该格所填的数为 $x(a_{ij})$($1 \leqslant i \leqslant p$,$1 \leqslant j \leqslant q$).

考察任意一个含有 -1 的 $(2^n-1) \times (2^n-1)$ 允许棋盘($n \geqslant 3$),

如果它的填数不关于中间一行(第 2^{n-1} 行)对称,则将它沿中间一行翻转,得到另一个 $(2^n-1)\times(2^n-1)$ 允许棋盘,将这两个 $(2^n-1)\times(2^n-1)$ 允许棋盘融合,则该棋盘第 i 行($1\leq i\leq 2^n-1$)第 j 列($1\leq j\leq 2^{n-1}-1$)的格所填的数为 $x(a_{ij})\cdot x(a_{i,2^n-j})$,该棋盘第 i 行($1\leq i\leq 2^n-1$)第 2^n-j 列($1\leq j\leq 2^{n-1}-1$)的格所填的数为 $x(a_{ij})\cdot x(a_{i,2^n-j})$,于是,经过融合操作后,其填数关于中间一行对称.

由于操作前填数不关于中间一行对称,即至少存在一个 i,j,使 $x(a_{ij})$ 与 $x(a_{i,2^n-j})$ 不同号,从而经过融合操作后,至少有一个数为 -1,这样便得到一个填数关于中间一行对称的含有 -1 的 $(2^n-1)\times(2^n-1)$ 允许棋盘.

我们证明,此时的允许棋盘中间一行、中间一列的数都是 1.

不妨设中间一行的数依次为 $x_1,x_2,\cdots,x_{2^n-1}$,在该列的前后都补充一个 1,即令 $x_0=1,x_{2^n}=1$.

由于填数关于中间一行对称,从而对任何 x_i ($1\leq i\leq 2^n-1$),x_i 上下两侧填的数相同,于是,$x_i=x_{i-1}\cdot x_{i+1}$.

如果 $x_1=-1$,则 $-1=x_1=x_0\cdot x_2=1\cdot x_2$,所以 $x_2=-1$.

进而,$-1=x_2=x_1\cdot x_3=-1\cdot x_3$,所以 $x_3=1$.

如此下去,可知 $\{x_i\}$ 是周期为 3 的数列,且当且仅当 $3\mid i$ 时,$x_i=1$.

由于 $x_{2^n}=1$,则 $3\mid 2^n$,矛盾,所以 $x_1=1$.

于是,$1=x_1=x_0\cdot x_2=1\cdot x_2$,所以 $x_2=1$.

进而,$1=x_2=x_1\cdot x_3=1\cdot x_3$,所以 $x_3=1$.

如此下去,可知 $\{x_i\}$ 是周期为 1 的数列,所以对一切 i,有 $x_i=1$,即中间一行都是 1.同样可证中间一列的数都是 1.

现在,划去 $(2^n-1)\times(2^n-1)$ 棋盘的中间一行和中间一列,注意到 $\frac{1}{2}(2^n-2)=2^{n-1}-1$,从而 $(2^n-1)\times(2^n-1)$ 棋盘被分割为 4 个

$(2^{n-1}-1)\times(2^{n-1}-1)$ 的允许棋盘,由于原来 $(2^n-1)\times(2^n-1)$ 棋盘填数关于中间一行和中间一列都对称,且含有 -1,从而每个 $(2^{n-1}-1)\times(2^{n-1}-1)$ 允许棋盘都含有 -1.

由此可见,如果存在 $(2^n-1)\times(2^n-1)(n\geqslant 3)$ 的含有 -1 的允许棋盘,则一定存在 $(2^{n-1}-1)\times(2^{n-1}-1)$ 的含有 -1 的允许棋盘,反复进行上述过程,则一定存在 $(2^2-1)\times(2^2-1)$ 的含有 -1 的允许棋盘.

进而经过适当的叠合操作,可得到一个中间一行、中间一列都是 1 的 3×3 允许棋盘,这是不可能的.

所以,$(2^n-1)\times(2^n-1)$ 的允许棋盘不能含有 -1,即所有数都是 1,它显然是允许棋盘,故只有唯一的填数方法.

例 6(原创题) 在 $n\times n$ 方格棋盘的每一个方格中填入一个非零复数,使棋盘中所填的数不全等,且每个方格中的数都等于其邻格(具有公共边)中的数的积,则称之为一个 n 阶和谐数表,问共有多少种不同的 6 阶和谐数表?其中翻转、旋转后相同的数表只算一种.

分析与解 如果存在一条横(纵)向直线 l,使数表关于 l 对称,且数表中任意两个关于 l 对称的格中的数都相等,则称该数表是关于横(纵)轴对称的;如果存在一条横(纵)向直线 l,使数表关于 l 对称,且数表中任意两个关于 l 对称的格中的数的积为 1,则称该数表是关于横(纵)轴反对称的.

考察任意一个关于纵轴对称的 6 阶和谐数表:

$$A=\begin{bmatrix} a & b & c & c & b & a \\ x & y & z & z & y & x \\ u & v & w & w & v & u \\ p & q & r & r & q & p \\ e & f & g & g & f & e \\ i & j & k & k & j & i \end{bmatrix}$$

由 $a = bx, b = ayc, c = bzc$，得

$$x = \frac{a}{b}, \quad y = \frac{b}{ac}, \quad z = \frac{1}{b}$$

于是

$$A = \begin{pmatrix} a & b & c & c & b & a \\ \dfrac{a}{b} & \dfrac{b}{ac} & \dfrac{1}{b} & \dfrac{1}{b} & \dfrac{b}{ac} & \dfrac{a}{b} \\ u & v & w & w & v & u \\ p & q & r & r & q & p \\ e & f & g & g & f & e \\ i & j & k & k & j & i \end{pmatrix}$$

由

$$\frac{a}{b} = a \cdot \frac{b}{ac} \cdot u, \quad \frac{b}{ac} = \frac{a}{b} \cdot b \cdot \frac{1}{b} \cdot v, \quad \frac{1}{b} = \frac{b}{ac} \cdot c \cdot \frac{1}{b} \cdot w$$

得

$$u = \frac{ac}{b^2}, \quad v = \frac{b^2}{a^2 c}, \quad w = \frac{a}{b}$$

于是

$$A = \begin{pmatrix} a & b & c & c & b & a \\ \dfrac{a}{b} & \dfrac{b}{ac} & \dfrac{1}{b} & \dfrac{1}{b} & \dfrac{b}{ac} & \dfrac{a}{b} \\ \dfrac{ac}{b^2} & \dfrac{b^2}{a^2 c} & \dfrac{a}{b} & \dfrac{a}{b} & \dfrac{b^2}{a^2 c} & \dfrac{ac}{b^2} \\ p & q & r & r & q & p \\ e & f & g & g & f & e \\ i & j & k & k & j & i \end{pmatrix}$$

由 $\dfrac{ac}{b^2} = \dfrac{a}{b} \cdot \dfrac{b^2}{a^2 c} \cdot p, \dfrac{b^2}{a^2 c} = \dfrac{ac}{b^2} \cdot \dfrac{b}{ac} \cdot \dfrac{a}{b} \cdot q, \dfrac{a}{b} = \dfrac{b^2}{a^2 c} \cdot \dfrac{1}{b}$

$\cdot \dfrac{a}{b} \cdot r$ 得

$$p = \frac{a^2c^2}{b^3}, \quad q = \frac{b^4}{a^3c}, \quad r = \frac{a^2c}{b}$$

所以

$$A = \begin{pmatrix} a & b & c & c & b & a \\ \frac{a}{b} & \frac{b}{ac} & \frac{1}{b} & \frac{1}{b} & \frac{b}{ac} & \frac{a}{b} \\ \frac{ac}{b^2} & \frac{b^2}{a^2c} & \frac{a}{b} & \frac{a}{b} & \frac{b^2}{a^2c} & \frac{ac}{b^2} \\ \frac{a^2c^2}{b^3} & \frac{b^4}{a^3c} & \frac{a^2c}{b} & \frac{a^2c}{b} & \frac{b^4}{a^3c} & \frac{a^2c^2}{b^3} \\ e & f & g & g & f & e \\ i & j & k & k & j & i \end{pmatrix}$$

由 $\dfrac{a^2c^2}{b^3} = \dfrac{ac}{b^2} \cdot \dfrac{b^4}{a^3c} \cdot e, \dfrac{b^4}{a^3c} = \dfrac{a^2c^2}{b^3} \cdot \dfrac{b^2}{a^2c} \cdot \dfrac{a^2c}{b} \cdot f, \dfrac{a^2c}{b} = \dfrac{b^4}{a^3c} \cdot \dfrac{a}{b} \cdot \dfrac{a^2c}{b} \cdot g$,得

$$e = \frac{a^4c^2}{b^5}, \quad f = \frac{b^5}{a^3c^2}, \quad g = \frac{a^2c}{b^3}$$

所以

$$A = \begin{pmatrix} a & b & c & c & b & a \\ \frac{a}{b} & \frac{b}{ac} & \frac{1}{b} & \frac{1}{b} & \frac{b}{ac} & \frac{a}{b} \\ \frac{ac}{b^2} & \frac{b^2}{a^2c} & \frac{a}{b} & \frac{a}{b} & \frac{b^2}{a^2c} & \frac{ac}{b^2} \\ \frac{a^2c^2}{b^3} & \frac{b^4}{a^3c} & \frac{a^2c}{b} & \frac{a^2c}{b} & \frac{b^4}{a^3c} & \frac{a^2c^2}{b^3} \\ \frac{a^4c^2}{b^5} & \frac{b^5}{a^3c^2} & \frac{a^2c}{b^3} & \frac{a^2c}{b^3} & \frac{b^5}{a^3c^2} & \frac{a^4c^2}{b^5} \\ i & j & k & k & j & i \end{pmatrix}$$

由 $\dfrac{a^4c^2}{b^5} = \dfrac{a^2c^2}{b^3} \cdot \dfrac{b^5}{a^3c^2} \cdot i, \dfrac{b^5}{a^3c^2} = \dfrac{a^4c^2}{b^5} \cdot \dfrac{b^4}{a^3c} \cdot \dfrac{a^2c}{b^3} \cdot j, \dfrac{a^2c}{b^3} = \dfrac{b^5}{a^3c^2} \cdot$

$\frac{a^2c}{b} \cdot \frac{a^2c}{b^3} \cdot k$,得

$$i = \frac{a^5c^2}{b^7}, \quad j = \frac{b^6}{a^4c^3}, \quad k = \frac{ac}{b^4}$$

所以

$$A = \begin{pmatrix} a & b & c & c & b & a \\ \frac{a}{b} & \frac{b}{ac} & \frac{1}{b} & \frac{1}{b} & \frac{b}{ac} & \frac{a}{b} \\ \frac{ac}{b^2} & \frac{b^2}{a^2c} & \frac{a}{b} & \frac{a}{b} & \frac{b^2}{a^2c} & \frac{ac}{b^2} \\ \frac{a^2c}{b^3} & \frac{b^4}{a^3c} & \frac{a^2c}{b} & \frac{a^2c}{b} & \frac{b^4}{a^3c} & \frac{a^2c}{b^3} \\ \frac{a^4c^2}{b^5} & \frac{b^5}{a^3c^2} & \frac{a^2c}{b^3} & \frac{a^2c}{b^3} & \frac{b^5}{a^3c^2} & \frac{a^4c^2}{b^5} \\ \frac{a^5c^2}{b^7} & \frac{b^6}{a^4c^3} & \frac{ac}{b^4} & \frac{ac}{b^4} & \frac{b^6}{a^4c^3} & \frac{a^5c^2}{b^7} \end{pmatrix}$$

由 $\frac{a^5c^2}{b^7} = \frac{a^4c^2}{b^5} \cdot \frac{b^6}{a^4c^3}, \frac{b^6}{a^4c^3} = \frac{a^5c^2}{b^7} \cdot \frac{b^5}{a^3c^2} \cdot \frac{ac}{b^4}, \frac{ac}{b^4} = \frac{b^6}{a^4c^3} \cdot \frac{a^2c}{b^3} \cdot \frac{ac}{b^4}$,得

$$b^8 = a^5c^3, \quad b^8 = a^6c^3, \quad b^5 = a^2c^2$$

所以 $a^5c^3 = a^6c^3$.

于是 $a = 1$,进而 $b^8 = c^3, b^5 = c^2$.

两式相除,得 $c = b^3$,代入得 $b = c = 1$,进而 A 中所有的数都为 1.

由此可见,关于纵轴对称的 6 阶和谐数表中的数都为 1.

现在,对任何一种和谐数表,将其沿右边界线翻转,得到另一种和谐数表,将这两种和谐数表重叠,并将对应格中的数相乘,便得到一种轴对称的和谐数表,根据上面的证明,这种轴对称和谐数表中的数都为 1.

由此可见,所有和谐数表都是关于横轴纵轴反对称的(对称两个

格中的数的积为 1),于是,所有和谐数表只能是如下形式

$$A = \begin{pmatrix} a & b & c & \dfrac{1}{c} & \dfrac{1}{b} & \dfrac{1}{a} \\ x & y & z & \dfrac{1}{z} & \dfrac{1}{y} & \dfrac{1}{x} \\ u & v & w & \dfrac{1}{w} & \dfrac{1}{v} & \dfrac{1}{u} \\ \dfrac{1}{u} & \dfrac{1}{v} & \dfrac{1}{w} & w & v & u \\ \dfrac{1}{x} & \dfrac{1}{y} & \dfrac{1}{z} & z & y & x \\ \dfrac{1}{a} & \dfrac{1}{b} & \dfrac{1}{c} & c & b & a \end{pmatrix}$$

由 $a = bx$, $b = ayc$, $c = bz \cdot \dfrac{1}{c}$,得

$$x = \dfrac{a}{b}, \quad y = \dfrac{b}{ac}, \quad z = \dfrac{c^2}{b}$$

于是

$$A = \begin{pmatrix} a & b & c & \dfrac{1}{c} & \dfrac{1}{b} & \dfrac{1}{a} \\ \dfrac{a}{b} & \dfrac{b}{ac} & \dfrac{c^2}{b} & \dfrac{b}{c^2} & \dfrac{ac}{b} & \dfrac{b}{a} \\ u & v & w & \dfrac{1}{w} & \dfrac{1}{v} & \dfrac{1}{u} \\ \dfrac{1}{u} & \dfrac{1}{v} & \dfrac{1}{w} & w & v & u \\ \dfrac{b}{a} & \dfrac{ac}{b} & \dfrac{b}{c^2} & \dfrac{c^2}{b} & \dfrac{b}{ac} & \dfrac{a}{b} \\ \dfrac{1}{a} & \dfrac{1}{b} & \dfrac{1}{c} & c & b & a \end{pmatrix}$$

由 $\dfrac{a}{b} = a \cdot \dfrac{b}{ac} \cdot u$, $\dfrac{b}{ac} = b \cdot \dfrac{c^2}{b} \cdot v$, $\dfrac{c^2}{b} = \dfrac{b}{ac} \cdot c \cdot \dfrac{b}{c^2} \cdot w$,得

$$u = \frac{ac}{b^2}, \quad v = \frac{b^2}{a^2 c^3}, \quad w = \frac{ac^4}{b^3}$$

于是

$$A = \begin{pmatrix} a & b & c & \dfrac{1}{c} & \dfrac{1}{b} & \dfrac{1}{a} \\ \dfrac{a}{b} & \dfrac{b}{ac} & \dfrac{c^2}{b} & \dfrac{b}{c^2} & \dfrac{ac}{b} & \dfrac{b}{a} \\ \dfrac{ac}{b^2} & \dfrac{b^2}{a^2 c^3} & \dfrac{ac^4}{b^3} & \dfrac{b^3}{ac^4} & \dfrac{a^2 c^3}{b^2} & \dfrac{b^2}{ac} \\ \dfrac{b^2}{ac} & \dfrac{a^2 c^3}{b^2} & \dfrac{b^3}{ac^4} & \dfrac{ac^4}{b^3} & \dfrac{b^2}{a^2 c^3} & \dfrac{ac}{b^2} \\ \dfrac{b}{a} & \dfrac{ac}{b} & \dfrac{b}{c^2} & \dfrac{c^2}{b} & \dfrac{b}{ac} & \dfrac{a}{b} \\ \dfrac{1}{a} & \dfrac{1}{b} & \dfrac{1}{c} & c & b & a \end{pmatrix}$$

由 $\dfrac{ac}{b^2} = \dfrac{a}{b} \cdot \dfrac{b^2}{a^2 c^3} \cdot \dfrac{b^2}{ac}, \dfrac{b^2}{a^2 c^3} = \dfrac{ac}{b^2} \cdot \dfrac{b}{ac} \cdot \dfrac{ac^4}{b^3} \cdot \dfrac{a^2 c^3}{b^2}, \dfrac{ac^4}{b^3} = \dfrac{b^2}{a^2 c^3} \cdot \dfrac{c^2}{b} \cdot \dfrac{b^3}{ac^4} \cdot \dfrac{b^3}{ac^4}$,得

$$b^5 = a^3 c^5, \quad b^8 = a^5 c^{10}, \quad b^{10} = a^5 c^{13}$$

前两式相除,得

$$b^3 = a^2 c^5$$

后两式相除,得

$$b^2 = c^3$$

进而得 $b = a^2 c^2$,所以

$$a^{10} c^{10} = a^3 c^5, \quad a^{16} c^{16} = a^5 c^{10}, \quad a^{20} c^{20} = a^5 c^{13}$$

两式相除,得

$$c = \frac{1}{a^4}$$

代入 $a^{10} c^{10} = a^3 c^5$,得

2 叠 合

$$a^{13} = 1$$

于是

$$b = a^2 c^2 = \frac{1}{a^6} = a^7, \quad c = \frac{1}{a^4} = a^9$$

故

$$A = \begin{pmatrix} a & a^7 & a^9 & a^4 & a^6 & a^{12} \\ a^7 & a^{10} & a^{11} & a^2 & a^3 & a^6 \\ a^9 & a^{11} & a^3 & a^{10} & a^2 & a^4 \\ a^4 & a^2 & a^{10} & a^3 & a^{11} & a^9 \\ a^6 & a^3 & a^2 & a^{11} & a^{10} & a^7 \\ a^{12} & a^6 & a^4 & a^9 & a^7 & a \end{pmatrix}$$

其中

$$a^{13} = 1$$

因为 a 可取 12 个值 $\omega_k (k=1,2,\cdots,12)$, 其中 $\omega_k = \cos\frac{2k\pi}{13} + i\sin\frac{2k\pi}{13}$, 但 $a = \omega_k$ 与 $a = \omega_{13-k}$ 的构造是相同的, 所以共有 6 种不同的 6 阶和谐数表.

习题 2

1. 设 $0 < a < 1, k > \frac{3+a}{1-a}$. 求证: $S_k(n) = \frac{1}{n} + \frac{1}{n+1} + \frac{1}{n+2} + \cdots + \frac{1}{nk-1} > 1 + a$.

2. 设 $a > 1, n \in \mathbf{N}$, 求证: $a^n - 1 \geqslant n(a^{\frac{n+1}{2}} - a^{\frac{n-1}{2}})$.

3. 设 $a_1, a_2, \cdots, a_n$ 是正项等差数列, 求证: $\sqrt{a_1 a_n} \leqslant \sqrt[n]{a_1 a_2 \cdots a_n} \leqslant \frac{a_1 + a_n}{2}$.

4. (原创题) 求所有的正整数 n, 使 $n \mid 1^{2015} + 2^{2015} + \cdots + n^{2015}$.

5. 求证:对于任何正整数 n,$S = 1^{2015} + 2^{2015} + 3^{2015} + \cdots + n^{2015}$ 都不能被 $n+2$ 整除.

6. 设 $f(x) = \dfrac{4^x}{4^x + 2}$,计算 $f\left(\dfrac{1}{1001}\right) + f\left(\dfrac{2}{1001}\right) + \cdots + f\left(\dfrac{1000}{1001}\right)$.

7. 计算 $(1 + \tan 1°)(1 + \tan 2°) \cdots (1 + \tan 44°)$.

8. 求证:$(n!)^2 \geqslant n^n$ (n 为正整数).

9. (1988年全国高中联赛试题) 设 a,b 为正数,$\dfrac{1}{a} + \dfrac{1}{b} = 1$,$n$ 为正整数,求证:$(a+b)^n - a^n - b^n \geqslant 2^{2n} - 2^{n+1}$.

10. 设 p 是奇质数,且 $1 + \dfrac{1}{2} + \dfrac{1}{3} + \cdots + \dfrac{1}{p-1} = \dfrac{a}{b}$ ($a,b \in \mathbf{N}$),求证:$p \mid a$.

11. 设 $p, q \in \mathbf{N}$,且 $\dfrac{p}{q} = 1 - \dfrac{1}{2} + \dfrac{1}{3} - \dfrac{1}{4} + \cdots + \dfrac{1}{2k-1} - \dfrac{1}{2k} + \dfrac{1}{2k+1}$,若 $3k+2$ 为质数,求证:$3k+2 \mid p$.

12. 计算 $\sum\limits_{k=1}^{100} \left[\dfrac{23k}{101}\right]$.

13. 设 $a, b \in \mathbf{Z}^+$,$(a,b) = 1$,求 $S = \left[\dfrac{a}{b}\right] + \left[\dfrac{2a}{b}\right] + \cdots + \left[\dfrac{(b-1)a}{b}\right]$ 的值.

14. 设 $a, b, c \in \mathbf{R}^+$,求证:$\dfrac{a^3}{a^2 + ab + b^2} + \dfrac{b^3}{b^2 + bc + c^2} + \dfrac{c^3}{c^2 + ca + a^2} \geqslant \dfrac{a+b+c}{3}$.

15. 如图2.9所示,将 n^2 个自然数排列为一个方阵,求这个方阵中所有数的和.

2 叠 合

$$\begin{array}{ccccc} 1 & 2 & 3 & \cdots & n \\ 2 & 3 & 4 & \cdots & n+1 \\ 3 & 4 & 5 & \cdots & n+2 \\ \vdots & \vdots & \vdots & & \vdots \\ n & n+1 & n+2 & \cdots & 2n-1 \end{array}$$

图 2.9

16.（1995 年全俄数学奥林匹克九年级试题） 能否在 9×9 的表格中写上 $1\sim 81$ 的自然数，使得每个 3×3 的正方形表格中各数之和都是相等的？

17.（第 38 届国际数学奥林匹克试题） 在坐标平面上，具有整数坐标的点构成单位边长的正方格的顶点，这些正方格被涂上黑白相间的两种颜色（像国际象棋棋盘那样）．对于任意一对正整数 m 和 n，考虑一个直角三角形，它的顶点具有整数坐标，两条直角边的长度分别为 m 和 n，且两条直角边都在这些正方格的边上．令 S_1 为这个三角形区域中所有黑色部分的总面积，S_2 则为所有白色部分的总面积．令 $f(m,n) = |S_1 - S_2|$．

① 当 m 和 n 同为正偶数或同为正奇数时，计算 $f(m,n)$ 的值；

② 试证：对所有的正整数 m,n，有 $f(m,n) \leqslant \frac{1}{2}\max\{m,n\}$；

③ 证明：不存在常数 c，使得对所有的 m 和 n，不等式 $f(m,n) < c$ 都成立．

习题 2 解答

1. 利用倒序叠合，有 $2S_k(n) = \displaystyle\sum_{i=1}^{(k-1)n}\left(\frac{1}{n+i-1}+\frac{1}{nk-i}\right) >$
$\displaystyle\sum_{i=1}^{(k-1)n}\frac{4}{n(k+1)-1} = \frac{4n(k-1)}{n(k+1)-1} > \frac{4n(k-1)}{n(k+1)} = \frac{4(k-1)}{k+1}$，

又由 $k > \dfrac{3+a}{1-a}$，有 $2k-2 > 1+a+ak+k$，即 $\dfrac{2(k-1)}{k+1} > 1+a$，所以

原不等式成立.

2. 利用倒序叠合,有 $a^n - 1 = (a - 1)\sum_{i=1}^{n} a^{i-1} = \frac{a-1}{2} \cdot \sum_{i=1}^{n} (a^{i-1} + a^{n-i}) \geqslant \frac{a-1}{2} \cdot \sum_{i=1}^{n} 2\sqrt{a^{i-1} \cdot a^{n-i}} = n(a-1) a^{\frac{n-1}{2}} = n(a^{\frac{n+1}{2}} - a^{\frac{n-1}{2}})$.

3. 利用倒序叠合,有 $(a_1 a_2 \cdots a_n)^2 = \prod_{i=1}^{n} (a_i a_{n+1-i}) = \prod_{i=1}^{n} [a_1 + (i-1)d][a_n - (i-1)d] = \prod_{i=1}^{n} [a_1 a_n + d^2(i-1)(n-i)] \geqslant \prod_{i=1}^{n} (a_1 a_n) = (a_1 a_n)^n$,所以 $\sqrt[n]{a_1 a_2 \cdots a_n} \geqslant \sqrt{a_1 a_n}$. 又 $\sqrt[n]{a_1 a_2 \cdots a_n} \leqslant \frac{a_1 + a_2 + \cdots + a_n}{n} = \frac{n(a_1 + a_n)}{2n} = \frac{a_1 + a_n}{2}$,不等式获证.

4. 显然 $n = 1$ 合乎要求,下设 $n > 1$. 记 $S_n = 1^{2015} + 2^{2015} + \cdots + n^{2015}$,则 $S_n = S_{n-1} + n^{2015}$. 因为 $n \mid n^{2015}$,所以当 $n > 1$ 时,只需求 n,使 $n \mid S_{n-1}$.

采用倒序叠合,有 $2S_{n-1} = \sum_{i=1}^{n-1} [i^{2015} + (n-i)^{2015}] \equiv \sum_{i=1}^{n-1} [i^{2015} + (-i)^{2015}] \equiv 0 \pmod{n}$,即 $n \mid 2S_{n-1}$. 如果 n 为奇数,则 $(n, 2) = 1$,于是,$n \mid S_{n-1}$;如果 n 为偶数,则 $S_{n-1} = \sum_{i=1}^{\frac{n-2}{2}} [i^{2015} + (n-i)^{2015}] + \left(\frac{n}{2}\right)^{2015} \equiv \sum_{i=1}^{\frac{n-2}{2}} [i^{2015} + (-i)^{2015}] + \left(\frac{n}{2}\right)^{2015} \equiv \left(\frac{n}{2}\right)^{2015} \pmod{n}$. 若 $n = 4k (k \in \mathbf{N}^+)$,则 $S_{n-1} \equiv \left(\frac{n}{2}\right)^{2015} \equiv (2k)^{2015} \equiv 4k^2 \cdot (2k)^{2013} \equiv 0 \pmod{n}$;若 $n = 4k - 2 (k \in \mathbf{N}^+)$,则 $(2k-1)^{2015}$ 为奇数,此时 $S_{n-1} \equiv \left(\frac{n}{2}\right)^{2015} \equiv (2k-1)^{2015} \not\equiv 0 \pmod{n}$. 综上所述,所求的 $n = 2k - 1$,

2 叠 合

$4k(k \in \mathbf{N}^+)$.

5. 采用倒序叠合,有
$$2S = [1 + (2^{2015} + 3^{2015} + \cdots + n^{2015})]$$
$$+ [(n^{2015} + (n-1)^{2015} + \cdots + 2^{2015}) + 1]$$
$$= 2 + (2^{2015} + n^{2015}) + [3^{2015} + (n-1)^{2015}]$$
$$+ [4^{2015} + (n-2)^{2015}] + \cdots + (n^{2015} + 2^{2015})$$

又对任何正整数 k ($k>1$),有
$$k^{2015} + (n+2-k)^{2015} \equiv k^{2015} + (-k)^{2015}$$
$$\equiv k^{2015} - k^{2015} = 0 \pmod{n+2}$$

所以,$2S \equiv 2 + 0 + 0 + 0 + \cdots + 0 \equiv 2 \not\equiv 0 \pmod{n+2}$.

所以,$S \not\equiv 0 \pmod{n+2}$,即 S 不能被 $n+2$ 整除,证毕.

6. 设 $p + q = 1$,则 $f(p) + f(q) = \dfrac{4^p}{4^p + 2} + \dfrac{4^q}{4^q + 2} = \dfrac{4^p}{4^p + 2} + \dfrac{4^p \cdot 4^q}{4^p \cdot 4^q + 2 \cdot 4^p} = \dfrac{4^p}{4^p + 2} + \dfrac{4^1}{4^1 + 2 \cdot 4^p} = \dfrac{4^p}{4^p + 2} + \dfrac{2}{2 + 4^p} = 1$.

所以,原式 $= \dfrac{1}{2} \cdot \left[f\left(\dfrac{1}{1001}\right) + f\left(\dfrac{1000}{1001}\right)\right] + \left[f\left(\dfrac{2}{1001}\right) + f\left(\dfrac{999}{1001}\right)\right] + \cdots + \left[f\left(\dfrac{1000}{1001}\right) + f\left(\dfrac{1}{1001}\right)\right] = \dfrac{1}{2} \cdot 1000 = 500$.

7. 设 $\alpha + \beta = 45°$,则 $-1 = \tan(\alpha + \beta) = \dfrac{\tan \alpha + \tan \beta}{1 - \tan \alpha \tan \beta}$,即
$$\tan \alpha + \tan \beta + \tan \alpha \tan \beta = 1$$

所以
$$(1 + \tan \alpha)(1 + \tan \beta) = 1 + \tan \alpha + \tan \beta + \tan \alpha \tan \beta = 2$$

于是
$$(1 + \tan 1°)(1 + \tan 2°) \cdots (1 + \tan 44°)$$
$$= [(1 + \tan 1°)(1 + \tan 44°)] \cdot [(1 + \tan 2°)(1 + \tan 43°)]$$
$$\cdots \cdot [(1 + \tan 22°)(1 + \tan 23°)]$$
$$= 2 \times 2 \times \cdots \times 2 = 2^{22}$$

8. 由倒序叠合,有 $(n!)^2 = \prod_{k=0}^{n-1}[(n-k)(k+1)]$.

当 $0 \leqslant k \leqslant n-1$ 时,$(n-k)(k+1) - n = nk - k^2 - k = k(n-k-1) \geqslant 0$,所以 $(n-k)(k+1) \geqslant n$. 于是 $(n!)^2 = \prod_{k=0}^{n-1}[(n-k)(k+1)] \geqslant \prod_{k=0}^{n-1} n = n^n$.

9. 令
$$S = (a+b)^n - a^n - b^n = C_n^1 a^{n-1}b + C_n^2 a^{n-2}b^2 + \cdots + C_n^{n-1}ab^{n-1}$$

由倒序叠合,有 $2S = C_n^1(a^{n-1}b + ab^{n-1}) + C_n^2(a^{n-2}b^2 + a^2b^{n-2}) + \cdots + C_n^{n-1}(ab^{n-1} + a^{n-1}b) \geqslant C_n^1(2\sqrt{a^n b^n}) + C_n^2 \cdot (2\sqrt{a^n b^n}) + \cdots + C_n^{n-1}(2\sqrt{a^n b^n}) = (C_n^1 + C_n^2 + \cdots + C_n^{n-1}) \cdot (2\sqrt{a^n b^n}) = 2(2^n - 2)(ab)^{\frac{n}{2}}$.

又 $1 = \frac{1}{a} + \frac{1}{b} \geqslant 2\sqrt{\frac{1}{ab}}$,所以 $ab \geqslant 4$,所以 $S \geqslant (2^n - 2)(ab)^{\frac{n}{2}} \geqslant 2^{2n} - 2^{n+1}$.

10. 采用倒序叠合,有
$$2 \cdot \frac{a}{b} = \frac{p}{1 \times (p-1)} + \frac{p}{2 \times (p-2)} + \frac{p}{3 \times (p-3)} + \cdots + \frac{p}{(p-1) \times 1}$$

两边同乘以 $b(p-1)!$,去分母,得 $2a(p-1)! = pm$,其中 $m \in \mathbf{N}$.

所以 $p | 2a(p-1)!$,又 p 为奇质数,有 $(p,2) = 1$,$(p,3) = 1$,$\cdots$,$(p, p-1) = 1$,所以 $(p, (p-1)!) = 1$,故 $p | a$.

11. 首先注意到条件等式中各项分母成等差数列,由此想到倒序叠合的技巧,但需要先将有些符号为负的项转化为符号为正的项. 于是
$$\frac{p}{q} = \left(1 + \frac{1}{2} + \frac{1}{3} + \frac{1}{4} + \cdots + \frac{1}{2k+1}\right) - 2\left(\frac{1}{2} + \frac{1}{4} + \cdots + \frac{1}{2k}\right)$$

$$= \left(1 + \frac{1}{2} + \frac{1}{3} + \frac{1}{4} + \cdots + \frac{1}{2k+1}\right) - \left(1 + \frac{1}{2} + \frac{1}{3} + \cdots + \frac{1}{k}\right)$$

$$= \frac{1}{k+1} + \frac{1}{k+2} + \cdots + \frac{1}{2k+1}$$

倒序叠合,得

$$2 \cdot \frac{p}{q} = \frac{3k+2}{(k+1) \times (2k+1)} + \frac{3k+2}{(k+2) \times (2k)}$$
$$+ \cdots + \frac{3k+2}{(2k+1) \times (k+1)}$$

因为右边各式的分母中 $k+1, k+2, \cdots, 2k+1$ 都是 $(2k+1)!$ 的因子,所以上式两边同乘以 $q \times (2k+1)!$,有 $3k+2 | 2p \cdot (2k+1)!$.

但 $3k+2$ 是奇质数,$1 < 2 < 3 < \cdots < 2k+1 < 3k+2$,所以 $(3k+2, 2 \cdot (2k+1)!) = 1$,所以 $3k+2 | p$.

12. 先注意下面的事实:$a + b \in \mathbf{Z}$,当 $a \notin \mathbf{Z}$ 时,$\{a\} + \{b\} = 1$.

$$\left[\frac{23k}{101}\right] + \left[\frac{23(101-k)}{101}\right] = \left(\frac{23k}{101} - \left\{\frac{23k}{101}\right\}\right)$$
$$+ \left(\frac{23(101-k)}{101} - \left\{\frac{23(101-k)}{101}\right\}\right)$$
$$= \frac{23k}{101} + \frac{23(101-k)}{101}$$
$$- \left(\left\{\frac{23k}{101}\right\} + \left\{\frac{23(101-k)}{101}\right\}\right)$$

因为 $\frac{23k}{101} + \frac{23(101-k)}{101} = 23$ 为整数,而当 $k = 1, 2, \cdots, 100$ 时,$\frac{23k}{101}$ 不是整数,所以 $\left\{\frac{23k}{101}\right\} + \left\{\frac{23(101-k)}{101}\right\} = 1$. 于是

$$\left[\frac{23k}{101}\right] + \left[\frac{23(101-k)}{101}\right]$$
$$= \frac{23k}{101} + \frac{23(101-k)}{101} - \left(\left\{\frac{23k}{101}\right\} + \left\{\frac{23(101-k)}{101}\right\}\right)$$
$$= 23 - 1 = 22$$

所以 $\sum_{k=1}^{100}\left[\dfrac{23k}{101}\right] = \dfrac{1}{2}\left(\sum_{k=1}^{100}\left[\dfrac{23k}{101}\right]+\sum_{k=1}^{100}\left[\dfrac{23(101-k)}{101}\right]\right) = \dfrac{1}{2} \cdot$

$\sum_{k=1}^{100}\left(\left[\dfrac{23k}{101}\right]+\left[\dfrac{23(101-k)}{101}\right]\right) = \dfrac{1}{2} \cdot \sum_{k=1}^{100} 22 = \dfrac{1}{2} \cdot 22 \cdot 100 = 1100.$

另解:令 $S = \sum_{k=1}^{100}\left[\dfrac{23k}{101}\right]$,倒序叠合,得

$$2S = \sum_{k=1}^{100}\left[\dfrac{23k}{101}\right]+\sum_{k=1}^{100}\left[\dfrac{23(101-k)}{101}\right]$$

$$= \sum_{k=1}^{100}\left(\left[\dfrac{23k}{101}\right]+\left[\dfrac{23(101-k)}{101}\right]\right)$$

而 $\left[\dfrac{23(101-k)}{101}\right] = \left[23-\dfrac{23k}{101}\right] = 23+\left[-\dfrac{23k}{101}\right] = 23-\left[\dfrac{23k}{101}\right]-1$,

所以 $2S = \sum_{k=1}^{100}\left(\left[\dfrac{23k}{101}\right]+\left[\dfrac{23(101-k)}{101}\right]\right) = \sum_{k=1}^{100}\left(\left[\dfrac{23k}{101}\right]+23-\right.$

$\left.\left[\dfrac{23k}{101}\right]-1\right) = \sum_{k=1}^{100} 22 = 2200.$

13. 当 $b=1$ 时,$S=0$;当 $b>1$ 时,$\dfrac{ia}{b} \notin \mathbf{Z}$ $(i=1,\cdots,b-1)$.

因为

$$\dfrac{i}{b}a + \dfrac{(b-i)}{b}a = a \quad (i=1,2,\cdots,b-1)$$

从而

$$\left[\dfrac{i}{b}a\right] + \left[\dfrac{(b-i)}{b}a\right] = a-1 \quad (i=1,2,\cdots,b-1)$$

$$2S = \sum_{i=1}^{b-1}\left(\left[\dfrac{i}{b}a\right]+\left[\dfrac{(b-i)}{b}a\right]\right) = \sum_{i=1}^{b-1}(a-1)$$

$$= (a-1)(b-1)$$

所以

$$S = \dfrac{1}{2}(a-1)(b-1) \quad (b>1)$$

因为 $b=1$ 也满足上式,所以 $S=\dfrac{1}{2}(a-1)(b-1)$.

14. 记不等式左边的式子 M,将 M 中各项的分子轮换,分母不变,得到一个新的式子: $N = \dfrac{b^3}{a^2+ab+b^2} + \dfrac{c^3}{b^2+bc+c^2} + \dfrac{a^3}{c^2+ca+a^2}$.

按两种不同方式,将 M,N 叠合. 一方面,由 $M-N=(a-b)+(b-c)+(c-a)=0$,有 $M=N$. 另一方面,

$$M+N = (a+b)\dfrac{a^2-ab+b^2}{a^2+ab+b^2} + (b+c)\dfrac{b^2-bc+c^2}{b^2+bc+c^2}$$
$$+ (c+a)\dfrac{c^2-ca+a^2}{c^2+ca+a^2}$$

由基本不等式,有

$$\dfrac{a^2-ab+b^2}{a^2+ab+b^2} \geqslant \dfrac{1}{3}, \quad \dfrac{b^2-bc+c^2}{b^2+bc+c^2} \geqslant \dfrac{1}{3}, \quad \dfrac{c^2-ca+a^2}{c^2+ca+a^2} \geqslant \dfrac{1}{3}$$

所以 $M+N \geqslant \dfrac{2(a+b+c)}{3}$,所以 $M \geqslant \dfrac{a+b+c}{3}$.

15. 若每行分别求和,则过程繁琐:

$$S = \left[\dfrac{n(n+1)}{2}\right] + \left[\dfrac{n(n+1)}{2}+n\right] + \left[\dfrac{n(n+1)}{2}+2n\right]$$
$$+ \cdots + \left[\dfrac{n(n+1)}{2}+(n-1)n\right]$$
$$= \dfrac{n^2(n+1)}{2} + \dfrac{n^2(n-1)}{2} = n^3$$

若采用轮换叠合,则解答非常简单:将题给表格旋转 $180°$,然后与原表格叠合,则 $2S = [1+(2n-1)] \cdot n^2 = 2n^3$,所以 $S=n^3$.

16. 按照题目要求的填数方式可以做到. 我们构造如图 2.10 所示的 9×9 表格 A,它具有如下的性质:任意一个 3×3 的正方形表格中各数之和都等于 36.

0	1	2	3	4	5	6	7	8
3	4	5	6	7	8	0	1	2
6	7	8	0	1	2	3	4	5
0	1	2	3	4	5	6	7	8
3	4	5	6	7	8	0	1	2
6	7	8	0	1	2	3	4	5
0	1	2	3	4	5	6	7	8
3	4	5	6	7	8	0	1	2
6	7	8	0	1	2	3	4	5

图 2.10

现在,将表格 A 逆时针旋转 $90°$,得到表格 B,表格 B 显然同样具有上述性质.再注意到,对表格 A 中任两个相同的数,在表格 B 中同样位置上的两个数不同.设 A 中一个方格中的数为 a,而 B 中在同样位置的数为 b,则将 A 中的数换成 $9a+b+1$.这样得到的表格中没有相同的数,所以从 1 到 81 的每个自然数恰好各出现一次,而且每个 $3×3$ 的正方形中各数之和都等于 $9×36+36+9$.

17. ① 设 ABC 为一直角三角形,它的顶点具有整数坐标,且两条直角边都在这些正方格的边上.设 $\angle A=90°$,$AB=m$,$AC=n$.

将两个这样的直角三角形按中心对称(旋转 $180°$)拼合在一起,得到如图 2.11 所示的矩形 $ABCD$.

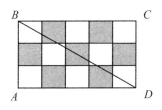

图 2.11

2 叠 合

对于任一多边形 P,记 $S_1(P)$ 为 P 中黑色部分的面积,$S_2(P)$ 为 P 中白色部分的面积.

当 m 和 n 同时为偶数或者同时为奇数时,矩形 $ABCD$ 的着色关于斜边 BC 的中点中心对称.采用叠合技巧,我们有

$$f(m,n) = |S_1(ABC) - S_2(ABC)|$$
$$= \frac{1}{2}|S_1(ABCD) - S_2(ABCD)|$$

于是,当 m 和 n 同时为偶数时,棋盘中黑格个数与白格个数相等,从而 $f(m,n) = 0$;

而当 m 和 n 同时为奇数时,棋盘中黑格个数与白格个数相差 1,此时 $f(m,n) = \frac{1}{2}$.

② 如果 m 和 n 同时为偶数或者同时为奇数,则由①即知结论成立.

下设 m 为奇数,n 为偶数,此时注意棋盘的染色关于其中心是反对称的,即关于中心对称的两个方格的颜色相反.

如图 2.12 所示,考虑 AB 上的点 L,使得 $AL = m - 1$.

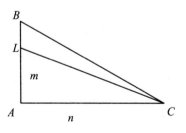

图 2.12

由于 $n, m-1$ 都为偶数,我们有 $f(m-1, n) = 0$,即 $S_1(ALC) = S_2(ALC)$.

因此,$f(m,n) = |S_1(ABC) - S_2(ABC)| = |S_1(LBC) -$

$S_2(LBC)| \leqslant S(LBC) = \dfrac{n}{2} \leqslant \dfrac{1}{2}\max\{m,n\}$.

③ 我们来计算 $f(2k+1,2k)$ 的值. 考虑 AB 上的点 L, 使得 $AL = 2k$. 因为 $f(2k,2k) = 0$, 即 $S_1(ALC) = S_2(ALC)$, 而三角形 LBC 的面积等于 k. 此外, 我们有 $f(2k+1,2k) = |S_1(LBC) - S_2(LBC)|$.

因为 $2k \times 2k$ 棋盘对角线上的方格全同色, 不妨假设对角线 LC 全部落在黑色正方格中(图 2.13).

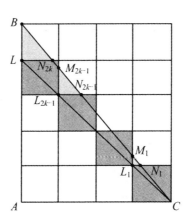

图 2.13

于是, LBC 的白色部分由若干个三角形组成: BLN_{2k}, $M_{2k-1}L_{2k-1}N_{2k-1}$, $\cdots$, $M_1L_1N_1$, 它们每一个都与 BAC 相似, 其总面积等于

$$S_2(LBC) = \dfrac{1}{2} \cdot \dfrac{2k}{2k+1}\left[\left(\dfrac{2k}{2k}\right)^2 + \left(\dfrac{2k-1}{2k}\right)^2 + \cdots + \left(\dfrac{1}{2k}\right)^2\right]$$

$$= \dfrac{1}{4k(2k+1)}[1^2 + 2^2 + \cdots + (2k)^2]$$

$$= \dfrac{4k+1}{12}$$

因此，黑色部分的总面积为 $S_1(LBC) = k - \dfrac{1}{12}(4k+1)$

$= \dfrac{8k-1}{12}.$

其面积差为 $\dfrac{8k-1}{12} - \dfrac{4k+1}{12} = \dfrac{4k-2}{12} = \dfrac{2k-1}{6}.$ 由于 k 可以取任意大的值，从而结论成立.

3 搭　　配

所谓搭配,就是按照一定的规则,将某些对象适当组合,使具有某种特定性质的相关对象构成一些"小团体",通过对"小团体"的研究,找到解题途径.

如何搭配,通常取决于问题解题目标或题给条件的特征,其总的原则就是搭配得到的"小团体"或者便于推理,或者较原对象与目标更接近,或者更易于利用已知条件.

3.1 顺序搭配

将具有某种顺序的每连续若干个搭配在一起,我们称之为顺序搭配.搭配后,所有对象被分成若干组,我们不必对每一个对象进行讨论,只需对每一个组进行讨论,因而使问题得到简化.

例1　求证:对任何正整数 N,都存在正整数 n,使 $1+\dfrac{1}{2}+\dfrac{1}{3}+\cdots+\dfrac{1}{n}>N$.

分析与证明　这是一个著名的调和级数发散问题,在很多的有关数学分析的书中都有介绍,其证明就是典型的顺序搭配型的放缩法.记

$$S(n) = 1 + \frac{1}{2} + \frac{1}{3} + \cdots + \frac{1}{n}$$

取 $n = 2^m$,其中 m 是待定的正整数,将 $S(2^m)$ 中分母属于区间 $(2^{k-1}, 2^k]$ 的项都与 $\frac{1}{2^k}$ 搭配 $(k = 1, 2, \cdots, m)$,则

$$S(2^m) = 1 + \frac{1}{2} + \left(\frac{1}{3} + \frac{1}{4}\right) + \left(\frac{1}{5} + \frac{1}{6} + \frac{1}{7} + \frac{1}{8}\right) + \cdots$$
$$+ \left(\frac{1}{2^{m-1}+1} + \frac{1}{2^{m-1}+2} + \cdots + \frac{1}{2^m}\right)$$
$$> 1 + \frac{1}{2} + \left(\frac{1}{4} + \frac{1}{4}\right) + \left(\frac{1}{8} + \frac{1}{8} + \frac{1}{8} + \frac{1}{8}\right) + \cdots$$
$$+ \left(\frac{1}{2^m} + \frac{1}{2^m} + \cdots + \frac{1}{2^m}\right)$$
$$= 1 + \underbrace{\frac{1}{2} + \frac{1}{2} + \cdots + \frac{1}{2}}_{m \uparrow \frac{1}{2}} = 1 + \frac{m}{2}$$

再取 $m = 2N$,则当 $n = 2^{2N}$ 时,$S(n) = S(2^{2N}) > 1 + \frac{2N}{2} = N + 1 > N$,命题获证.

下一个例子与之有异曲同工之妙.

例 2 求证: $1 + \frac{1}{2} + \frac{1}{3} + \cdots + \frac{1}{2^n - 1} < n$.

分析与证明 $1 + \frac{1}{2} + \frac{1}{3} + \cdots + \frac{1}{2^n - 1} = 1 + \left(\frac{1}{2} + \frac{1}{2^2 - 1}\right) + \left(\frac{1}{2^2} + \frac{1}{2^2 + 1} + \frac{1}{2^2 + 2} + \frac{1}{2^3 - 1}\right) + \cdots + \left(\frac{1}{2^{n-1}} + \frac{1}{2^{n-1} + 1} + \cdots + \frac{1}{2^n - 1}\right) <$
$1 + \left(\frac{1}{2} + \frac{1}{2}\right) + \left(\frac{1}{2^2} + \frac{1}{2^2} + \frac{1}{2^2} + \frac{1}{2^2}\right) + \cdots + \left(\frac{1}{2^{n-1}} + \frac{1}{2^{n-1}} + \cdots + \frac{1}{2^{n-1}}\right)$
(第 k 个括号有 2^k 项,$k = 1, 2, \cdots, n-1$) $= 1 + (1 + 1 + \cdots + 1) = 1 + (n-1) = n$.

例 3 (1998 年保加利亚数学奥林匹克试题) 给定正整数 n,求

最小的正整数 k,使存在 k 个长为 $2n+2$ 的 0,1 序列,而对任何长为 $2n+2$ 的 0,1 序列,必与其中一个序列至少有 $n+2$ 个位置上的数相同.

分析与解 设 A 是若干个长为 $2n+2$ 的 0,1 序列的集合,如果一个长为 $2n+2$ 的 0,1 序列 a,与 A 中一个序列至少有 $n+2$ 个位置上的数相同,则称序列 a 被 A 固定.

现在我们要构造适当的 A,使每一个长为 $2n+2$ 的 0,1 序列都被 A 固定.

考察任意一个长为 $2n+2$ 的 0,1 序列 a,设 a 中 0,1 的个数分别为 x,y.

如果 $x<y$,则 a 至少有 $n+2$ 个 1,此时取 $(1,1,1,\cdots,1)\in A$,则序列 a 被 A 固定.

如果 $x>y$,则 a 至少有 $n+2$ 个 0,此时取 $(0,0,0,\cdots,0)\in A$,则序列 a 被 A 固定.

如果 $x=y$,则 a 恰有 $n+1$ 个 0 和 $n+1$ 个 1,此时取 $(1,0,0,\cdots,0)\in A$,$(0,1,1,\cdots,1)\in A$,则序列 a 被 A 固定.

实际上,不妨设 a 的首位是 0,则后面的 $n+1$ 个 1 必与 $(0,1,1,\cdots,1)$ 后面的 $n+1$ 个位置上的数相同,又它们首位相同,从而至少有 $n+2$ 个位置上的数相同.

由此可见,取 $A=\{(0,0,0,\cdots,0),(1,1,1,\cdots,1),(0,1,1,\cdots,1),(1,1,1,\cdots,1)\}$,则所有长为 $2n+2$ 的 0,1 序列都被 A 固定,从而 $k=4$ 合乎条件.

下面证明 $k\geqslant 4$.

我们只需证明 $k\neq 3$,这是因为如果 $k=r<3$ 合乎条件,则 $k=r+1$ 也合乎条件,如此下去,必有 $k=3$ 合乎条件.

反设 $k=3$ 合乎条件,记此时的
$$A=\{(a_1,a_2,\cdots,a_{2n+2}),(b_1,b_2,\cdots,b_{2n+2}),(c_1,c_2,\cdots,$$

$c_{2n+2})\}$.

我们现在要构造一个长为 $2n+2$ 的 $0,1$ 序列 $d=(d_1,d_2,\cdots,d_{2n+2})$,使 d 不被 A 固定.

注意 d 允许与某个序列有 $n+1$ 个位置上的数相同,而 $n+1$ 恰好是总数 $2n+2$ 的一半.于是,将 A 中每一个序列都分割为 $n+1$ 组,每相邻两个元素为一组.我们这样构造序列 d:使 d 在每一个组中与 A 中每个序列至多有一个位置上的数相同.

考察 A 中 3 个序列的第 i 组:(a_{2i-1},a_{2i}),(b_{2i-1},b_{2i}),(c_{2i-1},c_{2i}),因为 $0,1$ 构成的不同有序数对有 4 个:$(0,0)$,$(0,1)$,$(1,0)$,$(1,1)$,因此,我们可以选取 (d_{2i-1},d_{2i}),使 (d_{2i-1},d_{2i}) 不与 (a_{2i-1},a_{2i}),(b_{2i-1},b_{2i}),(c_{2i-1},c_{2i}) 中任何一个相同,也就是说,(d_{2i-1},d_{2i}) 与 A 中任何一个序列的第 i 组至多有一个位置上的数相同.

注意到 $1 \leqslant i \leqslant n+1$,于是,按上述规则选定的 $d=(d_1,d_2,\cdots,d_{2n+2})$,与 A 中任何一个序列至多有 $n+1$ 个位置上的数相同,即 d 不被 A 固定,矛盾.

综上所述,k 的最小值是 4.

顺序搭配中的一种特殊情况是"插点搭配",即在两个元素 x,y 之间插入若干元素:$a_1,a_2,\cdots,a_r$,然后将 x 与 a_1 搭配,a_1 与 a_2 搭配,$\cdots$,a_{r-1} 与 a_r 搭配,a_r 与 y 搭配.我们看下面的例子.

例 4(原创题) 如果数列 $\{a_n\}$ 满足 $a_{n+1}^2 \leqslant a_n a_{n+2}$ ($n=0,1,2,\cdots$),则称之为凸数列,给定函数 $f(x)$ 及凸数列 $\{a_n\}$ ($n=0,1,2,\cdots$),它们满足:

（ⅰ）$0 < a_0 < a_1 < a_2 < \cdots$;

（ⅱ）对任何正整数 n,有 $|f(a_n)-f(a_{n+1})| \leqslant \lambda^n |a_n-a_{n+1}| \leqslant |f(a_{n-1})-f(a_n)|$(其中 λ 为正常数).求证:

(1) $\lambda \leqslant 1$;

(2) 对任何正整数 i,j,有 $|f(a_i)-f(a_j)| \leqslant \lambda |a_i-a_j|$;

(3) 对任何正整数 $i, j (i \leqslant j)$,有
$$|(\lambda - 1)(f(a_i) - f(a_j))| \leqslant |(\lambda^j - \lambda^i)(a_j - a_{j-1})|$$

分析与解 因为 $\{a_n\}$ 是凸数列,所以对任何自然数 $n = 0, 1, 2, \cdots,$ 有
$$a_{n+1}^2 \leqslant a_n a_{n+2}$$
所以
$$a_{n+1} \leqslant \sqrt{a_n a_{n+2}} \leqslant \frac{a_n + a_{n+2}}{2}$$
$$a_{n+1} - a_n \leqslant a_{n+2} - a_{n+1}$$
又 $a_n < a_{n+1}$,所以
$$|a_{n+1} - a_n| \leqslant a_{n+2} - a_{n+1} \quad (n = 0, 1, 2, \cdots)$$

(1) 由条件(ⅱ),有
$$|f(a_1) - f(a_2)| \leqslant \lambda |a_1 - a_2| \leqslant |f(a_0) - f(a_1)|$$
$$|f(a_2) - f(a_3)| \leqslant \lambda^2 |a_2 - a_3| \leqslant |f(a_1) - f(a_2)|$$
所以 $\lambda^2 |a_2 - a_3| \leqslant |f(a_1) - f(a_2)| \leqslant \lambda |a_1 - a_2|$.

又 $|a_1 - a_2| \leqslant |a_2 - a_3|$,所以 $\lambda^2 |a_2 - a_3| \leqslant \lambda |a_2 - a_3|$,$\lambda^2 \leqslant \lambda$,$\lambda \leqslant 1$.

(2) 因为 $\lambda \leqslant 1$,所以对任何正整数 n,有 $\lambda^n \leqslant \lambda$,所以
$$|f(a_n) - f(a_{n+1})| \leqslant \lambda^n |a_n - a_{n+1}| \leqslant \lambda |a_n - a_{n+1}| \quad (*)$$
对任何正整数 $i, j (i \leqslant j)$,当 $i = j$ 时,显然有
$$|f(a_i) - f(a_j)| \leqslant \lambda |a_i - a_j|$$
结论成立;当 $i \neq j$ 时,不妨设 $1 \leqslant i < j$,为了利用不等式 $(*)$,采用插点搭配,有
$$|f(a_i) - f(a_j)| = |f(a_j) - f(a_i)|$$
$$= |f(a_j) - f(a_{j-1}) + f(a_{j-1}) - f(a_{j-2}) + \cdots$$
$$+ f(a_{i+1}) - f(a_i)|$$
$$\leqslant |f(a_j) - f(a_{j-1})| + |f(a_{j-1}) - f(a_{j-2})| + \cdots$$

3 搭 配

$$+ |f(a_{i+1}) - f(a_i)|$$
$$\leq \lambda |a_j - a_{j-1}| + \lambda |a_{j-1} - a_{j-2}|$$
$$+ \cdots + \lambda |a_{i+1} - a_i|$$
$$= \lambda(a_j - a_{j-1}) + \lambda(a_{j-1} - a_{j-2}) + \cdots + \lambda(a_{i+1} - a_i)$$
$$= \lambda(a_j - a_i) = \lambda |a_i - a_j|$$

(3) 当 $\lambda = 1$ 或 $i = j$ 时,
$$|(\lambda - 1)(f(a_i) - f(a_j))| \leq |(\lambda^j - \lambda^i)(a_j - a_{j-1})|$$

显然成立;当 $\lambda \neq 1$,且 $i \neq j$ 时,对任何正整数 i, j,不妨设 $1 \leq i < j$,为了利用不等式(*),采用插点搭配,有
$$|f(a_i) - f(a_j)| = |f(a_j) - f(a_i)|$$
$$= |f(a_j) - f(a_{j-1}) + f(a_{j-1}) - f(a_{j-2}) + \cdots$$
$$+ f(a_{i+1}) - f(a_i)|$$
$$\leq |f(a_j) - f(a_{j-1})| + |f(a_{j-1}) - f(a_{j-2})| + \cdots$$
$$+ |f(a_{i+1}) - f(a_i)|$$
$$\leq \lambda^{j-1} |a_j - a_{j-1}| + \lambda^{j-2} |a_{j-1} - a_{j-2}| + \cdots$$
$$+ \lambda^i |a_{i+1} - a_i|$$
$$\leq \lambda^{j-1} |a_j - a_{j-1}| + \lambda^{j-2} |a_j - a_{j-1}| + \cdots$$
$$+ \lambda^i |a_j - a_{j-1}|$$
$$= (\lambda^{j-1} + \lambda^{j-2} + \cdots + \lambda^i) |a_j - a_{j-1}|$$
$$= \frac{\lambda^i(1 - \lambda^{j-i})}{1 - \lambda} |a_j - a_{j-1}|$$
$$= \frac{\lambda^j - \lambda^i}{\lambda - 1} |a_j - a_{j-1}|$$
$$= \frac{|\lambda^j - \lambda^i|}{|\lambda - 1|} |a_j - a_{j-1}|$$

所以
$$|(\lambda - 1)(f(a_i) - f(a_j))| \leq |(\lambda^j - \lambda^i)(a_j - a_{j-1})|$$

3.2 错位搭配

对于两个不同的"和"式：
$$M = a_1 + a_2 + \cdots + a_n$$
$$N = b_1 + b_2 + \cdots + b_n$$

有时候，我们可以采用这样的方式综合利用上述两个式子得出有关结果，或者建立 M, N 之间的关系：将 M 中的第 i 项与 N 中的第 $i+1$ 项搭配，通过研究 a_i 与 b_{i+1} 之间的关系来达到目的，我们称这样一种搭配为"错位搭配"。

错位搭配是一种常用的变形技巧，比如，等比数列前 n 项和公式的推导，利用的就是这一技巧。此外，与等比数列相关的一些数列求和也常用这一技巧。

例 1 计算：设 $a_n = nq^n (n \in \mathbf{N}^+)$，其中 q 为常数，求数列 $\{a_n\}$ 的前 n 项和 S_n。

分析与解 当 $q = 1$ 时，
$$S_n = 1 + 2 + \cdots + n = \frac{1}{2} n(n+1)$$

当 $q \neq 1$ 时，由
$$S_n = q + 2q^2 + 3q^3 + \cdots + nq^n$$
得
$$qS_n = q^2 + 2q^3 + 3q^4 + \cdots + nq^{n+1}$$
两式错位相减，得
$$(1-q)S_n = q + q^2 + q^3 + \cdots + q^n - nq^{n+1}$$
$$= \frac{q(1-q^n)}{1-q} - nq^{n+1}$$

所以
$$S_n = \frac{q(1-q^n)}{(1-q)^2} - \frac{nq^{n+1}}{1-q}$$

3 搭 配

在有些不等式证明中,可按如下思路使用"错位搭配"技巧. 假定要证明不等式

$$\sum_{k=1}^{n} A_k \geqslant \sum_{k=1}^{n} B_k \tag{1}$$

它成立的一个充分条件是,对每一个 k,有

$$A_k \geqslant B_k \tag{2}$$

但在一般情况下,不等式(2)不成立,但若将式(1)变形为(错位)

$$A_1 + \sum_{k=2}^{n} A_k \geqslant \sum_{k=2}^{n} B_{k-1} + B_n \tag{3}$$

则式(3)成立的一个充分条件是 $A_k \geqslant B_{k-1}$,其中定义 $B_0 = B_n$. 有趣的是,在大多数情况下,不等式 $A_k \geqslant B_{k-1}$ 是不难证明的.

例 2(1986 年全俄数学奥林匹克试题) 设 $a_1, a_2, \cdots, a_n > 0$,$S_k = a_1 + a_2 + \cdots + a_k$,求证:$\sum_{k=1}^{n} \dfrac{k}{S_k} < 4 \sum_{k=1}^{n} \dfrac{1}{a_k}$.

分析与证明 为了利用错位搭配技巧,先对不等式左边的分子进行配方分拆,有

$$\sum_{k=1}^{n} \frac{k}{S_k} = \sum_{k=1}^{n} \frac{(k+1)^2 - k^2 - 1}{2S_k}$$

$$< \sum_{k=1}^{n} \frac{(k+1)^2 - k^2}{2S_k} = \sum_{k=1}^{n} \frac{(k+1)^2}{2S_k} - \sum_{k=1}^{n} \frac{k^2}{2S_k}$$

现在,对第二个和式采用错位变形,补充定义 $S_0 = 1$,则

$$\sum_{k=1}^{n} \frac{k^2}{2S_k} = \sum_{k=1}^{n} \frac{(k-1)^2}{2S_{k-1}} + \frac{n^2}{2S_n} > \sum_{k=1}^{n} \frac{(k-1)^2}{2S_{k-1}}$$

于是

$$\sum_{k=1}^{n} \frac{k}{S_k} < \sum_{k=1}^{n} \frac{(k+1)^2}{2S_k} - \sum_{k=1}^{n} \frac{(k-1)^2}{2S_{k-1}}$$

$$= \sum_{k=1}^{n} \left[\frac{(k+1)^2}{2S_k} - \frac{(k-1)^2}{2S_{k-1}} \right]$$

下面只需证明

$$\frac{(k+1)^2}{2S_k} - \frac{(k-1)^2}{2S_{k-1}} \leqslant \frac{4}{a_k}$$

而

$$S_k \left[\frac{(k-1)^2}{2S_{k-1}} + \frac{8}{a_k} \right] = (S_{k-1} + a_k) \left[\frac{(k-1)^2}{2S_{k-1}} + \frac{8}{a_k} \right] \geqslant (k+1)^2$$

所以不等式获证.

例 3(第 33 届 IMO 中国国家队选拔考试试题) 任给两个自然数 $n>1, T>1$,试求出所有自然数 a,使对任意正数 $a_1, a_2, \cdots, a_n$,都有 $\sum_{k=1}^{n} \dfrac{ak + \dfrac{a^2}{4}}{S_k} < T^2 \sum_{k=1}^{n} \dfrac{1}{a_k}$,其中 $S_k = \sum_{i=1}^{k} a_i$.

分析与解 在命题组提供的解答中,其变形技巧是很强的,但思路不是很自然,我们这里采用错位搭配技巧,其解答简单而自然.实际上,不等式左边分子配方,有

$$\sum_{k=1}^{n} \frac{ak + \frac{a^2}{4}}{S_k} = \sum_{k=1}^{n} \frac{\left(k + \frac{a}{2}\right)^2}{S_k} - \sum_{k=1}^{n} \frac{k^2}{S_k}$$

现在,对第二个和式采用错位变形,补充定义 $S_0 = 1$,则

$$\sum_{k=1}^{n} \frac{k^2}{S_k} = \sum_{k=1}^{n} \frac{(k-1)^2}{S_{k-1}} - \frac{n^2}{S_n} > \sum_{k=1}^{n} \frac{(k-1)^2}{S_{k-1}}$$

于是

$$\sum_{k=1}^{n} \frac{ak + \frac{a^2}{4}}{S_k} < \sum_{k=1}^{n} \frac{\left(k + \frac{a}{2}\right)^2}{S_k} - \sum_{k=1}^{n} \frac{(k-1)^2}{S_{k-1}}$$

$$= \sum_{k=1}^{n} \left[\frac{\left(k + \frac{a}{2}\right)^2}{S_k} - \frac{(k-1)^2}{S_{k-1}} \right]$$

所以只需证(一个充分条件)对每一个 k,有

$$\frac{\left(k + \frac{a}{2}\right)^2}{S_k} - \frac{(k-1)^2}{S_{k-1}} \leqslant \frac{T^2}{a_k}$$

这等价于
$$\left(k + \frac{a}{2}\right)^2 \leqslant S_k\left[\frac{(k-1)^2}{S_{k-1}} + \frac{T^2}{a_k}\right] \qquad (*)$$

从约分的角度考虑,想到利用柯西不等式.这样,有
$$S_k\left[\frac{(k-1)^2}{S_{k-1}} + \frac{T^2}{a_k}\right] = (S_{k-1} + a_k)\left[\frac{(k-1)^2}{S_{k-1}} + \frac{T^2}{a_k}\right]$$
$$\geqslant (k-1+T)^2$$

于是,使式(*)成立的一个充分条件是
$$(k-1+T)^2 \geqslant \left(k + \frac{a}{2}\right)^2$$

即 $k-1+T \geqslant k + \frac{a}{2}$,解得 $a \leqslant 2T-2$.

所以,当 $a = 1, 2, \cdots, 2(T-1)$ 时,原不等式成立.

另一方面,当 $a \geqslant 2T-1$ 时,存在正整数 $a_1, a_2, \cdots, a_n$,使原不等式不成立.实际上,任意给定 $a_1 > 0$,令 $a_k = \frac{(a+2)S_{k-1}}{2(k+1)}$ ($k = 2, 3, \cdots, n$)即可.

故所求的一切自然数 $a = 1, 2, \cdots, 2(T-1)$.

例4 设 $a_i, b_i \in \mathbf{R}$ ($i = 1, 2, \cdots, n$),求证:不等式 $\sum_{i=1}^{n} a_i x_i \leqslant \sum_{i=1}^{n} b_i x_i$ 对任何实数 $x_1 \leqslant x_2 \leqslant \cdots \leqslant x_n$ 恒成立的充分必要条件是 $\sum_{i=1}^{k} a_i \geqslant \sum_{i=1}^{k} b_i$ ($k = 1, 2, \cdots, n-1$),且 $\sum_{i=1}^{n} a_i = \sum_{i=1}^{n} b_i$.

分析与证明 先证必要性.由于题给的不等式对任何实数 $x_1 \leqslant x_2 \leqslant \cdots \leqslant x_n$ 恒成立,从而可适当赋值:取一些特殊的实数 $x_1 \leqslant x_2 \leqslant \cdots \leqslant x_n$,期望逐步得到 $\sum_{i=1}^{k} a_i \geqslant \sum_{i=1}^{k} b_i$ ($k = 1, 2, \cdots, n-1$),且 $\sum_{i=1}^{n} a_i = \sum_{i=1}^{n} b_i$.

首先思考如何得到 $a_1 \geqslant b_1$. 此时,由于目标中只含有 a_1, b_1,所以题给的不等式中"下标"不是 1 的项都要去掉,于是想到令 $x_2 = x_3 = \cdots = x_n = 0$,但此时得到的结果是 $a_1 x_1 \leqslant b_1 x_1$,其不等式方向与所需的结果相反.注意到 $x_1 \leqslant x_2 \leqslant \cdots \leqslant x_n = 0$,有 $x_1 \leqslant 0$,这样,再取 $x_1 = -1$,代入上式,便得 $a_1 \geqslant b_1$.

下面再思考如何赋值,以得到 $a_1 + a_2 \geqslant b_1 + b_2$. 此时,同上理由,题给的不等式中"下标"大于 2 的项都要去掉,于是,令 $x_3 = x_4 = \cdots = x_n = 0, x_1 = x_2 = -1$,便得 $a_1 + a_2 \geqslant b_1 + b_2$.

如此下去,一般地,令 $x_1 = x_2 = \cdots = x_k = -1, x_{k+1} = x_{k+2} = \cdots = x_n = 0$,便有

$$\sum_{i=1}^{k} a_i \geqslant \sum_{i=1}^{k} b_i \quad (k = 1, 2, \cdots, n-1)$$

现在,还要得到 $\sum_{i=1}^{n} a_i = \sum_{i=1}^{n} b_i$. 为了产生 $\sum_{i=1}^{n} a_i$,令所有 $x_i = 1$ 即可,这样,有 $\sum_{i=1}^{n} a_i \geqslant \sum_{i=1}^{n} b_i$.

至此,还需要得到另一个方向的不等式 $\sum_{i=1}^{n} a_i \leqslant \sum_{i=1}^{n} b_i$,这令所有 $x_i = -1$ 即得,所以 $\sum_{i=1}^{n} a_i = \sum_{i=1}^{n} b_i$,必要性获证.

下面证明充分性.因为不等式两边都是多项式结构,可用作差比较:记左边与右边的差为 H,则

$$H = \sum_{i=1}^{n} a_i x_i - \sum_{i=1}^{n} b_i x_i = \sum_{i=1}^{n} (a_i - b_i) x_i$$

注意到条件"$x_1 \leqslant x_2 \leqslant \cdots \leqslant x_n$",有 $x_{i+1} - x_i \geqslant 0$,由此想到错位搭配:将含 x_i 的项与含 x_{i+1} 的项组合在一起.为此,令

$$A_k = \sum_{i=1}^{k} a_i, \quad B_k = \sum_{i=1}^{k} b_i \quad (k = 0, 1, \cdots, n; A_0 = B_0 = 0)$$

则题给条件变为

$$A_k^* \geqslant B_k, \quad A_n = B_n$$

于是

$$H = \sum_{i=1}^{n}[(A_i - A_{i-1}) - (B_i - B_{i-1})]x_i$$

$$= \sum_{i=1}^{n}[(A_i - B_i) - (A_{i-1} - B_{i-1})]x_i$$

$$= \sum_{i=1}^{n}(A_i - B_i)x_i - \sum_{i=1}^{n}(A_{i-1} - B_{i-1})x_i$$

$$= (错位)\sum_{i=1}^{n-1}(A_i - B_i)x_i + (A_n - B_n)x_n$$

$$\quad - \left[\sum_{i=1}^{n-1}(A_i - B_i)x_{i+1} + (A_0 - B_0)x_1\right]$$

$$= (搭配)\sum_{i=1}^{n-1}(A_i - B_i)x_i - \sum_{i=1}^{n-1}(A_i - B_i)x_{i+1}$$

（注意 $A_0 = B_0 = 0$ 及 $A_n = B_n$）

$$= \sum_{i=1}^{n-1}(A_i - B_i)(x_i - x_{i+1}) \leqslant 0$$

综上所述,命题获证.

例 5（1988 年全国理科班招生试题） 给定正整数 $n > 1$,设 x_i, y_i 满足 $\sum_{i=1}^{n} x_i = 0, \sum_{i=1}^{n}|x_i| = 1, y_1 \geqslant y_2 \geqslant \cdots \geqslant y_n$,且 $y_1 > y_n$,若不等式 $\left|\sum_{i=1}^{n} x_i y_i\right| \leqslant A(y_1 - y_n)$ 对一切满足上述条件的 x_i, y_i 恒成立,求 A 的最小值.

分析与解 注意到不等式右边只含有 y_1, y_n,可适当选取 x_i 的值,使消去含 $y_i (2 \leqslant i \leqslant n-1)$ 的项,于是,令 $x_2 = x_3 = \cdots = x_{n-1} = 0$,再取 $x_1 = \dfrac{1}{2}, x_n = -\dfrac{1}{2}$,则不等式变为

$$A(y_1 - y_2) \geqslant |x_1 y_1 + x_n y_n| = \frac{1}{2}(y_1 - y_n)$$

又 $y_1 > y_2$,所以 $A \geq \dfrac{1}{2}$.

下面证明 $A = \dfrac{1}{2}$ 合乎条件,即对满足题目条件的 x_i, y_i,有

$$\left| 2\sum_{i=1}^{n} x_i y_i \right| \leq y_1 - y_n$$

令 $S_0 = 0, S_i = \sum_{k=1}^{i} x_k (i = 1, 2, \cdots, n)$,则 $x_i = S_i - S_{i-1} (i = 1, 2, \cdots, n)$. 由条件知

$$\left| \sum_{x_i > 0} x_i \right| = \dfrac{1}{2}, \quad \left| \sum_{x_i < 0} x_i \right| = \dfrac{1}{2}$$

所以

$$|S_i| \leq \max\left\{ \left| \sum_{x_i > 0} x_i \right|, \left| \sum_{x_i < 0} x_i \right| \right\} = \dfrac{1}{2}$$

又 $S_n = 0$,于是,采用错位搭配,有

$$\left| \sum_{i=1}^{n} x_i y_i \right| = \left| \sum_{i=1}^{n} (S_i - S_{i-1}) y_i \right| = \left| \sum_{i=1}^{n-1} S_i y_i + S_n y_n - \sum_{i=1}^{n} S_{i-1} y_i \right|$$

$$= \left| \sum_{i=1}^{n-1} S_i y_i - \sum_{i=0}^{n-1} S_i y_{i+1} \right| = \left| \sum_{i=1}^{n-1} S_i y_i - \sum_{i=1}^{n-1} S_i y_{i+1} \right|$$

$$= \left| \sum_{i=1}^{n-1} S_i (y_i - y_{i+1}) \right| \leq \sum_{i=1}^{n-1} |S_i| \cdot |y_i - y_{i+1}|$$

$$\leq \dfrac{1}{2} \cdot \sum_{i=1}^{n-1} (y_i - y_{i+1}) = \dfrac{1}{2} \cdot (y_1 - y_n)$$

综上所述,A 的最小值为 $\dfrac{1}{2}$.

3.3 同构搭配

所谓同构搭配,就是将具有相同结构的对象搭配在一起. 在不等式证明中,经常使用这一变形.

3 搭　配

例1　设 $a_i, b_i \in \mathbf{R}^+$，求证：$\sqrt[n]{\prod_{i=1}^{n}(a_i+b_i)} \geqslant \sqrt[n]{\prod_{i=1}^{n} a_i} + \sqrt[n]{\prod_{i=1}^{n} b_i}$.

分析与证明　不等式中的两边都是 n 次根式，通过作除法，可将两个 n 次根式并为一个 n 次根式．注意到分式中以单项式作分母较方便，从而应将左边的量"移"到右边去．于是

$$\frac{\sqrt[n]{\prod_{i=1}^{n} a_i} + \sqrt[n]{\prod_{i=1}^{n} b_i}}{\sqrt[n]{\prod_{i=1}^{n}(a_i+b_i)}} = \sqrt[n]{\prod_{i=1}^{n} \frac{a_i}{a_i+b_i}} + \sqrt[n]{\prod_{i=1}^{n} \frac{b_i}{a_i+b_i}}$$

$$\leqslant \frac{1}{n} \cdot \sum_{i=1}^{n} \frac{a_i}{a_i+b_i} + \frac{1}{n} \cdot \sum_{i=1}^{n} \frac{b_i}{a_i+b_i} = 1$$

所以

$$\sqrt[n]{\prod_{i=1}^{n}(a_i+b_i)} \geqslant \sqrt[n]{\prod_{i=1}^{n} a_i} + \sqrt[n]{\prod_{i=1}^{n} b_i}$$

例2　设 $x_i \geqslant 1 (1 \leqslant i \leqslant n)$，求证：$\dfrac{\prod_{i=1}^{n} x_i}{\left(\sum_{i=1}^{n} x_i\right)^n} \geqslant \dfrac{\prod_{i=1}^{n}(x_i-1)}{\left(\sum_{i=1}^{n}(x_i-1)\right)^n}$.

分析与证明　不等式中的两边既有"积"的结构，又有"和的方幂"的结构，通过作除法，可将两个"积"的结构放在一起，两个"和的方幂"的结构放在一起．于是

$$\prod_{i=1}^{n} \frac{x_i-1}{x_i} \leqslant \left[\frac{\sum_{i=1}^{n}(x_i-1)}{\sum_{i=1}^{n} x_i}\right]^n = \left[\frac{\sum_{i=1}^{n} x_i - n}{\sum_{i=1}^{n} x_i}\right]^n$$

至此，再对不等式两边都使用"分离整数部分"技巧，则原不等式等价于

$$\prod_{i=1}^{n}\left(1-\frac{1}{x_i}\right) \leqslant \left(1-\frac{n}{\sum_{i=1}^{n} x_i}\right)^n$$

注意到

$$\prod_{i=1}^{n}\left(1-\frac{1}{x_i}\right) \leqslant \left[\frac{\sum_{i=1}^{n}\left(1-\frac{1}{x_i}\right)}{n}\right]^n$$

$$= \left(\frac{n-\sum_{i=1}^{n}\frac{1}{x_i}}{n}\right)^n$$

$$= \left(1-\frac{\sum_{i=1}^{n}\frac{1}{x_i}}{n}\right)^n$$

所以,只需证明

$$\left(1-\frac{\sum_{i=1}^{n}\frac{1}{x_i}}{n}\right)^n \leqslant \left(1-\frac{n}{\sum_{i=1}^{n} x_i}\right)^n$$

即

$$\frac{\sum_{i=1}^{n}\frac{1}{x_i}}{n} \geqslant \frac{n}{\sum_{i=1}^{n} x_i}$$

由柯西不等式,上式显然成立.

例3 设实系数多项式 $f(x) = x^n + a_1 x^{n-1} + \cdots + a_0$ 的 n 个实根为 $b_1, b_2, \cdots, b_n (n>1)$,求证:对任何实数 $x > \max\{b_1, b_2, \cdots, b_n\}$,有

$$f(x+1) \geqslant \frac{2n^2}{\sum_{i=1}^{n}\frac{1}{x-b_i}}$$

3 搭　配

分析与证明　因为 $f(x)$ 的首项系数为 1，且 n 个实根为 b_1, $b_2, \cdots, b_n$，于是

$$f(x) = (x - b_1)(x - b_2)\cdots(x - b_n)$$
$$f(x+1) = (x+1-b_1)(x+1-b_2)\cdots(x+1-b_n)$$

所以欲证明的不等式左边是"乘积形式"，而其右边的分母 $\sum_{i=1}^{n} \dfrac{1}{x - b_i}$ 通过使用平均值不等式后也可以化为乘积形式，因此想到将 $f(x+1)$ 与 $\sum_{i=1}^{n} \dfrac{1}{x - b_i}$ 搭配. 我们只需证明

$$f(x+1)\sum_{i=1}^{n} \frac{1}{x - b_i} \geqslant 2n^2$$

实际上

$$f(x+1)\sum_{i=1}^{n} \frac{1}{x - b_i} \geqslant f(x+1) \cdot n \cdot \sqrt[n]{\prod_{i=1}^{n} \frac{1}{x - b_i}}$$

$$= n \cdot \sqrt[n]{\prod_{i=1}^{n} \frac{(1 + x - b_i)^n}{x - b_i}}$$

$$\geqslant n \cdot \sqrt[n]{\prod_{i=1}^{n} \frac{1 + n(x - b_i) + C_n^2 (x - b_i)^2}{x - b_i}}$$

$$= n \cdot \sqrt[n]{\prod_{i=1}^{n} \left[n + \frac{1}{x - b_i} + C_n^2 (x - b_i) \right]}$$

$$\geqslant n \cdot \sqrt[n]{\prod_{i=1}^{n} \left[(n + 2\sqrt{C_n^2}) \right]}$$

注意到

$$2\sqrt{C_n^2} \geqslant n \Leftrightarrow C_n^2 \geqslant \left(\frac{n}{2}\right)^2 \Leftrightarrow \frac{n^2 - n}{2} \geqslant \frac{n^2}{4} \Leftrightarrow n^2 \geqslant 2n \Leftrightarrow n \geqslant 2$$

所以 $2\sqrt{C_n^2} \geqslant n$ 成立，故

$$f(x+1)\sum_{i=1}^{n} \frac{1}{x - b_i} \geqslant n \cdot \sqrt[n]{\prod_{i=1}^{n} (n + n)} \geqslant n \cdot \sqrt[n]{\prod_{i=1}^{n} 2n} = 2n^2$$

于是
$$f(x+1) \geqslant \frac{2n^2}{\sum_{i=1}^{n} \frac{1}{x-b_i}}$$

有些不等式证明需要综合使用多种搭配技巧.

例4(第7届中国数学奥林匹克试题) 设 $x_i \geqslant 0$, $a = \min\{x_1, x_2, \cdots, x_n\}$. 求证:
$$\sum_{i=1}^{n} \frac{1+x_i}{1+x_{i+1}} \leqslant n + \sum_{i=1}^{n} \frac{(x_i - a)^2}{(1+a)^2}$$

其中 $x_{n+1} = x_1$.

分析与证明 首先,不等式右边的 n 可写成和的形式: $\sum_{i=1}^{n} 1$. 此外注意到不等式左边各项 $\frac{1+x_i}{1+x_{i+1}}$ 的分子、分母都是一次的,且分子、分母作差可抵消常数项"1",发现应将右边和的结构 $\sum_{i=1}^{n} 1$ 与左边和的结构 $\sum_{i=1}^{n} \frac{1+x_i}{1+x_{i+1}}$ 搭配,于是,不等式变为
$$\sum_{i=1}^{n} \frac{x_i - x_{i+1}}{1+x_{i+1}} \leqslant \sum_{i=1}^{n} \frac{(x_i - a)^2}{(1+a)^2} \quad (*)$$

至此,注意到不等式(*)右边含有 $x_i - a$,从而应对不等式左边的分子采用"插点搭配"技巧: $x_i - x_{i+1} = (x_i - a) - (x_{i+1} - a)$,这样,有
$$H = \sum_{i=1}^{n} \frac{x_i - x_{i+1}}{1+x_{i+1}} = \sum_{i=1}^{n} \frac{(x_i - a) - (x_{i+1} - a)}{1+x_{i+1}}$$
$$= \sum_{i=1}^{n} \frac{x_i - a}{1+x_{i+1}} - \sum_{i=1}^{n} \frac{x_{i+1} - a}{1+x_{i+1}}$$

现在采用"错位搭配"技巧,有
$$H = \sum_{i=1}^{n} \frac{x_i - a}{1+x_{i+1}} - \sum_{i=1}^{n} \frac{x_i - a}{1+x_i} = \sum_{i=1}^{n} \left(\frac{x_i - a}{1+x_{i+1}} - \frac{x_i - a}{1+x_i} \right)$$

$$= \sum_{i=1}^{n} \frac{(x_i - a)(x_i - x_{i+1})}{(1+x_i)(1+x_{i+1})}$$

至此只需证明

$$\frac{(x_i - a)(x_i - x_{i+1})}{(1+x_i)(1+x_{i+1})} \leqslant \frac{(x_i - a)^2}{(1+a)^2}$$

这分别比较其分子、分母即可,其中注意 $a = \min\{x_1, x_2, \cdots, x_n\}$. 实际上,对于分子,由 $x_{i+1} \geqslant a$,得 $-x_{i+1} \leqslant -a$,所以 $x_i - x_{i+1} \leqslant x_i - a$,两边同乘以非负数 $x_i - a$,得

$$(x_i - a)(x_i - x_{i+1}) \leqslant (x_i - a)^2$$

对于分母,有

$$\frac{1}{1+x_i} \leqslant \frac{1}{1+a}, \quad \frac{1}{1+x_{i+1}} \leqslant \frac{1}{1+a}$$

故

$$\frac{1}{(1+x_i)(1+x_{i+1})} \leqslant \frac{1}{(1+a)^2}$$

所以不等式获证.

3.4 功能搭配

为了实现某种目的,我们将具有特定关系的对象搭配在一起,由此产生我们需要的结果.我们称这样的搭配为功能搭配.

例1 设 n 是大于 2 的正整数,求证:存在正整数 $a_1, a_2, \cdots, a_n$,使得

$$\begin{aligned} A_n = & (a_1 - a_2)(a_1 - a_3)\cdots(a_1 - a_n) \\ & + (a_2 - a_1)(a_2 - a_3)\cdots(a_2 - a_n) \\ & + \cdots + (a_n - a_1)(a_n - a_2)\cdots(a_n - a_{n-1}) < 0 \end{aligned}$$

的充分必要条件是 $n \neq 3, 5$.

分析与证明 先证明必要性,用反证法,只需证明 $n = 3, 5$ 时,对所有自然数 $a_1, a_2, \cdots, a_n$,有 $A_n \geqslant 0$.

实际上,不妨设 $a_1 \leqslant a_2 \leqslant \cdots \leqslant a_n$.

(1) 当 $n=3$ 时,
$$A_3 = (a_1-a_2)(a_1-a_3) + (a_2-a_1)(a_2-a_3) \\ + (a_3-a_1)(a_3-a_2)$$

其中只有 $(a_2-a_1)(a_2-a_3)$ 为负,容易想到将之与一个正项搭配,希望其和非负即可.于是,由

$$(a_1-a_2)(a_1-a_3) + (a_2-a_1)(a_2-a_3) \\ = (a_2-a_1)[(a_3-a_1)+(a_2-a_3)] \\ = (a_2-a_1)^2 \geqslant 0$$

结论成立.

(2) 当 $n=5$ 时,A_5 的第三个项非负:
$$(a_3-a_1)(a_3-a_2)(a_3-a_4)(a_3-a_5) \geqslant 0$$

此外,将 A_5 的前两项搭配在一起,它们的和为

$$(a_1-a_2)[(a_1-a_3)(a_1-a_4)(a_1-a_5) \\ -(a_2-a_3)(a_2-a_4)(a_2-a_5)] \geqslant 0$$

其中注意到 $a_1-a_3 \leqslant a_2-a_3 \leqslant 0$ 等,有.

$$|(a_1-a_3)(a_1-a_4)(a_1-a_5)| \\ \geqslant |(a_2-a_3)(a_2-a_4)(a_2-a_5)|.$$

同理,将 A_5 的后两项搭配在一起,其和为

$$(a_4-a_5)[(a_1-a_5)(a_2-a_5)(a_3-a_5) \\ -(a_1-a_4)(a_2-a_4)(a_3-a_4)] \geqslant 0$$

下面证明充分性,假设 $n \neq 3, 5$,分以下两种情况讨论:

(1) 当 n 为偶数时,为了产生尽可能多的"零因子",令 $a_2 = a_3 = \cdots = a_n$,则

$$A_n = (a_1-a_2)(a_1-a_3)(a_1-a_4)\cdots(a_1-a_n) = (a_1-a_2)^{n-1}$$

再取 $a_1=1, a_2=2$,则

$$A_n = (-1)^{n-1} < 0$$

3 搭　配

(2) 当 $n>5$，n 为奇数时，若仍令 $a_2=a_3=\cdots=a_n$，则
$$A_n=(a_1-a_2)(a_1-a_3)(a_1-a_4)\cdots(a_1-a_n)=(a_1-a_2)^{n-1}$$
但 $n-1$ 是偶数，不能导出 $A_n<0$，于是应多保留一些项．

再尝试令 $a_3=a_4=\cdots=a_n=a$，则
$$\begin{aligned}A_n&=(a_1-a_2)(a_1-a_3)(a_1-a_4)\cdots(a_1-a_n)\\&\quad+(a_2-a_1)(a_2-a_3)(a_2-a_4)\cdots(a_2-a_n)\\&=(a_1-a_2)(a_1-a)^{n-2}+(a_2-a_1)(a_2-a)^{n-2}\\&=(a_1-a_2)[(a_1-a)^{n-2}-(a_2-a)^{n-2}]\end{aligned}$$
此时 $n-2$ 为奇数，A_n 的表达式中两个因式同号，所以还要保留多点项．

再尝试令 $a_4=a_5=\cdots=a_n=a$，则
$$\begin{aligned}A_n&=(a_1-a_2)(a_1-a_3)(a_1-a)^{n-3}\\&\quad+(a_2-a_1)(a_2-a_3)(a_2-a)^{n-3}\\&\quad+(a_3-a_1)(a_3-a_2)(a_1-a)^{n-3}\\&=(a_1-a_2)[(a_1-a_3)(a_1-a)^{n-3}-(a_2-a_3)(a_2-a)^{n-3}]\\&\quad+(a_3-a_1)(a_3-a_2)(a_1-a)^{n-3}\end{aligned}$$
为了减少项，继续令 $a_1=a_2$（保留 a_3 暂时自由），则
$$A_n=(a_3-a_2)^2(a_1-a)^{n-3}$$
但 $n-3$ 仍为偶数，不能导出 $A_n<0$，但其大方向是可行的，只要再做修正即可．

令 $a_1=a_2=a_3=a$，$a_5=a_6=\cdots=a_n=b$，则
$$\begin{aligned}A_n&=(a_4-a_1)(a_4-a_2)(a_4-a_3)(a_4-a_5)\cdots(a_4-a_n)\\&=(a_4-a)^3(a_4-b)^{n-4}\end{aligned}$$
适当选取 a_4，a，b 的值，使得 $a<a_4<b$，比如，令 $a_1=a_2=a_3=1$，$a_4=2$，$a_5=a_6=\cdots=a_n=3$，则
$$\begin{aligned}A_n&=(a_4-a_1)(a_4-a_2)(a_4-a_3)(a_4-a_5)\cdots(a_4-a_n)\\&=(a_4-a_1)^3(a_4-a_5)^{n-4}=(-1)^{n-4}<0\end{aligned}$$

综上所述,命题获证.

例2(1993年中国数学奥林匹克试题) 设 $f:[0,\infty)\to[0,\infty)$ 满足:对任何 $x\geq 0, y\geq 0$,有
$$f(xy)\leq f(x)f(y)$$
求证:对任何 $n\in\mathbf{N}$ 及 $x\geq 0$,有
$$f(x^n)\leq f(x)f(x^2)^{\frac{1}{2}}f(x^3)^{\frac{1}{3}}\cdots f(x^n)^{\frac{1}{n}}$$

分析与证明 令 $F_n(x)=f(x)f(x^2)^{\frac{1}{2}}f(x^3)^{\frac{1}{3}}\cdots f(x^n)^{\frac{1}{n}}$,则
$$F_n(x)=F_{n-1}(x)\cdot f(x^n)^{\frac{1}{n}}$$
记 $(F_n(x))^k=F_n^k$,则将上式两边 n 次方,得
$$F_n^n=F_{n-1}^n f(x^n)$$
类似地,有
$$F_{n-1}^{n-1}=F_{n-2}^{n-1}f(x^{n-1})$$
$$F_{n-2}^{n-2}=F_{n-3}^{n-2}f(x^{n-2})$$
$$\cdots\cdots$$
$$F_2^2=F_1^2 f(x^2)$$
$$F_1(x)=f(x)$$
以上各式相乘,得
$$F_n^n=F_{n-1}F_{n-2}\cdots F_2 F_1 f(x^n)f(x^{n-1})\cdots f(x) \qquad (*)$$

下面用数学归纳法证明 $F_n\geq f(x^n)$.

当 $n=1$ 时,$F_1=f(x)=f(x^1)$,结论成立;设 $n\leq k$ 时结论成立,那么,由归纳假设及式(*),有
$$F_{k+1}^{k+1}=F_k F_{k-1}\cdots F_2 F_1 f(x^{k+1})f(x^k)\cdots f(x)$$
$$\geq f(x^k)\cdots f(x^2)f(x^1)f(x^{k+1})f(x^k)\cdots f(x)$$
又 $f(xy)\leq f(x)f(y)$,适当搭配,得
$$f(x^{k-i+1})f(x^i)\geq f(x^{k-i+1}\cdot x^i)=f(x^{k+1})$$
其中 $i=1,2,\cdots,k$,于是
$$F_{k+1}^{k+1}\geq f(x^{k+1})[f(x^k)f(x^1)][f(x^{k-1})f(x^2)]\cdots[f(x^1)f(x^k)]$$

$$\geqslant f(x^{k+1}) \cdot f(x^{k+1}) \cdots f(x^{k+1}) = (f(x^{k+1}))^{k+1}$$

所以 $F_{k+1} \geqslant f(x^{k+1})$,结论成立.

所以结论对一切正整数 n 成立,有 $F_n \geqslant f(x^n)$,故

$$f(x^n) \leqslant f(x)f(x^2)^{\frac{1}{2}}f(x^3)^{\frac{1}{3}} \cdots f(x^n)^{\frac{1}{n}}$$

例 3 试证明威尔逊(wilson)定理:设 p 是大于 1 的整数,则 p 为质数的充分必要条件是 $(p-1)! \equiv -1 \pmod{p}$.

分析与证明 充分性是很简单的.用反证法:如果 p 不是质数,则取 p 的质因数 $q(q < p)$,有 $q \mid p$.

但由 $(p-1)! \equiv -1 \pmod{p}$,有 $p \mid (p-1)! + 1$,从而 $q \mid (p-1)! + 1$.

又 $q \leqslant p-1$,所以 $q \mid (p-1)!$,结合上式,得 $q \mid 1$,矛盾.

下面证明必要性,假定 p 为质数,我们要证明

$$(p-1)! \equiv -1 \pmod{p}$$

先将目标化简

$$(p-1)! \equiv -1 \pmod{p}$$
$$\Leftrightarrow (p-1)(p-2)! \equiv -1 \pmod{p}$$
$$\Leftrightarrow -(p-2)! \equiv -1 \pmod{p}$$
$$\Leftrightarrow (p-2)! \equiv 1 \pmod{p}$$

如果 $p = 2, 3$,则结论显然成立.

下设 $p \geqslant 5$,记 $A = \{2, 3, \cdots, p-2\}$,我们只需证明 A 中所有数的积模 p 余 1.

一个充分条件是,A 中的数能分成若干组,同组中的数的积模 p 余 1.最简单的分组是 2 个数一组,这就要求对任何 $j \in A$,都存在 $k \in A$ ($k \neq j$),使

$$kj \equiv 1 \pmod{p}$$

实际上,因为 p 为奇质数,对任何 $j \in A$,有 $(j, p) = 1$,从而 $j, 2j, \cdots, pj$ 构成模 p 的完系,于是,存在唯一的 k ($1 \leqslant k \leqslant p$),使 $kj \equiv$

$1 \pmod{p}$.

因为 $pj \equiv 0 \not\equiv 1 \pmod{p}$,所以 $k \neq p$.

得证 $k \neq p-1$.

考察 $(p-1)j \equiv -j \equiv p-j \pmod{p}$,由 $j \in A$,有 $2 \leqslant j \leqslant p-2$,所以 $2 \leqslant p-j \leqslant p-2$,因此 $p-j \not\equiv 1 \pmod{p}$,故 $(p-1)j \equiv -j \equiv p - j \not\equiv 1$,因而 $k \neq p-1$.

此外,易知 $k \neq 1$,这是因为 $j \in A$,有 $j \not\equiv 1 \pmod{p}$,于是 $2 \leqslant k \leqslant p-2$,即 $k \in A$.

最后,我们证明 $k \neq j$.

否则,由 $kj \equiv 1 \pmod{p}$,有 $j^2 \equiv 1 \pmod{p}$,即 $j^2 \equiv \pm 1 \pmod{p}$,$j \pm 1 \equiv 0 \pmod{p}$,但 $1 \leqslant j-1 < j+1 \leqslant p-1$,矛盾.

由此可见,A 中的数可两两搭配(上述 k 与 j 配对,$k \neq j$),共配成 $\dfrac{p-3}{2}$ 对,每对中 2 个数的积模 p 余 1,于是

$$2 \cdot 3 \cdots \cdot (p-2) \equiv 1^{\frac{p-3}{2}} \equiv 1 \pmod{p}$$

故

$$(p-1)! \equiv 1 \cdot (p-1) \equiv p-1 \equiv -1 \pmod{p}$$

综上所述,命题获证.

3.5 奉陪搭配

在一些数学博弈问题中,我们需要探求博弈双方谁有必胜策略.对此,一种常用的分析方法便是"奉陪搭配":将题给的所有操作对象(位置或元素)适当搭配,称搭配在一起的两个对象互为"伴侣".当一方对某个对象进行操作时,另一方都可操作该对象的伴侣,直至操作结束,那么另一方有必胜策略.我们称这一策略为奉陪策略.

例1(2007年白欧五国数学奥林匹克试题) 黑板上写有一个数 10^{2007},甲、乙两人轮流进行如下操作:每次操作可以将黑板上的某个

数 x 换成 2 个大于 1 的数 a,b,使 $x=ab$,或者擦掉黑板上两个相等的数中的若干个(1 个或 2 个),规定谁进行了最后一次操作谁胜.

问:谁有必胜策略?

分析与解 本题是比较简单的奉陪搭配的例子.首先注意最终状态(无法再进行操作的状态)的特征:黑板上没有数,或者都是互异的质数.由此想到,谁能制造这一状态或者与之相近的状态,则谁有必胜策略(对方不能继续操作).

下面证明:甲可采用奉陪策略使自己获胜.先考虑第一次操作,为了尽可能使自己操作后产生"全为互异的质数"的状态,先将 10^{2007} 分解为 2 个质数方幂的数 $2^{2007},5^{2007}$,得到状态 $(2^{2007},5^{2007})$.

接下来,考虑对方的操作,只能更改其中的一个数,它怎样操作,我则在另一个数中进行类似的操作.比如,对方将 2^{2007} 分解为 $2^a,2^b$,我则将 5^{2007} 分解为 $5^a,5^b$,得到状态 $(2^a,2^b,5^a,5^b)$.

以下能否继续施行上述奉陪策略呢? 我们需要把当前状态 $(2^a,2^b,5^a,5^b)$ 转化为与前述状态 $(2^{2007},5^{2007})$ 类似的形式,想到这样的搭配:将状态 $(2^a,2^b,5^a,5^b)$ 中的数分为 2 组,每一个组都与前述状态 $(2^{2007},5^{2007})$ 类似

$$(2^a,5^a),\quad (2^b,5^b)$$

这样一来,我方又可对每一个组实施奉陪策略.

由此可见,甲的策略是,每次操作完后,使黑板上的数都可以配成如下的若干对:$(2^a,5^a),(2^b,5^b),\cdots,(2^r,5^r)$,或者黑板上没有数.

对甲操作的次数 n 归纳.当 $n=1$ 时,甲第一次可将黑板上的数换成 $2^{2007},5^{2007}$,结论成立.

设 $n=k$ 时结论成立,并设甲第 k 次操作完毕后,黑板上的数为 $(2^a,5^a),(2^b,5^b),\cdots,(2^r,5^r)$.

考察 $n=k+1$ 的情形,如果乙第 k 次操作将某个对中的一个数

p^s 换成了 p^u,p^v,则甲在第 $k+1$ 次操作中将该对中的另一个数 q^s 换成 q^u,q^v,其中 $\{p,q\}=\{2,5\}$. 如果乙第 k 次操作将某个(或某 2 个)对中的一个数擦掉,则甲在第 $k+1$ 次操作中将该对(或该 2 个对)中的另一个数擦掉. 此时,或者黑板上没有数,或者黑板上的数仍配成了若干对.

由于每次操作使黑板上的数的和减少,操作不能无限进行,必定轮到乙不能操作,甲胜.

例 2(1998 年全俄数学奥林匹克试题) 黑板上写有 1999 个数: $2^0,2^1,\cdots,2^{1998}$,两人轮流进行如下操作:每次都是将其中的某 5 个数同时减少 1. 如果谁操作后使黑板上的数第一次出现负数,则他输,问谁有必胜策略?

分析与解 本题也是典型的奉陪搭配的例子. 首先注意目标状态的特征:出现负数,实际上是出现 -1,是因"步长"为 1,不会越过 -1. 而 -1 有两种特征:一是 -1 为奇数,如果能保证某次操作后的数都不是奇数,则此次操作后暂时不输(不出现 -1 的一个充分条件). 二是 -1 为负数,如果能保证某次操作后的数都不是负数,则此次操作后暂时不输(不出现 -1 的另一充分条件).

由此想到,想获胜一方的操作策略是,每次操作后,总能使黑板上的数一部分是偶数,而另一部分奇数则是"非负数",从而都不是 -1.

其中使"一部分数为偶数"容易做到,采用奉陪策略即可:对方操作哪 5 个数,则他也操作这 5 个数,这样,两人同时进行一次操作后,每个数都减少 0 或 2,其奇偶性不变. 这样,如果某个状态有一部分数为偶数,则后操作者采用上述奉陪策略,这一部分数在该方操作后仍为偶数.

现在的问题是,这一策略能否同时保证我方操作后的状态中的"奇数"仍是非负数?这只需估计一下操作的总次数即可,如果操作

总次数不大于 2^k,则黑板上不小于 2^k 的数在这些操作之后必定是非负数.

由此可见,最大的几个数在操作中应该可以保证一直是非负数.

现在考虑甲的第一次操作,如果甲想获胜,根据上面的分析,甲应使得到的状态中的每个数要么是偶数,要么"很大".首先注意"1"不是偶数,也不是很大的数,从而第一次操作必定包含"1",使之变成偶数.此外,还要操作 4 个数,这 4 个数都是由偶数变成奇数的,因而只能让其为"很大"的数.于是,第一次操作的 5 个数为 $1,2^{1995},2^{1996}$,$2^{1997},2^{1998}$,操作一次后得到的状态为

$$(0,2^1,2^2,\cdots,2^{1994},2^{1995}-1,2^{1996}-1,2^{1997}-1,2^{1998}-1)$$

令 $X=\{2^{1995}-1,2^{1996}-1,2^{1997}-1,2^{1998}-1\}$,而上述状态中不在 X 中的数的集合记为 Y.我们证明,甲采用上述奉陪策略,能保证只要对方未操作产生 -1,则他每次操作后都不出现 -1.

实际上,Y 中的数都是偶数,乙操作一次之后改变 Y 中 5 个数的奇偶性,而甲操作一次之后又将这 5 个数改变一次奇偶性,从而 Y 中的数又都变成偶数,所以 Y 中没有 -1.下面证明 X 中没有 -1.每次操作,至少含有 Y 中的一个数,而 Y 中所有数的和

$$S(Y)=2^1+2^2+\cdots+2^{1994}=2^{1995}-2<2^{1995}-1$$

所以当乙操作使 Y 中没有负数时,操作总次数不多于 $2^{1995}-2$ 次,这样,对 X 中的数而言,即使对最小的数 $2^{1995}-1$ 操作 $2^{1995}-2$ 次,也不会变成负数,从而 X 中也没有负数.

由于操作使状态中各数的和严格减少,必定在某个时刻出现 -1.由以上讨论可知,最先出现 -1 必定由乙的操作产生,甲获胜.

例 3(原创题) 给定递增的正整数等差数列:$a_1,a_2,\cdots,a_k$,其公差 $d<a_1$,且 a_1+a_k 为质数,两人轮流从 n 个石子中取走石子,规定:每次每人可取 $a_i(1\leqslant i\leqslant k)$ 个石子,取走的石子不再放回,取到最后一个石子者为胜,试问:谁有必胜策略?

分析与解 注意数列 $a_1, a_2, \cdots, a_k$ 的特征是 $a_1 + a_k = a_2 + a_{k-1} = a_3 + a_{k-2} = \cdots$，从而可将其配对：$(a_1, a_k), (a_2, a_{k-1}), (a_3, a_{k-2}), \cdots$，然后施行奉陪策略.

设 $n \equiv r \pmod{a_1 + a_k}$，其中 $0 \leqslant r \leqslant a_1 + a_k - 1$，令 $S = \{0\}$，$T = \{a_1, a_2, \cdots, a_k\}$，$P = \{0, 1, 2, \cdots, a_1 + a_k - 1\} \setminus (S \cup T)$，那么：

当 $r \in S$ 时，后走者有必胜策略；

当 $r \in T$ 时，先走者有必胜策略；

当 $r \in P$ 时，每个人都有不输的策略.

证明如下：

(1) 当 $r \in S$ 时，乙可以这样应对：若 A 取 t 个石子，则乙取 $a_1 + a_k - t$ 个石子. 这样，乙每次都保证他取后使剩下的石子数模 $a_1 + a_k$ 为 0，从而甲每次都保证他取后使剩下的石子数模 $a_1 + a_k$ 不为 0，从而甲无法取到最后一个石子.

又每次操作，甲、乙合起来共取 $a_1 + a_k$ 个石子，而 n 是 $a_1 + a_k$ 的倍数，若干次操作后石子全部被取走，乙可取到最后一个石子，后走者获胜.

(2) 当 $r \in T$ 时，甲可以这样应对：先取走 r 个石子，则剩下的石子数模 $a_1 + a_k$ 为 0，转化为前面的情形(1)，先走者获胜.

(3) 当 $r \in P$ 时，我们证明每个人都有不输的策略.

因为 $r \notin (S \cup T)$，考察模数列：$r - a_1, r - a_2, \cdots, r - a_k \pmod{a_1 + a_k}$，因为 $a_1, a_2, \cdots, a_k \pmod{a_1 + a_k}$ 的各项互不相同，所以 $r - a_1, r - a_2, \cdots, r - a_k \pmod{a_1 + a_k}$ 的各项互不相同. 于是，若 $r - a_1, r - a_2, \cdots, r - a_k \pmod{a_1 + a_k}$ 的各项都属于 T，则 $r - a_1, r - a_2, \cdots, r - a_k \pmod{a_1 + a_k}$ 是 $a_1, a_2, \cdots, a_k$ 的一个排列，所以
$$(r - a_1) + (r - a_2) + \cdots + (r - a_k)$$
$$\equiv a_1 + a_2 + \cdots + a_k \pmod{a_1 + a_k}$$

即

$$kr \equiv 2(a_1 + a_2 + \cdots + a_k)(\bmod\ a_1 + a_k)$$

所以
$$a_1 + a_k \mid kr - 2(a_1 + a_2 + \cdots + a_k)$$

又由 $2(a_1 + a_2 + \cdots + a_k) = (a_1 + a_2 + \cdots + a_k) + (a_k + a_{k-1} + \cdots + a_1) = k(a_1 + a_k)$,知 $a_1 + a_k \mid 2(a_1 + a_2 + \cdots + a_k)$,所以 $a_1 + a_k \mid kr$.

因为 $a_1 + a_k$ 为质数,所以 $a_1 + a_k \mid k$,或 $a_1 + a_k \mid r$,但 $a_1 + a_k \geqslant 1 + k > k$, $a_1 + a_k > r$,矛盾. 所以 $r - a_1, r - a_2, \cdots, r - a_k (\bmod\ a_1 + a_k)$ 中至少有一个项,设为 $r - a_i (\bmod\ a_1 + a_k)$,它不属于 T. 又由 $r \notin T$ 可知,$r - a_i (\bmod\ a_1 + a_k) \notin S$,从而 $r - a_i (\bmod\ a_1 + a_k) \in P$.

由此可见,只要当前剩下的石子数不少于 a_k,则当局者可取 a_i 个石子,使剩下的石子数模 $a_1 + a_k$ 的余数仍属于 P,下一次操作无法取走所有石子. 类似地,另一方也有同样的策略. 如此下去,操作后剩下的石子数模 $a_1 + a_k$ 的余数仍属于 P,直至剩下的石子数 $n' < a_k$,此时 $n' \in P$.

如果 $n' < a_1$,则操作停止,双方握手言和.

此外,不妨设 $a_i < n' < a_{i+1}(1 \leqslant i \leqslant k-1)$,此时,当局者可取 a_i,剩下石子数 $n' - a_i < a_{i+1} - a_i = d < a_1$,操作停止,当局者有不败策略. 而对于另一方,如果当局者取 a_j,则必定剩下石子数 $n' - a_j \in P$,否则 $n' - a_j \in T$,另一方可取走全部石子获胜. 这样,状态又变成与前面的状态一直,从而另一方也有不败策略.

所以两者都有不败的策略.

遗留问题:条件"$a_1 + a_k$ 为质数"是否可以去掉?

例 4(1989 年彼得格勒数学奥林匹克试题) 桌面上共有 1000 根火柴,黑板上写上数 1000,两人轮流做游戏:轮到的一方每次可取出不多于 5 根火柴,也可将自己手中的火柴往桌面上放不多于 5 根

火柴,并在此时写下桌面上火柴的根数,设开始时两人手中都没有火柴,如果某人写出的数是黑板上曾经出现过的数,即判他输.试问:谁有必胜策略?

分析与解 黑板上的数不能大于1000,因为开始时两人手中都没有火柴,从而黑板上的数只能是999,998,997,$\cdots$,0 这1000个数.

乙可遵循奉陪策略:将1000个数按由大到小的顺序分成若干组,再将每一组中的数两两配对,甲取哪一个组中的数,乙也取该组中的另一个数(原来的解法是:乙第一次要尽可能多地取火柴,以保证应对甲时有火柴可放.但实际上并非如此,原来的解法有误).

首先注意到1000是10的倍数,从而可想到每组10个数,但它不能施行奉陪策略,我们有这样的反例:

考察第一组(999,998,997,$\cdots$,990),如果甲第一次写下998,则乙第一次写下的数不小于993,将剩下的数顺序配对:(999,997),(996,995),(994,992),(991,990),乙可能需要放下 $2+2+1+1=6$ 根火柴,但乙第一次至多取5根火柴.

再注意到1000是8的倍数,从而想到尝试每组8个数,考察能否施行奉陪策略.

将999到0的1000个数分成125组,每8个连续整数为一组,第$125-k$组为$A_{125-k}=(8k,8k+1,8k+2,\cdots,8k+7)$, $k=0,1,2,3,\cdots,124$.

考察第一组$A_1=(999,998,\cdots,992)$,甲第一次必写出A中一个数,设为a,则$1000-a\leqslant 5$,于是$a\geqslant 995$.

如果$a=995$,想象乙写下x(即995与x配对),则乙取$995-x$根火柴.余下的6个数顺序搭配(以保证同组2数的差尽可能小)分成3个对子,只要3组两数差的和不大于$995-x$(保证乙应对甲时有火柴可放)即可,此时,取$x=992$合乎条件,其搭配方法是{(995,992),(993,994),(996,997),(998,999)}.

3 搭　配

类似可知,当 $a=996,997,998,999$ 时,其搭配方法分别是

$\{(996,992),(993,994),(995,997),(998,999)\}$

$\{(997,992),(993,994),(995,996),(998,999)\}$

$\{(998,993),(992,994),(995,996),(997,999)\}$

$\{(999,994),(992,993),(995,996),(997,998)\}$

然后乙对第一组中的数施行奉陪策略:甲取哪一个对子中的数,乙则取该对子中的另一个数,这是可以办到的.

对于 $a=995,997,999$ 的三种情形,乙写每个对子中另一个数至多放下一根火柴,至多需要 3 根火柴,从而可以奉陪到底.

对于 $a=996$ 的情形,乙写 2 个对子中一个数至多放下 1 根火柴,写另一个对子中一个数至多放下 2 根火柴,至多需要 4 根火柴,从而可以奉陪到底.

对于 $a=998$ 的情形,乙写 2 个对子中一个数至多放下 2 根火柴,写另一个对子中一个数至多放下 1 根火柴,至多需要 5 根火柴,从而可以奉陪到底.

现在考虑其他的任意一组 $A=(8k,8k+1,\cdots,8k+7)$,假定对它前面的连续若干组,乙都可以施行奉陪策略奉陪到底,则甲必定在某个时刻最先写出 $A=(8k,8k+1,\cdots,8k+7)$ 中一个数,设为 b,并设甲写出 b 时黑板上当时的数为 x,我们证明: $x>8k+7$.

否则,写出 b 以前黑板上已写出过不大于 $8k+7$ 的数(比如 $x\leqslant 8k+7$),设 c 是黑板上最先写出的不大于 $8k+7$ 的数,且写 c 时黑板上的数为 $y(y>8k+7)$.由于写出 c 之前 B 中的数都没有写出,从而 $c<8k$,于是

$$c<8k<8k+7<y,\quad y-c>8$$

这与操作规则矛盾.所以,$8k+8-b\leqslant 5$,于是 $b\geqslant 8k+3$.

对 $b=8k+3,8k+4,8k+5,8k+6,8k+7$,其搭配方法分别是

$\{(8k+3,8k),(8k+1,8k+2),(8k+4,8k+5),(8k+6,8k+7)\}$

$\{(8k+4, 8k), (8k+1, 8k+2), (8k+3, 8k+5), (8k+6, 8k+7)\}$

$\{(8k+5, 8k), (8k+1, 8k+2), (8k+3, 8k+4), (8k+6, 8k+7)\}$

$\{(8k+6, 8k+1), (8k, 8k+2), (8k+3, 8k+4), (8k+5, 8k+7)\}$

$\{(8k+7, 8k+2), (8k, 8k+1), (8k+3, 8k+4), (8k+5, 8k+6)\}$

然后乙对该组中的数施行奉陪策略：甲取哪一个对子中的数，乙则取该对子中的另一个数，这是可以办到的：

对于 $b=8k+3, 8k+5, 8k+7$ 的三种情形，乙写每个对子中另一个数至多放下一根火柴，至多需要3根火柴，从而可以奉陪到底.

对于 $b=8k+4$ 的情形，乙写2个对子中一个数至多放下1根火柴，写另一个对子中一个数至多放下2根火柴，至多需要4根火柴，从而可以奉陪到底.

对于 $b=8k+6$ 的情形，乙写2个对子中一个数至多放下2根火柴，写另一个对子中一个数至多放下1根火柴，至多需要5根火柴，从而可以奉陪到底.

每一个组都实施这样的策略，直至 $0,1,2,\cdots,999$ 都出现一次，此时甲必写出重复的数，乙胜.

例5（2009年清华大学自主招生试题） 甲、乙两人做如下游戏：两人轮流在黑板上写下一个自然数，要求写下的新的数不是黑板上已有的数的自然数的线性组合，即如果黑板上写下了 $a_1, a_2, \cdots, a_n$，则不能再写上 $x_1 a_1 + x_2 a_2 + \cdots + x_n a_n$，其中 $x_i \in \mathbf{N}$. 假定黑板上最初写下了5和6，然后从甲开始轮流写数，规定谁写下1谁输，试问：谁有必胜策略？

分析与解 解题的关键是弄清楚哪些数不能写，这需要如下一个数论中的熟知事实.

引理 设 a, b 是互质的正整数，则不能表示成 a, b 的自然数的线性组合的最大整数是 $ab-a-b$.

证明：先证明 $ab-a-b$ 不能表示成 a, b 的自然数的线性组合.

反设 $ab-a-b = ax+by(x,y\in \mathbf{N})$,则
$$ab = a+b+ax+by = a(x+1)+b(y+1)$$
于是,$a\mid b(y+1)$,但 $(a,b)=1$,所以 $a\mid y+1$,从而 $y+1\geqslant a$.
同理,$x+1\geqslant b$,于是 $ab = a(x+1)+b(y+1)\geqslant ab+ab = 2ab$,矛盾.

其次证明,若 $n>ab-a-b$,则 n 一定能表示成 a,b 的自然数的线性组合.

实际上,因为 $(a,b)=1$,由裴蜀定理,存在 $x,y\in \mathbf{Z}$,使 $n=ax+by$.

下面要调整,使 $x,y\in \mathbf{N}$,先使 x 逐步增加,使其变成正数,再使 x 尽可能小,使相应的 y 也是正数.其办法是:加减 ab 的若干倍,假定加减 ab 的 k 倍,这样
$$n = ax+by = ax+kab-kab+by = a(x+kb)+b(y-ka)$$

显然,可选取整数 k,使 $0\leqslant x+kb<b$(既保证 $x+kb$ 是正数,又使其尽可能小,这只需让 k 连续变动,第一次使 $x+kb$ 为正时为止,即 $x+(k-1)b<0, x+kb\geqslant 0$,它等价于 $0\leqslant x+kb<b$,以保证另一个系数也为正).

于是,不妨假定存在 $x,y\in \mathbf{Z}$,且 $0\leqslant x<b$,使
$$n = ax+by \qquad (*)$$
下面证明式 (*) 中有 $y\geqslant 0$.

实际上,因为 $ax+by = n>ab-a-b$,且 $x\leqslant b-1$,所以 $by > ab-a-b-ax \geqslant ab-a-b-a(b-1) = -b$,所以 $y>-1$,从而 $y\geqslant 0$,故 n 可表示成 a,b 的自然数的线性组合.

解答原题 因为 $(5,6)=1$,由引理,当 $n>30-5-6=19$ 时,n 可表示成 $5,6$ 的自然数的线性组合,从而黑板上不能再写下 n.由此可见,黑板上可以写下的数不大于 19.

又

$$10 = 2 \cdot 5, \quad 11 = 5 + 6, \quad 12 = 2 \cdot 6, \quad 15 = 3 \cdot 5$$
$$16 = 2 \cdot 5 + 6, \quad 17 = 5 + 2 \cdot 6, \quad 18 = 3 \cdot 6$$

此外,由引理,$30-5-6=19$ 不能表示成 $5,6$ 的自然数的线性组合,不难证明:不能表示成 $5,6$ 的自然数的线性组合的数的集合为 $\{1,2,3,4,7,8,9,13,14,19\}$.

实际上,当 $n=1,2,3,4$ 时,结论显然成立.

设 $7=5x+6y(x,y\in \mathbf{N})$,若 $x=0$,则 $7=6y$,得 $6|7$,矛盾.若 $x=1$,则 $2=6y$,得 $6|2$,矛盾.若 $x\geqslant 2$,则 $7=5x+6y\geqslant 10$,矛盾.所以 7 不能表示成 $5,6$ 的自然数的线性组合.

同理可证,$8,9,13,14$ 不能表示成 $5,6$ 的自然数的线性组合.

综上所述,除 1 外,黑板上可以写下的数最多是 $2,3,4,7,8,9$,$13,14,19$.

甲先写下 19,将其他 8 个数分成 4 对:$(2,3),(4,7),(8,9)$,$(13,14)$.

如果乙写了第 1 组中的某个数,则甲写该组中的另一个数,此时,其他数都可以由 $2,3$ 表出,都不能写,乙接着只能写 1,甲胜.

如果乙写了第 2 组中的某个数,则甲写该组中的另一个数,此时,黑板上写下了 $5,6,4,7$,后 2 组中的数都可以由它们表出,都不能写,乙接着只能写 1 或第 1 组中的数,由前述讨论,甲胜.

如果乙写下第 3 组中的某个数,则甲写该组中的另一个数,此时,黑板上写下了 $5,6,8,9$,后 1 组中的数都可以由它们表出,都不能写,乙接着只能写 1 或前 2 组中的数,由前述讨论,甲胜.

如果乙写下第 4 组中的某个数,则甲写该组中的另一个数,此时,乙接着只能写 1 或前 3 组中的数,由前述讨论,甲胜.

综上所述,甲有必胜策略.

例 6(1989 年南昌市数学奥林匹克试题) 有两个队参加比赛,每个队各有 1989 人.第一个队的每个队员都在桌面上任意放一个硬币,当 1989 个硬币都放好以后,第二个队的队员依次翻转这些硬币,其中第 i 个翻转硬币的人恰翻转其中的 i 个硬币. 当全部人都翻转过后,若所有硬币都朝同一方向,则第二个队获胜,否则第一个队获胜. 问:谁有必胜策略?

分析与解 第二个队有必胜策略.

将第二个队的队员分别编号为 $1, 2, \cdots, 1989$.

先考虑一种特殊情况:最初所有硬币都朝同一方向,这时,可将编号分别为 $1, 2, \cdots, 1988$ 的队员两两配对:使对任何 i,i 与 $1989-i$ 为一对.

对每一个对 $(i, 1989-i)$,当编号为 i 的队员翻转其中 i 个硬币时,编号为 $1989-i$ 的队员翻转另外的 $1989-i$ 个,这样,每一对队员便将所有硬币都翻转了一次,当这 1988 个队员翻转过后,所有硬币都朝同一方向.

最后,编号为 1989 的人再将所有硬币翻转一次,所有硬币依然都朝同一个方向,第二队获胜.

对于一般情况,我们设想能够找到一个对 $(k, 1989-k)$,使这一队队员对初始状态操作以后,所有硬币都朝同一个方向,这样,对其他的队员对,仍按上述方法操作即可.

设 $(k, 1989-k)$ 合乎上述要求,并不妨设 $k < 1989-k$,我们来看看 k 应满足怎样的条件.

假设最初状态中有 m 个硬币朝上,n 个硬币朝下($m+n=1989$),先限定

$$k < n \qquad (*)$$

在式 $(*)$ 的限定下,可让队员对 $(k, 1989-k)$ 中的 k 号队员翻转 n 个朝下的硬币中的 k 个,这时,得到 $n-k$ 个朝下,$m+k$ 个朝上的硬币.

若 $(k, 1989-k)$ 合乎条件,则 k 号人翻转以后,朝上或朝下的硬

币数应为 $1989-k$，但 $n-k<1989-k$，所以，只能是
$$1989-k=m+k \quad (**)$$

由此解得 $k=\dfrac{1989-m}{2}=\dfrac{n}{2}$，为了使式($**$)有解，需 n 为偶数．

而当 n 为偶数时，式($**$)的解 $k=\dfrac{n}{2}$ 显然满足式($*$)，这是因为 $\dfrac{n}{2}<n$．

因为 $m+n=1989$ 为奇，可不妨假定 n 为偶数，于是，第二队的必胜策略如下：

假设最初状态中有 m 个硬币朝上，n 个硬币朝下（$m+n=1989$），其中 n 为偶数．令编号为 $\dfrac{n}{2}$ 的人将 $\dfrac{n}{2}$ 个朝下的硬币翻转得朝上，这样得到 $m+\dfrac{n}{2}=1989-\dfrac{n}{2}$ 个朝上的硬币．再令编号为 $1989-\dfrac{n}{2}$ 的人将这些朝上的硬币都翻转得朝下，这样，两人操作完毕，所有硬币都朝下．

对于编号不是 $\dfrac{n}{2}$，$1989-\dfrac{n}{2}$，1989 的人，将他们两两配对：使对任何 $i\neq\dfrac{n}{2}$，$i<1989$，i 与 $1989-i$ 为一对．对每一个对 $(i,1989-i)$，当编号为 i 的队员翻转其中 i 个硬币时，编号为 $1989-i$ 的队员翻转另外的 $1989-i$ 个，这样，每一对队员便将所有硬币都翻转了一次．

当前述 1988 个队员翻转过后，所有硬币都朝同一方向，最后，编号为 1989 的人再将所有硬币翻转一次，所有硬币依然都朝同一个方向，第二队获胜．

例 7（原创题） 给定正整数 n，甲、乙两人轮流将"$+$""$-$"号放在 n 个数 $1,2,3,\cdots,n$ 的面前，每个数的面前可以放任何一个符号，甲先放,求最小的正整数 k,使甲总可使最终得到的 n 个数的和的绝对值不大于 k.

分析与解 (1) 当 n 为奇数时,我们先证明 $k \geqslant \dfrac{n+1}{2}$,也就是说,乙总可使得到的 n 个数的和的绝对值不小于 $\dfrac{n+1}{2}$. 因为这样一来,如果 $k < \dfrac{n+1}{2}$,则甲总可使得到的 n 个数的和的绝对值不大于 $k < \dfrac{n+1}{2}$,矛盾.

记 $S = x_1 + 2x_2 + 3x_3 + \cdots + (n-1)x_{n-1} + nx_n$,其中 $x_i = \pm 1$. 这样,操作中每放置一个符号,等价于在上式中确定一个 x_i 的值.

设甲第一次确定的是 $x_i (1 \leqslant i \leqslant n)$ 的符号,则剩下未确定符号的数被 x_i 分为 2 个下标依次连续的段:$A = (x_2, x_3, \cdots, x_{i-1})$,$B = (x_{i+1}, x_{i+2}, \cdots, x_n)$,不妨设 A 非空,甲在 A 中取与 x_i 相邻的一个数 x_{i-1},将 x_{i-1} 与 x_i 搭配作为一组. 此外,令 $A' = (x_2, x_3, \cdots, x_{i-2})$,由于 $|A'| + |B| = n - 2$ 为奇数,所以 A',B 中必定有一个为偶,另一个为奇,将有偶数个数的那一段(如果该段非空的话)分为若干组,每组 2 个数,使同组中两数的下标相邻. 而没有被分组的那一段是一个长为奇数且下标依次连续的段.

对这个下标依次连续的段类似处理,直至最后剩下一个数,设为 x_j,而其余的数都被两两搭配成一些对子,每对数的下标相邻,由于每个组中的数都是甲先取.

如果 $j = n$,则乙总可使每对数的符号相反,此时
$$|S| = |x_1 + 2x_2 + 3x_3 + \cdots + (n-1)x_{n-1} + nx_n|$$
$$\geqslant |nx_n| - |x_1 + 2x_2 + 3x_3 + \cdots + (n-2)x_{n-2} + (n-1)x_{n-1}|$$
$$\geqslant |nx_n| - [|x_1 + 2x_2| + |3x_3 + 4x_4| + \cdots$$

$$+ |(n-2)x_{n-2} + (n-1)x_{n-1}|]$$
$$= n - (|x_1 - 2x_1| + |3x_3 - 4x_3| + \cdots$$
$$+ |(n-2)x_{n-2} - (n-1)x_{n-2}|)$$
$$= n - (\underbrace{1+1+\cdots+1}_{\frac{n-1}{2}\text{个}1}) = n - \frac{n-1}{2} = \frac{n+1}{2}$$

如果 $1 \leqslant j \leqslant n-1$,则乙总可使含有 x_n 的那个对子中两数的符号相同,其余每对数的符号相反,此时

$$|S| = |(jx_j) + [nx_n + rx_r] + [tx_t + (t+1)x_{t+1}] + \cdots$$
$$+ [px_p + (p+1)x_{p+1}]|$$
$$\geqslant |nx_n + (n-1)x_{n-1}| - |jx_j + [tx_t + (t+1)x_{t+1}] + \cdots$$
$$+ [px_p + (p+1)x_{p+1}]|$$
$$\geqslant |nx_n + (n-1)x_{n-1}| - (|jx_j| + |tx_t + (t+1)x_{t+1}| + \cdots$$
$$+ |px_p + (p+1)x_{p+1}|)$$
$$= n + (n-1) - (j + |tx_t - (t+1)x_t| + \cdots$$
$$+ |px_p - (p+1)x_p|)$$
$$= (2n-1) - (j + \underbrace{1+1+\cdots+1}_{\frac{n-3}{2}\text{个}1}) = 2n - 1 - j - \frac{n-3}{2}$$
$$\geqslant n - 1 - \frac{n-3}{2} = \frac{n+1}{2}$$

下面证明 $k = \frac{n+1}{2}$ 合乎条件,也就是说,甲总可使得到的 n 个数的和的绝对值不大于 $\frac{n+1}{2}$.

甲的策略是:先取 $x_1 = 1$,然后将 x_i 与 x_{i+1} 搭配为一组($i = 2, 4, \cdots, n-1$),共有 $\frac{n-1}{2}$ 组. 当乙确定某个组中一个数的符号时,甲则确定该组中另一个数的符号,且使各组两数的符号相反,即 $x_i = -x_{i+1}$($i = 2, 4, \cdots, n-1$),此时

$$|S| = |x_1 + 2x_2 + 3x_3 + \cdots + (n-1)x_{n-1} + nx_n|$$
$$\leqslant |x_1| + |2x_2 + 3x_3| + |4x_4 + 5x_5| + \cdots$$
$$+ |(n-1)x_{n-1} + nx_n|$$
$$= |x_1| + |2x_2 - 3x_2| + |4x_4 - 5x_4| + \cdots$$
$$+ |(n-1)x_{n-1} - nx_{n-1}|$$
$$= 1 + \underbrace{(1+1+\cdots+1)}_{\frac{n-1}{2}\uparrow 1} = 1 + \frac{n-1}{2} = \frac{n+1}{2}$$

所以，$k_{\min} = \frac{n+1}{2}$.

(2) 当 n 为偶数时，我们先证明 $k \geqslant \frac{3n}{2}$，也就是说，乙总可使得到的 n 个数的和的绝对值不小于 $\frac{3n}{2}$.

乙的策略是：把所有的 x_i 分成 $\frac{n}{2}$ 对 $(x_1, x_2), (x_3, x_4), \cdots, (x_{n-1}, x_n)$，当甲确定某个组中一个数的符号时，乙确定该组中另一个数的符号，且使最后一组两数的值相等，其余各组两数的值相反，即 $x_{n-1} = x_n, x_i = -x_{i+1} (i = 1, 3, 5, \cdots, n-3)$，此时

$$|S| = |x_1 + 2x_2 + 3x_3 + \cdots + (n-1)x_{n-1} + nx_n|$$
$$\geqslant |(n-1)x_{n-1} + nx_n| - |x_1 + 2x_2 + 3x_3 + \cdots$$
$$+ (n-3)x_{n-3} + (n-2)x_{n-2}|$$
$$\geqslant |(n-1)x_{n-1} + nx_n| - [|x_1 + 2x_2| + |3x_3 + 4x_4| + \cdots$$
$$+ |(n-3)x_{n-3} + (n-2)x_{n-2}|]$$
$$\geqslant |(n-1)x_{n-1} + nx_n| - (|x_1 - 2x_1| + |3x_3 - 4x_3| + \cdots$$
$$+ |(n-3)x_{n-3} - (n-2)x_{n-3}|)$$
$$= [(n-1) + n] - (1 + 1 + 1 + \cdots + 1)$$
$$= (2n-1) - \left(\frac{n}{2} - 1\right) = \frac{3n}{2}$$

下面证明 $k=\dfrac{3n}{2}$ 合乎条件,也就是说,甲总可使得到的 n 个数的和的绝对值不大于 $\dfrac{3n}{2}$.

甲的策略是:先取 $x_1=1$,设乙第一次确定的是 x_i 的符号,剩下未确定符号的数被 x_i 分为 2 个连续的段:$A=(x_2,x_3,\cdots,x_{i-1})$,$B=(x_{i+1},x_{i+2},\cdots,x_n)$,不妨设 A 非空,甲在 A 中取与 x_i 相邻的一个数 x_{i-1},将 x_{i-1} 与 x_i 作为一组,此外,令 $A'=(x_2,x_3,\cdots,x_{i-2})$,由于 $|A'|+|B|=n-3$ 为奇数,所以 A',B 中必定有一个为偶,另一个为奇,将有偶数个数的那一段(如果该段非空的话)分为若干组,每 2 个下标相邻的数为一组,而没有被分组的一些数构成一个长为奇数且下标相邻的连续段.

对这个连续段类似处理,直至最后剩下一个数,设为 x_j,而其余的数都被两两配对,每对数下标相邻,由于每个组中的数都是乙先取,从而甲总可使每对数的符号相反. 这样

$$|S|=|(x_1+jx_j)+[kx_k+(k+1)x_{k+1}]$$
$$+[tx_t+(t+1)x_{t+1}]+\cdots+[px_p+(p+1)x_{p+1}]|$$
$$\leqslant |x_1|+|jx_j|+|kx_k+(k+1)x_{k+1}|$$
$$+|tx_t+(t+1)x_{t+1}|+\cdots+|px_p+(p+1)x_{p+1}|$$
$$=1+j+|kx_k-(k+1)x_k|+|tx_t-(t+1)x_t|+\cdots$$
$$+|px_p-(p+1)x_p|$$
$$\leqslant 1+n+(1+1+1+\cdots+1)=1+n+\dfrac{n-2}{2}=\dfrac{3n}{2}$$

综上所述,$k_{\min}=\dfrac{3n}{2}$.

综上所述,当 n 为奇数时,$k_{\min}=\dfrac{n+1}{2}$;当 n 为偶数时,$k_{\min}=\dfrac{3n}{2}$.

3.6 胜负局搭配

数学博弈问题的另一种分析方法是胜负局搭配。其中所谓胜局,就是对其进行操作的一方有必胜策略的状态;所谓负局,就是对其进行操作的一方的对方有必胜策略的状态.

易知,胜负局具有如下性质:对于任何一个胜局,操作者可适当对之进行一次操作,使其状态变成一个负局;对于任何一个负局,无论操作者如何对之进行一次操作,其状态必定变成一个胜局.

由此想到,将包括初始状态在内的若干状态适当搭配,构成2个集合 A,B,使对 A 中任何一个状态,操作者可适当对之进行一次操作,使其状态变成一个负局 B 中的状态;对于 B 中的任何一个状态,无论操作者如何对之进行一次操作,其状态必定变成 A 中的一个状态.我们称这样的集合对 (A,B) 为一种"胜负局搭配".

显然,如果初始状态属于 A,则先走者有必胜策略;如果初始状态属于 B,则后走者有必胜策略.

例1(1988年彼得格勒数学奥林匹克试题) 有两堆火柴,分别有 100,252 根,两个人轮流取火柴,每次可在其中任意一堆中取火柴,但所取的火柴的根数只能是另一堆火柴中火柴根数的正约数,取走的火柴不再放回,规定谁取到最后一根火柴谁胜.试问:谁有必胜策略?

分析与解 考察获胜者最后一次取火柴,必然是其中一堆早已经取空,另一堆还剩若干根,他将这若干根火柴一次取走,这表明 $(r,0)(r>0)$ 是胜状态,$(0,0)$ 是负状态.

再考察初始状态 $(100,252)$,注意到 $100=2^2\times 5^2$,$252=2^2\times 63$,可见状态中的两个数所含的 2 的幂的指数相等.

若记 2 在 n 中的指数为 $t(n)$,则有 $t(100)=t(252)$.

因为负状态 $(0,0)$ 满足 $t(0)=t(0)=-\infty$,胜状态 $(r,0)(r>0)$ 满足 $t(r)>t(0)=-\infty$.

于是,我们猜想:当 $t(m)=t(n)$ 时,状态 (m,n) 为负状态;当 $t(m)\neq t(n)$ 时,状态 (m,n) 为胜状态.

由此想到利用状态搭配,令
$$A=\{(m,n)\mid t(m)\neq t(n)\},\quad B=\{(m,n)\mid t(m)=t(n)\}$$

我们先证明下面的引理:

对于 A 中任何一个状态,都存在一种操作方式,使其变成 B 中的一个状态;对任何一个 B 中的状态,不论下一次怎样操作,都变成 A 中的状态.

实际上,对于 A 中的状态 (m,n),不妨设 $t(m)=k,t(n)=r$ $(r<k)$,那么,操作者可在火柴数为 m 的堆中取走 2^r 根火柴,得到状态 $(m-2^r,n)$,此时 $t(m-2^r)=r=t(n)$,所以 $(m-r,n)\in B$.

对于 B 中的状态 (m,n),$t(m)=t(n)$,考察任何一个操作,不妨设从有 m 根火柴的堆中取走 r 根火柴,那么操作一次以后得到状态 $(m-r,n)$,由操作的规定,有 $r\mid n$,所以 $t(r)\leqslant t(n)$.

(1) 若 $t(r)<t(n)$,则 $t(r)<t(m)$,此时 $t(m-r)=t(r)<t(n)$,从而 $t(m-r)\neq t(n)$,所以 $(m-r,n)\in A$.

(2) 若 $t(r)=t(n)=t(m)$,令 $r=2^k n_1,m=2^k n_2,n=2^k n_3$,其中 n_1,n_2,n_3 为奇数,则 $m-r=2^k(n_2-n_1)=2^{k+1}n_4$(因为 n_1-n_2 为偶数),所以 $t(m-r)\geqslant 2^{k+1}>2^k=t(n)$,从而 $t(m-r)\neq t(n)$,因此 $(m-r,n)\in A$.

引理获证.

解答原题 对于初始状态 $(100,252)$,有 $t(100)=t(252)$,从而 $(100,252)\in B$,由引理,乙(后走者)可使自己始终面对 A 中的状态,使甲始终面临 B 中的状态,直至出现 $(0,0)$,它必定由甲面对,从而乙有必胜策略.

3 搭 配

例2(第20届全俄数学奥林匹克试题) 有3堆火柴,分别有100,200,300根,两个人轮流在其中取火柴,每次取走其中的一堆中的全部火柴,而将剩下的两堆中的一堆分为非空的两堆(取走的火柴不再放回),直至谁不能进行这一项工作谁输,试问:谁有必胜策略?

分析与解 显然,操作结束时,得到的状态为$(1,1,1)$.

实际上,对于状态(a,b,c),如果a,b,c不全为1,不妨设$a>1$,则可取走b,使状态变成$(a-1,1,c)$,从而(a,b,c)不是结束状态.

此外,显然$(1,1,1)$是负局,因为面临这一局者不能进行操作.

逆推一步,什么状态可操作得到$(1,1,1)$? 由此发现$(1,2,m)$为胜局(取走m,将2分拆为1,1).

再注意到初始状态的特征:$t(100) = t(300) \neq t(200)$,其中$t(n)$表示2在$n$中的指数,而$m$为"奇"或是"2×奇"时,胜局$(1,2,m)$也合乎这一特征,于是猜想:

当$t(m) = t(n) = t(u)$时,状态(m,n,u)是负局;

当$t(m) = t(n) \neq t(u)$时,状态(m,n,u)是胜局.

为证明上述猜想,我们采用状态搭配策略,令

$$A = \{(m,n,u) \mid t(m) = t(n) \neq t(u)\}$$
$$B = \{(m,n,u) \mid t(m) = t(n) = t(u)\}$$

先证明下面的引理:

对于A中任何一个状态,都存在一种操作方式,使其变成B中的一个状态;对任何一个B中的状态,不论下一次怎样操作,都变成A中的状态.

实际上,当$t(m) = t(n) \neq t(u)$时,设$m = 2^r a_1, n = 2^r a_2, u = 2^k a_3 (r \neq k)$,记$t = \min\{r,k\}, s = \max\{r,k\}(t<s)$,则可以这样操作:取走火柴数为$m$的一堆,再从2的指数为$s$的那堆中拿出$2^t$根另做一堆,得到状态$(2^t a, 2^t, 2^s b - 2^t)$,此时

$$t(2^t a) = t(2^t) = t(2^s b - 2^t) = t$$

所以 $(2^t a, 2^t, 2^s b - 2^t) \in A$.

当 $t(m) = t(n) = t(u)$ 时,设 $m = 2^r a_1, n = 2^r a_2, u = 2^r a_3$.

考察任何一个操作 T,不妨设取走有 m 根火柴的一堆,而将有 n 根火柴的一堆分为非空的两堆.

设新分成的两堆中分别有 n_1, n_2 根火柴 ($n_1 + n_2 = n$),不妨设 $n_1 = 2^p c_1, n_2 = 2^q c_2$,操作一次以后得到状态 (n_1, n_2, u).

若 $p = r$,则
$$t(n_2) = t(n - n_1) = t(2^r a_2 - 2^r c_1)$$
$$= t[2^r(a_2 - c_1)] > r = t(n_1) = t(u)$$

所以 $(n_1, n_2, u) \in B$;

若 $p > r$,则
$$t(n_2) = t(n - n_1) = t(2r a_2 - 2p c_1)$$
$$= t[2r(a_2 - 2p - r c_1)] = r = t(u) < t(n_1)$$

所以 $(n_1, n_2, u) \in B$;

若 $p < r$,则
$$t(n_2) = t(n - n_1) = t(2r a_2 - 2p c_1)$$
$$= t[2p(2r - p a_2 - c_1)] = p = t(n_1) < t(u)$$

所以 $(n_1, n_2, u) \in B$,故引理获证.

解答原题 因为 $t(100) = 2 = t(300), t(200) = 3$,故最初状态是 A 中的状态,由引理,甲(先走者)可使自己始终面对 A 中的状态,使乙始终面临 B 中的状态,直至出现 $(1,1,1)$,它必定由乙面对,从而甲有必胜策略.

另证 我们只需证明下面的结论:

令 $A = \{(m, n, u) \mid t(m), t(n), t(u) \text{不全等}\}, B = \{(m, n, u) \mid t(m) = t(n) = t(u)\}$,对于 A 中任何一个状态,都存在一种操作方式,使其变成 B 中的一个状态;对任何一个 B 中的状态,不论下

一次怎样操作,都变成 A 中的状态.

实际上,当 $t(m),t(n),t(u)$ 不全等时,不妨设 $t(m)<t(n)$,记 $m=2^r a_1, n=2^k a_2 (r<k)$,则可以这样操作:取走火柴数为 u 的一堆,再从火柴数为 n(较多火柴)的那堆中拿出 2^r 根另做一堆,得到状态 $(2^r a_1, 2^r, 2^k a_2 - 2^r)$.

此时,$t(2^r a_1) = t(2^r) = t(2^k a_2 - 2^r) = r$,所以 $(2^r a_1, 2^r, 2^k a_2 - 2^r) \in A$.

当 $t(m) = t(n) = t(u)$ 时,设 $m = 2^r a_1, n = 2^r a_2, u = 2^r a_3$.

考察任何一个操作 T,不妨设取走有 m 根火柴的一堆,而将有 n 根火柴的一堆分为非空的两堆.

设新分成的两堆中分别有 n_1, n_2 根火柴($n_1+n_2=n$),不妨设 $n_1 = 2^p c_1, n_2 = 2^q c_2$,即操作一次得到的状态为 $(2^p c_1, 2^q c_2, 2^r a_3)$.

若 $p = q = r$,则
$$n = n_1 + n_2 = 2^p c_1 + 2^q c_2 = 2^r c_1 + 2^r c_2 = 2^r(c_1+c_2)$$
因为 $c_1 + c_2$ 为偶,所以 $t(n) = t(2^r(c_1+c_2)) > r$,矛盾.

所以 $(2^p c_1, 2^q c_2, 2^r a_3) \in B$,故结论成立.

例3(2007年保加利亚国家数学奥林匹克冬季试题) 甲、乙2人玩如下游戏:甲先将一堆共 $n(n>3)$ 个石子分成3堆,每堆至少一个石子,且其中一堆比另2堆中石子数都多,然后,乙用同样的方法分石子数最多的那一堆.甲、乙交替进行操作,谁分的最后一次谁获胜.试问:哪些正整数 n 使乙有获胜策略?

分析与解 从特例开始,研究哪些数对应的局是负局(乙有获胜策略).

当 $n = 4, 5, 6, 7$ 时,对应的局是胜局,甲使最多一堆的石子数为2或3(无法再分)即可.

当 $n = 8, 9$ 时,对应的局是负局.

实际上,设甲分成的3堆石子数分别为 a, b, c,其中 $c > a, c > b$,

$a+b+c=n$.

由 $9 \geqslant n = a+b+c \geqslant 1+1+c$,得 $c \leqslant 7$.

由 $8 \leqslant n = a+b+c \leqslant c-1+c-1+c = 3c-2$,得 $c \geqslant 4$.

于是,最多一堆的石子数属于区间 $[4,7]$,这是胜局,从而乙有获胜策略.

进一步发现,当 $n \in [10,25]$ 时,对应的局是胜局.其中 $25=9+8+8$,即最多一堆的石子数为 9 时,石子最多为 $9+8+8=25$ 个.

实际上,甲使最多一堆的石子数属于区间 $[8,9]$ 即可(因为 $8,9$ 对应的局是负局),这是可行的,因为 $10=8+1+1, 25=9+8+8$.

进而可知,当 $n=26,27$ 时,对应的局是负局.

观察负局对应的数 $8,9,26,27,\cdots$,改写为 $3^2-1, 9, 3^3-1, 3^3, \cdots$,可猜想:当且仅当 $n=3^k, 3^k-1(k \geqslant 2)$ 时,对应的局是负局.

我们只需证明:当 $n \leqslant 3^k(k \geqslant 2)$ 时,只有 $n=8,9,\cdots,3^k-1, 3^k$ 是负局,其余都是胜局.

对 k 归纳.当 $k=2$ 时,结论已经成立.

设结论对 k 成立,考虑 $k+1$ 的情形,此时 $n \leqslant 3^{k+1}$,由归纳假设,在 $1,2,\cdots,3^k$ 中,只有 $n=8,9,\cdots,3^k-1,3^k$ 是负局,其余都是胜局.

首先考虑 $n \in [3^k+1, 3^{k+1}-2]$ 的情形,容易证明它是胜局,甲使最多一堆的石子数属于区间 $[3^k-1, 3^k]$ 即可(因为 $3^k-1, 3^k$ 对应的局是负局),这是可行的,因为 $3^k+1=(3^k-1)+1+1, 3^{k+1}-2=3^k+(3^k-1)+(3^k-1)$.

其次考虑 $n \in [3^{k+1}-1, 3^{k+1}]$ 的情形,设甲分成的 3 堆石子数分别为 a,b,c,其中 $c>a, c>b, a+b+c=n$.

由 $3^{k+1} \geqslant n = a+b+c \geqslant 1+1+c$,得 $c \leqslant 3^{k+1}-2$.

由 $3^{k+1}-1 \leqslant n = a+b+c \leqslant c-1+c-1+c = 3c-2$,得 $c \geqslant 3^k+1$.

于是,最多一堆的石子数属于区间$[3^k+1,3^{k+1}-2]$,由上面讨论知,这是胜局,从而乙有获胜策略.

综上所述,当且仅当$n=3^k,3^k-1(k\geqslant 2)$时,乙有获胜策略.

例4 两人轮流在2011个空格中放棋子,每次至少放1只棋子,最多放3只棋子,每个方格至多放1只棋子,当所有方格都放了1只棋子时,清点各人所放的棋子的总数,规定棋子个数为偶数的一方为胜,问谁有必胜策略?

分析与解 设先走者为甲,后走者为乙,则甲有必胜策略.

为了叙述问题方便,我们将"在2011个空格中放棋子"更换成"在2011只棋子中取棋子",讨论如下更一般的问题:

两人轮流在n(n为奇数)只棋子中取棋子,每次至少取1只棋子,最多取3只棋子,棋子取完为止,规定取得棋子个数为偶数的一方为胜,问谁有必胜策略?

先考虑如何将操作中的状态用有关的参数来表示,最容易想到的是用数p表示剩p只棋子的状态,但此时,p的值无法确定对应状态的胜负,因为不知道博弈双方各自拿了多少只棋子.

于是,我们用(奇,p)表示操作的一方手中已取了奇数只棋子,桌面上还剩下p只棋子的状态,用(偶,p)表示操作的一方手中已取了偶数只棋子,桌面上还剩下p只棋子的状态,则最初的状态是(偶,n).

下面我们考察一些显然的胜局与负局,以此发掘胜负局的特征.

首先,依题意,(奇,0)是负局,(偶,0)是胜局.

此外,(奇,1)(取1)、(奇,2)(取1)、(奇,3)(取3)、(奇,4)(取3)都是胜局.

进而,(奇,5)是负局:先取偶,另一方全部取走;先取奇,另一方使桌面上剩1只棋子.

至于(奇,6),因为操作一方最多取3只棋,从而操作一次不能得

到负局(奇,0),也不能得到负局(奇,5),这是因为状态(奇,6)的时刻,对方手中已取偶数只棋,由(奇,6)操作一次只能得到(偶,5).

注意到状态(奇,6)的时刻,对方手中已取偶数只棋,所以我们再考察一些形如(偶,p)的状态.

显然,(偶,1)是负局,操作一次只能得到(偶,0),对方获胜.

此外,(偶,2)(取 2)、(偶,3)(取 2)都是胜局.

进而,(偶,4)是负局:先取奇,另一方全部取走;先取 2,另一方取 1.

接下来,(偶,5)(取 1)、(偶,6)(取 1)、(偶,7)(取 3)、(偶,8)(取 3)都是胜局.

现在回过头来看状态(奇,6),发现(奇,6)(取 2)、(奇,7)(取 3)都是胜局.

此外,(奇,8)是负局:先取 1 则得到胜局(偶,7),先取 2 则得到胜局(偶,6),先取 3 则得到胜局(偶,5).

以上,我们一共发现 5 个确定的负局

(奇,0)、(奇,5)、(奇,8)、(偶,1)、(偶,4)

这些负局表现形式各不相同,我们希望借助"模"的理解,使其中某些负局的表现形式变得一样.

考察(奇,0)、(奇,5)、(奇,8),要使(奇,0)、(奇,5)变得一样,则应用模 5 理解,但此时(奇,8)变成(奇,3),而(奇,3)是胜局,所以不能取模 5.同样,(奇,5)、(奇,8)也不能变得一样,否则应取模 3,此时得到的(奇,2)是胜局.现在,考虑使(奇,0)、(奇,8)变得一样,取模 8 即可,此时

(奇,0)∈(奇,$8k$),(奇,5)∈(奇,$8k-3$),(偶,1)∈(偶,$8k-7$),(偶,4)∈(偶,$8k-4$)

所以,我们猜想,(奇,$8k$),(奇,$8k-3$),(偶,$8k-7$),(偶,$8k-4$)都是负局.

3 搭　配

为证明上述猜想,我们考察这 4 类状态操作一次后得到的各种可能状态,期望它们得到的都是胜局.因为

(奇,$8k$)→(偶,$8k-1$)或(偶,$8k-2$)或(偶,$8k-3$)

(奇,$8k-3$)→(奇,$8k-4$)或(奇,$8k-5$)或(奇,$8k-6$)

(偶,$8k-7$)→(偶,$8k-8$)或(偶,$8k-9$)或(偶,$8k-10$)

(偶,$8k-4$)→(奇,$8k-5$)或(奇,$8k-6$)或(奇,$8k-7$)

进一步猜想:(奇,$8k-4$),(奇,$8k-5$),(奇,$8k-6$),(奇,$8k-7$),(偶,$8k-1$),(偶,$8k-2$),(偶,$8k-3$),(偶,$8k-5$),(偶,$8k$)都为胜局.于是,采用状态搭配策略,令

$A=\{$(奇,$8k-4$),(奇,$8k-5$),(奇,$8k-6$),(奇,$8k-7$),(偶,$8k-1$),(偶,$8k-2$),(偶,$8k-3$),(偶,$8k-5$),(偶,$8k$)$\}$

$B=\{$(奇,$8k$),(奇,$8k-3$),(偶,$8k-7$),(偶,$8k-4$)$\}$

先证明如下的引理:

对于 A 中任何一个状态,都存在一种操作方式,使其变成 B 中的一个状态.对任何一个 B 中的状态,不论下一次怎样操作,都变成 A 中的状态.

实际上,一方面,对于 A 中的状态(奇,$8k-4$),操作者再取一只棋子,便得到 B 中的状态(偶,$8k-4$).

对于 A 中的状态(奇,$8k-5$),我方再取 3 只棋子,便得到 B 中的状态(奇,$8k-8$);其余可以类似推导.

另一方面,对于 B 中的状态(奇,$8k-3$),无论怎样操作,只能得到如下三个状态之一:(奇,$8k-4$),(奇,$8k-5$),(奇,$8k-6$),这都是 A 中的状态.

对于(奇,$8k-8$),无论怎样操作,只能得到如下三个状态之一:(偶,$8k-1$),(偶,$8k-2$),(偶,$8k-3$),这都是 A 中的状态.

对于 B 中的状态(偶,$8k-6$),无论怎样操作,只能得到如下三个状态之一:(奇,$8k-5$),(奇,$8k-6$),(奇,$8k-7$),这都是 A 中的

状态.

对于 B 中的状态 $(偶,8k-7)$，无论怎样操作，只能得到如下三个状态之一：$(偶,8k-8),(偶,8k-1),(偶,8k-2)$，这都是 A 中的状态，引理获证.

注意，上面的讨论，都没有涉及 $C=\{(偶,8k-6),(奇,8k-1),(奇,8k-2)\}$ 中的状态，这并不影响问题的结论，因为必胜策略的操作中，这些状态在整个操作过程中都不出现.

解答原题 由上面的引理可知，A 中的状态都是胜局，B 中的状态都是负局，于是，当 $n=8k-1,8k-3,8k-5$ 时，初始状态 $(偶,n)\in A$，为胜局，所以甲有必胜策略；当 $n=8k-7$ 时，初始状态 $(偶,n)\in B$，为负局，所以乙有必胜策略.

对于原问题，由于 $2011=8\times252-5$，所以甲有必胜策略.

例5 有三堆火柴，分别有 m,n,t 根，两个人轮流在其中取火柴，规定每次只能在一堆中取，且至少取出一根，问：若取得最后一根火柴者为胜，谁有必胜策略？

分析与解 先考察一些明显的胜局和负局.

易知，$A=(m,0,0)$ 为胜局，因为取一次将 m 根全部取走.

$B=(m,m,0)$ 为负局. 后取者乙可采用奉陪策略，即当甲在某堆中取 r 根时，乙在另一堆中也取出 r 根.

$C=(m,m,t)$（其中 $t\neq 0$）为胜局. 因为甲可以将其中的 t 根火柴全部取走，得到负局 B.

$D=(m,n,0)$（其中 $m\neq n$）为胜局. 因为甲可以取走根数较多的一堆中的 $|m-n|$ 根火柴，得到负局 B.

$E=(1,2n,2n+1)$（其中 n 为自然数）为负局.

对 n 归纳. 当 $n=0$ 时，$E=(1,0,1)$，结论成立.

设结论对小于 n 的自然数成立，考察 n 的情形，令 $E_{2n}=(1,2n,2n+1)$.

(1) 若甲在"1"中取,则操作一次以后得到 $(0, 2n, 2n+1)$,为胜局 D.

(2) 若甲在"$2n$"或"$2n+1$"中取出 $2n$ 根,则操作一次以后得到 $(1, 0, 2n+1)$ 为胜局 D 或 $(1, 2n, 1)$ 为胜局 C.

(3) 若甲在"$2n$"中取出 $r < 2n$ 根,则操作一次以后得到 $(1, 2n-r, 2n+1)$. 这时,乙有如下的操作方法:当 r 为奇,即 $2n-r$ 为奇时,在"$2n+1$"中取出 $r+2$ 根,操作后得到状态:$(1, 2n-r, 2n-r-1)$,由归纳假设,它为胜负局 E_{2n-r-1}. 当 r 为偶,即 $2n-r$ 为偶时,在"$2n+1$"中取出 r 根,操作后得到状态:$(1, 2n-r, 2n-r+1)$,由归纳假设,它为胜负局 E_{2n-r}.

(4) 若甲在"$2n+1$"中取出 $r < 2n$ 根,则操作一次以后得到 $(1, 2n, 2n-r+1)$. 这时,若 $r=1$,则它为胜局 C;若 $r>1$,则乙有如下的操作方法:当 r 为奇($r>1$),即 $2n+1-r$ 为偶时,乙在"$2n$"中取出 $r-2>0$ 根,操作后得到状态:$(1, 2n-r+2, 2n-r+1)$,由归纳假设,它为负局 E_{2n-r+1}. 当 r 为偶,即 $2n-r+1$ 为奇时,乙在"$2n$"中取出 r 根,操作后得到状态:$(1, 2n-r, 2n-r+1)$,由归纳假设,它为胜负局 E_{2n-r}.

所以,对任何自然数 n,$E = (1, 2n, 2n+1)$ 为负局. 接下来

$F = (1, 2n-1, 2n)$ 为胜局. 因为甲在"$2n$"中取出 2 根导出状态:$(1, 2n-1, 2n-2)$ 为负局 E.

$G = (1, 2n, m)$($m > 2n+1$)为胜局. 因为甲在"m"中取出 $m-(2n+1)$ 根导出状态:$(1, 2n, 2n+1)$ 为负局 E.

$H = (1, m, n)$($m < n$),当且仅当 m 为偶,且 $n = m+1$ 时,H 为负局,其他都是胜局.

实际上,若 m 为奇数,则甲在"n"中取走 $n-m+1$ 根,得到状态:$(1, m, m-1)$,它是负局 E_{m-1};若 m 为偶数,且 $n > m+1$,则甲在"n"中取走 $n-(m+1)$ 根,得到状态:$(1, m, m+1)$,它是负局

E_m. 最后,若 m 为偶数,且 $n = m+1$,则 H 是负局 E_m.

如此下去,也许可以得到所有胜负局,但过程太繁,需另辟蹊径.

我们来考察以上一些胜负局的特征.

胜局:$(0,0,m),(3,3,4),(0,3,4)$

负局:$(0,m,m),(1,4,5),(1,8,9)$

从表面上看,没有什么规律,但将各个数用二进制表示,并将各个数的位数都补齐到位数相同(不足者在前面添加0),则有

胜局:$(00\cdots0, 00\cdots0, a_1a_2\cdots a_t),(011,011,100),(000,011,100)$;

负局:$(00\cdots0, a_1a_2\cdots a_t, a_1a_2\cdots a_t),(001,100,101),(0001,1000,1001)$.

至此,可以发现:对于负局,它的3个二进制数的同一数位上的3个数字和都为偶数,而对于胜局,它的3个二进制数至少有一个数位上的3个数字和为奇数.

于是,我们猜想:对于状态 $X = (a, b, c)$,设

$$a = (a_1 a_2 \cdots a_t)_{(2)}, \quad b = (b_1 b_2 \cdots b_t)_{(2)}, \quad c = (c_1 c_2 \cdots c_t)_{(2)}$$

其中 a_1, b_1, c_1 中允许有0但不全为0.

对于 $i = 1, 2, \cdots, t$,若 $a_i + b_i + c_i$ 都为偶数,则 X 为负局;若 $a_i + b_i + c_i$ 中至少有一个为奇数,则 X 为胜局.

为采用状态搭配策略,我们令

$$A = \{(a, b, c) \mid a_i + b_i + c_i \text{ 中至少有一个为奇数}\}$$
$$B = \{(a, b, c) \mid a_i + b_i + c_i \text{ 都为偶数}\}$$

先证明如下的引理:

对于 A 中任何一个状态,都存在一种操作方式,使其变成 B 中的一个状态;对于任何一个 B 中的状态,不论下一次怎样操作,都变成 A 中的状态.

实际上,对于 A 中的状态 (a, b, c),$a_i + b_i + c_i (i = 1, 2, \cdots, t)$

中至少有一个奇数,我们的操作应使所有这样的和都改变奇偶性,于是设其中有 r 个为奇数,记为 $a_j+b_j+c_j$,其中 $j\in P=\{i_1,i_2,\cdots,i_r\}(i_1<i_2<\cdots<i_r)$.

因为 $a_{i_1}+b_{i_1}+c_{i_1}$ 为奇,所以 a_{i_1},b_{i_1},c_{i_1} 至少有一个为 1,不妨设 $c_{i_1}=1$,则将 c 的第 $i_1,i_2,\cdots,i_r$ 位上的数都换成它的"补数",则 c 变小(首位由 1 变成 0)(保证至少取走一根).

即 $(a,b,c)\to(a,b,c')$,其中 $c'=(c_1'c_2'\cdots c_t')_{(2)}$(数位不改变,首位可能为 0),且 $c_i'=\begin{cases}c_i & (i\notin P)\\ 1-c_i & (i\in P)\end{cases}$.

对于 $i=1,2,\cdots,t$,若 $i\in P$,则 $a_i+b_i+c_i'=a_i+b_i+(1-c_i)\equiv a_i+b_i+c_i+1\equiv 1+1\equiv 0\pmod 2$;若 $i\notin P$,则 $a_i+b_i+c_i'=a_i+b_i+c_i\equiv a_i+b_i+c_i\equiv 0\pmod 2$,所以 $(a,b,c')\in B$.

对于 B 中的状态 (a,b,c),$a_i+b_i+c_i(i=1,2,\cdots,t)$ 都是偶数,对 (a,b,c) 进行操作,不妨设将 a 变为 a',而 b,c 不变,得到状态 (a',b,c).

设 $a'=(a_1'a_2'\cdots a_t')_{(2)}$,由于 $a'<a$,必有一个数 $a_i'<a_i$,即 $a_i'=a_i-1$,所以,$a_i'+b_i+c_i=(1-a_i)+b_i+c_i=1-2a_i+(a_i+b_i+c_i)\equiv 1-2a_i\equiv 0\pmod 2$,所以 $(a',b,c)\in A$.

解答原题 若初状态 (a,b,c) 是 A 中的状态,由引理,甲(先走者)可使自己始终面对 A 中的状态,使乙始终面临 B 中的状态,直至出现 $(0,0,0)\in A$,它必定由乙面对,从而甲有必胜策略.

若 (a,b,c) 是 B 中的状态,则由引理,乙(后走者)可使自己始终面对 A 中的状态,使甲始终面临 B 中的状态,直至出现 $(0,0,0)\in A$,它必定由甲面对,从而乙有必胜策略.

例 6 有三堆火柴,分别有 $t,m,n(t\leq m\leq n,t\leq 1)$ 根,两个人轮流在其中取火柴,规定每次只能在一堆中取,且至少取出一根,问:若取得最后一根火柴者为输,谁有必胜策略?

分析与解 (1) 当 $t=0$ 时,初始状态为 $(0,m,n)(m\leqslant n)$.

显然,$(0,0,1)$ 是负局,而 $(0,0,n)(n>1)$ 是胜局(将 n 变成 1),$(0,1,n)(n\geqslant 1)$ 是胜局(将 n 变成 0).

下面证明 $(0,n,n)(n>1)$ 是负局,实际上,不妨设甲将其中一个 n 变成 $a(a<n)$,得到状态 $A=(0,a,n)(n>1)$,那么,当 $a=0$ 时,$A=(0,0,n)(n>1)$ 是胜局;当 $a=1$ 时,$A=(0,1,n)(n>1)$ 是胜局;而 $a>1$ 时,乙可对 $A=(0,a,n)(n>1)$ 操作,使 n 变成 $a(a<n)$,得到状态 $B=(0,a,a)(a>1)$,这与 $(0,n,n)(n>1)$ 是同类型状态,如此下去,乙胜.

$(0,m,n)(1<m<n)$ 是胜局,因为甲使 n 变成 m,得到的状态 $B=(0,m,m)(m>1)$ 是负局.

综上所述,当 $t=0$ 时,只有 $(0,0,1),(0,n,n)(n>1)$ 是负局,其余都是胜局.

(2) 当 $t=1$ 时,初始状态为 $(1,m,n)(1\leqslant m\leqslant n)$.

显然,$(1,1,1)$ 是负局,因为它操作后只能得到胜局 $(0,1,1)$,进而 $(1,1,n)(n>1)$ 是胜局(将 n 变成 1),$(1,n,n)(n>1)$ 是胜局(将 1 变成 0).

考察状态 $(1,m,n)(1<m<n)$,我们证明,对一切正整数 k,有 $(1,2k,2k+1)$ 为负局,而 $(1,2k,n)(n>2k+1)$,$(1,m,n)(1<m<n,1<m<2k$,当 m 为偶数时,$n-m\geqslant 2)$ 都是胜局.

对 k 归纳,当 $k=1$ 时,$(1,2k,2k+1)=(1,2,3)$,操作一次只能得到 $(0,2,3),(1,1,3),(1,0,3),(1,2,2),(1,2,1),(1,2,0)$,其中除 $(1,2,2)$ 外都是已证的胜局,而 $(1,2,2)$ 可操作到负局 $(0,2,2)$,所以 $(1,2,2)$ 也是胜局,故 $(1,2,3)$ 是负局.

对于状态 $(1,2,n)(n>3)$,将 n 变成 3,得到负局 $(1,2,3)$,所以 $(1,2,n)(n>3)$ 是胜局.

对于状态 $(1,m,n)(1<m<n,1<m<2)$,只能是 $(1,1,n)$

$(n>1)$,将 n 变成 1,得到负局 $(1,1,1)$,所以 $(1,1,n)(n>1)$ 是胜局.

所以 $k=1$ 时结论成立.

设结论对小于 k 的正整数成立,考虑 k 的情形.

对于状态 $(1,2k,2k+1)$,如果操作 $T(1,2k,2k+1)$ 将 1 变成 0,则得到胜局 $(0,2k,2k+1)$;如果操作 $T(1,2k,2k+1)$ 将 $2k$ 变成 $a(a<2k)$,得到状态 $(1,a,2k+1)$,当 $a=2k-1$ 时,$(1,a,2k+1)=(1,2k-1,2k+1)$,可操作一次,使之变成 $(1,2k-1,2k-2)$,由归纳假设,$(1,2k-1,2k-2)$ 是负局,所以 $(1,a,2k+1)$ 是胜局;当 $a=2k-2$ 时,$(1,a,2k+1)=(1,2k-2,2k+1)$,可操作一次,使之变成 $(1,2k-2,2k-1)$,由归纳假设,$(1,2k-2,2k-1)$ 是负局,所以 $(1,a,2k+1)$ 是胜局;当 $a<2k-2$ 时,因为 $1<a<2k-2$,由归纳假设,$(1,a,2k+1)$ 是胜局;如果操作 $T(1,2k,2k+1)$ 将 $2k+1$ 变成 $b(b<2k+1)$,得到状态 $(1,2k,b)$,当 $b=2k$ 时,$(1,2k,b)=(1,2k,2k)$,可操作一次,使之变成负局 $(0,2k,2k)$,所以 $(1,2k,b)$ 是胜局;当 $b=2k-1$ 时,$(1,2k,b)=(1,2k,2k-1)$,可操作一次,使之变成 $(1,2k-2,2k-1)$,由归纳假设,$(1,2k-2,2k-1)$ 是负局,所以 $(1,2k,b)$ 是胜局;当 $b=2k-2$ 时,$(1,2k,b)=(1,2k,2k-2)$,可操作一次,使之变成 $(1,2k-2,2k-1)$,由归纳假设,$(1,2k-2,2k-1)$ 是负局,所以 $(1,2k,b)$ 是胜局;当 $b<2k-2$ 时,因为 $1<b<2k-2$,由归纳假设,$(1,2k,b)=(1,b,2k)$ 是胜局;由此可见,$T(1,2k,2k+1)$ 恒为胜局,所以 $(1,2k,2k+1)$ 是负局.

对于状态 $(1,m,n)(1<m<n,1<m<2k$,当 m 为偶数时,$n-m\geq 2)$,因为 $m\leq 2k-1$,不妨设 $2t-3<m\leq 2t-1$,其中 $t\leq k$.如果 $m=2t-2$,则 $(1,m,n)=(1,2t-2,n)$,因为 m 为偶数,有 $n-m\geq 2$,即 $n\geq m+2=2t$,于是,可操作一次,将 $(1,2t-2,n)$ 变成 $(1,2t-2,2t-1)$,由于 $2t-2=2(t-1)$,而 $t-1<t\leq k$,由归纳

假设,$(1,2t-2,2t-1)$ 是负局,所以 $(1,m,n)$ 是胜局;如果 $m=2t-1$,则 $(1,m,n)=(1,2t-1,n)$,因为 $n-m \geqslant 1$,即 $n \geqslant m+1 = 2t$,于是,可操作一次,将 $(1,2t-1,n)$ 变成负局 $(1,2t-2,2t-1)$,所以 $(1,m,n)$ 是胜局.

所以结论对 k 成立.

由 k 的任意性,当 $t=1$ 时,状态 $(1,m,n)(1 \leqslant m \leqslant n)$ 中只有 $(1,1,1)$ 和 $(1,2k,2k+1)(k \in \mathbf{N}^+)$ 是负局,其余都是胜局.

综上所述,状态 $(t,m,n)(t \leqslant m \leqslant n, t \leqslant 1)$ 只有 $(0,0,1)$,$(0,n,n)(n>1)$,$(1,1,1)$ 和 $(1,2k,2k+1)(k \in \mathbf{N}^+)$ 是负局,其余都是胜局.

例7(原创题) 桌面上有三种不同颜色的棋子,各种颜色的棋子分别有 t,m,n 只,其中 t,m,n 是给定的不全为零的自然数,满足 $t \leqslant m \leqslant n$,两个人轮流在桌面上取棋子,规定每次只能取一种颜色的棋子,且至少取出一只棋子,取得的棋子不再放回,规定取得最后一只棋子者为输,问谁有必胜策略?

分析与解 用 (t,m,n) 表示三种颜色的棋子分别有 t,m,n 只的状态,本题难度很大,我们先解决 $t \leqslant 1$ 的情形,有如下的结论.

定理 1 当 $t \leqslant 1$ 时,状态 $(t,m,n)(t \leqslant m \leqslant n, t \leqslant 1)$ 中只有 $(0,0,1)$,$(0,n,n)(n>1)$,$(1,1,1)$ 和 $(1,2k,2k+1)(k \in \mathbf{N})$ 是负局,其余都是胜局.

分两种情况讨论.

(1) 当 $t=0$ 时,状态 $(t,m,n)(t \leqslant m \leqslant n, t \leqslant 1)=(0,m,n)$ $(m \leqslant n)$.

若 $m=0,1$,则 $(0,0,1)$ 显然是负局.

$(0,0,n)(n>1)$ 是胜局,因为将 n 变成 1 便得到上述负局.

$(0,1,n)(n \geqslant 1)$ 是胜局,因为将 n 变成 0 便得到上述负局.

若 $m>1$,可以证明 $A=(0,n,n)(n>1)$ 是负局.

实际上,不妨设甲将 A 中一个 n 变成 $a(a<n)$,得到状态 $B=(0,a,n)(n>1)$.

当 $a=0$ 时,$B=(0,0,n)(n>1)$ 是胜局.

当 $a=1$ 时,$B=(0,1,n)(n>1)$ 是胜局.

而当 $a>1$ 时,乙可对 $B=(0,a,n)(n>1)$ 操作,使 n 变成 $a(a<n)$,得到状态 $C=(0,a,a)(a>1)$,C 与 $A=(0,n,n)(n>1)$ 是同类型状态,如此下去,乙胜,所以 $A=(0,n,n)(n>1)$ 是负局.

此外,$(0,m,n)(1<m<n)$ 是胜局,因为操作可将 n 变成 m,得到的状态 $B=(0,m,m)(m>1)$ 是负局.

综上所述,当 $t=0$ 时,只有 $(0,0,1)$,$(0,n,n)(n>1)$ 是负局,其余都是胜局.

(2) 当 $t=1$ 时,初始状态为 $(1,m,n)(1\leq m\leq n)$.

若 $m=1$,则显然 $(1,1,1)$ 是负局,因为它操作后只能得到胜局 $(0,1,1)$.

$(1,1,n)(n>1)$ 是胜局,因为将 n 变成 1 得到负局.

若 $m>1$,则 $(1,n,n)(n>1)$ 是胜局,因为将 1 变成 0 得到负局.

此外,考察状态 $(1,m,n)(1<m<n)$,我们证明如下:

引理 对一切正整数 k,有 $(1,2k,2k+1)$ 为负局,而 $(1,2k,n)$ $(n>2k+1)$,$(1,m,n)(1<m<n,1<m<2k,$ 且 m 为偶数时,$n-m\geq 2)$ 都是胜局.

对 k 归纳,当 $k=1$ 时,$(1,2k,2k+1)=(1,2,3)$,操作一次只能得到 $(0,2,3)$,$(1,1,3)$,$(1,0,3)$,$(1,2,2)$,$(1,2,1)$,$(1,2,0)$,其中除 $(1,2,2)$ 外都是已证的胜局,而 $(1,2,2)$ 可操作到负局 $(0,2,2)$,于是 $(1,2,2)$ 也是胜局,所以 $(1,2,3)$ 是负局.

对于状态 $(1,2,n)(n>3)$,将 n 变成 3,得到负局 $(1,2,3)$,所以 $(1,2,n)(n>3)$ 是胜局.

对于状态 $(1,m,n)(1<m<n,1<m<2)$,只能是 $(1,1,n)$ $(n>1)$,将 n 变成 1,得到负局 $(1,1,1)$,所以 $(1,1,n)(n>1)$ 是胜局.

所以 $k=1$ 时结论成立.

设结论对小于 k 的正整数成立,考虑 k 的情形.

对于状态 $(1,2k,2k+1)$,如果操作 $T(1,2k,2k+1)$ 将 1 变成 0,则得到胜局 $(0,2k,2k+1)$.

如果操作 $T(1,2k,2k+1)$ 将 $2k$ 变成 $a(a<2k)$,得到状态 $(1,a,2k+1)$.

当 $a=2k-1$ 时,$(1,a,2k+1)=(1,2k-1,2k+1)$,可操作一次,使之变成 $(1,2k-1,2k-2)$,由归纳假设,$(1,2k-1,2k-2)$ 是负局,所以 $(1,a,2k+1)$ 是胜局.

当 $a=2k-2$ 时,$(1,a,2k+1)=(1,2k-2,2k+1)$,可操作一次,使之变成 $(1,2k-2,2k-1)$,由归纳假设,$(1,2k-2,2k-1)$ 是负局,所以 $(1,a,2k+1)$ 是胜局.

当 $a<2k-2$ 时,因为 $1<a<2k-2$,由归纳假设,$(1,a,2k+1)$ 是胜局.

如果操作 $T(1,2k,2k+1)$ 将 $2k+1$ 变成 $b(b<2k+1)$,得到状态 $(1,2k,b)$.

当 $b=2k$ 时,$(1,2k,b)=(1,2k,2k)$,可操作一次,使之变成负局 $(0,2k,2k)$,所以 $(1,2k,b)$ 是胜局.

当 $b=2k-1$ 时,$(1,2k,b)=(1,2k,2k-1)$,可操作一次,使之变成 $(1,2k-2,2k-1)$,由归纳假设,$(1,2k-2,2k-1)$ 是负局,所以 $(1,2k,b)$ 是胜局.

当 $b=2k-2$ 时,$(1,2k,b)=(1,2k,2k-2)$,可操作一次,使之变成 $(1,2k-2,2k-1)$,由归纳假设,$(1,2k-2,2k-1)$ 是负局,所以 $(1,2k,b)$ 是胜局.

当 $b<2k-2$ 时,因为 $1<b<2k-2$,由归纳假设,$(1,2k,b)=(1,b,2k)$ 是胜局;由此可见,$T(1,2k,2k+1)$ 恒为胜局,所以 $(1,2k,2k+1)$ 是负局.

对于状态 $(1,m,n)$($1<m<n$,$1<m<2k$,且 m 为偶数时,$n-m\geq 2$),因为 $m\leq 2k-1$,不妨设 $2t-3<m\leq 2t-1$,其中 $t\leq k$.

如果 $m=2t-2$,则 $(1,m,n)=(1,2t-2,n)$,因为 m 为偶数,有 $n-m\geq 2$,即 $n\geq m+2=2t$,于是,可操作一次,将 $(1,2t-2,n)$ 变成 $(1,2t-2,2t-1)$,由于 $2t-2=2(t-1)$,而 $t-1<t\leq k$,由归纳假设,$(1,2t-2,2t-1)$ 是负局,所以 $(1,m,n)$ 是胜局.

如果 $m=2t-1$,则 $(1,m,n)=(1,2t-1,n)$,因为 $n-m\geq 1$,即 $n\geq m+1=2t$,于是,可操作一次,将 $(1,2t-1,n)$ 变成负局 $(1,2t-2,2t-1)$,所以 $(1,m,n)$ 是胜局.

所以结论对 k 成立,引理获证.

由 k 的任意性,当 $t=1$ 时,状态 $(1,m,n)$($1\leq m\leq n$)中只有 $(1,1,1)$ 和 $(1,2k,2k+1)$($k\in \mathbf{N}^+$)是负局,其余都是胜局.

综合(1)、(2),定理1获证.

其次证明如下的定理2.

定理2 若 (t,m,n)($2\leq t\leq m\leq n$)为胜(负)局,则 $(t+2,m+2,n+2)$ 也为胜(负)局.

实际上,不妨设 (t,m,n) 为胜局,记 $A_0=(t,m,n)$,$B_0=(t+2,m+2,n+2)$,因为 $A_0=(t,m,n)$ 为胜局,甲可对之进行操作 T_0(其中操作 T 定义为将状态中的第 i 个数减去一个比它小的正数 p,显然 T 由 i,p 唯一确定),得到负局 $T_0(A_0)$.

甲将操作 T_0 作用在 B_0 上,得到状态 $T_0(B_0)$,设乙接着的操作为 S_0,得到状态 $S_0(T_0(B_0))$,记 $B_1=S_0(T_0(B_0))$.

如果 B_1 中有一个数不小于2,则由上面(1)的结论,B_1 是胜局,甲有必胜策略.

如果 B_1 中的数都不小于 2,则 S_0 可以施加在 $T_0(B_0)$ 上,这是因为操作得到的状态中的数都不小于 0,操作合法,记得到的状态为 $A_1 = S_0(T_0(A_0))$.

由于 $T_0(A_0)$ 是负局,无论乙对 $T_0(A_0)$ 如何操作,都得到胜局,因此,可假定乙对 $T_0(A_0)$ 施加了 S_0,得到的状态 $A_1 = S_0(T_0(A_0))$ 仍是胜局.

如此下去,对 $A_0 = (t,m,n)$ 依次操作,得到一系列的胜局 A_0, $A_1, A_2, \cdots$,必定在某个时刻得到胜局 $A_k = (0,0,0)$,操作结束.

对应地,对 $B_0 = (t+2, m+2, n+2)$ 进行操作,得到一系列状态:$B_0, B_1, B_2, \cdots, B_k = (2,2,2)$.

易知 $(2,2,2)$ 是胜局,因为它可操作一次变成负局 $(0,2,2)$,又由 B_i 的定义,$B_k = (2,2,2)$ 由甲面对,所以甲有必胜策略,故 $(t+2, m+2, n+2)$ 也为胜局.

类似可证,若 $(t,m,n)(2 \leqslant t \leqslant m \leqslant n)$ 为负局,则 $(t+2, m+2, n+2)$ 也为负局,定理 2 获证.

由定理 2,我们只需解决 $t = 2, 3$ 的情形.

当 $t = 2$ 时,易知 $(2,2,n)$ 是胜局,因为它可操作一次变成负局 $(0,2,2)$.

$(2,n,n)$ 是胜局,因为它可操作一次变成负局 $(0,n,n)$.

下面只需讨论 $2 < m < n$ 的情形.

$(2, 2k, 2k+1)$ 是胜局,因为它可操作一次变成负局 $(1, 2k, 2k+1)$.

$(2,3,n)$ 是胜局,因为它可操作一次变成负局 $(1,2,3)$.

$(2,4,5)$ 是胜局,它是 $(2, 2k, 2k+1)$ 型.

$(2,4,6)$ 是负局,因为由穷举可知,它无论怎样操作一次都变成胜局.

$(2,4,n)(n > 6)$ 是胜局,因为它可操作一次变成负局 $(2,4,6)$.

$(2,5,6)$ 是胜局,因为它可操作一次变成负局 $(2,4,6)$.

$(2,5,7)$ 是负局,因为由穷举可知,它无论怎样操作一次都变成胜局.

$(2,5,n)(n>7)$ 是胜局,因为它可操作一次变成负局 $(2,5,7)$.

$(2,6,n)$ 是胜局,因为它可操作一次变成负局 $(2,4,6)$.

$(2,7,n)$ 是胜局,因为它可操作一次变成负局 $(2,5,7)$.

$(2,8,9)$ 是胜局,它是 $(2,2k,2k+1)$ 型.

$(2,8,10)$ 是负局,因为由穷举可知,它无论怎样操作一次都变成胜局.

$(2,8,n)(n>10)$ 是胜局,因为它可操作一次变成负局 $(2,8,10)$.

由此可猜想,所有负局为 $(2,4k,4k+2)$ 及 $(2,4k+1,4k+3)$ $(k\in \mathbf{N}^+)$ 型.

为证明此猜想,我们证明如下的定理 3.

定理 3 对于状态 $(2,m,n)(2\leqslant m\leqslant n)$,只有 $(2,4k,4k+2)$ 及 $(2,4k+1,4k+3)(k\in \mathbf{N}^+)$ 是负局,而 $(2,4k,m)(k\in \mathbf{N}^+,m\geqslant 4k,m\neq 4k+2)$ 及 $(2,4k+1,n)(k\in \mathbf{N}^+,n\geqslant 4k+1,n\neq 4k+3)$ 是胜局,且 $(2,4k+2,m)(k,m\in \mathbf{N}^+,m\geqslant 4k+2)$ 及 $(2,4k+3,n)(k,n\in \mathbf{N}^+,n\geqslant 4k+3)$ 是胜局.

对 k 归纳,当 $k=1$ 时,$(2,4,6)$,$(2,5,7)$ 是负局,因为由穷举可知,它无论怎样操作一次都变成胜局.

对于 $(2,4k,m)(k\in \mathbf{N}^+,m\geqslant 4k,m\neq 4k+2)$,$(2,4k,m)=(2,4,m)(m\geqslant 4,m\neq 6)$.

当 $m=4$ 时,$(2,4,m)=(2,4,4)$ 是胜局,因为它可操作一次变成负局 $(0,4,4)$. 当 $m=5$ 时,$(2,4,m)=(2,4,5)$ 是胜局,因为它可操作一次变成负局 $(1,4,5)$.

当 $m\geqslant 7$ 时,$(2,4,m)$ 是胜局,因为它可操作一次变成负局

$(2,4,6)$.

对于 $(2,4k+1,n)(k\in \mathbf{N}^+, n\geqslant 4k+1, n\neq 4k+3)$，$(2,4k+1,n)=(2,5,n)(n\geqslant 5, n\neq 7)$.

当 $n=5$ 时，$(2,5,n)=(2,5,5)$ 是胜局，因为它可操作一次变成负局 $(0,5,5)$.

当 $n=6$ 时，$(2,5,n)=(2,5,6)$ 是胜局，因为它可操作一次变成负局 $(2,4,6)$.

当 $n\geqslant 8$ 时，$(2,5,n)$ 是胜局，因为它可操作一次变成负局 $(2,5,7)$.

对于 $(2,4k+2,m)(k,m\in \mathbf{N}^+, m\geqslant 4k+2)$，$(2,4k+2,m)=(2,6,m)(m\geqslant 6)$ 是胜局，因为它可操作一次变成负局 $(2,4,6)$.

对于 $(2,4k+3,n)(k,n\in \mathbf{N}^+, n\geqslant 4k+3)$，$(2,4k+3,n)=(2,7,n)(n\geqslant 7)$ 是胜局，因为它可操作一次变成负局 $(2,5,7)$.

所以，$k=1$ 时结论成立.

设结论对小于 k 的正整数成立，考察 k 的情形.

对于状态 $A=(2,4k,4k+2)(k\in \mathbf{N}^+)$，设对 A 进行的操作为 T.

如果 T 将 A 中的 2 变成 $a(a=0,1)$，得到状态 $T(A)=(a,4k,4k+2)$，由 $t=0,1$ 的情形，$T(A)$ 是胜局.

如果 T 将 A 中的 $4k$ 变成 $b(0\leqslant b<4k)$，得到状态 $T(A)=(2,b,4k+2)$.

若 $b=4r(r<k)$，则 $T(A)=(2,4r,4k+2)$ 是胜局，因为它可操作一次变成 $(2,4r,4r+2)$，由归纳假设，这是负局.

若 $b=4r+1(r<k)$，则 $T(A)=(2,4r+1,4k+2)$ 是胜局，因为它可操作一次变成 $(2,4r+1,4r+3)$，由归纳假设，这是负局.

若 $b=4r+2(r<k)$，则 $T(A)=(2,4r+2,4k+2)$ 是胜局，因为它可操作一次变成 $(2,4r,4r+2)$，由归纳假设，这是负局.

若 $b=4r+3(r<k)$,则 $T(A)=(2,4r+3,4k+2)$ 是胜局,因为它可操作一次变成 $(2,4r+1,4r+3)$,由归纳假设,这是负局.

如果 T 将 A 中的 $4k+2$ 变成 $c(0\leqslant c<4k+2)$,得到状态 $T(A)=(2,4k,c)$.

若 $c=4r(r\leqslant k)$,则 $T(A)=(2,4k,4r)$.

若 $r=k$,则 $T(A)=(2,4k,4k)$ 是胜局,因为它可操作一次变成 $(0,4k,4k)$,这是负局.

若 $r<k$,则 $T(A)=(2,4k,4r)$ 是胜局,因为它可操作一次变成 $(2,4r,4r+2)$,由归纳假设,这是负局.

若 $c=4r+1(r\leqslant k)$,则 $T(A)=(2,4k,4r+1)$.

若 $r=k$,则 $T(A)=(2,4k,4k+1)$ 是胜局,因为它可操作一次变成 $(1,4k,4k+1)$,这是负局.

若 $r<k$,则 $T(A)=(2,4k,4r+1)$ 是胜局,因为它可操作一次变成 $(2,4r+1,4r+3)$,由归纳假设,这是负局.

若 $c=4r+2(r<k)$,则 $T(A)=(2,4k,4r+2)$ 是胜局,因为它可操作一次变成 $(2,4r,4r+2)$,由归纳假设,这是负局.

若 $c=4r+3(r<k)$,则 $T(A)=(2,4k,4r+3)$ 是胜局,因为它可操作一次变成 $(2,4r+1,4r+3)$,由归纳假设,这是负局.

所以 $A=(2,4k,4k+2)$ 是负局. (*)

对于状态 $B=(2,4k+1,4k+3)(k\in \mathbf{N}^+)$,设对 B 进行的操作为 T.

如果 T 将 B 中的 2 变成 $x(x=0,1)$,得到状态 $T(B)=(x,4k+1,4k+3)$,由 $t=0,1$ 的情形,$T(B)$ 是胜局.

如果 T 将 B 中的 $4k+1$ 变成 $y(0\leqslant y<4k+1)$,得到状态 $T(B)=(2,y,4k+3)$.

若 $y=4r(r\leqslant k)$,则 $T(B)=(2,4r,4k+3)$.

若 $r=k$,则 $T(B)=(2,4k,4k+3)$ 是胜局,因为它可操作一次

变成$(2,4k,4k+2)$,由式$(*)$,这是负局.

若$r<k$,则$T(B)=(2,4r,4k+3)$是胜局,因为它可操作一次变成$(2,4r,4r+2)$,由归纳假设,这是负局.

若$y=4r+1(r<k)$,则$T(B)=(2,4r+1,4k+3)$是胜局,因为它可操作一次变成$(2,4r+1,4r+3)$,由归纳假设,这是负局.

若$b=4r+2(r<k)$,则$T(B)=(2,4r+2,4k+3)$是胜局,因为它可操作一次变成$(2,4r,4r+2)$,由归纳假设,这是负局.

若$b=4r+3(r<k)$,则$T(B)=(2,4r+3,4k+3)$是胜局,因为它可操作一次变成$(2,4r+1,4r+3)$,由归纳假设,这是负局.

如果T将B中的$4k+3$变成$z(0\leqslant z<4k+3)$,得到状态$T(B)=(2,4k+1,z)$.

若$z=4r(r\leqslant k)$,则$T(B)=(2,4k+1,4r)$.

若$r=k$,则$T(B)=(2,4k+1,4k)$是胜局,因为它可操作一次变成$(0,4k+1,4k)$,这是负局.

若$r<k$,则$T(B)=(2,4k+1,4r)$是胜局,因为它可操作一次变成$(2,4r,4r+2)$,由归纳假设,这是负局.

若$z=4r+1(r\leqslant k)$,则$T(B)=(2,4k+1,4r+1)$.

若$r=k$,则$T(B)=(2,4k+1,4k+1)$是胜局,因为它可操作一次变成$(0,4k+1,4k+1)$,这是负局.

若$r<k$,则$T(B)=(2,4k+1,4r+1)$是胜局,因为它可操作一次变成$(2,4r+1,4r+3)$,由归纳假设,这是负局.

若$z=4r+2(r\leqslant k)$,则$T(B)=(2,4k+1,4r+2)$.

若$r=k$,则$T(B)=(2,4k+1,4k+2)$是胜局,因为它可操作一次变成$(2,4k,4k+2)$,由式$(*)$,这是负局.

若$r<k$,则$T(B)=(2,4k+1,4r+2)$是胜局,因为它可操作一次变成$(2,4r,4r+2)$,由归纳假设,这是负局.

若$z=4r+3(r<k)$,则$T(B)=(2,4k+1,4r+3)$是胜局,因为

它可操作一次变成 $(2,4r+1,4r+3)$,由归纳假设,这是负局.

所以 $B=(2,4k+1,4k+3)$ 是负局. $\quad(**)$

对于状态 $C=(2,4k,m)(k\in \mathbf{N}^+,m\geqslant 4k,m\neq 4k+2)$,如果 $m=4k$,则 $C=(2,4k,4k)(k\in \mathbf{N}^+)$ 是胜局,因为它可操作一次变成 $(0,4k,4k)$,这是负局.

如果 $m=4k+1$,则 $C=(2,4k,4k+1)(k\in \mathbf{N}^+)$ 是胜局,因为它可操作一次变成 $(1,4k,4k+1)$,这是负局.

如果 $m\geqslant 4k+3$,则 $C=(2,4k,m)(k\in \mathbf{N}^+)$ 是胜局,因为它可操作一次变成 $(2,4k,4k+2)$,由式 $(*)$,这是负局.

对于状态 $D=(2,4k+1,n)(k\in \mathbf{N}^+,n\geqslant 4k+1,n\neq 4k+3)$,如果 $n=4k+1$,则 $D=(2,4k+1,4k+1)(k\in \mathbf{N}^+)$ 是胜局,因为它可操作一次变成 $(0,4k+1,4k+1)$,这是负局.

如果 $n=4k+2$,则 $D=(2,4k+1,4k+2)(k\in \mathbf{N}^+)$ 是胜局,因为它可操作一次变成 $(2,4k,4k+2)$,由式 $(*)$,这是负局.

如果 $n\geqslant 4k+4$,则 $D=(2,4k+1,n)(k\in \mathbf{N}^+)$ 是胜局,因为它可操作一次变成 $(2,4k+1,4k+3)$,由式 $(**)$,这是负局.

最后,对于状态 $(2,4k+2,m)(k,n\in \mathbf{N}^+,m\geqslant 4k+2)$ 及 $(2,4k+3,n)(k,n\in \mathbf{N}^+,n\geqslant 4k+3)$,它们都是胜局,因为它们可操作一次分别变成负局 $(0,4k,4k+2),(2,4k+1,4k+3)$.

所以结论成立,由归纳原理,定理 3 获证.

利用以上定理,可解决 t 为偶数的所有情形.

实际上,当 t 为偶数时,若 $t=0$ 或 2,则结论如定理 1 和定理 3 所述.

若 $t\geqslant 4$,则令 $t=2r+2(t\in \mathbf{N}^+)$,则 $(t,m,n)=(2r+2,m,n)$ $(4\leqslant 2r+2\leqslant m\leqslant n)$.

由定理 2,$(2r+2,m,n)\sim (2,m-2r,n-2r)(2\leqslant m-2r\leqslant n-2r)$.

由定理 3,当 $t=2$ 时只有 $(2,4k,4k+2)$ 及 $(2,4k+1,4k+3)$ ($k\in \mathbf{N}^+$)是负局,所以 $(2r+2,m,n)$ 只有当 $m-2r=4k, n-2r=4k+2$,以及 $m-2r=4k+1, n-2r=4k+3 (k\in \mathbf{N}^+)$ 时为负局,此时,$t=2r+2, m=2r+4k, n=2r+4k+2$,或 $t=2r+2, m=2r+4k+1, n=2r+4k+3 (k\in \mathbf{N}^+)$.

由此可见,当 t 为偶数时,状态 $(t,m,n)(t\leqslant m\leqslant n)$ 中只有 $(0,0,1),(0,n,n)(n>1),(2r,2r+4k-2,2r+4k),(2r,2r+4k-1,2r+4k+1)(r,k\in \mathbf{N}^+)$ 是负局,其余都是胜局.

当 $t=3$ 时,易知 $(3,3,n)$ 是胜局,因为它可操作一次变成负局 $(0,3,3)$.$(3,n,n)$ 是胜局,因为它可操作一次变成负局 $(0,n,n)$.

下面只需讨论 $3<m<n$ 的情形.

$(3,2k,2k+1)$ 是胜局,因为它可操作一次变成负局 $(1,2k,2k+1)$.

$(3,4,5)$ 是胜局,因为它可操作一次变成负局 $(1,4,5)$.

$(3,4,6)$ 是胜局,因为它可操作一次变成负局 $(2,4,6)$.

$(3,4,7)$ 是负局,因为由穷举可知,它无论怎样操作一次都变成胜局.

$(3,4,n)(n>7)$ 是胜局,因为它可操作一次变成负局 $(3,4,7)$.

$(3,5,6)$ 是负局,因为由穷举可知,它无论怎样操作一次都变成胜局.

$(3,5,n)(n>5)$ 是胜局,因为它可操作一次变成负局 $(3,5,6)$.

$(3,6,n)$ 是胜局,因为它可操作一次变成负局 $(3,5,6)$.

$(3,7,n)$ 是胜局,因为它可操作一次变成负局 $(3,4,7)$.

$(3,8,9)$ 是胜局,因为它可操作一次变成负局 $(1,8,9)$.

$(3,8,10)$ 是胜局,因为它可操作一次变成负局 $(2,8,10)$.

$(3,8,11)$ 是负局,因为由穷举可知,它无论怎样操作一次都变成胜局.

$(3,9,10)$ 是负局,因为由穷举可知,它无论怎样操作一次都变成胜局.

由此可猜想(已出现周期),所有负局为 $(3,4k,4k+3)$ 及 $(3,4k+1,4k+2)$ $(k\in \mathbf{N}^+)$ 型.

我们可仿照定理3的证明,得到如下的定理4.

定理 4 对于状态 $(3,m,n)$ $(3\leqslant m\leqslant n)$,只有 $(3,4k,4k+3)$ 及 $(3,4k+1,4k+2)$ $(k\in \mathbf{N}^+)$ 是负局,而 $(3,4k,m)$ $(k\in \mathbf{N}^+, m\geqslant 4k, m\neq 4k+3)$ 及 $(3,4k+1,n)$ $(k\in \mathbf{N}^+, n\geqslant 4k+3)$ 是胜局,且 $(2,4k+2,m)$ $(k,m\in \mathbf{N}^+, m\geqslant 4k+2)$ 及 $(2,4k+3,n)$ $(k,n\in \mathbf{N}^+, n\geqslant 4k+3)$ 是胜局.

利用定理2和定理4,可解决 t 为奇数的所有情形.

实际上,当 t 为奇数时,若 $t=1,3$,则结论如定理1和定理4所述.

若 $t\geqslant 5$,则令 $t=2r+3$ $(t\in \mathbf{N}^+)$,则 $(t,m,n)=(2r+3,m,n)$ $(5\leqslant 2r+3\leqslant m\leqslant n)$.

由定理2,$(2r+3,m,n)\sim(3,m-2r,n-2r)$ $(3\leqslant m-2r\leqslant n-2r)$.

由定理4,当 $t=3$ 时只有 $(3,4k,4k+3)$ 及 $(3,4k+1,4k+2)$ $(k\in \mathbf{N}^+)$ 是负局,所以 $(2r+3,m,n)$ 只有当 $m-2r=4k, n-2r=4k+3$,以及 $m-2r=4k+1, n-2r=4k+2$ $(k\in \mathbf{N}^+)$ 时为负局,此时,$t=2r+3, m=2r+4k, n=2r+4k+3$,或 $t=2r+3, m=2r+4k+1, n=2r+4k+2$ $(r\in \mathbf{N}, k\in \mathbf{N}^+)$.

由此可见,当 t 为奇数时,状态 (t,m,n) $(t\leqslant m\leqslant n)$ 中只有 $(1,1,1)$ 和 $(1,2k,2k+1)$ $(k\in \mathbf{N}^+)$,$(2r+1,2r+4k-2,2r+4k+1)$,$(2r+1,2r+4k-1,2r+4k)$ $(r,k\in \mathbf{N}^+)$ 是负局,其余都是胜局.

综上所述,对于初始状态 (t,m,n) $(t\leqslant m\leqslant n)$,只有 $(0,0,1)$,

$(0,n,n)(n>1),(1,1,1),(1,2k,2k+1)(k\in \mathbf{N}),(2r,2r+4k-2,2r+4k),(2r,2r+4k-1,2r+4k+1)(r,k\in \mathbf{N}^+),(2r+1,2r+4k-2,2r+4k+1),(2r+1,2r+4k-1,2r+4k)(r,k\in \mathbf{N}^+)$ 是负局,其余都是胜局.

胜负局搭配,有时候需要与反证法相结合.

例8(原创题) 给定正数 c,记 $A=\{(n,n)\mid n\in \mathbf{N}^+\}$,$B=\{(p,q)\mid 0<p^2-q^2<c, p,q\in \mathbf{N}, p\neq q\}$,考虑这样的游戏:两人轮流在分别装有 a,b 根火柴($a,b\in \mathbf{N}^+$)的两盒火柴中取火柴,每人可在一盒中取出 k 根,而在另一盒中取出 m 根(取出的火柴不再放回),其中 $(k,m)\in A\cup B$,规定取得最后一根火柴者获胜.试证:存在常数 $T=T(c)$,使 $\min\{a,b\}>T$ 时,先取者有必胜策略.

分析与证明 因为 c 是给定的正数,所以 B 为有限集,取 $T=|B|$,我们证明:$\min\{a,b\}>|B|$ 时,先取者有必胜策略.

用 $[x,y]$ 表示两盒火柴分别装有 x,y 根火柴的状态,对于状态 $[x,y]$,如果先取者有必胜策略,则称之为胜局,所有胜局的集合记为 W(winning),如果后取者有必胜策略,则称之为负局,所有负局的集合记为 L(losing).

下面证明:$\min\{a,b\}>|B|$ 时,$[a,b]\in W$,用反证法.

反设 $[a,b]\in L$,因为对任何 t,有 $(t,t)\in A\cup B$,于是只要 $t\in M=\{t\mid t\leq \min\{a,b\}, t\in \mathbf{N}^+\}$,就有 $[a-t,b-t]\in W$.

这样,对每一个 $t\in M$,都存在 $(k_t,m_t)\in A\cup B$,使
$$[a-t-k_t,b-t-m_t]\in L \qquad (*)$$
显然,对每一个 $t\in M$,都有 $k_t\neq m_t$(否则,$[a,b]\in L$,经操作 $(t+k_t,t+k_t)$,得到 $[a-t-k_t,b-t-k_t]\in W$,即 $[a-t-k_t,b-t-m_t]\in W$,矛盾).

于是 $(k_t,m_t)\in B$.

因为 $t\in M$,t 有 $|M|=\min\{a,b\}$ 个取值,而 $\min\{a,b\}>$

$|B|$,所以,必有 $t_1, t_2 \in M$,其中 $t_1 < t_2$,使
$$(k_{t_1}, m_{t_1}) = (k_{t_2}, m_{t_2})$$

在式(*)中令 $t = t_1$,有 $[a - t_1 - k_{t_1}, b - t_1 - m_{t_1}] \in L$.

于是,$[a - t_1 - k_{t_1} - (t_2 - t_1), b - t_1 - m_{t_1} - (t_2 - t_1)] \in W$,
即 $[a - t_2 - k_{t_1}, b - t_2 - m_{t_1}] \in W$.

但另一方面,在式(*)中令 $t = t_2$,有 $[a - t_2 - k_{t_2}, b - t_2 - m_{t_2}] \in L$,即 $[a - t_2 - k_{t_1}, b - t_2 - m_{t_1}] \in L$,矛盾.

所以 $[a, b] \in W$,命题获证.

例9 一张很大的桌子上放有两个盘子,其中一个盘子装着 2^{100} 根火柴,另一个盘子装着 3^{100} 根火柴,两人轮流从盘子中取出火柴,每次都可从一个盘子中取出 k 根火柴同时从另一个盘子中取出 m 根火柴,只要 $|k^2 - m^2| \leq 1000, k, m \in \mathbf{N}^+$.若规定取得最后一根火柴者输,问谁有必胜的策略?

分析与解 用 $[k, m]$ 表示从一个盘子中取出 k 根火柴同时从另一个盘子中取出 m 根火柴的操作,用 (a, b) 表示一个盘子中有 a 根火柴而另一个盘子中有 b 根火柴的状态,我们证明 $(2^{100}, 3^{100})$ 为胜局.

反设 $(2^{100}, 3^{100})$ 为负局,则无论先操作者如何操作,他都导致一个胜局.特别地,对 $i = 1, 2, \cdots, 2002$,操作 $[500i, 500i]$ 使状态 $(2^{100}, 3^{100})$ 变成 $(2^{100} - 500i, 3^{100} - 500i)$,从而 $(2^{100} - 500i, 3^{100} - 500i)$ 都为胜局.

这样,下一个操作者可以通过操作 $[k_i, m_i]$,使之得到负局:$(c_i, d_i) = (2^{100} - 500i - k_i, 3^{100} - 500i - m_i)$,其中 $k_i \neq m_i$(这是因为 $k_i = m_i$ 时,$(2^{100} - 500i - k_i, 3^{100} - 500i - k_i)$ 可由负局 $(2^{100}, 3^{100})$ 通过操作 $(500i + k_i, 500i + k_i)$ 得到,应为胜局).

易知,这 2002 个负局互不相同.否则,假定存在 $i < j$,使 $(c_i, d_i) = (c_j, d_j)$,即

$$(2^{100} - 500i - k_i, 3^{100} - 500i - m_i)$$
$$= (2^{100} - 500j - k_j, 3^{100} - 500j - m_j)$$

那么

$$k_i = 500(j - i) + k_j \geqslant 500 + k_j$$
$$m_i = 500(j - i) + m_j \geqslant 500 + m_j$$

于是

$$|k_i^2 - m_i^2| = |k_i - m_i| \cdot (k_i + m_i)$$
$$\geqslant |k_i - m_i| \cdot (1000 + k_i + m_i)$$
$$\geqslant 1000 + k_i + m_i > 1000$$

与操作规则矛盾.

考察这 2002 个负局对应的数 $k_i - m_i$,因为 $-1000 \leqslant k_i - m_i \leqslant 1000$,所以 $k_i - m_i$ 只有 2001 种不同的取值,所以必有两个 $k_i - m_i$ 之值相等.进而它们对应的两个 $c_i - d_i$ 之值相等,这表明其中有两个这样的负局:$(c_i, c_i + p), (c_j, c_j + p)$,不妨设 $c_i < c_j$,那么一个负局 $(c_j, c_j + p)$ 通过操作 $(c_j - c_i, c_j - c_i)$ 得到另一个负局 $(c_i, c_i + p)$,与负局的定义矛盾.

习 题 3

1. 求证:$1 + \dfrac{1}{2} + \dfrac{1}{3} + \cdots + \dfrac{1}{2^n - 1} > \dfrac{n}{2}$.

2. 设 $a, b, c > 0$,试确定 $P = \dfrac{a}{a+b+d} + \dfrac{b}{a+b+c} + \dfrac{c}{b+c+d} + \dfrac{d}{a+c+d}$ 的范围.

3. (1988年全国高中数学联赛试题) 设函数 $f(x)$ 在 $[0,1]$ 上连续,$f(0) = f(1)$,对 $x_1, x_2 \in [0,1]$,$x_1 \neq x_2$,有 $|f(x_1) - f(x_2)| < |x_1 - x_2|$.求证:对 $x_1, x_2 \in [0,1]$,有 $|f(x_1) - f(x_2)| < \dfrac{1}{2}$.

4. 设 $x_i \in \mathbf{R}^+, n > 1$,求证:$\sum_{i=1}^{n} \frac{x_i^2}{x_i^2 + x_{i+1}x_{i+2}} \leqslant n - 1.$

5. 设 $a_1, a_2, \cdots, a_n$ 是正项等差数列,公差 d 不小于 0,求证:
$$n\left(\sqrt[n]{\frac{a_{n+1}}{a_1}} - 1\right) \leqslant \sum_{i=1}^{n} \frac{d}{a_i} \leqslant \frac{d}{a_1} + (n-1)\left(1 - \sqrt[n-1]{\frac{a_1}{a_n}}\right)$$

6. (2008年浙江省高中数学竞赛试题)设非负等差数列 $\{a_n\}$ 的公差 $d \neq 0$,记 S_n 为数列 $\{a_n\}$ 的前 n 项和,求证:

(1) 若 $m, n, p \in \mathbf{N}^+$,且 $m + n = 2p$,则 $\frac{1}{S_m} + \frac{1}{S_n} \geqslant \frac{2}{S_p}$;

(2) 若 $a_{503} \leqslant \frac{1}{1005}$,则 $\sum_{n=1}^{2007} \frac{1}{S_n} > 2008.$

7. 设 $a_i \in \mathbf{R}^+ (1 \leqslant i \leqslant n)$,求证:$\sum_{i=1}^{n} \frac{i}{a_1 + a_2 + \cdots + a_i} < 2\sum_{i=1}^{n} \frac{1}{a_i}.$

8. (1989年全国高中数学联赛试题) 设实数 x_i 满足 $\sum_{i=1}^{n} x_i = 0, \sum_{i=1}^{n} |x_i| = 1$,求证:$\left|\sum_{i=1}^{n} \frac{x_i}{i}\right| \leqslant \frac{1}{2} - \frac{1}{2n}.$

9. (2009年中国数学奥林匹克试题) 给定整数 $n \geqslant 3$,实数 $a_1, a_2, \cdots, a_n$ 满足 $\min_{1 \leqslant i < j \leqslant n} |a_i - a_j| = 1.$ 求 $\sum_{k=1}^{n} |a_k|^3$ 的最小值.

10. (1997年中国数学奥林匹克试题) 设 $A = \{1, 2, 3, \cdots, 17\}$,对于映射 $f: A \to A$,记
$$f^{[1]}(x) = f(x), \quad f^{[k+1]} = f(f^{[k]}(x)) \quad (k \in \mathbf{N}^+)$$
设从 A 到 A 的一一映射 f 满足条件:存在自然数 M,使得:

(1) 当 $m < M, 1 \leqslant i \leqslant 6$ 时,有
$$f^{[m]}(i+1) - f^{[m]}(i) \not\equiv \pm 1 \pmod{17}$$
$$f^{[m]}(1) - f^{[m]}(17) \not\equiv \pm 1 \pmod{17}$$

(2) 当 $1 \leqslant i \leqslant 6$ 时,有
$$f^{[M]}(i+1) - f^{[M]}(i) \equiv 1 \text{ 或 } -1 \pmod{17}$$
$$f^{[M]}(1) - f^{[M]}(17) \equiv 1 \text{ 或 } -1 \pmod{17}$$

试对满足上述条件的一切 f,求所对应的 M 的最大可能值,并证明你的结论.

11. 给定 $n \in \mathbf{N}$,设 $|z'_1 - z'_2| + |z'_2 - z'_3| + \cdots + |z'_{n-1} - z'_n| \leqslant t|z_1 - z_2| + |z_2 - z_3| + \cdots + |z_{n-1} - z_n|$ 对一切不全等的复数 z_1, $z_2, \cdots, z_n$ 都成立,其中 $z'_k = \sum_{j=1}^{k} \dfrac{z_j}{k}$ ($1 \leqslant k \leqslant n$),求实数 t 的最小值.

12. (原创题) 求一切正整数 k,使对任何正整数 n,有 $1 + 2 + 3 + \cdots + n \mid 1^k + 2^k + 3^k + \cdots + n^k$.

13. 设 n 为大于 1 的正整数,全部正因数为 $d_1, d_2, \cdots, d_k$,其中 $1 = d_1 < d_2 < \cdots < d_k = n$,记 $D = d_1 d_2 + d_2 d_3 + \cdots + d_{k-1} d_k$.

(1) 求证:$D < n^2$;

(2) 试确定所有的 n,使得 $D \mid n^2$.

14. 设 $k \in \mathbf{N}$,$f(x) = (1 + x^{2k})(1 + x^2 + x^4 + \cdots + x^{2k-2}) - 2kx^{2k-1}$,求 $f(x)$ 的所有实数根.

15. (2003 年女子数学奥林匹克) 对于任意正整数 n,记 n 的所有正约数组成的集合为 S_n,证明:S_n 中至多有一半元素的个位数为 3.

16. (2003 年中国国家集训队选拔考试试题) 设 $A = \{1, 2, \cdots, 2002\}$,$M = \{1001, 2003, 3005\}$,对 A 的任一非空子集 B,当 B 中任意两数之和不属于 M 时,称 B 为 M-自由集.

如果 $A = A_1 \cup A_2$,$A_1 \cap A_2 = \varnothing$,且 A_1, A_2 均为 M-自由集,那么称有序对 (A_1, A_2) 为 A 的一个 M-划分,试求 A 的所有 M-划分的个数.

17. (2005年中国东南地区数学奥林匹克试题) 设 n 是正整数,集合 $M=\{1,2,3,\cdots,2n\}$. 求最小的正整数 k,使得对于 M 的任何一个 k 元子集,其中必有 4 个互不相同的元素之和等于 $4n+1$.

18. (1992年捷克和斯洛伐克数学奥林匹克试题) 设 $p=(a_1, a_2,\cdots,a_{17})$ 是 $1,2,\cdots,17$ 的一个排列,令 $k(p)$ 是使 $a_1+a_2+\cdots+a_k < a_{k+1}+a_{k+2}+\cdots+a_{17}$ 成立的最大下标 k,求 $k(p)$ 的最大值和最小值,并求所有不同排列 p 对应的 $k(p)$ 的和 $\sum_{p} k(p)$.

19. (1999年俄罗斯数学奥林匹克试题) 圆木板的周围钉有 2000 个钉子,每两个钉都用一根细线打一个结将它们连接起来. 甲、乙轮流进行如下操作:甲每次剪断其中 1 根细线,乙每次剪断其中 1 根或 3 根细线. 第一次剪去某点的最后一根连线者为输,问谁有必胜策略?

20. (第32届乌克兰数学奥林匹克试题) 两人各执一色棋轮流在 25×25 棋盘的方格中放子,每次只能在一个空格中放一子,但一个空格的 4 个邻格(有公共边)都被同色的子占据,则此空格不能再放此色的子,若轮到某人无法放子则告输,问谁有必胜策略?

21. (第42届莫斯科数学奥林匹克试题) 甲、乙轮流在坐标平面上将格点染红色,每人每次只准染一个点,而且所有红点应构成一个凸多边形,若轮到某人无法再染色则告输,谁有必胜策略?

22. (1995年基辅数学奥林匹克试题) 甲、乙两人轮流从 n 根火柴中任取不超过 p 根($1<p<n$),对下列情况:

(1) 规定取得最后火柴者为胜;

(2) 规定取得最后火柴者为负.

问谁有必胜策略?

23. 有两堆火柴,分别为 m,n 根($m,n\in\mathbf{N}$),两人轮流在任一堆(只能在某一堆中取)中任取若干根,但不能不取. 对下列情况:

(1) 规定取得最后火柴者为胜;

(2) 规定取得最后火柴者为负.

问谁有必胜策略?

24. 一盒火柴,有 n 根.甲、乙轮流取出火柴,每次可取 1,2,3,4 根,但不能不取.对下列情况:

(1) 取得最后一根者为胜;

(2) 取得最后一根者为败.

问谁有必胜策略?

25. 有 n 个石子,两个人轮流取之.规定每次取走的石子数为当时石子数的正约数,取到最后一个石子者为负.问谁有必胜策略?

26. 有一堆石子,共 n 个,两人轮流从中取走石子,规定:每次每人可取走 1,2,3,4,5,6,7 个石子,取走的石子不再放回,取到最后一个石子者为胜.问谁有必胜策略?

27. 有一堆石子,共 n 个,两人轮流从中取走石子,规定:每次每人可取走 1,3,5,7 个石子,取走的石子不再放回,取到最后一个石子者为胜.问谁有必胜策略?

28. 有一堆石子,共 n 个,两人轮流从中取走石子,规定:每次每人可取走 2,4,6,8 个石子,取走的石子不再放回,取到最后一个石子者为胜.问谁有必胜策略?

29. 甲、乙两人轮流从 n 个棋子中取走棋子,规定:每次取走的棋子数不能为合数,取走的石子不再放回,取到最后一个棋子者为胜.问:谁有必胜策略?

30. (第 20 届全俄数学奥林匹克试题) 两个棋手 A 和 B 轮流在 1994×1994 棋盘上走同一只马.首先,A 将一只马放在某格并走出第一步,但 A 只能水平走马,马走"日"字.然后由 B 走,且 B 只能走竖直马.每人每次只能走一步,每个格只能经过一次.如果轮到谁不能走动马则告输.问谁有必胜策略?

31. 有 n 个石子,两个人轮流取之,规定每次取走的石子数为当时石子数的正约数,取最后一个石子者为负.问谁有必胜策略?

32.(1989年彼得格勒数学奥林匹克试题) 两个人做游戏,黑板上写着数 2,两人轮流将黑板上的数 n 换作 $n+d$,其中 d 是 n 的任意一个非本身的正约数,当某人写出一个大于 19891989 的数时,即判他输.问谁有必胜策略?

33. 甲、乙两人轮流从 n 个棋子中取走 p^k 个棋子(p 为任意质数,$k=0$ 或 1,即取走 1 个或质数个棋子),规定取到最后一个棋子者为胜.问谁有必胜策略?

34.(第34届莫斯科数学奥林匹克试题) 一堆火柴有一千万根,两个人轮流取火柴,每次可从中取走 p^k 根火柴(p 为任意质数,$k=0,1,2,\cdots$).规定谁取到最后一根火柴谁胜.问谁有必胜策略?

35.(《数学通讯》1986年9月有奖征解问题) 两个人轮流在 n($n>1$)根火柴中取火柴,每次至少取一根,第一次不能把火柴全部取走,而对 $r>1$,第 r 次取的火柴数不能超过第 $r-1$ 次取的火柴数的两倍,规定取到最后一根火柴者为胜.问谁有必胜策略?

习题 3 解答

1.
$$1+\frac{1}{2}+\frac{1}{3}+\cdots+\frac{1}{2^n-1}$$
$$=1+\frac{1}{2}+\left(\frac{1}{2^2-1}+\frac{1}{2^2}\right)+\cdots+\left(\frac{1}{2^{n-1}+1}+\frac{1}{2^{n-1}+2}+\cdots+\frac{1}{2^n}\right)-\frac{1}{2^n}$$
$$>1+\frac{1}{2}+\left(\frac{1}{2^2}+\frac{1}{2^2}\right)+\cdots+\left(\frac{1}{2^n}+\frac{1}{2^n}+\cdots+\frac{1}{2^n}\right)-\frac{1}{2^n}$$
$$=1+\frac{1}{2}+\frac{1}{2}+\cdots+\frac{1}{2}-\frac{1}{2^n}=1+\frac{n-1}{2}-\frac{1}{2^n}=\frac{n}{2}+\frac{1}{2}-\frac{1}{2^n}>\frac{n}{2}$$

2. 一方面,$P > \dfrac{a}{a+b+c+d} + \dfrac{b}{a+b+c+d} + \dfrac{c}{a+b+c+d} + \dfrac{d}{a+b+c+d} = 1$. 另一方面,$P < \dfrac{a}{a+b} + \dfrac{b}{a+b} + \dfrac{c}{c+d} + \dfrac{d}{c+d} = 2$. 此外,令 $a=c=1, b,d \to 0$,有 $p \to 2$;令 $a=b=1, c,d \to 0$,有 $p \to 1$. 故 P 的取值范围是 $(1,2)$.

3. 由于 $f(x)$ 在 $[0,1]$ 上连续,所以 $f(x)$ 在 $[0,1]$ 上必取到最大值与最小值. 不妨设 $f(x)$ 的最大值为 $f(t_1)$,最小值为 $f(t_2)$,则由条件,对 $x_1, x_2 \in [0,1]$,有 $|f(x_1) - f(x_2)| \leqslant |f(t_1) - f(t_2)| < |t_1 - t_2|$. 若 $|t_1 - t_2| \leqslant \dfrac{1}{2}$,则结论显然成立. 若 $|t_1 - t_2| > \dfrac{1}{2}$,则 $t_1 \neq t_2$,不妨设 $t_1 < t_2$,由 $|t_1 - t_2| > \dfrac{1}{2}$,得 $t_1 - t_2 < -\dfrac{1}{2}$,再注意到 $f(0) = f(1)$,有

$$|f(t_1) - f(t_2)| = |f(t_1) - f(0) + f(1) - f(t_2)|$$
$$\leqslant |f(t_1) - f(0)| + |f(1) - f(t_2)|$$
$$< |t_1 - 0| + |1 - t_2|$$
$$= t_1 + 1 - t_2 < -\dfrac{1}{2} + 1 = \dfrac{1}{2}$$

不等式获证.

另证:当 $x_1 = x_2$ 时,不等式显然成立;不妨设 $0 \leqslant x_1 < x_2 \leqslant 1$,则
$$|f(x_1) - f(x_2)| = |f(x_1) - f(0) + f(1) - f(x_2)|$$
$$\leqslant |f(x_1) - f(0)| + |f(1) - f(x_2)|$$
$$\leqslant |x_1 - 0| + |1 - x_2| = x_1 + 1 - x_2$$

又 $|f(x_1) - f(x_2)| < |x_1 - x_2| = x_2 - x_1$,两式相加得证.

4. 先将 n 换作 $\sum\limits_{i=1}^{n} 1$,然后与左边的"和"搭配,不等式化为
$\sum\limits_{i=1}^{n} \dfrac{x_{i+1} x_{i+2}}{x_i^2 + x_{i+1} x_{i+2}} \geqslant 1$,即 $\sum\limits_{i=1}^{n} \dfrac{1}{\dfrac{x_i^2}{x_{i+1} x_{i+2}} + 1} \geqslant 1$,令 $y_i = \dfrac{x_i^2}{x_{i+1} x_{i+2}}$,则

$y_1 y_2 \cdots y_n = 1$,且不等式化为 $\sum_{i=1}^{n} \dfrac{1}{y_i + 1} \geqslant 1$. 不妨设 $y_1 \leqslant 1$,则 $y_2, \cdots, y_n$ 中至少一个不大于 $\dfrac{1}{y_1}$,不妨设 $y_2 \leqslant \dfrac{1}{y_1}$,那么,$\sum_{i=1}^{n} \dfrac{1}{y_i + 1} \geqslant \dfrac{1}{y_1 + 1} + \dfrac{1}{y_2 + 1} \geqslant \dfrac{1}{y_1 + 1} + \dfrac{1}{\frac{1}{y_1} + 1} = 1$.

5. 因为 n 可以表示成 $\sum_{i=1}^{n} 1$,想到将 $\sum_{i=1}^{n} 1$ 与 $\sum_{i=1}^{n} \dfrac{d}{a_i}$ 搭配. 一方面,

$$n + \sum_{i=1}^{n} \dfrac{d}{a_i} = \sum_{i=1}^{n} \left(1 + \dfrac{d}{a_i}\right) = \sum_{i=1}^{n} \dfrac{a_i + d}{a_i} = \sum_{i=1}^{n} \dfrac{a_{i+1}}{a_i} \geqslant n \cdot \sqrt[n]{\prod_{i=1}^{n} \dfrac{a_{i+1}}{a_i}}$$

$= n \cdot \sqrt[n]{\dfrac{a_{n+1}}{a_1}}$,左边不等式成立.

另一方面,$\dfrac{d}{a_1} + (n-1) - \sum_{i=1}^{n} \dfrac{d}{a_i} = \sum_{i=2}^{n} \left(1 - \dfrac{d}{a_i}\right) = \sum_{i=2}^{n} \dfrac{a_i - d}{a_i}$

$= \sum_{i=2}^{n} \dfrac{a_{i-1}}{a_i} \geqslant (n-1) \cdot \sqrt[n-1]{\prod_{i=2}^{n} \dfrac{a_{i-1}}{a_i}} = (n-1) \cdot \sqrt[n-1]{\prod_{i=2}^{n} \dfrac{a_1}{a_n}}$,右边不等式成立.

6. 设非负等差数列 $\{a_n\}$ 的首项为 $a_1 \geqslant 0$,公差为 $d \geqslant 0$.

(1) 因为 $m + n = 2p$,所以 $m^2 + n^2 \geqslant 2p^2$,$p^2 \geqslant mn$,$a_m + a_n = 2a_p$.

从而有 $(a_p)^2 \geqslant a_m \cdot a_n$. 因为 $S_n = \dfrac{n(a_1 + a_n)}{2} = na_1 + \dfrac{n(n-1)}{2}d$,所以有

$$S_n + S_m = (m+n)a_1 + \dfrac{n(n-1) + m(m-1)}{2}d$$

$$= 2pa_1 + \dfrac{n^2 + m^2 - 2p}{2}d$$

$$\geqslant 2pa_1 + \dfrac{2p^2 - 2p}{2}d = 2S_p$$

$$S_n \cdot S_m = \frac{n(a_1 + a_n)}{2} \cdot \frac{m(a_1 + a_m)}{2}$$

$$= \frac{mn}{4}(a_1^2 + a_1(a_m + a_n) + a_m a_n)$$

$$\leqslant \frac{p^2}{4}(a_1^2 + 2a_1 a_p + a_p a_p)$$

$$= \left(\frac{p(a_1 + a_p)}{2}\right)^2 = (S_p)^2$$

于是,$\dfrac{1}{S_m} + \dfrac{1}{S_n} = \dfrac{S_m + S_n}{S_m S_n} \geqslant \dfrac{2S_p}{S_p S_p} = \dfrac{2}{S_p}$.

(2) $\displaystyle\sum_{n=1}^{2007} \dfrac{1}{S_n} = \left(\dfrac{1}{S_1} + \dfrac{1}{S_{2007}}\right) + \left(\dfrac{1}{S_2} + \dfrac{1}{S_{2006}}\right) + \cdots + \left(\dfrac{1}{S_{1003}} + \dfrac{1}{S_{1005}}\right) + \dfrac{1}{S_{1004}} \geqslant \dfrac{2 \times 1003 + 1}{S_{1004}} = \dfrac{2007}{S_{1004}}$.

又因为 $S_{1004} = 1004a_1 + \dfrac{1004 \cdot 1003}{2}d \leqslant 1004(a_1 + 502d) = 1004 a_{503} \leqslant \dfrac{1004}{1005}$,所以有 $\displaystyle\sum_{n=1}^{2007} \dfrac{1}{S_n} \geqslant \dfrac{2007}{S_{1004}} \geqslant \dfrac{2007}{1004}1005 > 2008$.

7. 令 $s_i = a_1 + a_2 + \cdots + a_i$,则原不等式等价于 $\displaystyle\sum_{i=1}^{n} \dfrac{2i}{s_i} < 4\displaystyle\sum_{i=1}^{n} \dfrac{1}{a_i}$.

左边分子配方得

$$\sum_{i=1}^{n} \frac{2i}{s_i} = \sum_{i=1}^{n} \frac{(i+1)^2 - i^2 - 1}{s_i} < \sum_{i=1}^{n} \frac{(i+1)^2 - i^2}{s_i}$$

$$= \sum_{i=1}^{n} \frac{(i+1)^2}{s_i} - \sum_{i=1}^{n} \frac{i^2}{s_i}$$

$$= \sum_{i=2}^{n} \frac{(i+1)^2}{s_i} + \frac{2^2}{s_1} - \sum_{i=2}^{n+1} \frac{(i-1)^2}{s_{i-1}}$$

$$= \sum_{i=2}^{n} \frac{(i+1)^2}{s_i} + \frac{2^2}{s_1} - \sum_{i=2}^{n} \frac{(i-1)^2}{s_{i-1}} - \frac{n^2}{s_n}$$

3 搭 配

$$= \sum_{i=2}^{n}\left[\frac{(i+1)^2}{s_i} - \frac{(i-1)^2}{s_{i-1}}\right] + \frac{2^2}{s_1} - \frac{n^2}{s_n}$$

$$\leqslant \sum_{i=2}^{n}\left[\frac{(i+1)^2}{s_i} - \frac{(i-1)^2}{s_{i-1}}\right]$$

所以,我们只需证明: $\dfrac{4}{a_i} \geqslant \dfrac{(i+1)^2}{s_i} - \dfrac{(i-1)^2}{s_{i-1}}$,即 $S_i \left[\dfrac{4}{a_i} + \dfrac{(i-1)^2}{s_{i-1}}\right] \geqslant (i+1)^2$. 由柯西不等式可知,$(a_i + S_{i-1})\left[\dfrac{4}{a_i} + \dfrac{(i-1)^2}{s_{i-1}}\right] \geqslant (i+1)^2$,不等式获证.

8. 原不等式等价于 $\dfrac{1}{2n} - \dfrac{1}{2} \leqslant \sum_{i=1}^{n} \dfrac{x_i}{i} \leqslant \dfrac{1}{2} - \dfrac{1}{2n}$. 按 $x_i > 0$ 和 $x_i < 0$ 两种情况将各项分为两组: $A = \sum_{i=1}^{n} \dfrac{x_i}{i} = \sum_{x_i>0} \dfrac{x_i}{i} - \sum_{x_i<0} \dfrac{|x_i|}{i}$,然后对每一组分别进行放缩. 由 $\sum_{i=1}^{n} x_i = 0$ 知,x_i 中所有正项的和与所有负项的和的值相等,结合条件 $\sum_{i=1}^{n} |x_i| = 1$,我们有 $\sum_{x_i>0} x_i = \left|\sum_{x_i<0} x_i\right| = \dfrac{1}{2}$. 将每一组中各项的分母分别放缩到同一个字母,注意到 $(1 \leqslant i \leqslant n)$,有 $A = \sum_{i=1}^{n} \dfrac{x_i}{i} = \sum_{x_i>0} \dfrac{x_i}{i} - \sum_{x_i<0} \dfrac{|x_i|}{i} \leqslant \sum_{x_i>0} \dfrac{x_i}{1}$(分母换作 1)$- \sum_{x_i<0} \dfrac{|x_i|}{n}$(分母换作 n)$= \dfrac{1}{2} - \dfrac{1}{2n}$;$A = \sum_{i=1}^{n} \dfrac{x_i}{i} = \sum_{x_i>0} \dfrac{x_i}{i} - \sum_{x_i<0} \dfrac{|x_i|}{i} \geqslant \sum_{x_i>0} \dfrac{x_i}{n}$(分母换作 n)$- \sum_{x_i<0} \dfrac{|x_i|}{1}$(分母换作 1)$= \dfrac{1}{2n} - \dfrac{1}{2}$.

9. 不妨设 $a_1 < a_2 < \cdots < a_n$,则对 $1 \leqslant k \leqslant n$,将目标中的 $|a_k|^3$ 与 $|a_{n+1-k}|^3$ 搭配,注意到 $|a_k| + |a_{n-k+1}| \geqslant |a_{n-k+1} - a_k| \geqslant |n+1-2k|$,所以

$$\sum_{k=1}^{n} |a_k|^3 = \frac{1}{2} \sum_{k=1}^{n} (|a_k|^3 + |a_{n+1-k}|^3)$$

$$= \frac{1}{2} \sum_{k=1}^{n} (|a_k| + |a_{n+1-k}|) \left(\frac{3}{4} (|a_k| - |a_{n+1-k}|)^2 \right.$$

$$\left. + \frac{1}{4} (|a_k| + |a_{n+1-k}|)^2 \right)$$

$$\geq \frac{1}{8} \sum_{k=1}^{n} (|a_k| + |a_{n+1-k}|)^3 \geq \frac{1}{8} \sum_{k=1}^{n} |n+1-2k|^3$$

当 n 为奇数时,$\sum_{k=1}^{n} |n+1-2k|^3 = 2 \cdot 2^3 \cdot \sum_{i=1}^{\frac{n-1}{2}} i^3 = \frac{1}{4}(n^2-1)^2.$

当 n 为偶数时,$\sum_{k=1}^{n} |n+1-2k|^3 = 2\sum_{i=1}^{\frac{n}{2}} (2i-1)^3 = 2 \left[\sum_{j=1}^{n} j^3 \quad \sum_{i=1}^{\frac{n}{2}} (2i)^3 \right] = \frac{1}{4} n^2 (n^2-2).$

所以,当 n 为奇数时,$\sum_{k=1}^{n} |a_k|^3 \geq \frac{1}{32}(n^2-1)^2$;当 n 为偶数时,$\sum_{k=1}^{n} |a_k|^3 \geq \frac{1}{32} n^2(n^2-2)$,等号均在 $a_i = i - \frac{n+1}{2}, i = 1, 2, \cdots, n$ 时成立. 因此,$\sum_{k=1}^{n} |a_k|^3$ 的最小值为 $\frac{1}{32}(n^2-1)^2$(n 为奇数),或者 $\frac{1}{32} n^2(n^2-2)$(n 为偶数).

10. $M_{\max} = 8$.

在模 17 的意义下,可记 18 与 1 相同. 考察所有的数对 $(f^{[m]}(i+1), f^{[m]}(i))(i=1,2,\cdots,17; m=1,2,\cdots,M-1)$,易知这样的数对均不相同.

实际上,反设存在 $(f^{[m]}(i+1), f^{[m]}(i)) = (f^{[n]}(j+1), f^{[n]}(j))$. 因为 f 为双射,必然存在逆映射 $f^{-1} = g$. 若 $m \neq n$,不妨设 $m < n$,则

$g^{[m]}(f^{[m]}(i+1)) = i+1, g^{[m]}(f^{[m]}(i)) = i.$
$g^{[m]}(f^{[n]}(j+1)) = f^{[n-m]}(j+1), g^{[m]}(f^{[n]}(j)) = f^{[n-m]}(j).$
所以 $(f^{[n-m]}(j+1), f^{[n-m]}(j)) = (i+1, i).$

所以 $f^{[n-m]}(j+1) - f^{[n-m]}(j) \equiv 1$ 或 $-1 \pmod{17}$, 矛盾.

所以 $m = n$, 再由一一映射可知, 必有 $(i+1, i) = (j+1, j)$, 即 $i = j$, 矛盾. 故所有这样的数对均不相同, 所有这样的数对共有 $17(M-1)$ 对.

另一方面, 由于没有任一对中两数之差的绝对值为 1, 因此互不相同的数对最多有 $C_{17}^2 - 17$ 对. 所以 $17(M-1) \leq C_{17}^2 - 17$, 得 $M \leq 8$.

当 $M = 8$ 时, 令 $f(i) \equiv 3i + 2 \pmod{17}$, 由归纳法不难证明 $f^{[m]}(i) \equiv 3^m i + 3^m - 1 \pmod{17}$, 而且 $3^m \not\equiv \pm 1 \pmod{17}$ ($m = 1, 2, \cdots, 7$), $3^8 \equiv -1 \pmod{17}$. 所以 $f^{[m]}(i+1) - f^{[m]}(i) \equiv 3^m \not\equiv \pm 1 \pmod{17}$ ($i = 1, 2, \cdots, 17$).

$f^{[8]}(i+1) - f^{[8]}(i) \equiv 3^8 \equiv -1 \pmod{17}$ ($i = 1, 2, \cdots, 17$), 即 f 满足条件, 所以 $M_{\max} = 8$.

11. 因为
$k(k+1) | z'_k - z'_{k+1} |$
$= k(k+1) \left| \sum_{j=1}^{k} \frac{z_j}{k} - \sum_{j=1}^{k+1} \frac{z_j}{k+1} \right|$
$= \left[(k+1) \sum_{j=1}^{k} z_j - k \sum_{j=1}^{k+1} z_j \right] = \left| \sum_{j=1}^{k} z_j - k z_{k+1} \right|$
$= | z_1 + (2z_2 - z_2) + (3z_3 - 2z_3) + \cdots + [kz_k - (k-1)z_k] - kz_{k+1} |$
$= | (z_1 - z_2) + 2(z_2 - z_3) + 3(z_3 - z_4) + \cdots + k(z_k - z_{k+1}) |$
$\leq | z_1 - z_2 | + 2 | z_2 - z_3 | + 3 | z_3 - z_4 | + \cdots + k | z_k - z_{k+1} |$
$= \sum_{j=1}^{k} j | z_j - z_{j+1} |$

所以

$$\sum_{k=1}^{n-1}|z'_k-z'_{k+1}|\leqslant\sum_{k=1}^{n-1}\sum_{j=1}^{k}\frac{j\mid z_j-z_{j+1}\mid}{k(k+1)}$$

$$=\sum_{j=1}^{n-1}j\mid z_j-z_{j+1}\mid\cdot\sum_{k=j}^{n-1}\frac{1}{k(k+1)}$$

$$=\sum_{j=1}^{n-1}\left[j\mid z_j-z_{j+1}\mid\left(\frac{1}{j}-\frac{1}{n}\right)\right]$$

$$=\sum_{j=1}^{n-1}\left[\mid z_j-z_{j+1}\mid\left(1-\frac{j}{n}\right)\right]$$

$$\leqslant\sum_{j=1}^{n}\mid z_j-z_{j+1}\mid\left(1-\frac{1}{n}\right)$$

所以 $t\geqslant 1-\dfrac{1}{n}$.

又 $z_1\neq z_2$,且 $z_2=z_3=\cdots=z_n$ 时,上述不等式等号成立,所以 $t_{\min}=1-\dfrac{1}{n}$.

12. k 为一切正奇数.首先,当 k 为偶数时,令 $k=2t$,取 $n=2$,则 $1+2+3+\cdots+n=3,1^k+2^k+3^k+\cdots+n^k=1^k+2^k=1+4^t\equiv 1+1\equiv 2\not\equiv 0\pmod 3$,所以 $3\nmid 1^k+2^k$,所以 k 不合乎要求.其次,当 k 为奇数时,有 $a+b\mid a^k+b^k$,于是,$n\mid i^k+(n-i)^k(i=1,2,\cdots,n-1)$,$n+1\mid i^k+(n+1-i)^k(i=1,2,\cdots,n)$,所以 $2(1^k+2^k+3^k+\cdots+n^k)=[1^k+(n-1)^k]+[2^k+(n-2)^k]+\cdots+[(n-1)^k+1^k]+2n^k\equiv 0\pmod n$,$2(1^k+2^k+3^k+\cdots+n^k)=(1^k+n^k)+[2^k+(n-1)^k]+\cdots+(n^k+1^k)\equiv 0\pmod{n+1}$,又 $(n,n+1)=1$,所以 $n(n+1)\mid 2(1^k+2^k+3^k+\cdots+n^k)$,故 $1+2+3+\cdots+n\mid 1^k+2^k+3^k+\cdots+n^k$.

13. (1) 因为 $1=d_1<d_2<\cdots<d_j(1\leqslant j\leqslant k)$,所以 $d_j\geqslant j(1\leqslant j\leqslant k)$.

因为 n 的全部正因数为 $d_1,d_2,\cdots,d_k$,其中 $d_1<d_2<\cdots<d_k$,

于是 $\frac{n}{d_1} > \frac{n}{d_2} > \cdots > \frac{n}{d_n}$ 也是 n 的全部正因数，所以 $d_j = \frac{n}{d_{k+1-j}} \leqslant \frac{n}{k+1-j}$，$D \leqslant \frac{n}{k} \times \frac{n}{k-1} + \frac{n}{k-1} \times \frac{n}{k-2} + \cdots + \frac{n}{2} \times \frac{n}{1} = n^2 \left(\frac{1}{1} - \frac{1}{2} + \frac{1}{2} - \frac{1}{3} + \cdots + \frac{1}{k-1} - \frac{1}{k}\right)^2 = n^2 \left(1 - \frac{1}{k}\right) < n$.

(2) 若 $D \mid n^2$，设 $n^2 = mD$，其中 m 为整数，则 $m \mid n^2$. 设 m 的一个质因数为 p，则 $p \mid n^2$，又 p 为质数，所以 $p \mid n$，即 p 是 n 的一个质因数. 显然 d_2 是 n 的最小质因数，于是 $p \geqslant d_2$，因此 $m \geqslant p \geqslant d_2$. 所以 $n^2 = mD = m(d_1 d_2 + d_2 d_3 + \cdots + d_{k-1} d_k) \geqslant d_2 \cdot d_{k-1} d_k = n \cdot n = n^2$，于是上述不等式等号成立，所以 $m = d_2, k = 2$. 这说明 n 只有 2 个不同的正因数，从而 n 为质数. 反之，若 n 为质数 p，则 $D = 1 \cdot p = p = n$，有 $D \mid n^2$. 综上所述，当且仅当 n 为质数时，$D \mid n^2$.

14. 设 α 是 $f(x)$ 的根，则 $0 = f(\alpha) = (1 + \alpha^{2k})(1 + \alpha^2 + \alpha^4 + \cdots + \alpha^{2k-2}) - 2k\alpha^{2k-1} = \alpha^{4k-2} + \alpha^{4k-4} + \cdots + \alpha^4 + \alpha^2 + 1 - 2k\alpha^{2k-1} = (\alpha^{4k-2} + 1) + (\alpha^{4k-4} + \alpha^2) + \cdots + (\alpha^{2k} + \alpha^{2k-2}) - 2k\alpha^{2k-1} \geqslant (2\alpha^{2k-1} + 2\alpha^{2k-1} + \cdots + 2\alpha^{2k-1}) - 2k\alpha^{2k-1} = 0$，上述不等式等号成立，所以 $\alpha^{4k-2} = 1, \alpha = \pm 1$. 又 $\alpha = -1$ 不合乎条件，所以 $\alpha = 1$ 是原多项式的唯一实数根.

15. 分三种情况讨论：

(1) n 能被 5 整除，设 $d_1, d_2, \cdots, d_m$ 为 S_n 中所有个位数为 3 的元素，则 S_n 中还包括 $5d_1, 5d_2, \cdots, 5d_m$ 这 m 个个位数为 5 的元素，所以 S_n 中至多有一半元素的个位数为 3.

(2) n 不能被 5 整除，且 n 质因子的个位数均为 1 或 9，则 S_n 中所有的元素的个位数均为 1 或 9. 结论成立.

(3) n 不能被 5 整除，且 n 有个位数为 3 或 7 质因子 p，令 $n = p^r q$，其中 q 和 r 都是正整数，p 和 q 互质.

设 $S_q = \{a_1, a_2, \cdots, a_k\}$ 为 q 的所有正约数组成的集合，将 S_n 中

的元素写成方阵: $(x_{ij})_{k\times(r+1)}$, 其中 $x_{ij}=a_ip^{j-1}(1\leqslant i\leqslant k,1\leqslant j\leqslant r+1)$. 对于 $d_i=a_jp^r$, 选择 a_jp^{r-1} 或 a_jp^{r+1} 之一与之搭配(所选之数必须在 S_n 中), 设 e_i 为所选之数, 我们称 (d_i,e_i) 为一对朋友.

如果 d_i 的个位数为 3, 则由 p 的个位数是 3 或 7, 知 e_i 的个位数不是 3.

假设 d_i 和 d_j 的个位数都是 3, 且有相同的朋友 $e=a_sp^t$, 则 $\{d_i,d_j\}=\{a_sp^{t-1},a_sp^{t+1}\}$, 因为 p 的个位数为 3 或 7, 所以 p^2 的个位数是 9, 而 n 不能被 5 整除, 故 a_s 的个位数不为 0, 所以 a_sp^{t-1}, $a_sp^{t-1}\cdot p^2=a_sp^{t+1}$ 的个位数不同, 这与 d_i 和 d_j 的个位数都是 3 矛盾, 所以, 每个个位数为 3 的 d_i 均有不同的朋友.

综上所述, S_n 中每个个位数为 3 的元素, 均与一个 S_n 中个位数不为 3 的元素为朋友, 而且两个个位数为 3 的不同元素的朋友也是不同的, 所以, S_n 中至多有一半元素的个位数为 3.

另证: 用 $G(n)$ 表示 n 的个位数字, 设 n 的所有正约数为 $1=d_1<d_2<\cdots<d_k=n$, 则 $d_id_{k+1-i}=n(i=1,2,\cdots,k)$, $S_n=\{d_1,d_2,\cdots,d_k\}$, 记 $d_1,d_2,\cdots,d_k$ 中末尾为 3 的数的个数为 T, 考虑如下二种情况:

(1) $G(n)\neq 3,9$, 此时, 对 $i=2,3,\cdots,\left[\dfrac{k}{2}\right]$, d_i,d_{k+1-i} 中至少有一个末尾不为 3, 又 d_1,d_n 的末尾不为 3, 于是

$$T\leqslant k-\left(\left[\dfrac{k}{2}\right]-1\right)-2 \text{(其中注意 } i \text{ 从 2 开始)}$$
$$=\left[\dfrac{k+1}{2}\right]-1=\left[\dfrac{k-1}{2}\right]\leqslant\dfrac{k}{2}$$

(2) $G(n)=3$, 则 n 不是平方数, 从而 k 为偶数, 再注意到 $G(n)\neq 9$, 所以对 $i=1,2,\cdots,\dfrac{k}{2}$, d_i,d_{k+1-i} 中至少有一个末尾不为 3, 于是, $T\leqslant k-\dfrac{k}{2}=\dfrac{k}{2}$.

(3) $G(n)=9$,此时,如果 n 的质因数的末尾都为 1,则 $G(n)=1$,矛盾.于是,必定存在 n 的质因数 p,使 $G(p)\neq 1$,令 $n=pm$,记 $A=\{px\mid x\in S_m\}$,则

$$S_n = S_m \cup \{px \mid x\in S_m\} = S_m \cup A$$

显然,$|S_m|=|A|$,从而 $|S_m|=|A|=\dfrac{k}{2}$.

设 S_m 中有 a 个末尾为 3,b 个末尾不为 3 $\left(a+b=\dfrac{k}{2}\right)$,因为 $G(p)\neq 1$,从而 A 中至少有 a 个末尾不为 3,至多有 b 个末尾为 3,于是 S_n 中至多有 $a+b$ 个末尾为 3,所以 $T\leqslant a+b=\dfrac{k}{2}$.综上所述,$S_n$ 中至多有一半元素的个位数为 3.

16. 对 $m,n\in A$,若 $m+n\in M$,则称 m 与 n "有关".易知,与 1 有关的数仅有 1000 和 2002,与 1001 和 2002 有关的数是 1 和 1003,与 1003 有关的数为 1000 和 2002.所以,对于 1,1003,1000,2002,必须分为两组:$\{1,1003\},\{1000,2002\}$.

同样可划分其他各组为:$\{2,1004\},\{999,2001\},\{3,1005\}$,$\{998,2000\},\cdots,\{500,1502\},\{501,1503\},\{1001,1002\}$.这样,$A$ 中的 2002 个数被划分成 501 对,共 1002 组.

由于任意数与且与对应另一组有关,所以,若一对中一组在 A_1 中,另一组必在 A_2 中.反之亦然,且 A_1 与 A_2 中不再有有关的数,故 A 的 $M-$划分的个数为 2^{501}.

17. 考虑 M 的 $n+2$ 元子集 $P=\{n-1,n,n+1,\cdots,2n\}$.$P$ 中任何 4 个不同元素之和不小于 $(n-1)+n+n+1+n+2=4n+2$,所以 $k\geqslant n+3$.将 M 的元配为 n 对,$B_i=(i,2n+1-i),1\leqslant i\leqslant n$.对 M 的任一 $n+3$ 元子集 A,必有三对 B_{i_1},B_{i_2},B_{i_3} 同属于 $A(i_1,i_2,i_3$ 两两不同).又将 M 的元配为 $n-1$ 对,$C_i=(i,2n-i),1\leqslant i\leqslant n-1$.对 M 的任一 $n+3$ 元子集 A,必有一对 C_{i_4} 同属于 A,这一对 C_{i_4} 必

与刚才三对 $B_{i_1}, B_{i_2}, B_{i_3}$ 中至少一对无公共元,这 4 个元素互不相同,且和为 $2n+1+2n=4n+1$. 因此,所求最小的 $k=n+3$.

18. 注意到 $a_1+a_2+\cdots+a_{12} \geqslant 1+2+\cdots+12=78>75=13+14+\cdots+17$,所以 $k(p) \leqslant 11$.

当 $p=(1,2,3,\cdots,17)$ 时,$k(p)=11$,所以 $k(p)$ 的最大值为 11. 同样可知,当 $p=(17,16,\cdots,1)$ 时,相应的 $k(p)=5$ 为最小.

对任意一个排列 $p=(a_1,a_2,\cdots,a_{17})$,设 $k(p)$ 是 p 对应的合乎条件的下标,则

$$a_1+a_2+\cdots+a_{k(p)}<a_{k(p)+1}+a_{k(p)+2}+\cdots+a_{17} \qquad (1)$$

且

$$a_1+a_2+\cdots+a_{k(p)+1} \geqslant a_{k(p)+2}+a_{k(p)+3}+\cdots+a_{17} \qquad (2)$$

但式(2)中等号不成立,否则,$17\times 9=a_1+a_2+\cdots+a_{17}=2(a_{k(p)+2}+a_{k(p)+3}+\cdots+a_{17})$ 为偶数,矛盾. 所以

$$a_1+a_2+\cdots+a_{k(p)+1}<a_{k(p)+2}+a_{k(p)+3}+\cdots+a_{17} \qquad (3)$$

由式(1)、式(3)可知,若记 $p=(a_1,a_2,\cdots,a_{17})$ 的反向排列为 $p'=(a_{17},a_{16},\cdots,a_1)$,则 $k(p')=17-[k(p)+2]+1=16-k(p)$,即 $k(p)+k(p')=16$. 于是,将 17! 个排列两两配对,有 $\sum_p k(p)=17!\times\dfrac{1}{2}\cdot 16=17!\times 8$.

19. 乙有必胜策略,其策略是:将细线分成若干组,然后采用奉陪策略——当甲在某组中剪断一根细线时,乙则剪断该组中的其他所有细线.

分组方法:对任何一条连线段,将与它长度相等、位置与它平行或垂直的所有连线段归入同一组(图 3.1).

用正 2000 边形 $A_1 A_2 \cdots A_{2000}$ 的顶点表示 2000 个钉子,任两点的连线段 $A_i A_j$ 代表钉子 A_i, A_j 之间的细线.

对任何一条连线段 $A_i A_j$,如果它将正 2000 边形等分为 2 块,则

称之为主线,否则称为副线.

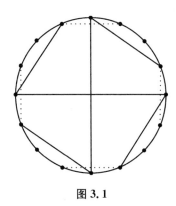

图 3.1

显然每个点引出一条主线,从而有 2000 条主线,但每条被计算 2 次,于是共有 1000 条主线.

将 1000 条主线分成 500 组,使同一组中的主线互相垂直.

对任意一条副线 A_iA_{i+k} ($1\leqslant i\leqslant 2000, 1\leqslant k\leqslant 99$),则 A_i, $A_{i+50}, A_{i+100}, A_{i+150}$ 将圆周 4 等分,将副线 $A_iA_{i+k}, A_{i+50}A_{i+k+50}$, $A_{i+100}A_{i+k+100}, A_{i+250}A_{i+k+250}$ 归入一组(下标按模 2000 理解),则每条副线恰属于其中一个组. 下面乙可施行"奉陪策略": 显然,对任何一个组 X, $|X|=2$ 或 4, 于是,当 A 去掉组 X 中的某一条时,乙可去掉 X 中剩下的 1 或 3 条. 由于甲去掉某一条时不出现没有连线的点,由对称性,乙操作后同样不出现没有连线的点. 如此下去,一定是甲最先出现没有连线的点,甲输.

20. 先走者有必胜策略.

将 25×25 分割为一些 1×2 的矩形和一个单独的方格 A, 先走者(设为甲)在 A 中放一只棋后,再对每一个 1×2 矩形施行奉陪策略: 如果乙可在棋盘中放一只棋,则因为甲所下的棋与乙的棋异色,因而甲可在乙刚放棋的邻格放棋,直至对方不能放棋为止.

注: 本题容易产生如下典型的错误解法: 先走者在中心放棋, 然

后施行中心对称的奉陪策略,从而先走者有必胜策略.

此解法的错误在于,先放棋于中心,设为红色(图3.2),则先走者先后所放的棋可能以此格为边界构成红色圈(4个红色棋),内部不能再放棋,而对方的圈边界是3蓝1红,内部可以放棋.图中数字表示放棋顺序.

21. 后走者有必胜策略.

先走者(设为甲)染红一个格点 A 后,乙可选定一个非 A 的格点 O,然后染 A 关于 O 对称的点 A'(图3.3).

依题意,甲不能染红点 O,否则三红色点共线.

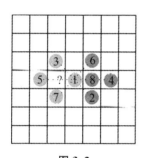

图 3.2

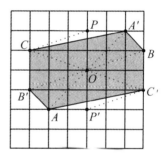

图 3.3

如果甲可在平面上染红一个格点 P,则因为未染红 P 之前,所有红色点是一个以 O 为中心对称的凸多边形顶点,而加入红点 P 以后仍为凸多边形,那么,加入 P 关于 O 对称的点 P' 后也仍为凸多边形,所以乙可将 P' 染红.

如此下去,直至对方不能染红其他点为止,后走者获胜.

22. (1) (ⅰ) 当 $n \not\equiv 0 \pmod{p+1}$ 时,先走者有必胜策略,他每次可使剩下的火柴数是 $p+1$ 的倍数.

实际上,设最初的火柴数模 $p+1$ 余 $r(0<r\leqslant p)$,则先走者(设为甲)取出 $r\leqslant p$ 根后,剩下的火柴数是 $p+1$ 的倍数.

后走者取出 $t\leqslant p$ 根后,火柴数模 $p+1$ 余 $p+1-t>0$,于是甲

又可取出 $p+1-t$ 根,使得剩下的火柴数是 $p+1$ 的倍数.

如此下去,甲每次可使剩下的火柴数是 $p+1$ 的倍数,而乙无论怎样都不能使得剩下的火柴数是 $p+1$ 的倍数.

如此下去,必定到某个时刻,甲取出若干根火柴后剩下的火柴数是 0.

(ⅱ) 当 $n\equiv 0 \pmod{p+1}$ 时,后走者有必胜策略,他每次可使剩下的火柴数是 $p+1$ 的倍数.

实际上,先走者取出若干根以后,剩下的火柴数不是 $p+1$ 的倍数,因此后走者面临的状态正是前面先走者面临的状态,所以后走者有必胜状态.

(2)(ⅰ) 当 $n\not\equiv 1 \pmod{p+1}$ 时,先走者有必胜策略,他每次可使剩下的火柴数 x 满足: $x\equiv 1 \pmod{p+1}$,直至最后剩下一根由对方取.

实际上,设火柴数 $n\equiv r \pmod{p+1}$ 模 $p+1$ 余 $r(0\leqslant r<p+1$, $r\neq 1)$,则先走者(设为甲)取出 $r-1$(其中 $r-1$ 模 $p+1$ 理解,即将 -1 看作 p)根后,剩下的火柴数模 $p+1$ 余 1.

因为乙取出的火柴数 t 满足 $0<t<t+1$,取出 t 根后,火柴数模 $p+1$ 的余数必定发生变化,因而模 $p+1$ 的余数不是 1,设为 r',于是甲又可取出 $r'-1$ 根,使得剩下的火柴数模 $p+1$ 余 1.

(ⅱ) 当 $n\equiv 1 \pmod{p+1}$ 时,后走者有必胜策略.

因为后走者同样每次可使剩下的火柴数 x 满足: $x\equiv 1 \pmod{p+1}$,直至最后剩下一根由对方取.

23.(1) 当 $m=n$ 时,后走者有必胜策略;当 $m\neq n$ 时,先走者有必胜策略.

(2) 当 $m=n=1$,或 $m\neq n$ 时,先走者有必胜策略;当 $m=n\neq 1$ 时,后走者有必胜策略.证明如下:

(1)(ⅰ) 当 $m=n$ 时,乙可采用奉陪策略,即甲在某一堆中取

出若干根,则乙在另一堆中取出相同的根数.

(ⅱ) 当 $m \neq n$ 时,甲先在根数多的一堆中取走若干根,使得两堆火柴数相等,此后每次使得两堆火柴数相等,直至甲取后变成$(0,0)$,甲胜.

(2)(ⅰ) 当 $m = n = 1$ 时,结论显然成立.

(ⅱ) 当 $m \neq n$ 时,不妨设 $m < n$.

若最初状态为$(1, x)$,则甲取走 x 根,剩下 1 根,状态变为$(1, 0)$,甲胜.

若最初状态为$(2, x)(x \geq 3)$,则甲在有 x 根火柴的一堆中取走 $x - 2$ 根,使状态变为$(2, 2)$.

以后的操作只有两种可能:$(2,2) \to (1,2) \to (1,0)$;$(2,2) \to (2,0) \to (1,0)$. 两种情况都是甲获胜.

若最初状态是$(m, n)(3 \leq m < n)$,甲先在有 n 根火柴的一堆中取走 $n - m$ 根,使得两堆火柴数相等,变成(m, m).

此后每次使得两堆火柴数相等直至乙取出火柴后第一次使得某一堆中火柴根数 $t \leq 2$,则状态化为前面的$(1, x)$,$(2, x)$ 两种状态,都是甲胜.

(ⅲ) 当 $m = n \neq 1$ 时,乙先采用上述奉陪策略,直至甲取出火柴后第一次使得某一堆中火柴根数 $t \leq 1$,则乙采用下面的策略:若 $t = 0$,则另一堆至少有 2 根,乙取走若干根使得恰剩下 1 根;若 $t = 1$,则乙将另一堆全部取走.所以乙有必胜策略.

24. (1) 先试验:当 $n = 1, 2, 3, 4$ 时,甲第一次把所有火柴全部取走,甲胜.

当 $n = 5$ 时,甲第一次不能把所有火柴全部取走,设剩下 $r(1 \leq r \leq 4)$根火柴,则乙一次把所有火柴全部取走,乙胜.

由此发现问题的答案为:

若 $n = 5k$,则乙(后取者)有必胜策略;若 $n = 5k + r(r = 1, 2, 3,$

4),则甲(先取者)有必胜策略.

(ⅰ)当 $n=5k$ 时,如果甲取 t ($t=1,2,3,4$)根,则乙取 $5-t$ 根,他使余下的火柴数模 5 不变(人为构造不变性),始终为 5 的倍数.而甲取的根数 $t\in\{1,2,3,4\}$,不可能使余下的火柴数为 5 的倍数,从而不可能取走最后一根,乙胜.

(ⅱ)当 $n=5k+r$ 时,甲第一次先取 r 根,则化为(ⅰ)的情形,同上讨论,甲胜.

(2)问题等价于谁取到第 $n-1$ 根,留下最后一根谁胜.

由(1)的结论可发现:当 $5|n-1$ 时,后取者有必胜策略;当 $5\nmid n-1$ 时,先取者有必胜策略.

(ⅰ)当 $5|n-1$ 时,令 $n=5k+1$.若甲取 t ($t=1,2,3,4$)根,则乙取 $5-t$ 根,他使剩下的火柴数模 5 不变,始终是模 5 余 1,从而他不可能取走最后一根,乙胜.

(ⅱ)当 $5\nmid n-1$ 时,令 $n=5k+r$($r=0,2,3,4$).若甲第一次取 $r-1$($r\geq 2$),或 4($r=0$)根,则剩下的火柴数模 5 余 1,利用(ⅰ)的结论,甲胜.

25.最终的负局是一个石子.谁制造这一状态谁胜.注意到 1 为奇数,这是负局的一个显著特征,谁能使对方保持这一特征谁胜.

当 n 为奇数时,后走者有必胜策略.当 n 为偶数时,先走者有必胜策略.

当 n 为奇数时,由于奇数的正约数必为奇数,所以先走者只能取出奇数个石子,必得到偶数个石子的状态.后走者取一个石子,又得到奇数个石子的状态.

如此下去,后走者总能使先走者面临奇数个石子的状态,而自己面临偶数个石子的状态,直至对方面临 1 个石子的状态,后走者获胜.

当 n 为偶数时,先走者取一个石子,得到奇数个石子的状态.由

上面的讨论可知,先走者每次取一个石子,总能使后走者面临奇数个石子的状态,而自己面临偶数个石子的状态,直至对方面临 1 个石子的状态,先走者获胜.

26. 设 $n \equiv r \pmod{8}$,其中 $0 \leqslant r \leqslant 7$. 若 $r=0$,则后走者有必胜策略;若 $1 \leqslant r \leqslant 7$,则先走者有必胜策略.

实际上,当 $r=0$ 时,甲(先走者)取 t 根,则乙(后走者)取 $8-t$ 根即可,因为乙每次都保证他取后使剩下的石子数模 8 为 0,从而甲每次都使他取后剩下的石子数模 8 不为 0,从而甲无法取到最后一个石子,后走者获胜.

当 $r \neq 0$ 时,甲先取 r 根,则以后当乙取 t 根,甲便取 $8-t$ 根即可,先走者获胜.

27. 设 $n \equiv r \pmod{8}$,其中 $0 \leqslant r \leqslant 7$.

若 $r \in \{1,3,5,7\}$,则先走者有必胜策略;若 $r \in \{0,2,4,6\}$,则后走者有必胜策略.

实际上,当 $r \in \{1,3,5,7\}$ 时,甲(先走者)可先取 r 根,而以后当乙(后走者)取 t 根,甲便取 $8-t$ 根.这样,甲每次都保证他取后使剩下的石子数模 8 为 0,从而乙每次都使他取后剩下的石子数模 8 不为 0,从而乙无法取到最后一个石子,而甲可取到最后一个石子,先走者获胜.

当 $r=0$ 时,乙可以这样应对:若甲取 t 根,则乙取 $8-t$ 根,同上理由,后走者获胜.

当 $r \in \{2,4,6\}$ 时,n 为偶数,由于甲先取奇数根,从而甲取一次后剩下的石子数为奇数,模 8 的余数为 1,3,5,7,又转化为前面的情形,后走者获胜.

28. 注意数字 2,4,6,8 的特征是:$2+8=4+6$,从而可将其配对:$(2,8)$,$(4,6)$,然后施行奉陪策略.设 $n \equiv r \pmod{10}$,其中 $0 \leqslant r \leqslant 9$.若 $r=0$,则后走者有必胜策略;若 $r \in \{2,4,6,8\}$,则先走者有必

胜策略;若 $r \in \{1,3,5,7,9\}$,则任何人都没有必胜策略.证明如下:

(1) 当 $r=0$ 时,乙可以这样应对:若甲取 t 个石子,则乙取 $8-t$ 个石子,这样,乙每次都保证他取后剩下的石子数模 8 为 0,从而甲每次都使他取后剩下的石子数模 8 不为 0,从而甲无法取到最后一个石子.

又每次操作,甲、乙合起来共取 10 个石子,而 n 是 10 的倍数,若干次操作后石子全部取走,乙可取到最后一个石子,后走者获胜.

(2) 当 $r \in \{2,4,6,8\}$ 时,甲可以这样应对:先取走 r 个石子,则剩下的石子数模 8 为 0,转化为前面的情形(1),先走者获胜.

(3) 当 $r \in \{1,3,5,7,9\}$ 时,n 为奇数,由于每个人每次都只能取偶数个石子,从而每次取后剩下的石子数为奇数,谁也不能取到最后一个石子,所以任何人都没有必胜策略.

29. 通过 $n=1,2,3,4$ 进行试验,发现:

当 $n=1,2,3$ 时,先走有必胜策略;当 $n=4$ 时,后走有必胜策略. 当 $n=5,6,7$ 时,先走有必胜策略;当 $n=8$ 时,后走有必胜策略. 由此猜想:

当 $4 \nmid n$ 时,先走有必胜策略;当 $4 \mid n$ 时,后走有必胜策略. 我们只需证明如下两个事实:

(1) 当 $4 \mid n$ 时,无论怎样操作,操作一次以后得到 n' 个棋子,必有 $4 \nmid n'$.

(2) 当 $4 \nmid n$ 时,存在一个操作,使操作一次以后得到 n' 个棋子,且有 $4 \mid n'$.

实际上,若 $4 \mid n$,则无论怎样操作,操作一次只能取走 p 个棋子(p 不是合数),剩下 $n-p$ 个棋子.注意到 p 不是合数,所以 $4 \nmid p$. 但 $4 \mid n$,所以,$4 \nmid n-p$.

另一方面,若 $4 \nmid n$,设 $n=4k+t(t=1,2,3)$,由于 t 不是合数,操作者可取走 t 个棋子,剩下 $4k$ 个棋子.有 $4 \mid 4k$,结论成立.

综上所述,当 $4|n$ 时,后走有必胜策略;当 $4\nmid n$ 时,先走有必胜策略.

30. 我们证明 A 有必胜策略.否则,设 A 无必胜策略,由于只有有限个格,只有有限种走法,每种走法 A 都有可能失败,这意味着 A 走的每一步,B 都可以接着走.

另准备一个棋盘,假定 A 在第一个棋盘上走马是将马放在 x 格走到 y 格,那么,B 可接着走,必然有策略从 y 格走到某个格.这时,甲在第二个棋盘上改将棋子放在 y 格,以后的走法,不论 B 在第二个棋盘上怎么走,总对应于甲在第一个棋盘上的一种走法.由于第一个棋盘上 B 总有一种接应方法,从而第二个棋盘上 A 有一种接应方法,如此下去,由于第一个棋盘上以 A 不能再走而结束操作(包括 A 不能走到 x 格),从而 B 在第二个棋盘上除 x 格外不能再走.

另一方面,B 也不能走到格 x,这是因为,A 在第二个棋盘上总是将马走到与格 x 同色,而 B 总是将马走到与格 x 异色.这样,B 在第二个棋盘上无法再走,A 胜,矛盾.

31. 最终的负局是一个石子,谁制造这一状态谁胜.注意到 1 为奇数,这是负局的一个显著的特征.称有奇数个石子的状态为奇状态,我们证明:奇状态为负局.显然,对任何一个奇状态,由于奇数的正约数必为奇数,所以对奇状态操作一次只能取出奇数个石子,必得到一个偶状态.反之,又对于一个偶状态,操作者可取走一个石子,使剩下奇数个石子,得到一个奇状态.综上所述,当 n 为奇数时,所给的状态为负局,即后走者有必胜策略;当 n 为偶数时,所给的状态为胜局,即先走者有必胜策略.

32. 显然,当前数为 19891989 时是负局,因为下面写的数必大于 19891989.注意到 19891989 是奇数,由此猜想:奇状态为负局.称先走者为甲,后走者为乙,我们证明:甲每次可适当操作,使得到的数为奇数.实际上,对于一个奇状态,由于奇数的正约数必为奇数,所以操作一次以后必得到一个偶状态.反之,对于一个偶状态,可在此基础上加上数1(因为1必定是当前数的非本身的约数),得到一个奇状态.因为最初的数2为偶数,从而甲每次可适当操作,使得到的数为奇数.假设甲最先得到大于19891989的数,设为k,则先甲之前的一次乙的操作得到的数为$k-1$,因为k为奇数,所以$k \geqslant 19891991$,于是$k-1 \geqslant 19891990$,从而乙早就得到大于19891989的数,矛盾.故先下者有必胜策略.

33. 采用胜负局搭配策略:令$A = \{n | 4 \nmid n\}$,$B = \{n | 4 | n\}$,我们先证明引理:对于A中任何一个状态,都存在一种操作方式,使其变成B中的一个状态;对任何一个B中的状态,不论下一次怎样操作,都变成A中的状态.实际上,对A中任何一个状态$n(4 \nmid n)$,设$n = 4k + t(t = 1,2,3)$,操作者可取走t根火柴,得到状态$4k$,则$4 | 4k$,所以$4k \in B$;对B中任何一个状态$n(4 | n)$,则无论怎样操作,操作一次取走p^k根火柴,得到状态$n - p^k$.注意到$k \leqslant 1$,当p为偶质数时,$p = 2$,$p^k \leqslant 2$,所以$4 \nmid p^k$;当p为奇质数时,$(4, p) = 1$,同样有$4 \nmid p^k$.但$4 | n$,所以$4 \nmid n - p^k$,从而$n - p^k \in A$.

解答原题:当$4 \nmid n$时,初状态是A中的状态,由引理,甲(先走者)可使自己始终面对A中的状态,使乙始终面临B中的状态,直至出现状态0,因为$4 | 0$,它必定由乙面对,从而甲有必胜策略.当$4 | n$时,初状态是B中的状态,由引理,乙(后走者)可使自己始终面对A中的状态,使甲始终面临B中的状态,直至出现状态0,因为$0 \in B$,它必定由甲面对,从而乙有必胜策略.

34. 采用胜负局搭配策略:令$A = \{n | 6 \nmid n\}$,$B = \{n | 6 | n\}$,我们先证明引理:对于A中任何一个状态,都存在一种操作方式,使其变成B中的一个状态;对任何一个B中的状态,不论下一次怎样操作,都变成A中的状态.实际上,对A中任何一个状态$n(6 \nmid n)$,设$n = 6k + t(t = 1,2,\cdots,5)$,操作者可取走$t$根火柴,得到状态$6k$,则

$6|6k$,所以 $6k\in B$;对 B 中任何一个状态 $n(6|n)$,则无论怎样操作,操作一次取走 p^k 根火柴,得到状态 $n-p^k$.注意到 $k\in \mathbf{N}$,而 $6=2\times 3$ 不是质数的方幂,所以 $6\nmid p^k$.但 $6|n$,所以 $6\nmid n-p^k$,从而 $n-p^k\in A$.

解答原题:因为 $10^n\equiv 1(\bmod 3)$,所以 $3\nmid 10^n$,从而 $6\nmid 10^n$,所以初状态是 A 中的状态,由引理,甲(先走者)可使自己始终面对 A 中的状态,使乙始终面临 B 中的状态,直至出现状态 0,因为 $6|0$,它必定由乙面对,从而甲有必胜策略.

35. 本题原解答有误,我们给出一个正确的解答.先尝试特例:当 $n=2,3$ 时,先取者不能将火柴全部取走,而后取者可以将剩下的火柴全部取走,从而 $n=2,3$ 时为负局.当 $n=4$ 时,先取者取 1 根,则后取者不能将剩下的火柴全部取走,化为前面的负局,从而 $n=4$ 时为胜局.当 $n=5$ 时,设先走者取走 r 根,剩下 $5-r$ 根.

(1) 若 $r=1$,则后取者也取 1 根,剩下 3 根,化为负局.

(2) 若 $r\geqslant 2$,则剩下 $5-r\leqslant 3<2r$,后取者可将其全部取走.所以,当 $n=5$ 时,初始状态为负局.如此下去,可以发现如下负局:2,3,5,8,$\cdots$.由此可猜想:当 $n\in F=\{斐波拉契数\}$ 时,初始状态为负局;当 $n\notin F=\{斐波拉契数\}$ 时,初始状态为胜局.是否可以证明:对 $n\in F$,则无论如何操作,操作一次以后剩下 n' 根火柴,必有 $n'\notin F$?这显然是不行的,比如,$n=8\in F$,但并不是对任何操作 T,有 $T(8)\notin F$,比如 T 是取出 3 根火柴的操作,则有 $T(8)=5\in F$.

考察 $n=8$ 时乙的策略,设甲先取走 r 根,剩下 $8-r$ 根.若 $8-r\notin F$,则有 $8-r=7,6,4$,由前面列举的情形,$8-r$ 为胜局;若 $8-r\in F$,令 $8-r=F_t<8=F_6$,所以,$8-r\leqslant 5$,得 $r\geqslant 3$,从而 $8-r\leqslant 2r$,于是乙可一次取走全部 $8-r$ 根,乙胜.

由此可见,要证 $n\in F$ 时 n 为负局,可分两种情况:一是乙可一次取走全部剩下的,二是 $T(n)$ 为胜局.现在的问题是,若 $n\notin F$,如

3 搭 配

何证明 n 是胜局?一个充分条件是,将 n 分解为 A_0 与若干个负局的和: $n = A_0 + A_1 + A_2 + \cdots + A_t$,使 $2A_{i-1} < A_i$.这样,甲先取走 A_0 根,而乙不能取走全部 A_1 根,于是"A_1"根又相当于一个乙先走初始状态,但 A_1 为负局,甲可取走"A_1"根中的最后 1 根,如此下去,甲胜.

一般地,我们想到,若 $n \notin F$,则将 n 分解为若干个 F 中的数之和:$F_{i_1} + F_{i_2} + \cdots + F_{i_t}$,且 $F_{i_k} > 2F_{i_{k-1}}$.先证明如下的引理.

引理:当且仅当 $n \notin F$ 时,存在 $i_1, i_2, \cdots, i_t$,其中 $i_k \geq i_{k-1} + 2$,使 $n = F_{i_1} + F_{i_2} + \cdots + F_{i_t}$.

证明:一方面,若 $n \notin F$,则必存在 $F_k < n < F_{k+1}$,于是(由 $n > F_k$ 可知,n 中可分出一个 F_k),$0 < n - F_k < F_{k+1} - F_k = F_{k-1}$.

(1) 若 $n - F_k \in F$,则令 $n - F_k = F_h$,则 $n = F_k + F_h$,且 $F_{k-1} > n - F_k = F_h$,有 $h < k-1, h \leq k-2$.

(2) 若 $n - F_k \notin F$,记 $n - F_k$ 为 n',重复上述过程即可.

另一方面,设 $n = F_{i_1} + F_{i_2} + \cdots + F_{i_t}$,其中 $i_k \geq i_{k-1} + 2$,要证 $n \notin F$.显然有 $n > F_{i_t}$,下证:$n < F_{i_t+1}$,对 t 归纳.当 $t = 2$ 时,$n = F_{i_1} + F_{i_2} \leq F_{i_2-1} + F_{i_2} = F_{i_2+1}$,结论成立.

一般地,由 $i_t \geq i_{t-1} + 2$,得 $i_t - 1 \geq i_{t-1} + 1$,所以 $n = F_{i_1} + F_{i_2} + \cdots + F_{i_{t-1}} + F_{i_t} < F_{i_{t-1}+1} + F_{i_t} \leq F_{i_t-1} + F_{i_t} = F_{i_t+1}$,结论成立.综上所述,$F_{i_t} < n < F_{i_t+1}$,所以 $n \notin F$.

解答原题:(1) 若 $n \in F$,乙有必胜策略.设操作 T 是取走 r 根火柴,分两种情况:(i) 当 $r \geq F_{p-2}$ 时,有 $n - r \leq F_p - F_{p-2} = F_{p-1} \leq 2F_{p-2} \leq 2r$.此时,乙可一次取走剩下的 $n-r$ 根,乙胜.(ii) 当 $r < F_{p-2}$ 时,有 $n - r > F_p - F_{p-2} = F_{p-1}$,又 $n - r < n = F_p$,所以,$n - r \notin F$.但乙不能一次取走剩下的 $n - r$ 根,所以,这 $n - r$ 根又相当于一个初始状态.由归纳假设,以 $n - r$ 为初始状态时,先取者有必胜策略,所以,乙有必胜策略.

(2) 若 $n \notin F$,甲有必胜策略.实际上,由引理,令 $n = F_{i_1} + F_{i_2}$

$+\cdots+F_{i_t}$,下用归纳法证明:甲有适当的取法,使得他能取到所有 $F_{i_j}(j=1,2,\cdots,t)$ 中的最后一根. 甲第一次先取走 F_{i_1} 根,而 $F_{i_2} > 2F_{i_1}$,可知乙不可能一次取走 F_{i_2} 根,由归纳假设,甲可取到 F_{i_2} 中的最后一根. 如此下去,甲能取到 F_{i_t} 中的最后一根,甲胜.

4 捆 绑

所谓捆绑,就是按照一定的规则,将某些对象捆绑在一起,看成一个新的对象,通过对新对象的研究,找到解题途径.

如何捆绑,通常取决于问题解题目标或题给条件的特征.其总的原则是:捆绑得到的新对象,或者便于利用条件实现目标,或者化归到已经处理过的对象,可利用前面的方法类似处理.

4.1 同类元素捆绑

所谓同类元素捆绑,就是将一些类型相同的对象捆绑在一起,看成一个新的对象.比如,含有相同的字母、结构,或其表现形式相同等.

例 1 设正整数 n 具有如下性质:对任何 n 个不同的正整数,其中必定有 4 个不同的数 a,b,c,d,使 $20 \mid a+b-c-d$,求 n 的最小值.

分析与解 先考虑目标:$20 \mid a+b-c-d$,为便于推理,将其更换一种表述形式
$$a+b-c-d \equiv 0 \pmod{20}$$
再将其变形为
$$a+b \equiv c+d \pmod{20}$$

则上式两边表现出相同的结构:都是两数和的形式,由此容易想到,只需考虑题中 n 个不同的正整数关于模20的余数,然后对那些不同的"余数"进行捆绑,以每两个数的和为元素利用抽屉原理.

显然,等式成立的一个充分条件是,由那些不同的"余数"每两个的和可得到21个"和".这样,由抽屉原理必有2个"和"相等.

注意到 $C_7^2 = 21$,所以只要 n 个不同的正整数关于模20的余数有7个不同值,则 n 合乎要求.但 n 个不同的正整数关于模20的余数未必有7个不同值,从而应以此为标准进行分类讨论.

如果 n 个不同的正整数关于模20的余数至多有6个不同值,这相当于 n 个不同的正整数归入模20的剩余类只有6个非空抽屉,此时容易找到两个不同元素属于同一抽屉,由此又想到目标成立的另一个充分条件,等式两边各项对应相等

$$a \equiv c \pmod{20}, \quad b \equiv d \pmod{20}$$

为了找到两个不同元素 a, c 属于同一抽屉,由于非空抽屉不多于6,只需 $n > 6$.在此前提下,取出这两个同余的元素,剩下 $n-2$ 个元素,我们还需要在其中继续找两个不同的元素 b, d 属于同一抽屉,这又只需 $n-2 > 6$,即 $n > 8$.

由以上讨论可知,$n = 9$ 合乎题目要求.

下面证明 $n \geq 9$,我们只需说明 $n = 8$ 不合乎题目要求.

根据前面 $n = 9$ 合乎要求的证明可知,若8个数不合乎要求,则它们关于模20的余数至多有6个不同值,而且没有两对元素分别在同一个抽屉.所以,8个数关于模20的余数恰有6个不同值.否则,8个数关于模20的余数至多有5个不同值,由 $8 > 5$ 可知,必有两个不同元素 a, c 在同一抽屉.取出这两个元素,剩下6个元素,再由 $6 > 5$,又有两个不同元素 b, d 在同一抽屉,矛盾.

进一步可知,8个数关于模20的余数恰有6个不同值,且有3个数属于同一抽屉,它们关于模20的余数相等.

4 捆 绑

考察 8 个数关于模 20 的余数,设其中有 3 个 1,接着,余数还可以取 2,3,但由 $1+4=2+3$,可知余数不能取 4,接下来,余数还可以取 5. 同样,由 $1+6=2+5,1+7=3+5$,可知余数不能取 6,7,接下来,余数还可以取 8,类似分析还可以取 13. 于是,令

$$A = \{21,41,61,22,23,25,28,33\}$$

则 A 中不存在 4 个不同的数 a,b,c,d,使 $20 \mid a+b-c-d$.

综上所述,n 的最小值为 9.

例 2(原创题) 在若干堆棋子中任取 2 堆,从棋子数较多的一堆中拿出若干只棋子放入另一堆,使另一堆棋子数增加一倍,我们称这样的操作为"倍增操作". 求所有的正整数 $n(n \geqslant 2)$,使 n 只棋子任意分成非空的 2 堆,都能通过适当的倍增操作并成一堆.

分析与解 从特例开始. 当 $n=2$ 时,初始状态只能是 $(1,1)$,操作一次后得到 $(2,0)$,所以 $n=2$ 合乎要求.

当 $n=3$ 时,初始状态只能是 $(1,2)$,操作一次后仍为 $(1,2)$,所以 $n=3$ 不合乎要求.

当 $n=4$ 时,初始状态有 $(1,3),(2,2)$,由 $(1,3) \to (2,2) \to (4,0)$,可知 $n=4$ 合乎要求.

当 $n=5$ 时,初始状态有 $(1,4),(2,3)$,由 $(1,4) \to (2,3) \to$ 操作停止,可知 $n=5$ 不合乎要求.

当 $n=6$ 时,初始状态有 $(1,5),(2,4),(3,3)$,由 $(1,5) \to (2,4) \to (2,4)$,可知 $n=6$ 不合乎要求.

当 $n=7$ 时,初始状态有 $(1,6),(2,5),(3,4)$,由 $(1,6) \to (2,5) \to (3,4) \to$ 操作停止,可知 $n=7$ 不合乎要求.

当 $n=8$ 时,初始状态有 $(1,7),(2,6),(3,5),(4,4)$,由 $(1,7) \to (2,6) \to (4,4) \to (8,0)$,以及 $(3,5) \to (2,6) \to (4,4) \to (8,0)$,可知 $n=8$ 合乎要求.

由此可猜想,所求正整数为 $n = 2^r (r \in \mathbf{N}^+)$.

先证明 $n=2^r (r \in \mathbf{N}^+)$ 合乎要求,我们希望能建立每一个 $n=2^r$ ($r \in \mathbf{N}^+$)值对应的合乎要求的操作之间的"递归关系". 比较 $n=2$ 与 $n=4$ 对应的操作

$$n=2:(1,1) \to (2,0)$$
$$n=4:(1,3) \to (2,2) \to (4,0)$$

去掉 $n=4$ 对应的操作过程中的第一个状态 $(1,3)$,则后面的状态分别是 $n=2$ 对应操作各状态的"2倍".

再比较 $n=4$ 与 $n=8$ 对应的操作

$$n=4:(1,3) \to (2,2) \to (4,0)$$
$$n=8:(1,7) \to (2,6) \to (4,4) \to (8,0)$$
$$(3,5) \to (2,6) \to (4,4) \to (8,0)$$

同样,去掉 $n=8$ 对应的操作过程中的第一个状态 $(1,7)$ 或 $(3,5)$,后面的状态分别是 $n=4$ 对应操作各状态的"2倍",于是,从第二个状态开始,可采用捆绑技巧:将两个元素捆绑在一起看成一个元素即可利用归纳假设.

下面证明:当 $n=2^r (r \in \mathbf{N}^+)$ 时,n 只棋子任意分成非空的2堆,都能通过适当的倍增操作并成一堆.

对 r 归纳. 当 $r=1$ 时,$n=2$,此时初始状态只能是 $(1,1)$,操作一次后得到 $(2,0)$,结论成立.

设 $r=k$ 时结论成立,考察 $r=k+1$ 的情形,此时 $n=2^{k+1} (k \in \mathbf{N}^+)$.

设此时的状态为 (a,b),其中 $a+b=2^{k+1}$ 为偶数,从而 a,b 同奇偶.

若 a,b 同为奇数,则操作一次以后变成同为偶数,于是不妨设 a,b 同为偶数.

令 $a=2a_1, b=2b_1$,则 $a_1+b_1=2^k (k \in \mathbf{N}^+)$.

将每两个棋子捆绑在一起看成一个"大棋子",则状态变成

(a_1,b_1),其中 a_1,b_1 分别是两堆大棋子的数目,$a_1+b_1=2^k$ ($k\in \mathbf{N}^+$).

由归纳假设,所有大棋子可以并成一堆,这等价于所有棋子可以并成一堆,从而结论成立.

下面还要证明 $n=2^r t$ ($r\in \mathbf{N}^+$,t 为大于 1 的奇数)不合乎要求.

再观察上述 $n=3,5,6,7$ 的特例,发现不能按要求操作的初始状态分别是 $(1,2),(1,4),(1,5),(1,6)$,由此猜想一般情况下不能按要求操作的初始状态是 $(1,n-1)$.

我们期望证明:当 $n=2^r t$ ($r\in \mathbf{N}^+$,t 为大于 1 的奇数)时,初始状态 $(1,n-1)$ 不能使所有棋子并成一堆.

比较初始状态 $(1,n-1)$ 与目标状态 $(0,n)$,寻找它们的本质差异,此时要注意条件:"t 为大于 1 的奇数",必须用 t 作为"试金石"来寻找 $(1,n-1)$ 与 $(0,n)$ 的本质差异.

由此发现:初始状态 $(1,n-1)$ 中,$t\nmid 1$,$t\nmid n-1$(因为 $t\mid n$),而目标状态 $(0,n)$ 中,$t\mid n$,$t\mid 0$.

于是,我们只需证明:"不被 t 整除"这一性质在操作中不变.

实际上,对于任意一个状态 (a,b),其中 $a+b=n$,如果 $t\nmid a$,$t\nmid b$,设操作一次以后得到 $(2a,b-a)$,那么 $t\nmid 2a$,$t\nmid b-a$,否则,若 $t\mid 2a$,则有 $(2,t)=1$,有 $t\mid a$,矛盾.若 $t\mid b-a$,则由 $t\mid n$,即 $t\mid a+b$,有 $t\mid (a+b)-(b-a)$,即 $t\mid 2a$,矛盾.

由此可见,上述"不被 t 整除"的性质在操作中不变.

因为初始状态 $(1,n-1)$ 中,有 $t\nmid 1$,$t\nmid n-1$(因为 $t\mid n$),而在目标状态中,有 $t\mid n$,$t\mid 0$,从而操作目标不能实现,即不能并成一堆.

综上所述,所求的正整数为 $n=2^r$ ($r\in \mathbf{N}^+$).

例 3(1998 年印度数学奥林匹克试题) 给定整数 m,n,其中 $m\geqslant n\geqslant 2$,试证:被 $x^{n-1}+x^{n-2}+\cdots+x+1$ 整除,且系数取自集合 $M=\{1,2,\cdots,2m\}$ 中的 $2n-1$ 个不同数的 $2n-1$ 次多项式的个数

为 $2^n n!(4C_{m+1}^{n+1} - 3C_m^n)$.

分析与证明 设合乎条件的多项式为
$$f(x) = a_{2n-1}x^{2n-1} + a_{2n-2}x^{2n-2} + \cdots + a_1 x + a_0$$
我们要确定,当其系数满足什么条件时,$f(x)$ 被 $p(x) = x^{n-1} + x^{n-2} + \cdots + x + 1$ 整除.

显然,$p(x)$ 的 $n-1$ 个根为 $n-1$ 次单位虚根,这是因为:

由 $x^{n-1} + x^{n-2} + \cdots + x + 1 = 0$,得 $(x-1)(x^{n-1} + x^{n-2} + \cdots + x + 1) = 0$,从而 $x^n = 1$,但显然 $p(x)$ 的根不为 1,从而是 $n-1$ 个根为 $n-1$ 次单位虚根 $w_i (i=1,2,\cdots,n-1)$.

由因式定理知,$p(x)|f(x) \Leftrightarrow f(w_i) = 0 \ (i=1,2,\cdots,n-1)$.

因为 $w_i^n = 1$,所以
$$\begin{aligned} f(w_i) &= a_{2n-1}w_i^{2n-1} + a_{2n-2}w_i^{2n-2} + \cdots + a_1 w_i + a_0 \\ &= (a_{2n-1}w_i^{2n-1} + a_{2n-2}w_i^{2n-2} + \cdots + a_{n+1}w_i^{n+1} + a_n w_i^n) \\ &\quad + (a_{n-1}w_i^{n-1} + a_{n-2}w_i^{n-2} + \cdots + a_1 w_i + a_0) \\ &= (a_{2n-1}w_i^{n-1} + a_{2n-2}w_i^{n-2} + \cdots + a_{n+1}w_i^1 + a_n) \\ &\quad + (a_{n-1}w_i^{n-1} + a_{n-2}w_i^{n-2} + \cdots + a_1 w_i + a_0) \\ &= (a_{2n-1} + a_{n-1})w_i^{n-1} + (a_{2n-2} + a_{n-2})w_i^{n-2} \\ &\quad + \cdots + (a_{n+1} + a_1)w_i + (a_{n+1} + a_0) \end{aligned}$$

令
$$\begin{aligned} g(x) &= (a_{2n-1} + a_{n-1})x^{n-1} + (a_{2n-2} + a_{n-2})x^{n-2} \\ &\quad + \cdots + (a_{n+1} + a_1)x + (a_{n+1} + a_0) \end{aligned}$$
则
$$f(w_i) = g(w_i) \ (i=1,2,\cdots,n-1)$$

于是
$$p(x) \mid f(x) \Leftrightarrow f(w_i) = 0 \Leftrightarrow g(w_i) = 0 \Leftrightarrow p(x) \mid g(x)$$
对于
$$g(x) = A_{n-1}x^{n-1} + A_{n-2}x^{n-2} + \cdots + A_1 x + A_0$$

4 捆　　绑

由于
$$g(x) = A_{n-1}p(x) + (A_{n-2} - A_{n-1})x^{n-2}$$
$$+ \cdots + (A_1 - A_{n-1})x + (A_0 - A_{n-1})$$

所以
$$p(x) \mid g(x) \Leftrightarrow A_{n-1} = A_{n-2} = \cdots = A_1 = A_0$$

即
$$a_{2n-1} + a_{n-1} = a_{2n-2} + a_{n-2} = \cdots = a_{n+1} + a_1 = a_n + a_0$$

以上连等式中每一个部分的结构相同，都是两数和的形式，且两字母下标之差为 n，由此想到将 $f(x)$ 的系数捆绑成如下 n 对
$$(a_0, a_n), (a_1, a_{n+1}), (a_2, a_{n+2}), \cdots, (a_{n-1}, a_{2n-1})$$
则每一对的和相等.

这样一来，问题变成从 $M = \{1, 2, \cdots, 2m\}$ 中取出 n 个对子，使每个对子的和都相等.

假定每个对子的和为 $k(1 + 2 \leqslant k \leqslant 2m - 1 + 2m)$，我们来计算 M 中互不相交的和为 k 的对子个数 m_k，然后从 m_k 个对子中取出 n 个对子，并分配到各个 $(a_i, a_{n+i})(i = 0, 1, \cdots, n-1)$ 中去即可.

当 $3 \leqslant k \leqslant 2m$ 时，和为 k 的有序对恰有 k 个
$$(1, k-1), (2, k-2), \cdots, (k-1, 1)$$

当 k 为奇数时，上述对子中的两个数不同，但每个对子被计算 2 次，所以共有 $\dfrac{k-1}{2}$ 个对子.

当 k 为偶数时，上述对子中 $\left(\dfrac{k}{2}, \dfrac{k}{2}\right)$ 不合乎要求，只有 $k - 2$ 个合乎要求的对子，但每个对子被计算 2 次，所以共有 $\dfrac{k-2}{2} = \left[\dfrac{k-2}{2} + \dfrac{1}{2}\right] = \left[\dfrac{k-1}{2}\right]$ 个对子.

所以，不论哪种情况，都有 $m_k = \left[\dfrac{k-1}{2}\right]$ 个对子.

当 $2m+1 \leqslant k \leqslant 4m-1$ 时,和为 k 的有序对恰有 $2m-(k-2m-1)=4m-k+1$ 个: $(k-2m,2m),(k-2m+1,2m-1),\cdots,(2m,k-2m)$.

如果其中某个对子的两个数相同,设为 $(i,k-i)(k-2m\leqslant i\leqslant 2m)$,则 $k=2i$,即 k 为偶数. 于是有如下情况.

当 k 为奇数时,上述对子中的两个数不同,但每个对子被计算 2 次,所以共有 $\dfrac{4m-k+1}{2}$ 个对子.

当 k 为偶数时,上述对子中的 $\left(\dfrac{k}{2},\dfrac{k}{2}\right)$ 不合乎要求,只有 $4m-k$ 个合乎要求的对子,但每个对子被计算 2 次,所以共有 $\dfrac{4m-k}{2}=\left[\dfrac{4m-k}{2}+\dfrac{1}{2}\right]=\left[\dfrac{4m-k+1}{2}\right]$ 个对子.

所以,不论哪种情况,都有 $m_k=\left[\dfrac{4m-k+1}{2}\right]$ 个对子.

对 $k=3,4,5,6,\cdots,2m-1,2m,2m+1,2m+2,2m+3,\cdots,4m-2,4m-1$,相应的 m_k 的取值如下表所示.

k	3	4	5	6	$\cdots$	$2m-1$	$2m$	$2m+1$	$2m+2$	$2m+3$	$\cdots$	$4m-4$	$4m-3$	$4m-2$	$4m-1$
m_k	1	1	2	2	$\cdots$	$m-1$	$m-1$	m	$m-1$	$m-1$	$\cdots$	2	2	1	1

从 m_k 个和为 k 的数对中选取 n 个,有 $C_{m_k}^n$ 种方法,于是,合乎要求的 n 个数对的集合的个数为

$$2(C_1^n+C_2^n+\cdots+C_{m-1}^n)+C_m^n+2(C_1^n+C_2^n+\cdots+C_{m-1}^n)$$
$$=4(C_1^n+C_2^n+\cdots+C_{m-1}^n+C_m^n)-3C_m^n=4C_{m+1}^{n+1}-3C_m^n$$

最后,对每一个这样的集合,将 n 个数对分配到 n 个系数对子,有 $n!$ 种方法,在系数对子中,确定哪个系数取哪个数值,有 2 种方法,从而分配数值到各系数有 $2^n n!$ 种方法,故合乎条件的多项式共有 $2^n n!(4C_{m+1}^{n+1}-3C_m^n)$ 个,命题获证.

相邻元素捆绑

所谓相邻元素捆绑,就是按照已有的某种顺序,将一些类型临近的对象捆绑在一起,看成一个新的对象.比如,将连续若干个字母捆绑在一起看成一个"大字母",将连续若干同类对象捆绑在一起看成一个"大对象"等.

例1(1984年上海市数学竞赛试题) 某班有50个学生,男、女各占一半.他们围成一圈,证明:必有一个学生的两旁坐的都是女生.

分析与证明 先将目标分解为排列中或者出现3个相邻学生性别为"女男女",或者出现3个相邻学生性别为"女女女".

显然,如果有一个男生,他的两旁坐的都是女生,则结论成立.

下设每一个男生都至少与一个男生相邻,此时我们需要找到相邻的3个女生.由此想到,以"空"(相邻两个男生之间的位置)为抽屉,期望有一个抽屉中有3个女生.

将连座的男生捆绑在一起看作一个"大元素",称两个大元素之间的位置为"空",则每一个"空"中至少有一个女生.

显然,每个大元素至少捆绑有2个男生,于是25个男生至多捆绑为12个大元素.这12个大元素按原来的顺序排在圆周上,形成12个空.将25个女生归入这12个空,至少有一个空有3个女生,于是有一个女生,她的两旁坐的都是女生,结论成立.

以上解法是将男生"捆绑",我们还可以将女生"捆绑",得到如下解法:

将连座的女生捆绑在一起看作一个"大元素",称两个大元素之间的位置为"空",则每一个"空"中至少有一个男生.

如果有一个"大元素"捆绑有3个女生,则出现"女女女"结构,结论成立.下设任何"大元素"至多捆绑有2个女生,这样,25个女生被

捆绑为 $k \geqslant 13$ 个大元素. 这 k 个大元素按原来的顺序排在圆周上,形成 k 个空. 将男生排在 k 个"空"中,至少有一个空不多于 $\left[\dfrac{25}{k}\right] \leqslant \left[\dfrac{25}{13}\right] = 1$ 个男生, 又该空至少有 1 名男生, 此男生两旁都是女生, 结论成立.

以上两种解法, 可谓异曲同工、相映成趣. 本题不用捆绑技巧也可完成证明, 但其方法难以想到.

另证 目标等价于有两个女生"跳跃相邻"(只隔一个学生), 也就是说, 若将 50 个座位分别记为 $A_1, A_2, \cdots, A_{50}$, 则只需证明有两个女生在相邻的奇(偶)号位上, 由此想到令

$$A = \{A_1, A_3, \cdots, A_{49}\} \text{ 为奇号位的集合}$$
$$B = \{A_2, A_4, \cdots, A_{50}\} \text{ 为偶号位的集合}$$

将 25 个女生归入 A, B, 必定有 13 个女生属于同一集合, 不妨设有 13 个女生在 A 中, 则必有 2 个女生坐在相邻的奇号位 A_i, A_{i+2} 上, 此时 A_{i+1} 的两旁都坐女生, 结论成立.

我们还可用反证法证明: 假设结论不成立, 考察圆周上的 25 个男生, 相邻 2 个男生之间有 1 个空, 共有 25 个空, 则相邻 2 个空不能同时有女生, 从而至多 12 个空中有女生. 将 25 个女生归入至多 12 个空中, 由抽屉原理, 至少有 1 个空中有 3 个女生, 这 3 个女生相邻, 矛盾.

例 2 有一行连续若干个空格, 空格的数目足够多, 其中 $n(n \geqslant 3)$ 个连续空格放有 n 个白子 A, 每格一个白子, 紧接着的连续 n 个空格放有 n 个黑子 B, 每格一个黑子, $2n$ 个棋子依次不留间隙地排成一行构成这样一种状态: $\square \cdots \square AA \cdots ABB \cdots B \square \cdots \square$. 现做如下操作: 每次将相邻的两只棋子取出, 并保持此两只棋子原先的次序, 将其放在当前状态中某连续的两个空格中. 求证: 可以经过 n 次这样的操作, 使 $2n$ 个棋子排成黑白相间的一行, 且任何两个棋子之间没有

空格.

分析与证明 本题是可选性操作问题,其操作对象与位置可以由操作者自由选择,我们先引入一个记号来描述这一选择.

注意到最终状态中 $2n$ 个棋子仍然依次不留间隙地排成一行,从而每次操作应尽可能保持 $2n$ 个棋子不留间隙.

假定我们已找到 n 个合乎条件的操作,按操作的先后顺序将其依次记为 $a_1, a_2, \cdots, a_n$ ($a_i \in \mathbf{Z}, a_i \neq 0$),其中第 i 次操作的代号 a_i ($i = 1, 2, \cdots, n$) 表示的是这样一个操作:当 $a_i > 0$ 时,操作是将棋子序列从左至右数的第 a_i, a_{i+1} 这连续 2 枚棋子取出,跨过某些棋子向右平移至最先出现的空位上;而当 $a_i < 0$ 时,操作是将棋子序列从右至左数的第 a_i, a_{i+1} 这连续 2 枚棋子取出,跨过某些棋子向左平移至最先出现的空位上.

显然,每次操作后得到的状态,棋子列之间至多含有 2 个空格,我们称这样的空格为"内部空格". 易知,如果某次操作的代号为正(负)数,则当前状态中的内部空格(如果有的话)位于被操作的两个棋子的右(左)侧,而棋子所在位置的序号是从左(右)开始数的,所以棋子的序号并没有将空格计算在内.

这样,问题转化为:求合乎条件的 n 个操作构成的操作序列 $T_n = (a_1, a_2, \cdots, a_n)$.

先看几个特例. 当 $n = 3$ 时,操作过程如下.

初始状态为 $\overrightarrow{AA}ABBB$,经过代号为 1 的操作,得到 $\square\square ABB\overrightarrow{BA}A$ (其中标明的空格表示最初状态中该位置上有棋子,其余的空格不标出),再经过代号为 4 的操作,得到 $\square\square A\overrightarrow{BB}\square\square ABA$,再经过代号为 1 的操作,得到 $\square\square\square\square BABABA$,所以

$$T_3 = (1, 4, 1)$$

当 $n = 4$ 时,操作过程如下.

初始状态为 $A\overrightarrow{AA}ABBBB$,经过代号为 2 的操作,得到 $A\square\square A$

$BBBBAA$,经过代号为 -5 的操作,得到 $ABBA\square\square B\overset{\leftarrow}{B}AA$,经过代号为 -2 的操作,得到 $\overset{\rightarrow}{AB}BABAB\square\square A$,经过代号为 1 的操作,得到 $\square\square BABABABA$,所以

$$T_4 = (2, -5, -2, 1)$$

当 $n = 5$ 时,操作过程如下.

初始状态为 $A\overset{\rightarrow}{AA}AABBBBB$,经过代号为 2 的操作,得到 $A\square\square AABB\overset{\leftarrow}{BB}BAA$,经过代号为 -4 的操作,得到 $ABBA\overset{\rightarrow}{AB}\square\square BAA$,经过代号为 5 的操作,得到 $ABBA\square\square BAB\overset{\leftarrow}{BA}A$,经过代号为 -2 的操作,得到 $\overset{\rightarrow}{AB}BABABAB\square\square A$,经过代号为 1 的操作,得到 $\square\square BABABABABA$,所以

$$T_5 = (2, -4, 5, -2, 1)$$

进一步,有

$T_6 = (2, -9, -4, 6, -2, 1)$, $T_7 = (2, -7, 6, -5, 5, -2, 1)$, $\cdots$

观察 T_4, T_5, T_6, T_7,我们发现最后得到的排列都以黑子 B 开头,全部 n 次操作中恰有一次操作为"1"且位于最后,这表明:全部操作完成后,棋子已黑白相间排列,且整行向右移动了两格.

以下证明,当 $n \geqslant 4$ 时,n 个相连的白子和 n 个相连的黑子排成一行,可经 n 次移动两子的操作,使黑白相间(以黑子 B 开头),且整行向右移动了两格,而且所有棋子任何时刻都没有移动到原有的 $2n$ 个位置及紧接着的两个空格这 $2n+2$ 个位置之外.

对 n 归纳:当 $n = 4, 5, 6, 7$ 时,结论已成立,今设结论对于 n 成立,考虑 $n+4$ 对棋子的情形,设有 $n+4$ 对棋子黑白分段排列于一行(白子在前):$AA\cdots ABB\cdots B$.

先把中间的 n 对棋子(n 个 A 和 n 个 B)捆绑在一起收藏于一个括弧中,被捆绑的棋子暂时忽略不计,则状态变成 4 对棋子的一个排列

$$AAAA(AA\cdots ABB\cdots B)BBBB$$

4 捆 绑

现对这 4 对棋子进行 T_4 中的前两步操作：

初始状态为 $A\overrightarrow{AAA}(AA\cdots ABB\cdots B)BBBB$.

经过第一次操作"2"，得到 $A\square\square A(AA\cdots ABB\cdots B)\overleftarrow{BBBB}AA$.

经过第二次操作"-5"，得到 $ABBA(AA\cdots ABB\cdots B)\square\square BBAA$.

经过这两次操作后，括弧右侧已出现两个空格，正好可以借助这两个空格连同中间捆绑的 n 对棋子利用归纳假设. 于是，由归纳假设，可对括弧内的 n 对棋子在这 $2n+2$ 个位置上进行 n 次操作，使所有棋子黑白相间，第一个位置为黑子，整行棋子无间隙，且整体向右移动两个位置，这样，括号前面又出现两个标明了的空位，状态变为

$$ABBA\square\square(BABA\cdots BA)BBAA$$

现在，再将括弧中的棋子忽略不计，上述排列又可看成是 4 对棋子，对之进行 T_4 中的后两步操作如下.

初始状态为 $ABBA\square\square(BABA\cdots BA)B\overleftarrow{BAA}$.

经过第三次操作"-2"，得到 $\overrightarrow{ABBABA}(BABA\cdots BA)B\square\square A$.

经过第四次操作"1"，得到 $\square\square BABA(BABA\cdots BA)BABA$.

此时的状态为黑白间隔排列，第一个位置为黑子，整行棋子无间隙，且整体向右移动两个位置. 显然，上述所有操作都在 $2(n+4)+2$ 个位置上进行，结论成立.

综上所述，命题获证.

例 3（原创题） 对简单图 G 中任意两点，连接它们的最短链的长度称为它们的距离，G 中所有两点间的距离的最大值称为 G 的直径，记为 $d(G)$.

设 $G,\overline{G}$ 都是 n 阶简单连通图，求 $d(G)+d(\overline{G})$ 的所有可能取值.

分析与解 记 $d(G)+d(\overline{G})$ 的所有可能取值的集合为 M.

当 $n=4$ 时,因为 $G,\bar{G}$ 都连通,所以 $\|G\|\geqslant 3,\|\bar{G}\|\geqslant 3$,又 $\|G\|+\|\bar{G}\|=C_4^2=6$,所以 $\|G\|=\|\bar{G}\|=3$.

如果 G 中有圈或有一个点的度为 3,则 $\bar{G}$ 不连通,从而 G 只能是长为 3 的链,从而 $\bar{G}$ 是长为 3 的链,所以 $d(G)=3,d(\bar{G})=3$, $d(G)+d(\bar{G})=6$,此时 $M=\{6\}$.

当 $n\geqslant 5$ 时,易知 $d(G)+d(\bar{G})$ 的最大值为 $n+1$,$d(G)+d(\bar{G})$ 的最小值为 4,所以,$4,n+1\in M(n\geqslant 5)$.

下面证明:$n=5$ 时,$5\notin M$.

实际上,因为 G 连通,所以 $\|G\|\geqslant 4$.不妨设 $\|G\|\leqslant\|\bar{G}\|$,而 $\|G\|+\|\bar{G}\|=C_5^2=10$,所以 $\|G\|\leqslant 5$.

当 $\|G\|=4$ 时,因为 G 连通,如果 G 中每个点的度不大于 2,则 G 是长为 4 的链,有 $d(G)=4$,而 $d(\bar{G})\geqslant 2$,所以
$$d(G)+d(\bar{G})\geqslant 6$$

如果 G 中存在点的度大于 2,则该点的度只能是 3,否则 $\bar{G}$ 不连通,于是,G 是长为 3 的链在非端点处添加一条边所成的图,有 $d(G)=3,d(\bar{G})=3$,所以
$$d(G)+d(\bar{G})=6$$

当 $\|G\|=5=\|\bar{G}\|$ 时,由图论的基本知识可知,G 中含有圈.

若圈的长为 3,则 G 或者是长为 3 的圈在一顶点处添加一条长为 2 的链所成的图,或者是长为 3 的圈在 2 顶点处各添加一条边所成的图,此时都有 $d(G)=3,d(\bar{G})=3$,所以 $d(G)+d(\bar{G})=6$.

若圈的长为 4,则 G 是长为 4 的圈在一顶点处添加一条边所成的图,此时有 $d(G)=3,d(\bar{G})=3$,所以 $d(G)+d(\bar{G})=6$.

若圈的长为 5,则 $G,\bar{G}$ 都是长为 5 的圈,此时有 $d(G)=2$, $d(\bar{G})=2$,所以 $d(G)+d(\bar{G})=4$.

所以当 $n=5$ 时,$d(G)+d(\bar{G})\neq 5$,从而 $M=\{4,6\}$.

下面证明:当 $n\geqslant 6$ 时,$M=\{4,5,\cdots,n+1\}$.

4 捆　绑

基本想法是:对 $4\leqslant r\leqslant n-1$,构造图 G,使 $d(G)=r, d(\bar{G})=2$. 这样一来,当 r 遍取 $4,5,\cdots,n-1$ 时,$d(G)+d(\bar{G})=r+2$ 遍取 $6,7,\cdots,n+1$.

为了使 $d(G)=r(4\leqslant r\leqslant n-1)$,最简单的情形是:对于长为 r 的链 L,有 $d(L)=r$.

但长为 r 的链 L 只有 $r+1$ 个顶点,而 G 有 n 个顶点,为了使 G "变成" $r+1$ 个顶点,假定 G 的 n 个顶点为 $A_1, A_2, \cdots, A_n$,将相邻若干个点 $A_{r+1}, A_{r+2}, \cdots, A_n$ 捆绑看成一个点,则 G 可看成是长为 r 的链.为了使 $A_{r+1}, A_{r+2}, \cdots, A_n$ 能在 G 中充当一个点的功能,令 $A_{r+1}, A_{r+2}, \cdots, A_n$ 两两相连即可,从而 $d(G)=r$.

由于将 $A_{r+1}, A_{r+2}, \cdots, A_n$ 捆绑看成一个点时,G 中有 $r+1\geqslant 5$ 个点,而对长为 $r+1\geqslant 5$ 的链的补图 $\bar{G}$,都有 $d(\bar{G})=2$,于是,$d(G)+d(\bar{G})=r+2$.

最后,我们只需构造一个图 G,使 $d(G)=3, d(\bar{G})=2$.

构造如下的图 G:设其 n 个顶点为 $A_1, A_2, \cdots, A_n(n\geqslant 6)$,当且仅当 $j=i+1(i=1,2,\cdots,n)$ 及 $4\leqslant i<j\leqslant n$ 时,A_i 与 A_j 相连,此时,$A_1, A_2, \cdots, A_n$ 为 G 中一个长为 n 的圈,$A_4, A_5, \cdots, A_n$ 构成 G 中一个 $n-3$ 阶完全子图.

我们先证明,对图 G 中任意两个点 $A_i, A_j (1\leqslant i<j\leqslant n)$,有 $d(A_i,A_j)\leqslant 3, \bar{d}(A_i,A_j)\leqslant 2$.

（ⅰ）若 $i,j\in\{1,2,3\}$,则当 A_i 与 A_j 相连时,$d(A_i,A_j)=1$,而 A_4 或 A_n 与 A_i, A_j 都不相连,所以 $\bar{d}(A_i,A_j)=2$.

当 A_i 与 A_j 不相连时,$(A_i,A_j)=(A_1,A_3)$,所以 $d(A_i,A_j)=2$,而 A_i, A_j 都不相连,所以 $\bar{d}(A_i,A_j)=1$.

（ⅱ）若 $i,j\in\{4,5,\cdots,n\}$,A_i 与 A_j 相连,$d(A_i,A_j)=1$,而 A_2 与 A_i, A_j 都不相连,所以 $\bar{d}(A_i,A_j)=2$.

（ⅲ）若 $i \in \{1,2,3\}, j \in \{4,5,\cdots,n\}$，则当 A_i 与 A_j 相连时，$(A_i, A_j) = (A_3, A_4)$ 或 $(A_i, A_j) = (A_1, A_n)$，此时 $d(A_i, A_j) = 1$，而 A_1 或 A_3 与 A_i, A_j 都不相连，所以 $\bar{d}(A_i, A_j) = 2$.

当 A_i 与 A_j 不相连时，$d(A_i, A_4) \leqslant 2$ 或 $d(A_i, A_n) \leqslant 2$，而 $d(A_j, A_4) \leqslant 1, d(A_j, A_n) \leqslant 1$，所以 $d(A_i, A_j) \leqslant 2 + 1 = 3$，而 A_i, A_j 不相连，所以 $\bar{d}(A_i, A_j) = 1$.

由（ⅰ）、（ⅱ）、（ⅲ）可知，$d(G) \leqslant 3$，且 $d(\bar{G}) \leqslant 2$.

因为 $n \geqslant 6$，所以在 G 中，$d(A_2, A_5) \geqslant 3$，从而 $d(G) = 3$. 又显然有 $d(\bar{G}) \geqslant 2$，从而 $d(\bar{G}) = 2$.

综上所述，当 $n = 4$ 时，$M = \{6\}$；当 $n = 5$ 时，$M = \{4, 6\}$；当 $n \geqslant 6$ 时，$M = \{4, 5, \cdots, n+1\}$.

4.3 操作捆绑

所谓操作捆绑，就是将连续若干次特定的操作捆绑在一起，看成一个"大操作"，而"大操作"的功能，就是被捆绑的连续若干次特定的操作完成后具有的功能.

例 1（1994 年中国数学奥林匹克试题） 已知 $n(n \geqslant 4)$ 个盘子里放有总数不少于 3 的糖块，从任选的 2 个盘子里各取一块糖，放入另一个盘子中，称为一次操作. 问能否经过有限次操作，将所有的糖块集中到一个盘子里去？证明你的结论.

分析与解 本题思路很简单，将盘子一个个拿空即可，这只需将糖数较少的盘子中的糖块拿到糖数最多的盘子中.

不妨设第 i 个盘子中有 a_i 块糖，且 $a_1 \geqslant a_2 \geqslant \cdots \geqslant a_n$，于是，先对 $n-1, n$ 这两个盘子进行操作（各取一块糖放入第一个盘子中），操作 a_n 次后，可使第 n 只盘子变为空的.

再对 $n-2, n-1$ 这两个盘子进行操作，又可使第 $n-1$ 只盘子变为空的,如此下去,直至对 2,3 这两个盘子进行操作,可使第 3 只盘子变为空的.

这样一来,糖块都集中到了 1,2 这两个盘子里,下面却不能进行类似的操作了,因为拿出的糖"放入另一个盘子中",另一个空盘又变成非空的了.

现在,只能对 1,2 这两个盘子进行操作,而取出的糖块又只能放入另一个盘子里,比如第 3 只盘子.

但实际上,此时还要利用第 4 只盘子,这恰好是题目条件 $n \geqslant 4$ 的用处.

考察状态 $(a,b,0,0,\cdots,0)$,不妨设 $a \geqslant b$,我们证明,可适当操作,使状态变成 $(x,y,0,0,\cdots,0)$,其中 $y \leqslant 2$.其策略是,将第 2 个盘中的糖尽可能转移到(借助第 3 个盘)第 1 个盘中.

实际上,将下述连续 4 个操作捆绑看作一个"大操作" A:

$(a,b,0) \to$(第 1,2 盘同时减少)$(a-1,b-1,2) \to$(第 1 盘增加)$(a+1,b-2,1) \to$(第 1 盘再增加)$(a+3,b-3,0)$

"大操作" A 相当于在第 2 个盘子里取出 3 块糖(如果 $b \geqslant 3$)放入第 1 个盘子中.若干次"大操作",可使状态变为 $(x,y,0,0,\cdots,0)$,其中 $y \leqslant 2 \leqslant x$.这里要求糖的总数不少于 4,且以下需要 4 个盘子.

当 $y=2$ 时,$(x,2,0,0) \to (x-1,1,2,0)$(第一次放在第 3 个盘中)$\to (x-2,0,2,2)$(第二次放在第 4 个盘中)$\to (x,0,1,1) \to (x+2,0,0,0)$(操作结束).

当 $y=1$ 时,$(x,1,0,0) \to (x-1,0,2,0)$,此时,问题已化归为 $y=2$ 的情形(可进行类似操作).

由此可见,若糖的总数不少于 4,则操作目标一定可以实现,命题获证.

下面举例说明,糖的总数为 3,则操作目标不一定可以实现,此时,假定初始状态为 $(2,1,0,0,\cdots,0)$,则这一状态在操作下不变,无

法得到$(3,0,0,\cdots,0)$.

例2 在$n\times n$棋盘中$(n\geqslant 3)$,每个方格染成了黑白两种颜色之一,使相邻的方格不同色,每次操作允许改变任何一个$4-T$形内所有方格的颜色,问:能否经过有限次操作,使所有方格都变成相反的颜色?

分析与解 考察$n\times n$棋盘各个方格在操作中改变的总次数S,每次操作改变4个方格的颜色,对S的贡献为偶数,而最初$S=0$为偶数,于是操作中S恒为偶数.

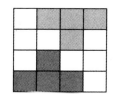

图4.1

(1)当n为奇数时,假设目标可以实现,则每个方格都操作了奇数次,此时S是n^2个奇数的和,为奇数,矛盾,从而目标状态不能实现.

(2)当$n=4k$时,先考察4×4棋盘,它可以划分为4个"$4-T$形"(图4.1),从而4×4棋盘可按要求操作.

现将$4k\times 4k$棋盘分割为k^2个4×4棋盘,可知棋盘可以操作.

(3)当$n=4k+2$时,先分出左上角的$4k\times 4k$表,余下的部分可分为若干个1×2骨牌(图4.2).对每个1×2骨牌,将其扩充为4×4表,按图4.3的方式操作若干次,可使4×4表中仅改变1×2骨牌的方格颜色.

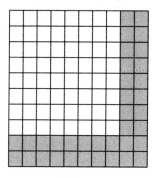

图4.2

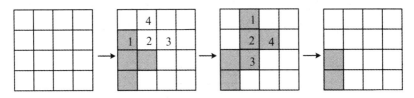

图 4.3

我们把这几次操作捆绑看作一个"大操作"B,则对每一个 1×2 骨牌进行一次操作 B 即可达到目的.

综上所述,当且仅当 n 为偶数时,可按题目要求操作,使所有方格都变成相反的颜色.

例 3(1991 年苏联训练题) 在 $m\times n$ ($m,n>2$)棋盘中的每个方格填数 1 或 -1,每次操作允许改变两个恰有一个公共方格的 2×2 正方形内所有数的符号.问:对怎样的 m,n,不论原来的数如何填,总可以通过有限次操作,使表中的数都变为原来的数的相反数?

分析与解 首先,3×3 表适当操作两次,可以使 4 角上的数字变号,而其余的数不变号(图 4.4).

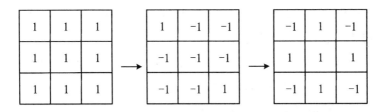

图 4.4

我们把这样的两次操作捆绑看作一个"大操作"A,则 A 恰改变 3×3 表的 4 角上的数的符号.

对一个 4×4 表,它含有 4 个 3×3 子表,将其中每一个 3×3 子表都施行一次"大操作"A,则 4 次操作 A 可以改变此 4×4 表内各数的符号,这是因为每个格只充当一次 3×3 子表的角上格,如图 4.5

所示,其中的数字 i 就是第 i 个 3×3 子表的角上格,将这样的 4 个操作合并看成一个超级操作 B.

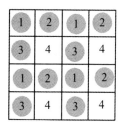

图 4.5

于是,当 $4\mid m$ 且 $4\mid n$ 时,将 $m\times n$ 表划分为若干个 4×4 表,每个 4×4 表都施行一次超级操作 B,则所有数都改变成相反的符号.

下面证明,当 m,n 中有一个不是 4 的倍数时,目标状态无法实现.

不妨设 m 不是 4 的倍数,考察数表中每个方格在操作中改变符号的次数(我们称为该格的秩).

(1) 若 m 为奇数,考察第 1 列各格在操作中的"秩和"为 S,因为每次操作改变第 1 列 0 或 2 个格的符号,对 S 的贡献为偶数,所以第一列各个格的秩和 S 为偶数.

但第一列共有 m(奇数)个格,必有一个格的秩为偶数,此格中的数与原来的数同号,目标状态无法实现.

(2) 若 m 为偶数,令 $m=4k+2$.

考察第 2 列各格中的"秩和"为 S,反设目标可以实现,则每个格在操作中的秩为奇数,但第 2 列共有 m(偶数)个格,于是 S 是偶数个奇数的和,所以 S 为偶数.

另一方面,所有操作可分为如下两类:第一类是含有第 1 列格的操作,第二类是不含第 1 列格的操作.

我们先证明,第一类操作共有奇数个.   (∗)

实际上,设第一列的格分别为 $a_1, a_2, \cdots, a_{4k+2}$,为了叙述问题方便,对两个恰有一个公共格的 2×2 的数表 $ABCD$ 和 $DEFG$ 进行操作(图 4.6),我们认为是对 A, B 两个格进行的.

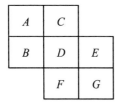 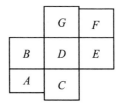

图 4.6

将对 a_i, a_{i+1} 两格进行的操作记为 $T_i (i=1,2,\cdots,4k+1)$,由于 a_1 变动奇数次,从而操作 T_1 有奇数个.

又由于 a_2 变动奇数次,而 a_2 在奇数个 T_1 中已变动了奇数次,于是操作 T_2 有偶数个.

如此下去,有奇数个操作 T_{2i-1},有偶数个操作 T_{2i},这样,第 1 类操作的个数为

$$\sum_{j=1}^{4k+1} t(T_j) \equiv (\text{舍弃为偶数的项}) \sum_{j=1}^{2k+1} t(T_{2j-1}) \equiv 1 \pmod{2}$$

其中 $t(T_j)$ 表示 T_j 出现的次数,所以结论($*$)成立.

每个第一类的操作改变第 2 列的 3 个格,从而奇数次第一类操作对 S 的贡献为奇数.每个第二类的操作改变第 2 列的 0 或 2 个格,对第 2 列"秩和"的贡献为偶数,于是第 2 列"秩和"S 为奇数,矛盾.

综上所述,所求的 m, n 都为 4 的倍数.

例 4(2000 年俄罗斯数学奥林匹克试题) 设 $N \geq 3$,将自然数 $1, 2, \cdots, N$ 都染黑色和白色之一,允许进行如下操作,将其中任何成等差数列的 3 个数同时改变颜色,试问:哪些 N 能使任何初始状态都能操作到所有数都是白色?

分析与解 为了找到哪些 N 合乎条件,我们想象操作每次只操

作一个数,此时任何 N 都合乎条件.

现在操作的是 3 个数,能否经过若干次操作(当 N 较大时,保证操作有足够的数可以进行),使得其中一个指定的数改变颜色,而其他数都不改变颜色,那么,将这些操作捆绑为一个"大操作",则"大操作"相当于仅对指定的数进行.

我们希望证明这样的结论,当 $N \geqslant p$(p 待定)时,存在"大操作"只改变 $1, 2, \cdots, N$ 任何一个数 n 的颜色.

我们将操作记为 $(a, b, c) \to (\bar{a}, \bar{b}, \bar{c})$,其中 $\bar{x}$ 表示数 x 的颜色与数 x 的颜色相反,显然有 $\bar{\bar{x}} = x$. 那么上述结论可表述为:对任何 $n \leqslant N$,都存在如下的"大操作"

$$A_0 \xrightarrow{(a,b,c)} (\bar{a}, \bar{b}, \bar{c}) \to \cdots \to \bar{n} \ (n \in \{1, 2, \cdots, N\})$$

这一结论可采用跨度为 2 的归纳法证明:如果结论对 $n-2, n-1$ 成立,那么对 n,先由两个"大操作"分别将 $n-2, n-1$ 改变颜色,得到 $\overline{n-1}, \overline{n-2}$,然后再由操作 $(n-2, n-1, n)$,得到 $\bar{n}$.

由此可见,我们只需讨论 p 为何值时,能分别存在"大操作"得到状态 $\bar{1}$ 和 $\bar{2}$.

先考察只改变 1 的颜色的"大操作",我们有

$$A_0 \xrightarrow{(1, a, b)} (\bar{1}, \bar{a}, \bar{b}) \xrightarrow{(a, x, y)} (\bar{1}, \bar{b}, \bar{x}, \bar{y}) \xrightarrow{(b, x, y)} \bar{1}$$

其中不妨设 $a < b$,上述"大操作"捆绑了 3 个原始操作,对应 3 个等差数列,我们希望这些等差数列中各项的数值尽可能小.

首先,由 $1 + b = 2a$,有 $b = 2a - 1$(消去 b),此外,还有 2 个等差数列:$\{a, x, y\}, \{2a-1, x, y\}$,为了字母数值尽可能小,取 $y = x + 1$,那么另两个等差数列只能是 $(a, x, x+1), (x, x+1, 2a-1)$.

由 $a + x + 1 = 2x, x + 2a - 1 = 2(x+1), a = 4, x = 5$,进而 $b = 7, y = 6$,得到"大操作"为

$$(1, 4, 7) \to (\bar{1}, \bar{4}, \bar{7}) \xrightarrow{(4,5,6)} (\bar{1}, \bar{7}, \bar{5}, \bar{6}) \xrightarrow{(5,6,7)} \bar{1}$$

4 捆 绑

显然,此时要求 $N \geq 7$.

类似可知,只改变 2 的颜色的"大操作"为

$$(2,5,8) \to (\bar{2},\bar{5},\bar{8}) \xrightarrow{(5,6,7)} (\bar{2},\bar{8},\bar{6},\bar{7}) \xrightarrow{(6,7,8)} \bar{2}$$

此时要求 $N \geq 8$.

由此可见,当 $N \geq 8$ 时,N 合乎要求.

下面证明当 $N \leq 7$ 时,N 不合乎要求.为此,我们期望发现操作中的不变量,这先要研究操作的特征.

操作 $(a,b,c) \to (\bar{a},\bar{b},\bar{c})$ 中有什么量不改变呢?

状态中的数还是原来的数,只是改变了颜色,我们应该关心的是,每次操作能使哪些数改变颜色.

期望 $1,2,\cdots,N$ 中有一类数,为方便,称为奇异数,每次操作中都含有偶数个奇异数.这样一来,操作中黑色奇异数的个数模 2 不变.

实际上,对任意两个奇异数进行操作,有以下情况.

(黑,黑) $\to$ (白,白),黑色奇异数个数减少 2;

(白,白) $\to$ (黑,黑),黑色奇异数个数增加 2;

(黑,白) $\to$ (白,黑),黑色奇异数个数不变.

由此可见,只要每次操作都含有偶数个奇异数,则操作中黑色奇异数的个数模 2 不变.现在考虑定义怎样的数为奇异数,才能使每次操作都含有偶数个奇异数.

设操作中的 3 个数为 a,b,c,其中 $a+c=2b$,现在研究哪一类数在 a,b,c 中有偶数个,这显然要由 $a+c=2b$ 来研究 a,b,c 有怎样的数值特征.

先改造等式(配齐):由 $a+c=2b$,得 $a+b+c=3b$.

用新观点看等式,有 $a+b+c=3b \equiv 0 \pmod{3}$.

由此可见,应考察 a,b,c 关于模 3 的余数,期望模 3 余数为 r(r 待定)的数在 a,b,c 中出现偶数次.

由 $a+b+c \equiv 0 \pmod{3}$ 可知,只有以下两种情况.

或者 $a \equiv b \equiv c \pmod{3}$,或者 a,b,c 构成模 3 的完系.

实际上,如果 a,b,c 中有 2 个关于模 3 同余,不妨设 $a \equiv b \pmod{3}$,那么

$$0 \equiv a+b+c \equiv 2b+c \equiv -b+c \pmod{3}$$

于是,$b \equiv c \pmod{3}$,所以此时有 $a \equiv b \equiv c \pmod{3}$.

如果 a,b,c 中任何 2 个关于模 3 不同余,则 a,b,c 构成模 3 的完系.

对于第一种情况,设公差为 d,则由 $3 \mid b-a$,有 $3 \mid d$,从而公差 $d \geq 3$,于是 $c = a+2d \geq 1+2 \cdot 3 = 7$.

由此可见,若 $N \leq 6$,则第一种情况不出现.

而 $N=7$ 时,上述所有不等式等号成立,此时 $(a,b,c)=(1,4,7)$,从而被操作的数都是模 3 余 1,换句话说,被操作的数中模 3 余 1 的数有 3(奇数)个.

这等价于(考察补集):被操作的数中模 3 余 0 和模 3 余 2 的数都是 0(偶数)个.

在这种情况中,奇异数可定义为模 3 余 0 的数($r=0$),也可定义为模 3 余 1 的数($r=1$).

对于第二种情况,被操作的数中模 3 余 1、余 2、余 0 的数都是 1 (奇数)个,非偶数,怎么办?——其中 2 个数合起来的总数是偶数!哪两个数合起来?为适应第一种情况,应将模 3 余 0 的数及模 3 余 1 的数合起来计算.

定义:称模 3 余 $r(r \neq 1)$ 的数为奇异数.

由上面的讨论可知,当 $N \leq 7$ 时,每次都改变偶数个奇异数的颜色,从而操作中黑色奇异数的个数模 2 不变.

在最初状态中,将 2 染黑色,其余都染白色,则黑色奇异数的个数始终是奇数,从而不可能全变成白色,故 N 不合乎要求.

综上所述，N 的取值是大于 6 的一切整数.

例 5（原创题） 设 r 是给定的正整数，对数列 $\{a_n\}$ 定义进行如下操作，任取其中连续 r 个项 $a_i, a_{i+1}, \cdots, a_{i+r-1}$，将其反序排列为 $a_{i+r-1}, a_{i+r-2}, \cdots, a_{i+1}, a_i$，其余各项位置不变.

对下列两种情形,讨论数列 $1,2,3,\cdots,2013$，能否经过若干次"操作"，使其变为 $101,102,103,\cdots,2013,1,2,\cdots,100$.

(1) $r=4$；

(2) $r=5$.

分析与解 （1）能. 将如下连续 4 次操作合并看作一个"大操作"：

$(a,b,c,d,e) \to (a,e,d,c,b) \to (c,d,e,a,b) \to (c,b,a,e,d) \to (e,a,b,c,d)$

显然，"大操作"具有这样的功能：它可以将一个数 e（只要它前面至少有 4 个数）往前挪动 4 个位置，而其他各数的相对顺序不变. 我们称该"大操作"是对 e 进行的. 现在，对 2013 进行一次"大操作"，得到序列

$1,2,3,\cdots,2007,2008,2013,2009,2010,2011,2012$

此时，2013 前移了 4 个位置，其他各数的相对顺序不变.

再对 2013 进行一次"大操作"，则 2013 又前移了 4 个位置，其他各数的相对顺序不变. 如此下去，注意到 $2013=503 \cdot 4+1$，所以通过 503 次"大操作"，2013 共前移了 2012 个位置，其他各数的相对顺序不变，故得到数列

$2013,1,2,\cdots,2011,2012$

将上述 503 次"大操作"合并看作一个"超大操作"，则对数列进行一次"超大操作"，可将数列的最后一个项移至第一项，而其余各项都向后移一项. 于是，数列 $1,2,3,\cdots,2013$ 经过 1913 次"超大操作"，即可变成

$$101, 102, 103, \cdots, 2013, 1, 2, \cdots, 100$$

(2) 不能.

假定按照规则对 5 个连续的数 a, b, c, d, e 进行操作,并设操作前这 5 个数在数列中的序号分别为 $i-2, i-1, i, i+1, i+2$,则操作后它们的序号分别变为 $i+2, i+1, i, i-1, i-2$,于是各数的序号模 2 不变.

对最初的数列 $1, 2, 3, \cdots, 2012, 2013$,其中 1 的序号为 1,为奇数;对最终的数列 $2013, 1, 2, \cdots, 2011, 2012$,其中 1 的序号为 2,为偶数. 故操作目标不能实现.

例 6(原创题) 设 n 是正整数,且能被 3 整除,将 $1, 2, \cdots, n^2$ 依次填入一个 $n \times n$ 方格棋盘中,每格一个数,且每行从左至右是递增的等差数列,每列从上至下是递增的等差数列. 现任取两个相邻(有公共边)的方格,将其中一个格的数加 1,另一格中的数加 2,得到一个新的数表,称为一次操作. 问:至少要经过多少次操作,才能使得到的数表中各数相等?

分析与解 记题中的操作为 O,要使操作 O 的次数尽可能少,而每次操作 O 都使棋盘中各数的和 S 增加 3,则自然想到能否将各数都增加到 n^2. 先看看特例.

当 $n=3$ 时,可先把每一行变成常数列,这只需每行施加一次操作 O("拉平")即可.

$$\begin{pmatrix} 1 & 2 & 3 \\ 4 & 5 & 6 \\ 7 & 8 & 9 \end{pmatrix} \xrightarrow{\text{每行进行操作 } O} \begin{pmatrix} 3 & 3 & 3 \\ 6 & 6 & 6 \\ 9 & 9 & 9 \end{pmatrix} = 3 \times \begin{pmatrix} 1 & 1 & 1 \\ 2 & 2 & 2 \\ 3 & 3 & 3 \end{pmatrix}$$

至此,再将上述操作 O 施加在列上,又可使列变成常数列,从而所有数都变成 9.

当 $n=6$ 时,可先把每一列变成常数列,其策略是依次使每一行都变成与下一行相同.

4 捆　绑

注意到下一行的数比上一行对应的数多 6，于是，只需使每个数增加 6，由此，研究操作的局部性质，我们发现了如下的"大操作".

A 型操作：$A(a,b) = (a+3, b+3)$.

实际上，$(a,b) \to (a+2, b+1) \to (a+3, b+3)$.

将 A 操作连续进行 k 次捆绑而成的操作记为 $A_k(a,b) = (a+3k, b+3k)$.

当 $n=6$ 时，相邻 2 行对应位置的数相差 6，于是将上一行分割为 3 个对子，每个对子进行一次操作 $A_2(a,b) = (a+6, b+6)$ 即可.

$$\begin{pmatrix} 1 & 2 & 3 & 4 & 5 & 6 \\ 7 & 8 & 9 & 10 & 11 & 12 \\ 13 & 14 & 15 & 16 & 17 & 18 \\ 19 & 20 & 21 & 22 & 23 & 24 \\ 25 & 26 & 27 & 28 & 29 & 30 \\ 31 & 32 & 33 & 34 & 35 & 36 \end{pmatrix} \xrightarrow{\text{行} A_2} \begin{pmatrix} 7 & 8 & 9 & 10 & 11 & 12 \\ 7 & 8 & 9 & 10 & 11 & 12 \\ 13 & 14 & 15 & 16 & 17 & 18 \\ 19 & 20 & 21 & 22 & 23 & 24 \\ 25 & 26 & 27 & 28 & 29 & 30 \\ 31 & 32 & 33 & 34 & 35 & 36 \end{pmatrix}$$

如此下去，可得到

$$\begin{pmatrix} 31 & 32 & 33 & 34 & 35 & 36 \\ 31 & 32 & 33 & 34 & 35 & 36 \\ 31 & 32 & 33 & 34 & 35 & 36 \\ 31 & 32 & 33 & 34 & 35 & 36 \\ 31 & 32 & 33 & 34 & 35 & 36 \\ 31 & 32 & 33 & 34 & 35 & 36 \end{pmatrix}$$

现在，再把每一行分割为 2 组，每组都是连续 3 个格，考察其中的一个组：$(a, a+1, a+2)$，实行原操作（第一个数加 2，第二个数加 1），得到 $(a+2, a+2, a+2)$，每个组都进行类似操作，则每组中 3 个数相同，且相邻两个组中的数相差 3.

再考察相邻的 2 个行,每列 2 个格构成对子,进行 A 操作,则可使前一个组中的数变得与下一个组相同,反复进行这样的操作,可使各数成为 6^2.

一般地,当 $n = 3 \cdot 2k$ 时,相邻 2 行对应位置的数相差 $6k$,于是将上一行分割为 $3k$ 个对子,每个对子进行一次操作 $A_{2k}:(a,b) \to (a+6k, b+6k)$ 即可.

反复进行上述操作,可使所有行都变成 $(n^2 - n + 1, n^2 - n + 2, n^2 - n + 3, \cdots, n^2)$.

现在,再把每一行分割为 $\dfrac{n}{3}$ 组,每组都是连续 3 个格,考察其中的一个组:$(a, a+1, a+2)$,实行原操作(第一个数加 2,第二个数加 1),得到 $(a+2, a+2, a+2)$,每个组都进行类似操作,则每组中 3 个数相同,且相邻两个组中的数相差 3.

4 捆　绑

考察相邻的 2 个行,对每列 2 个格构成的对子进行 A 操作,则可使前一个组中的数变得与下一个组相同,反复进行这样的操作,可使各数成为 n^2.

当 $n=9$ 时,因为 n 为奇数,一行不能完全分割为对子,从而不能通过上述的行操作使一个行变成与下一行相同,但由 $n=3$ 的启发,我们期望使行变成常数列:所有数变得与最后一个数相同.

考察最后 3 个数 $(7,8,9)$,显然,进行一次原操作,得到 $(9,9,9)$,现在只需把 $(1,2,3,4,5,6)$ 变成 $(9,9,9,9,9,9)$,由此发现如下的 B 型操作

$$B(a,a+1,a+2,a+3,a+4,a+5)$$
$$=(a+8,a+8,a+8,a+8,a+8,a+8)$$

实际上,$(a,a+1,a+2,a+3,a+4,a+5) \to (a+2,a+2,a+2,a+5,a+5,a+5) \xrightarrow{A} (a+8,a+8,a+2,a+5,a+8,a+8)$
$\to (a+8,a+8,a+8,a+8,a+8,a+8)$.

B 操作表明,同行(列)的连续 6 个格,若其中的数是连续自然数,则可使其变得都相同,且最大的数增加 3(最小的数增加 8).

显然,$B(1,2,3,4,5,6)=(9,9,9,9,9,9)$.

1	2	3	4	5	6	7	8	9
10	11	12	13	14	15	16	17	18
19	20	21	22	23	24	25	26	27
28	29	30	31	32	33	34	35	36
37	38	39	40	41	42	43	44	45
46	47	48	49	50	51	52	53	54
55	56	57	58	59	60	61	62	63
64	65	66	67	68	69	70	71	72
73	74	75	76	77	78	79	80	72

B 操作 →

9	9	9	9	9	9	7	8	9
10	11	12	13	14	15	16	17	18
19	20	21	22	23	24	25	26	27
28	29	30	31	32	33	34	35	36
37	38	39	40	41	42	43	44	45
46	47	48	49	50	51	52	53	54
55	56	57	58	59	60	61	62	63
64	65	66	67	68	69	70	71	72
73	74	75	76	77	78	79	80	72

最后,每行提出公因子9,将上述行的操作施加在列上9次,可使各列中的数也变得相同,从而都是 9^2.

一般地,当 $n \equiv 0 \pmod{6}$ 时,将每行连续2个数分为一个对子,每个对子都进行若干次 A 操作,可使上一行变成下一行(每次操作各数增加2,若干次后各数增加 $6k = n$),如此下去,可使每一行都变成与第 n 行相同,此时每一行都为 $n^2 - n + 1, n^2 - n + 2, n^2 - n + 3, \cdots, n^2$.

现在,再将同一行每连续3个数分为一组,每个组的第一个数加2,第二个数加1,则同一组中的3个数都变得相同,且相邻两个组中的数相差3.比如,第一组为 $(n^2 - n + 3, n^2 - n + 3, n^2 - n + 3)$,第

二组为 $(n^2-n+6, n^2-n+6, n^2-n+6)$ 等.

考察相邻的 2 个行,对每列 2 个格构成的对子进行 A 操作,则可使前一个组中的数变得与下一个组相同,反复进行这样的操作,可使各数成为 n^2.

当 $n\equiv 3\pmod 6$ 时,将每一行分为若干组:每连续 6 个数为一大组,最后 3 个数为一小组,对每个大组进行 C 操作,使大组中各数变得相同,且每个大组中最大的数增加 3,相邻两个大组中的数相差 6.

对于第 k 行,最后一个大组操作前为 $(kn-8, kn-7, kn-6, kn-5, kn-4, kn-3)$,操作后变成了 (kn, kn, kn, kn, kn, kn). 末尾的一个小组 $(kn-2, kn-1, kn)$ 则可变成 (kn, kn, kn).

现在,将每个大组每相邻 2 个数进行若干次 B 操作,可使第 k 行中各数都变成 $kn(k=1,2,\cdots,n)$.

至此,考察每一列,它们都是 $n, 2n, 3n, \cdots, n^2$,这恰好是 $1, 2, \cdots, n$ 的 n 倍. 于是,将前述的行操作都改为列操作,连续进行 n 次,可使每列的各数都变成与最后一个数 n^2 相同,这样所有数都变成了 n^2.

综上所述,不论哪种情况,都可以使数表中的数都变成 n^2.

当各数都变成 n^2 时,数表中各数的和 $S=n^2\cdot n^2=n^4$,而最初 $S=\dfrac{(n^2+1)n^2}{2}$,每次操作只使 S 增加 3,于是操作次数为 $\dfrac{1}{3}\left[n^4-\dfrac{(n^2+1)n^2}{2}\right]=\dfrac{n^4-n^2}{6}$.

显然,要使数表中各数相同,每个数至少为 n^2,从而至少要操作 $\dfrac{n^4-n^2}{6}$ 次,故最少的操作次数为 $\dfrac{n^4-n^2}{6}$.

习题 4

1. (原创题) 将等差数列 $2, 6, 10, 14, \cdots, 2006$ 紧凑地排列在

一起,得到一个"大数":$A = 261014\cdots 2006$,求 A 除以 9 的余数.

2. 已知数列的前 n 项和 S_n 与第 n 项 a_n 之间满足关系:$S_n = 4 - a_n - \dfrac{1}{2^{n-2}}(n = 1, 2, \cdots)$,求数列通项公式 a_n.

3. 设 $\pi = (\pi(1), \pi(2), \cdots, \pi(m))$ 是 $1, 2, \cdots, 2n$ 的一个排列,且存在某个 $i(1 \leqslant i \leqslant 2n - 1)$,使 $|\pi(i+1) - \pi(i)| = n$,求排列 π 的个数.

4. 设 $f(x_1, x_2, \cdots, x_n) = \dfrac{x_1 \sqrt{x_1 + x_2 + \cdots + x_n}}{(x_1 + x_2 + \cdots + x_{n-1})^2 + x_n}$,求证:对任何满足 $x_1 + x_2 + \cdots + x_n \geqslant k$ 的非负实数 x_i,有 $f(x_1, x_2, \cdots, x_n) \leqslant \dfrac{1}{2 - \dfrac{1}{\sqrt{k}}}$.

5. 对 16 阶完全图 K_{16} 的边 r-染色,使之不含同色三角形,求 r 的最小值.

6. (1994 年全国高中数学联赛试题) 给定平面上的点集 $P = \{p_1, p_2, \cdots, p_{1994}\}$,$P$ 中任何三个点不共线,将 P 中的点分为 83 组,每组至少 3 个点,将同一组中的点两两连线,不同的组中的点不连线,得到一个图 G,记 G 中的三角形的个数为 $m(G)$.

(1) 求 $m(G)$ 的最小值;

(2) 设使 $m(G)$ 达到最小的图为 G',求证:可以将 G' 中的边 4-染色,使 G' 中不含同色三角形.

7. (1998 年俄罗斯数学奥林匹克试题) 某部队有 169 名士兵,每天安排 4 名士兵值勤,问:能否到某一时刻,每 2 个人都恰好值勤一次?

8. 把 2^n 个元素的集合分为若干个两两不交的子集,按照下述规则将某一个子集中某些元素挪到另一个子集:从前一子集挪到后一子集的元素个数等于后一子集的元素个数(前一子集的元素个数应

4 捆　绑

不小于后一子集的元素个数),证明:可以经过有限次挪动,使得到的子集与原集合相重合.

9. (2001年IMO中国集训队测试试题) 求最大的正实数 c,使得对任何正整数 n,都有 $\{\sqrt{7}n\} \geqslant \dfrac{c}{\sqrt{7}n}$,这里 $\{\sqrt{7}n\} = \sqrt{7}n - [\sqrt{7}n]$ 是实数 $\sqrt{7}n$ 的非整数部分.

10. 有1993块玻璃片,各块都染上红色、蓝色、黑色三种颜色之一,对之进行如下操作:将两块异色的玻璃片擦干净,再涂上第三色.求证:不论三种颜色的玻璃片各有多少块,总可以通过适当的有限次操作,使玻璃片变成同一色,并讨论最后是何种颜色.

11. 在一个无限大的棋盘上,有 n 个方格被染上黑色,其余方格为白色,有次操作是按以下规则同时改变一些方格的颜色:如果方格 A 及其上邻、右邻共3个格中某种颜色的格较多,则 A 染此色,试证:有限次操作后,所有方格都变为白色.

12. (1998年俄罗斯数学竞赛题) 在 8×8 的方格棋盘上,某些相邻的方格之间被一个"隔板"隔开(每个隔板的长度都是整数,长为 k 的隔板恰是 k 个相邻方格的公共边,且 8×8 棋盘的4条边被看成是4条长为8的隔板),但任何两个方格,都存在一条不通过隔板的由依次相邻方格连成的路连通,这样的 8×8 的方格棋盘被称作一个"迷宫".迷宫中放有一只棋,给定4个指令:上、下、左、右,每个指令使棋子按相应的方向移动一格,其中允许一个格经过多次,只要不跨越隔板就可按指令移动,否则指令无效(棋子不移动).试问:A 能否适当写一个指令链给 B,无论 B 构造怎样的迷宫,也无论 B 将棋子放入哪一格,A 都能按所写的指令链依次移动棋子,使棋子走遍所有的格?

13. (2010年国际数学奥林匹克试题) 在6个盒子 $B_1, B_2, \cdots, B_6$ 中各有一枚硬币,允许进行如下操作:

(1) 选取一个非空的盒子 $B_j(1\leq j\leq 5)$，取出 B_j 中的 1 枚硬币，在 B_{j+1} 中加 2 枚硬币；

(2) 选取一个非空的盒子 $B_k(1\leq k\leq 4)$，取出 B_k 中的 1 枚硬币，并交换 B_{k+1},B_{k+2} 中的硬币（可以是空盒子）．

是否可以通过上述两种操作，有限次操作后，使 $B_1,B_2,\cdots,B_5$ 中没有硬币，而 B_6 中有 $2010^{2010^{2010}}$ 枚硬币？

14. （德国数学奥林匹克训练题） 有 3 个自动机 I,H 和 T，它们分别在某种票上打印一对正整数．当输入 (a,b) 时，I 输出 $(a+1,b+1)$，H 则输出 $\left(\dfrac{a}{2},\dfrac{b}{2}\right)$，但 H 要求输入的 a,b 为偶数，否则 H 不输出任何数．对于 T，则需要输入两对数 (a,b) 和 (b,c)，它输出的是 (a,c)．

(1) 试问：从 $(5,19)$ 出发，能否得到下面的票？

(a) $(1,50)$；(b) $(1,100)$．

(2) 若最初输入 $(a,b)(a<b)$，问对怎样的 n，可以达到 $(1,n)$？

习题 4 解答

1. 设等差数列为 $A_1,A_2,\cdots,A_t$，则 $A=261014\cdots2006=A_1\cdot 10^{s_1}+A_2\cdot 10^{s_2}+\cdots+A_t\cdot 10^0\equiv A_1+A_2+\cdots+A_t=2+6+10+\cdots+2006=1004\cdot 502\equiv(1+4)\cdot(5+2)\equiv 35\equiv 8\pmod 9$．

2. $a_n=\dfrac{n}{2^{n-1}}$．先消去 a_n，有 $S_n=4-a_n-\dfrac{1}{2^{n-2}}=4-(S_n-S_{n-1})-\dfrac{1}{2^{n-2}}$，所以 $2S_n=S_{n-1}+4-\dfrac{1}{2^{n-2}}$．现在，设法将常数项"4"与 S_n,S_{n-1} 捆绑，这就要找到常数 d，使 $2(S_n+d)=(S_{n-1}+d)-\dfrac{1}{2^{n-2}}$，展开比较得 $d=-4$，于是，$2(S_n-4)=(S_{n-1}-4)-\dfrac{1}{2^{n-2}}$，令 $T_n=S_n-4$，则 $2T_n=T_{n-1}-\dfrac{1}{2^{n-2}}$，$2^n T_n=2^{n-1}T_{n-1}-2$，所以 $\{2^n$

4 捆　　绑

$T_n\}$是公差为-2的等差数列,则$2^n T_n = 2^1 T_1 - (n-1)$,即$2^n(S_n - 4) = 2^1(S_1 - 4) - 2(n-1)$. 又$S_1 = 4 - a_1 - 2$,得$S_1 = 1$,所以$2^n(S_n - 4) = 2^1(1-4) - 2(n-1) = -2n-4$,则$S_n = 4 - \dfrac{n+2}{2^{n-1}}$,当$n \geqslant 2$时,$a_n = S_n - S_{n-1} = \left(4 - \dfrac{n+2}{2^{n-1}}\right) - \left(4 - \dfrac{n+1}{2^{n-2}}\right) = \dfrac{n}{2^{n-1}}$. 又$a_1 = 1 = \dfrac{1}{2^{1-1}}$,所以对一切正整数$n$,有$a_n = \dfrac{n}{2^{n-1}}$.

3. 设j与$n+j$相邻排列的集合为$A_j (1 \leqslant j \leqslant n)$,我们先计算$|A_j|$.

将j与$n+j$捆绑,看作一个元素,连同剩下的$2n-2$个元素,一共有$2n-1$个元素,其排列方法有$(2n-1)!$种. 又j与$n+j$可交换位置,有两种方法,于是$|A_j| = 2 \cdot (2n-1)!$.

再考察$|A_i \cap A_j| (i \neq j)$,分别将$i$与$n+i$,$j$与$n+j$捆绑,各看作一个元素,连同剩下的$2n-4$个元素,一共有$2n-2$个元素,其排列方法有$(2n-2)!$种. 又$i$与$n+i$,$j$与$n+j$分别可交换位置,各有两种方法,于是$|A_i \cap A_j| = 2^2 \cdot (2n-2)!$.

一般地,考察$|A_{i_1} \cap A_{i_2} \cap \cdots \cap A_{i_k}| (i_1 < i_2 < \cdots < i_k)$,分别将$i_1$与$n+i_1$,$i_2$与$n+i_2$,$\cdots$,$i_k$与$n+i_k$捆绑,各看作一个元素,连同剩下的$2n-2k$个元素,一共有$2n-k$个元素,其排列方法有$(2n-k)!$种. 又$i_1$与$n+i_1$,$i_2$与$n+i_2$,$\cdots$,$i_k$与$n+i_k$分别可交换位置,各有两种方法,于是$|A_{i_1} \cap A_{i_2} \cap \cdots \cap A_{i_k}| = 2^k \cdot (2n-k)!$.

最后,由容斥原理,合乎条件的排列个数为$S = |A_1 \cup A_2 \cup \cdots \cup A_n| = \sum\limits_{i=1}^{n} |A_i| - \sum\limits_{1 \leqslant i < j \leqslant n} |A_i \cap A_j| + \cdots + (-1)^n \sum\limits_{1 \leqslant i_1 < i_2 < \cdots < i_k \leqslant n} |A_{i_1} \cap A_{i_2} \cap \cdots \cap A_{i_k}| + \cdots + (-1)^{n+1} |A_1 \cap A_2 \cap \cdots \cap A_n| = \sum\limits_{k=1}^{n} (-1)^{k+1} C_n^k 2^k (2n-k)!$.

4. 设 $x_1 = a, x_2 + \cdots + x_{n-1} = b, x_n = c$,则 $f(x_1, x_2, \cdots, x_n) = \dfrac{a\sqrt{a+b+c}}{(a+b)^2 + c} = g(a,b,c)$,其中 $a, b, c \geq 0, a+b+c \geq k$. 捆绑元素,令 $a+b+c = s \geq k$,固定 s,则

$$g(a,b,c) = \dfrac{a\sqrt{s}}{(s-c)^2 + c} \leq (s-c) \cdot \dfrac{\sqrt{s}}{(s-c)^2 + c}$$

$$= \dfrac{\sqrt{s}}{(s-c) + \dfrac{c}{s-c}}$$

因为 $(s-c) + \dfrac{c}{s-c} = (s-c) + \dfrac{s}{s-c} - 1 \geq 2\sqrt{s} - 1$,所以

$$g(a,b,c) \leq \dfrac{\sqrt{s}}{2\sqrt{s} - 1} = \dfrac{1}{2 - \dfrac{1}{\sqrt{s}}} \leq \dfrac{1}{2 - \dfrac{1}{\sqrt{k}}} \quad (\text{利用单调性})$$

5. 易知 $r > 3$,否则,考察点 A 出发的 15 条边,由抽屉原理,必有某一色含有 5 条边,设为红色. 考察这 5 条边的另 5 个端点之间连的边,不能有红色边,所以至多染 2 色,必有同色三角形.

下面证明 $r = 4$ 合乎条件. 将 16 个点分成 4 组,每个组中 4 个点捆绑在一起看成一个"大点", 4 个大点构成的"大 K_4",其边可 2-染色,使之不含同色三角形. 不妨设"大 K_4"的边分别染第 1,2 色. 对任何两个大点 M, N,如果它们之间的边为第 i ($i=1,2$)色,则表示 M 中捆绑的任意一个原始点与 N 中捆绑的任意一个原始点之间的边都是第 i 色. 现在考虑每一个大点捆绑的 4 个原始点,各形成一个 K_4,对每一个 K_4,用第 3,4 两种颜色对其边染色,使每一个大 K_4 中都不含同色三角形. 显然,以上染色合乎要求. 所以 r 的最小值为 4.

6. (1) 我们称上述问题为 (1994, 83) 问题,先考虑特例:(8, 2) 问题.

方案 1:$8 = 5 + 3$,此时,三角形总数 $S = C_5^3 + C_3^3 = 11$.

4 捆 绑

方案 2：$8=4+4$，此时，三角形总数 $S=C_4^3+C_4^3=8$.

由此可见：当分组各个组点数彼此接近时，三角形总数较少.

实际上，设有两组点数分别为 i,j，有 $S=C_i^3+C_j^3$，若 $i\geqslant j+2$，则将 i,j 调整为 $i-1,j+1$，有 $S'=C_{i-1}^3+C_{j+1}^3$. 于是，$S-S'=C_i^3+C_j^3-(C_{i-1}^3+C_{j+1}^3)=C_{i-1}^2-C_j^2>0$.

对 (1994,83) 问题，因为分组方法是有限的，必存在一种分组方法，使得三角形个数最少. 设各组中的点数分别为 $n_1,n_2,\cdots,n_{83}$，则 $m(G)=\sum_{i=1}^{83}C_{n_i}^3$，我们证明：当 $m(G)$ 最小时，对任何 $i<j$，必有 $|n_j-n_i|\leqslant 1$. 实际上，如果 $|n_j-n_i|\geqslant 2$，不妨设 $n_j-n_i\geqslant 2$，则令 $n_j'=n_j-1, n_i'=n_i+1$，其余各组点数不变，得到另一种分组 G'，此时 $m(G)-m(G')=C_{n_i}^3+C_{n_j}^3-C_{n_i+1}^3-C_{n_j-1}^3=C_{n_j}^2-C_{n_i-1}^2>0$（因为 $n_j>n_{i-1}$），矛盾. 于是，$n_1,n_2,\cdots,n_{83}$ 只有 2 种取值，且这两个值相差 1.

注意到 $1994=83\times 24+2=81\times 24+2\times 25$，于是，将 1994 个点分为 83 组，其中 81 组中各有 24 个点，2 组中各有 25 个点，此时三角形的个数最少.

故 $m(G)$ 的最小值为 $81C_{24}^3+2C_{25}^3=168544$.

(2) G' 由若干个独立的连通图组成，因而只需考虑 $|G_1|=25$ 和 $|G_2|=24$ 的两个图 G_1 和 G_2 的染色. 进一步可知，只需考虑图 G_1 的染色. 实际上，对 $|G_2|=24$，在 G_1 的染色的基础上去掉其中一个点及其关联的边即可.

设 $|G_1|=n$，先考虑一些特例：当 $n=2$ 时，染 1 色即可. 当 $n=3,4,5$ 时，染 2 色即可. 当 $n=6$ 时，染 3 色即可（图 4.7）.

由上可知，5 点染 2 色是合乎要求的染色中色数最节省的.

对 $n=25$，将 25 个点分为 5 组，每一组中的 5 点按上述方法染色，则没有同色三角形. 再将染色后的每一个组捆绑看作一个"大

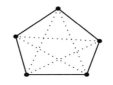

图 4.7

点",有 5 个"大点". 对此 5 个大点再按上述方法用另外两种颜色染色,从而 4 色可完成染色(图 4.8).

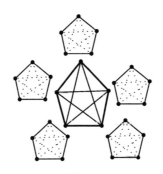

图 4.8

7. 用点表示士兵. 当且仅当两个士兵在同一天一起值勤,对应的点连边,得到一个 169 阶的完全图 K_{169}. 4 名士兵在同一天一起值勤,等价于图中的一个 K_4,这样,问题等价于:能否将 K_{169} 分割为 $\dfrac{C_{169}^2}{C_4^2} = 13^2 \cdot 14$ 个两两没有公共边的 K_4?

注意到 $169 = 13 \times 13$,从而可将 169 个士兵排列成 13×13 的点阵,先将同一行的点构成的子图分割成两两没有公共边的 K_4,再将每一行看作一个大点,然后采用类似的分割.

用 (i,j) 表示 169 个点,其中 $i = 0,1,2,\cdots,12$;$j = 0,1,2,\cdots,12$.

将它们分为 13 行:$A_i = \{(i,0),(i,1),(i,2),\cdots,(i,12)\}$,$i = 0,1,2,\cdots,12$. 又分为 13 列:$B_j = \{(0,j),(1,j),(2,j),\cdots,(12,j)\}$,$j = 0,1,2,\cdots,12$. 对同一行 A_i 中 13 个点连的边,可用其 $C_{13}^2 = 13 \cdot 6$

条边划分为 13 个两两无公共边的 K_4,其中第 j 个 K_4 为 $\{(i,j),(i,j+2),(i,j+3),(i,j+7)\}$, $j=0,1,2,\cdots,12$,其中的数模 13 理解,即大于 12 的数取其模 13 的余数.(实际上,将 13 个点看成是正 13 边形的顶点,则一个 K_4 含有的 6 条边的级别恰好是 1,2,3,4,5,6,其中定义两个顶点连的边是 k 级的,是指这两点在圆周的劣弧上相距 k 段弧,每段弧是指相邻顶点为端点的弧.于是,旋转中,不同位置对应的 K_4,其边互不相同,参见图 4.9.)

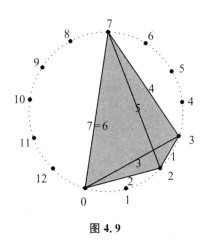

图 4.9

我们称顶点都在同一行中的 K_4 为第 1 类 K_4,每一行有 $13 \cdot 6$ 条边,共 13 行,所以所有第 1 类两两无公共边的 K_4 共含有 $(13 \cdot 6) \cdot 13 = 6 \cdot 13^2$ 条边.类似地,对同一列 B_j 中 13 个点连的边,可用其 $C_{13}^2 = 13 \cdot 6$ 条边划分为 13 个两两无公共边的 K_4,其中第 i 个 K_4 为 $\{(i,j),(i+2,j),(i+3,j),(i+7,j)\}$,$i=0,1,2,\cdots,12$,其中的数模 13 理解,即大于 12 的数取其模 13 的余数.

下面考察任两端点都不在同一行也不在同一列中的 K_4,这可由同列中的 K_4 变异得到:引入参数 k,则同列中的 K_4 可改写为 $K_4 = \{(i,j+k),(i+2,j+k),(i+3,j+k),(i+7,j+k)\}$,此时,$K_4$ 中的点仍同列.

现在对 k 引入"加权系数"(将列错位,变成不同列),将 K_4 修改为 $K_4^* = \{(i,j),(i+2,j+k),(i+3,j+2k),(i+7,j+3k)\}$,其中的数模 13 理解,则 $k \neq 0$ 时,K_4^* 中任何两点不同列($k=0$ 时为同列 K_4).

实际上,当 $k \neq 0$ 时,因 13 为质数,对 $0 \leq p < q \leq 3$,有 $(p-q)k \neq 0 \pmod{13}$,所以 $pk \neq qk \pmod{13}$,于是 K_4^* 中任何两点都不同列,这表明端点不在同列中的边都是与端点不在同列中的其他边组成 K_4 的.

现在,令 i,j,k 都跑遍 $0,1,2,\cdots,12$,对其中每一个 (i,j,k),都确定一个第 2 类 $K_4^* = \{(i,j),(i+2,j+k),(i+3,j+2k),(i+7,j+3k)\}$,比如 $i=j=0, k=1$ 时,$K_4^* = \{(0,0),(2,1),(3,2),(7,3)\}$(图 4.10).

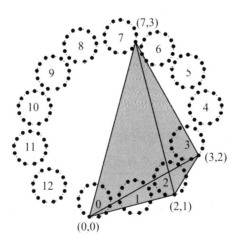

图 4.10

我们称 K_4^* 中的 K_4 为第 2 类 K_4,注意到 i,j,k 均有 13 种取值,所以第 2 类 K_4 共有 13^3 个,含有 $6 \cdot 13^3$ 条边.

反之,对任意一条边 AB,设 $A=(s,t), B=(p,q)$,如果 A,B

属于同一行,则 AB 属于唯一的一个第 1 类 K_4.

如果 A,B 属于不同行,不妨设 $p-s \in \overline{1} \cup \overline{2} \cup \cdots \cup \overline{6}$.

若 $p-s \in \overline{2}$,则令 $(s,t)=(i,j), q-t=k$,此时,$(i,j)=(s,t), (i+2, j+k)=(s+2, t+q-t)=(p,q)$,有 $AB \in K_4^*$.

若 $p-s \in \overline{3}$,则令 $(s,t)=(i,j), q-t=2k$,有 $AB \in K_4^*$.

若 $p-s \in \overline{6}$,则令 $(s,t)=(i,j), q-t=3k$,有 $AB \in K_4^*$.

若 $p-s \in \overline{1}$,则令 $(s,t)=(i+2, j+k), q-t=k$,有 $AB \in K_4^*$.

若 $p-s \in \overline{5}$,则令 $(s,t)=(i+2, j+k), q-t=2k$,有 $AB \in K_4^*$.

若 $p-s \in \overline{4}$,则令 $(s,t)=(i+3, j+2k), q-t=k$,有 $AB \in K_4^*$.

于是每条边 AB 都属于一个第 2 类 K_4,即两类 K_4 包含了所有的边.

又上述两类 K_4 共含有 $6 \cdot 13^2 + 6 \cdot 13^3 = 6 \cdot 13^2 \cdot 14 = C_{169}^2$ 条边,从而所有 K_4 两两无公共边. 故上述安排合乎要求.

8. 考虑含奇数个元素的子集(如果有这样的子集),因为所有子集所含元素的个数总和是偶数,所以具有奇数个元素的子集个数也是偶数,任意将所有含有奇数个元素的子集配成对,对每对子集按题目要求的规则移动:从较大的子集挪出一些元素,添加到较小的子集,挪出的元素个数为较小子集的元素个数,于是得到的所有子集的元素个数都是偶数,现在考虑元素个数不被 4 整除的子集,如果 $n=1$,则总共有两个元素,它们在同一个子集中,因此设 $n \geq 2$,因为子集的元素个数的总数被 4 整除,因此这样的子集的个数为偶数,任意将这样的子集配成对,对每一对子集施行满足题目要求的挪动,于是得到的每个子集数均可被 4 整除,依此做下去,最后得到的每个子

集的元素个数均可被 2^n 整除,也就是只能有一个子集,它的元素个数为 2^n,证毕.

9. $c_{max} = \dfrac{3}{2}$.

首先证明:对任何正整数 n 都有 $(\sqrt{7n})\{\sqrt{7n}\} \geqslant \dfrac{3}{2}$.

实际上,对于正整数 n,引入参数: $m = [\sqrt{7n}]$,则 $7n^2 - m^2$ 是 mod 7 的非平方剩余.因为 mod 7 的非平方剩余的最小正整数是 3,所以 $7n^2 - m^2 \geqslant 3$. 于是,对任何正整数 n,有 $(\sqrt{7n})\{\sqrt{7n}\} = (\sqrt{7n})(\sqrt{7n} - m) = \sqrt{7n}\,\dfrac{7n^2 - m^2}{\sqrt{7n} + m} \geqslant \sqrt{7n}\,\dfrac{7n^2 - m^2}{\sqrt{7n} + \sqrt{7n}} \geqslant \dfrac{3}{2}$.

其次证明:存在一个正整数列 $n_1, n_2, \cdots$,使得 $\lim\limits_{k \to \infty}(\sqrt{7n_k})\{\sqrt{7n_k}\} = \dfrac{3}{2}$. 同样引入参数: $m = [\sqrt{7n}]$,则同上,对任何正整数 n,有

$$(\sqrt{7n})\{\sqrt{7n}\} = (\sqrt{7n})(\sqrt{7n} - m) = \sqrt{7n}\,\dfrac{7n^2 - m^2}{\sqrt{7n} + m}$$

$$= \dfrac{\sqrt{7n}}{\sqrt{7n} + m}(7n^2 - m^2)$$

为找到 n_k,使 $\lim\limits_{k \to \infty}(\sqrt{7n_k})\{\sqrt{7n_k}\} = \dfrac{3}{2}$,从等号成立的条件入手,可想象有无穷多个 n_k, m_k,使 $7n_k^2 - m_k^2 = 3$, $\lim\limits_{k \to \infty}\dfrac{\sqrt{7n_k}}{\sqrt{7n_k} + m_k} = \dfrac{1}{2}$. 又当前者成立时,后者必然成立.实际上,若 $7n_k^2 - m_k^2 = 3$,则

$$\lim_{k \to \infty}\dfrac{\sqrt{7n_k}}{\sqrt{7n_k} + m_k} = \lim_{k \to \infty}\dfrac{\sqrt{7n_k}}{\sqrt{7n_k} + \sqrt{7n_k^2 - 3}} = \lim_{k \to \infty}\dfrac{1}{1 + \sqrt{1 - \dfrac{3}{7n_k^2}}} = \dfrac{1}{2}.$$

因此,我们只需证明方程

4 捆 绑

$$7n^2 - m^2 = 3 \qquad (1)$$

有无穷多个正整数解 (m,n). 为此,我们将方程(1)与另一个显然有无穷多个正整数解的方程

$$u^2 - 7v^2 = 1 \qquad (2)$$

捆绑在一起. 其中容易证明方程(2)有无穷多个正整数解 (u,v). 实际上, $(u_1, v_1) = (8,3)$ 满足方程(2), 于是对任何正整数 k, 有 $(u_1 - \sqrt{7} v_1)^k (u_1 + \sqrt{7} v_1)^k = 1$. 将 $(u_1 - \sqrt{7} v_1)^k$ 与 $(u_1 + \sqrt{7} v_1)^k$ 分别展开写成 $u_k - \sqrt{7} v_k$ 与 $u_k + \sqrt{7} v_k$, 则有 $u_k^2 - 7 v_k^2 = (u_1 - \sqrt{7} v_1)^k (u_1 + \sqrt{7} v_1)^k = 1$. 注意到恒等式 $(7n^2 - m^2)(u^2 - 7v^2) = 7(n^2 u^2 + m^2 v^2) - m^2 u^2 - 7n^2 v^2 = 7(n^2 u^2 + m^2 v^2 + 2mnuv) - m^2 u^2 - 49 n^2 v^2 - 14 mnuv = 7(nu + mv)^2 - (mu + 7nv)^2$. 由此可见, 如果 (m,n) 是方程(1)的解, (u,v) 是方程(2)的解, 则 $7(nu + mv)^2 - (mu + 7nv)^2 = (7n^2 - m^2)(u^2 - 7v^2) = 3 \cdot 1 = 3$, 即 $(mu + 7nv, nu + mv)$ 是方程(1)的解. 易知, $(m_0, n_0) = (2,1)$ 是方程(1)的解, 而对一切正整数 k, 由上面展开式定义的 (u_k, v_k) 是方程(2)的解, 令 $m_k = m_0 u_k + 7 n_0 v_k$, $n_k = m_0 v_k + n_0 u_k$, 则 (m_k, n_k) 是方程(1)的解, 从而方程(1)有无穷多个正整数解 (m,n).

10. 设红色、蓝色、黑色玻璃片各有 x,y,z 块, 则 $x+y+z = 1993$. 因为 3 不是 1993 的约数, 所以 3 除 x,y,z 的余数中至少有两个相同, 不妨设 3 除 y,z 的余数相同. 令 $x = 3a + m$, $y = 3b + n$, $z = 3c + n$, 其中 $b \geq c, m \neq n$.

(1) 若 $b = c$, 则 $y = z$. 此时, 每次取蓝色、黑色玻璃片各一块操作, 操作 y 次以后都变为红色.

(2) 若 $b > c$, 则进行如下操作: $(3a + m, 3b + n, 3c + n)$ (对后两个操作 $3c + n$ 次) $\to (3a + 6c + m + 2n, 3(b - c), 0) = X$.

令 $u=3a+6c+m+2n$，$v=3(b-c)$，则上述状态 X 可以记为 $(u,v,0)$（对前两个操作一次）$\to (u-1,v-1,2)$（对后两个操作2次）$\to (u+3,v-3,0)=(3a+6b+m+2n+3,3(b-c-1),0)$.

将上述若干个操作看作一个"大操作" A，则状态 X 进行一次操作 A，可使第二分量减少3，而第一分量增加3. 若干次操作 A 以后，可使 A 的第二分量变为0，得到 $(1993,0,0)$. 显然，最后的颜色是红色，即用3除各色玻璃块的块数时，余数不同的那个块数对应的那类玻璃的颜色.

11. 设表 A 中的黑格数为 $S(A)$，A 操作 k 次以后得到的数表为 A_k，将 A 中的有限个黑格用一个有限大的正方形盖住的部分为 B. 考察每次操作，B 以外的白格都不改变颜色，这是因为任何白格的上邻和右邻至少有一个为白格. 对于正方形 B，最右边有黑格的一列中最上方一个黑格在操作中变为白格，因为它的上邻、右邻都是白格，此格在以后的操作中不再改变颜色. 对新表再进行操作. 如果刚才那个列中还有黑格，则最上方的一个黑格又变为白色，如此下去，有限次操作可使得这列的黑格全部变为白色，将这有限次操作看作一个"大操作"，则一个"大操作"可使得 B 中有黑格的最右边一列变为白色. 如此下去，有限个"大操作"可使得 B 中的格全部变为白色.

12. 基本想法是穷举所有可能的迷宫，各写一个指令，然后捆绑成一个"大指令". 但2个指令链简单地捆绑，未必同时适应两个迷宫，从而要稍作改进. 设 B 共有 N 种方案构造迷宫及将棋子放入迷宫的某一格，N 显然是一个有限数. 对第 $i(1\leqslant i\leqslant N)$ 种方案，由连通性，存在一个指令链 A_i，使棋子可走遍所有格. 取指令链 $P_1=A_1$，将 P_1 施加在第一种方案上，使棋子可走遍所有格.

再将指令链 P_1 施加在第二种方案上，如果此指令链 P_1 不能使方案2中的棋子走遍所有格，假定它使棋子走到某一格（当然可能是初始格），此格及相应的迷宫组成另一个新的方案，假定为方案 j_2（当然可能就是方案2),那么,存在指令链 A_{j_2},使棋子可在此方案中走遍所有格.

令 $P_2 = A_1 \bigcup A_{j_2}$,则指令链 A_2 可使方案1和方案2中的棋子都能走遍所有格.

再考察第3种方案,如果此指令链 P_2 不能使方案3中的棋子走遍所有格,假定指令链 P_2 使棋子走到某一格,当然可能是初始格,此格及相应的迷宫组成另一个新的方案,假定为方案 j_3(当然可能就是方案3),那么,存在指令链 A_{j_3},使棋子可在此方案中走遍所有格.

令 $P_3 = A_1 \bigcup A_{j_2} \bigcup A_{j_3}$,则指令链 P_3 可使方案1、方案2和方案3中的棋子都能走遍所有格.

如此下去,存在指令链 P_N,可使所有方案1,方案2,…,方案 N 中的棋子都能走遍所有格.

13. 答案是肯定的. 操作(1)意味着将 k 枚硬币从一个盒子移动到下一个盒子时,它被"变成"$2k$ 枚硬币. 令 $T = 2010^{2010^{2010}}$,我们只要能达到状态 $P(0,0,0,\dfrac{T}{4},0,0)$,则对状态 P 反复进行操作(1)共 $\dfrac{T}{4}$

$+\dfrac{T}{2}=\dfrac{3T}{4}$ 次,即达到目标状态 $(0,0,0,0,0,T)$.

为了达到状态 $P(0,0,0,\dfrac{T}{4},0,0)$,我们只需达到状态 $Q(0,0,$

$0,X,0,0)$(其中 $X \geqslant T$),则对 Q 进行 $X - \dfrac{T}{4}$ 次操作(2),即可达到状态 P. (*)

下面证明,我们可以达到状态 Q,下面用"→"表示操作(1),"→→"表示操作(2).

对任意正整数 a,我们有 $(a,0,0) \rightarrow (a-1,2,0)$.

若 $a-1 \neq 0$,则继续操作,有 $(a-1,2,0) \rightarrow (a-1,0,4) \rightarrow\rightarrow$ $(a-2,4,0)$.

若 $a-2\neq 0$,则继续操作,有 $(a-2,4,0)\to(a-2,0,8)\to\to$ $(a-2,8,0)$.

如此下去,可达到状态 $(0,2^a,0)$,我们记为 $(a,0,0)\to\to\to$ $(0,2^a,0)$.

对于任意正整数 a,b,我们有 $(a,b,0,0)\to\to(a,0,2^b,0)\to$ $(a-1,2^b,0,0)$,我们将其记为 $(a,b,0,0)\to\to\to(a-1,2^b,0,0)$.

利用上述一些操作,我们有 $(1,1,1,1,1,1)\to(0,1,1,1,17,1)\to$ $(0,1,1,1,0,35)\to\to(0,0,35,0,0,0)\to(0,0,34,2,0,0)\to\to$ $(0,0,33,2^2,0,0)\to\to\to(0,0,32,2^{2^2},0,0)\to\to\cdots\to$ $(0,0,0,X,0,0)$,其中 $X=2^{2^{\cdot^{\cdot^{\cdot^2}}}}$(共有 35 个 2).

因为 $2010<2048=2^{11}<2^{2^{2^2}}$,所以 $T=2010^{2010^{2010}}<2^{2^{\cdot^{\cdot^{\cdot^2}}}}$(共有 12 个 2)$<2^{2^{\cdot^{\cdot^{\cdot^2}}}}$(共有 35 个 2)$=X$,由(*)可知,我们可以达到状态 P,进而可以达到目标状态 $(0,0,0,0,0,T)$.

14. 对一对正整数 $(x,y)(x<y)$,称 $A=y-x$ 为其特征值,容易发现,输出数对的特征值含有最初数对的特征值的奇因数.首先注意到:当 $b>a>1$ 时,通过机器 I 对 (a,b) 操作 $b-a$ 次,得到 $(b,2b-a)$.再通过机器 T,由 (a,b) 及 $(b,2b-a)$,得到 $(a,2b-a)$.又通过机器 I 对 $(a,2b-a)$ 操作 $a-2$ 次,得到 $(2a-2,2b-2)$.最后通过机器 H 对 $(2a-2,2b-2)$ 操作 1 次,得到 $(a-1,b-1)$.

这表明,当 $b>a>1$ 时,可对 (a,b) 进行适当的操作,得到 $(a-1,b-1)$,我们把这几个操作捆绑看作一个操作"J",即当输入 (a,b) 时,J 输出 $(a-1,b-1)$,其中要求 $b>a>1$.对一对正整数 $(x,y)(x<y)$,称 $A=y-x$ 为其特征值.

当输入 (a,b),输出 $(a+1,b+1)$ 或 $(a-1,b-1)$ 时,其特征值不变.当输入 (a,b),输出 $\left(\dfrac{a}{2},\dfrac{b}{2}\right)$ 时,其特征值的奇因子不变.当输

入 (a,b) 和 (b,c)，输出 (a,c) 时，因为 $c-a=(c-b)+(b-a)$，而由上可知，$c-b$，$b-a$ 都含有最初数对的特征值的奇因数，从而 $c-a$ 也含有最初数对的特征值的奇因数．综上所述，任何操作输出的数对的特征值必含有最初数对的特征值的奇因数．

(1) 当从 $(5,19)$ 出发时，因为 $19-5=14=2\cdot7$，所以输出的数对的特征值都是 7 的倍数．注意到 $100-1=99$ 不是 7 的倍数，从而不能达到 $(1,100)$．

因为 $50-1=49$ 为 7 的倍数，所以 $(1,50)$ 有可能达到．

达到 $(1,50)$ 的具体步骤为：通过机器 I，有 $(5,19)\to(6,20)\to(7,21)\to\cdots\to(22,36)\to(23,37)\to\cdots\to(36,50)$．

再通过机器 T，由 $(22,36)$ 及 $(36,50)$，得 $(22,50)$，再通过机器 T，由 $(8,22)$ 及 $(22,50)$，得 $(8,50)$，又通过机器 J，$(5,19)\to(4,18)$．再通过机器 H，$(4,18)\to(2,9)$，又通过机器 J，$(2,9)\to(1,8)$，最后通过机器 T，由 $(1,8)$ 及 $(8,50)$，得 $(1,50)$．

(2) 令 $b-a=2^r\cdot t$（其中 t 为奇数，r 为自然数），那么，当 $n=kt+1$（k 为正整数）时，可以由 (a,b)（$a<b$）达到 $(1,n)$．

首先，由上面的讨论，$n-1$ 含有 $b-a$ 的奇因数 t，于是存在正整数 k，使 $n=kt$．其次，存在正整数 k，使 $n=kt$，则 $(a,b)=(a,a+2^r\cdot t)\to(1,2^r\cdot t+1)$．

下面证明：$(1,pt+1)$ 可适当操作，得到 $(1,pt+t+1)$，也可适当操作，得到 $(1,pt-t+1)$（此时要求 $p>1$），从而对任意的正整数 k，由 $(1,2^r\cdot t+1)$ 可得到 $(1,kt+1)$．我们又注意到，如果 $(1,pt+1)$ 可适当操作，得到 $(1,pt-t+1)$，那么，如此下去，可得到 $(1,t+1)$．而通过机器 I 对 $(1,pt+1)$ 操作 t 次，可得到 $(t+1,pt+t+1)$，于是，通过机器 T，由 $(1,t+1)$ 及 $(t+1,pt+t+1)$，可得到 $(1,pt+t+1)$．所以，我们只需证明，当 $p>1$ 时，$(1,pt+1)$ 可适当操作，得到 $(1,pt-t+1)$，这对 p 归纳，即可完成证明．

5 更新观点

所谓更新观点,就是引入新的观点解释或处理当前事物.有些问题,若按照题目固有的观点去理解,求解相当困难,甚至无从下手.而更新观点,则可跳出问题系统的禁锢,从一个全新的角度去审视问题.它常能达到如下几个目的:一是去掉有关对象中不确定的因数,得到与某种参数无关的新对象;二是使表现形式不一的若干对象合并成一个统一的表现形式;三是构造一个包含当前对象或与当前对象密切相关的新对象,利用新对象表现出来的性质探讨当前对象的性质.

5.1 方程观点

方程观点就是从方程的角度处理所面临的问题.它通常包括两个方面:一是构造一个以当前对象为根的方程,利用方程的有关性质解决当前问题.二是假定我们欲求某个对象的值,可先建立含有该对象的一个等式,然后通过解方程求出其值.

利用方程的观点处理问题,经常与如下一些方法相结合:(1)主元法.如果问题涉及多个变量,可选择其中一个变量为主元,由此构造相关的方程.(2)基本量法.假定问题含有 m 个变量,而利用题给条件可建立关于这些变量的 n 个方程,则当 $n=m$ 时,利用条件可以确定这些变量的取值.当 $m>n$ 时,则存在 $m-n$ 个自由量,我们称这些自由量为基本量,选取适当 $m-n$ 个变量为基本量,则其他变量都可用基本量表示.(3) 消元法.假定问题含有若干个变量以及这些变量满足的若干个方程,则可以消去在解题目标中不出现的一些变量,使问题获解.(4) 判别式法.将题给的条件等式看成是某个字母满足某个方程,从而由方程有实根的条件,得到相关的结论.

例 1 $f(x)=\dfrac{1}{3}ax^3+\dfrac{1}{2}bx^2+cx(a<b<c)$ 在 $A(1,f(1))$, $B(m,f(m))$ 处的斜率分别为 $0,-a$.

(1) 求证:$0\leqslant\dfrac{b}{a}<1$;

(2) 若 $f(x)$ 的递增区间为 $[s,t]$,求 $t-s$ 的变化范围;

(3) 若对任何满足以上条件的 a,b,c,不等式 $f'(x)+a<0$ 对任何实数 $x\geqslant k$(k 是与 a,b,c 无关的常数)恒成立,求 k 的最小值.

分析与解 为利用已知的斜率,自然应先求导函数,$f'(x)=ax^2+bx+c$.

依题意,$f'(1)=0,f'(m)=-a$.

如何利用以上两式? 通常的想法是,将 $1,m$ 代入导函数 $f'(x)=ax^2+bx+c$,得到

$$a+b+c=0,\quad am^2+bm+c=-a$$

(1) 显然,仅用 $a+b+c=0$ 是无法得到结论 $0\leqslant\dfrac{b}{a}<1$ 的,比如 $(a,b,c)=(-3,2,1)$ 满足 $a+b+c=0$,但不满足 $0\leqslant\dfrac{b}{a}<1$.

所以,证明(1)的关键是如何利用条件"$am^2+bm+c=-a$".

通常的想法是利用等式的基本性质对其进行变形,但此处有一个难点:目标中不含字母 m,如何消去 m?

不管怎样对等式变形都无法消去 m,所以我们必须用另外的观

点来理解 $am^2+bm+c=-a$ 的意义：它表明，m 是方程 $ax^2+bx+c=-a$ 的一个根，从而

$$\Delta = b^2 - 4a(a+c) \geqslant 0$$

此外，题中还有一个条件：$a<b<c$，以下消去 c 即可达到目标.

实际上，由 $a+b+c=0$，得 $c=-a-b$，代入另外两式，得

$$b^2+4ab \geqslant 0, \quad a<b<-a-b$$

将不等式 $b^2+4ab \geqslant 0$ 两边同除以 a^2，得

$$\left(\frac{b}{a}\right)^2 + 4\left(\frac{b}{a}\right) \geqslant 0$$

所以 $\dfrac{b}{a} \leqslant -4$ 或 $\dfrac{b}{a} \geqslant 0$.

易知 $a<0$，否则 $c>b>a \geqslant 0$，得 $a+b+c>0$，矛盾，所以不等式 $a<b<-a-b$ 两边同除以 a，得

$$1 > \frac{b}{a} > -1-\frac{b}{a} \quad 即 \quad -\frac{1}{2} < \frac{b}{a} < 1$$

求交集，得 $0 \leqslant \dfrac{b}{a} < 1$.

(2) 先视 a,b,c 为常数，求出 $f(x)$ 的递增区间.

因为 $f'(x)=ax^2+bx+c$，$a+b+c=0$，消去 c，得

$$f'(x) = ax^2 + bx - (a+b)$$

又 $f'(1)=0$，从而方程 $f'(x)=0$ 的两根为 $1, -1-\dfrac{b}{a}$.

由(1)，有 $0 \leqslant \dfrac{b}{a} < 1$，所以 $-2 < -1-\dfrac{b}{a} \leqslant -1 < 1$.

又 $a<0$，$f'(x)$ 的开口向下，从而当且仅当 $-1-\dfrac{b}{a}<x<1$ 时，$f'(x)>0$，从而 $f(x)$ 的递增区间为 $\left[-1-\dfrac{b}{a}, 1\right]$.

依题意，有 $s=-1-\dfrac{b}{a}, t=1$，所以 $t-s=2+\dfrac{b}{a}$，结合(1)的结

论 $0 \leqslant \frac{b}{a} < 1$ 可知，$2 \leqslant 2 + \frac{b}{a} < 3$，故 $t-s$ 的变化范围是 $[2,3)$.

(3) 如何理解条件："对任何满足以上条件的 a,b,c，不等式 $f'(x)+a<0$ 对任何实数 $x \geqslant k$（k 是与 a,b,c 无关的常数）恒成立"？

先在条件中去掉一部分，变成我们熟悉的形式，我们称去掉一部分内容的条件为"拟条件"，而"拟条件"有助于我们理解原条件的意义.

去掉原条件中的不等式：$x \geqslant k$，得到如下的"拟条件"：

对任何满足以上条件的 a,b,c，不等式 $f'(x)+a<0$ 恒成立.

在上述"拟条件"保证下能得到什么结果？显然可以得到 x 的变化范围.这样一来，我们就可看清楚原来条件的意义了：由上述"拟条件"得到的 x 的范围区间包含 $[k,+\infty)$，由此便得到 k 的范围，进而得到 k 的最小值.

首先考虑，x 取哪些值时，不等式 $f'(x)+a<0$ 对任何满足题设条件的 a,b,c 恒成立.

显然，$f'(x)+a<0$ 消去 c，得 $ax^2+bx-b<0$. 又 $a<0$，所以 $x^2 + \frac{b}{a}x - \frac{b}{a} > 0$.

由(1)，有 $0 \leqslant \frac{b}{a} < 1$，令 $t = \frac{b}{a}$，则 $0 \leqslant t < 1$，于是，不等式
$$x^2 + tx - t > 0$$
对任何 $t \in [0,1)$ 恒成立.

令
$$g(t) = x^2 + tx - t = (x-1)t + x^2$$
关于 t 的函数 $g(t)$ 在 $[0,1)$ 上的图像为一条线段，从而不等式在 $[0,1)$ 上恒成立，等价于
$$g(0) > 0, \quad g(1) \geqslant 0$$

即
$$x^2 > 0, \quad (x-1) + x^2 \geq 0$$

解得
$$x \leq \frac{-1-\sqrt{5}}{2} \quad \text{或} \quad x \geq \frac{-1+\sqrt{5}}{2}$$

依题意,$x \geq k$ 时不等式恒成立,从而 $k \geq \frac{-1+\sqrt{5}}{2}$,故 k 的最小值是 $\frac{-1+\sqrt{5}}{2}$.

例 2 设 a,b,c 是互异的实数,$abc \neq 0$,解方程组
$$\frac{x}{a^3} - \frac{y}{a^2} + \frac{z}{a} = 1, \quad \frac{x}{b^3} - \frac{y}{b^2} + \frac{z}{b} = 1, \quad \frac{x}{c^3} - \frac{y}{c^2} + \frac{z}{c} = 1$$

分析与解 本题用一般的消元法可以求解,但过程很繁.若注意到此方程组的如下特点:3 个方程结构相同,而且所含字母基本一致,仅仅在同一个位置的常值字母不同,分别为 a,b,c.如果将这些数都统一换成字母 t,则可发现:a,b,c 都是关于 t 的方程
$$\frac{x}{t^3} - \frac{y}{t^2} + \frac{z}{t} = 1$$

的根.将此方程去分母,得
$$t^3 - zt^2 + yt - x = 0 \qquad (*)$$

注意,我们的解题目标是求方程($*$)中的系数 x,y,z 之值,而题给的条件是:常数 a,b,c 是方程($*$)的根.这自然想到根与系数的关系.于是,由韦达定理,有
$$\frac{1}{a} + \frac{1}{b} + \frac{1}{c} = \frac{y}{x}, \quad \frac{1}{ab} + \frac{1}{bc} + \frac{1}{ca} = \frac{z}{x}, \quad \frac{1}{abc} = \frac{1}{x}$$

由最后一式解得 $x = abc$,将其分别代入前两式,得 $y = ab + bc + ca$,$z = a + b + c$.

故原方程的解为 $x = abc, y = ab + bc + ca, z = a + b + c$.

5 更新观点

例 3(第 2 届美国数学邀请赛试题) 设

$$\frac{x^2}{2^2-1^2} + \frac{y^2}{2^2-3^2} + \frac{z^2}{2^2-5^2} + \frac{w^2}{2^2-7^2} = 1$$

$$\frac{x^2}{4^2-1^2} + \frac{y^2}{4^2-3^2} + \frac{z^2}{4^2-5^2} + \frac{w^2}{4^2-7^2} = 1$$

$$\frac{x^2}{6^2-1^2} + \frac{y^2}{6^2-3^2} + \frac{z^2}{6^2-5^2} + \frac{w^2}{6^2-7^2} = 1$$

$$\frac{x^2}{8^2-1^2} + \frac{y^2}{8^2-3^2} + \frac{z^2}{8^2-5^2} + \frac{w^2}{8^2-7^2} = 1$$

求 $x^2+y^2+z^2+w^2$.

分析与解 显然,题中 4 个方程有相同的结构,而且所含字母完全一致,仅仅在同一个位置上的常数各不相同,它们分别是 $2^2, 4^2, 6^2, 8^2$. 如果将这些数都统一换成字母 t,则可发现: $2^2, 4^2, 6^2, 8^2$ 都是关于 t 的方程

$$\frac{x^2}{t+a} + \frac{y^2}{t+b} + \frac{z^2}{t+c} + \frac{w^2}{t+d} = 1$$

的根,其中 $a=-1^2, b=-3^2, c=-5^2, d=-7^2$. 将上述方程去分母,得

$$(t+a)(t+b)(t+c)(t+d) - x^2(t+b)(t+c)(t+d)$$
$$- y^2(t+a)(t+c)(t+d) - z^2(t+a)(t+b)(t+d)$$
$$- w^2(t+a)(t+b)(t+c) = 0 \qquad (*)$$

注意,我们的解题目标是求方程($*$)中的系数 x, y, z, w 之值,而题给的条件是: $t=2^2, 4^2, 6^2, 8^2$ 是方程($*$)的 4 个互异实根.这似乎可利用根与系数的关系求解.但此时,方程($*$)左边整理成关于 t 的 4 次多项式的一般式时表达式非常复杂,从而用根与系数的关系求解,过程相当繁琐.

再注意到方程($*$)左边是关于 t 的 4 次多项式,从而 $t=2^2, 4^2, 6^2, 8^2$ 是方程($*$)的全部实根,尽管该多项式的一般式很复杂,但其

"标准分解式"却很简单:由因式定理,方程左边的多项式应含有因式 $(t-2^2)(t-4^2)(t-6^2)(t-8^2)$,再注意到多项式首项系数为 1,所以有

$$(t+a)(t+b)(t+c)(t+d) - x^2(t+b)(t+c)(t+d)$$
$$- y^2(t+a)(t+c)(t+d) - z^2(t+a)(t+b)(t+d)$$
$$- w^2(t+a)(t+b)(t+c) = (t-2^2)(t-4^2)(t-6^2)(t-8^2)$$

因为上式对任何实数 t 成立,在上式中分别令 $t = -a, -b, -c, -d$,得

$$x^2 = \frac{(a+2^2)(a+4^2)(a+6^2)(a+8^2)}{(a-b)(a-c)(a-d)} = \frac{15 \times 35 \times 21}{64 \times 16} = \frac{11025}{1024}$$

$$y^2 = \frac{(b+2^2)(b+4^2)(b+6^2)(b+8^2)}{(b-c)(b-d)(b-a)} = \frac{7 \times 27 \times 55}{64 \times 16} = \frac{10395}{1024}$$

$$z^2 = \frac{(c+2^2)(c+4^2)(c+6^2)(c+8^2)}{(c-a)(c-b)(c-d)} - \frac{21 \times 11 \times 55}{64 \times 16} = \frac{9009}{1024}$$

$$w^2 = \frac{(d+2^2)(d+4^2)(d+6^2)(d+8^2)}{(d-a)(d-b)(d-c)} = \frac{15 \times 33 \times 13}{64 \times 16} = \frac{6435}{1024}$$

所以 $x^2 + y^2 + z^2 + w^2 = 36$.

例 4(原创题) 求出所有使 $x+y+z, \dfrac{1}{x}+\dfrac{1}{y}+\dfrac{1}{z}, xyz$ 都是整数的正有理数组 $(x, y, z)(x \leqslant y \leqslant z)$.

分析与解 考察以 x, y, z 为根的关于 t 的整式方程 $f(t) = 0$,其中

$$f(t) = (t-x)(t-y)(t-z)$$
$$= t^3 - (x+y+z)t^2 + (xy+yz+zx)t - xyz$$

注意到 $xy + yz + zx = xyz\left(\dfrac{1}{x}+\dfrac{1}{y}+\dfrac{1}{z}\right)$ 为整数,所以 $f(t)$ 是"首一"的整系数多项式.

又它的根都是有理数,其根的分母为首项系数的约数,所以它的根都是整数,即 x, y, z 都是整数.

设 $\dfrac{1}{x}+\dfrac{1}{y}+\dfrac{1}{z}=k$,其中 $k\in \mathbf{Z}$,由于 $x\leqslant y\leqslant z$,所以

$$\dfrac{3}{x}\geqslant \dfrac{1}{x}+\dfrac{1}{y}+\dfrac{1}{z}=k\geqslant 1$$

所以 $x\leqslant 3$.

(1) 当 $x=1$ 时,$\dfrac{1}{y}+\dfrac{1}{z}$ 为整数.

若 $y=1$,则 $\dfrac{1}{z}$ 为整数,所以 $z=1$,得到

$$(x,y,z)=(1,1,1)$$

若 $y=2$,则 $\dfrac{1}{z}$ 为半整数,但 $x+y+z=3+z$ 为整数,所以 z 为整数,故 $z=2$,得到

$$(x,y,z)=(1,2,2)$$

若 $y\geqslant 3$,则

$$\dfrac{1}{y}+\dfrac{1}{z}\leqslant \dfrac{1}{3}+\dfrac{1}{3}$$

所以 $\dfrac{1}{y}+\dfrac{1}{z}$ 不是整数,矛盾.

(2) 当 $x=2$ 时,

$$\dfrac{2}{y}\geqslant \dfrac{1}{y}+\dfrac{1}{z}=k-\dfrac{1}{2}\geqslant 1-\dfrac{1}{2}=\dfrac{1}{2}$$

所以 $y\leqslant 4$.

若 $y=2$,则 $\dfrac{1}{z}$ 为整数,所以 $z=1$,与 $z\geqslant y=2$ 矛盾.

若 $y=3$,则 $z=6$,得到 $(x,y,z)=(2,3,6)$.

若 $y=4$,则 $z=4$,得到 $(x,y,z)=(2,4,4)$.

(3) 当 $x=3$ 时,

$$\dfrac{2}{y}\geqslant \dfrac{1}{y}+\dfrac{1}{z}=k-\dfrac{1}{3}\geqslant 1-\dfrac{1}{3}=\dfrac{2}{3}$$

所以 $y \leqslant 3$. 又 $y \geqslant x = 3$, 所以 $y = 3, z = 3$, 得到
$$(x,y,z) = (3,3,3)$$

综上所述, $(x,y,z) = (1,1,1), (1,2,2), (2,3,6), (2,4,4),$
$(3,3,3)$.

例5 设 $A + B + C = \pi, x, y, z \in \mathbf{R}$, 求证: $x^2 + y^2 + z^2 \geqslant 2xy\cos C + 2yz\cos A + 2zx\cos B$.

分析与证明 我们从一个新的角度来审视原不等式. 将不等式变形为
$$x^2 + y^2 + z^2 - 2xy\cos C - 2yz\cos A - 2zx\cos B \geqslant 0$$

选择 x 为主元, 则问题的结论等价于关于 x 的二次函数
$$\begin{aligned}f(x) &= x^2 + y^2 + z^2 - 2xy\cos C + 2yz\cos A + 2zx\cos B\\ &= x^2 - (2y\cos C + 2z\cos B)x + y^2 + z^2 - 2yz\cos A\end{aligned}$$

的值恒不为负, 这又等价于对应的二次方程至多有一个实根, 所以我们只需证明相应的二次方程的根的判别式不大于 0. 因为
$$\begin{aligned}\Delta &= (2y\cos C + 2z\cos B)^2 - 4(y^2 + z^2 - 2yz\cos A)\\ &= 4y^2\cos^2 C + 4z^2\cos^2 B + 8yz\cos B\cos C - 4y^2 - 4z^2 + 8yz\cos A\\ &= 4y^2(-\sin^2 C) + 4z^2(-\sin^2 B) + 8yz(\cos B\cos C + \cos A)\\ &= -4(y^2\sin^2 C + z^2\sin^2 B) + 8yz[\cos B\cos C - \cos(B+C)]\\ &= -4(y^2\sin^2 C + z^2\sin^2 B) + 8yz\sin B\sin C\\ &= -4(y^2\sin^2 C + z^2\sin^2 B - 2yz\sin B\sin C)\\ &= -4(y\sin C - z\sin B)^2 \leqslant 0\end{aligned}$$

所以原不等式获证.

例6 设 $a_i, b_i \in \mathbf{R}, i = 1, 2, \cdots, n$, 求证:
$$\left[(n-1)\sum_{i=1}^{n} a_i b_i - \sum_{1 \leqslant i < j \leqslant n}(a_i b_j + a_j b_i)\right]^2$$
$$\leqslant \left[(n-1)\sum_{i=1}^{n} a_i^2 - 2\sum_{1 \leqslant i < j \leqslant n} a_i a_j\right]$$

5 更新观点

$$\cdot \left[(n-1)\sum_{i=1}^{n} b_i^2 - 2\sum_{1 \leqslant i<j \leqslant n} b_i b_j \right]$$

(Beesack 不等式).

分析与证明 观察不等式的结构,发现其本身具有"$B^2 - 4AC \leqslant 0$"的结构形式:

$$\left[2(n-1)\sum_{i=1}^{n} a_i b_i - 2\sum_{1 \leqslant i<j \leqslant n} (a_i b_j + a_j b_i) \right]^2$$

$$\leqslant 4 \left[(n-1)\sum_{i=1}^{n} a_i^2 - 2\sum_{1 \leqslant i<j \leqslant n} a_i a_j \right]$$

$$\cdot \left[(n-1)\sum_{i=1}^{n} b_i^2 - 2\sum_{1 \leqslant i<j \leqslant n} b_i b_j \right]$$

令

$$A = (n-1)\sum_{i=1}^{n} a_i^2 - 2\sum_{1 \leqslant i<j \leqslant n} a_i a_j = \sum_{1 \leqslant i<j \leqslant n} (a_i - a_j)^2$$

$$B = 2\left[(n-1)\sum_{i=1}^{n} a_i b_i - \sum_{1 \leqslant i<j \leqslant n} (a_i b_j + a_j b_i) \right]$$

$$= 2\sum_{1 \leqslant i<j \leqslant n} (a_i - a_j)(b_i - b_j)$$

$$C = (n-1)\sum_{i=1}^{n} b_i^2 - 2\sum_{1 \leqslant i<j \leqslant n} b_i b_j = \sum_{1 \leqslant i<j \leqslant n} (b_i - b_j)^2$$

则上述不等式变为

$$B^2 - 4AC \leqslant 0$$

考察函数

$$f(x) = Ax^2 + Bx + C$$

$$= \left[(n-1)\sum_{i=1}^{n} a_i^2 - 2\sum_{1 \leqslant i<j \leqslant n} a_i a_j \right] x^2$$

$$+ 2\left[(n-1)\sum_{i=1}^{n} a_i b_i - \sum_{1 \leqslant i<j \leqslant n} (a_i b_j + a_j b_i) \right] x$$

$$+ (n-1)\sum_{i=1}^{n} b_i^2 - 2\sum_{1\leqslant i<j\leqslant n} b_i b_j$$

$$= \sum_{1\leqslant i<j\leqslant n}(a_i - a_j)^2 x^2 + 2\sum_{1\leqslant i<j\leqslant n}(a_i - a_j)(b_i - b_j)x$$

$$+ \sum_{1\leqslant i<j\leqslant n}(b_i - b_j)^2$$

$$= \sum_{1\leqslant i<j\leqslant n}[(a_i - a_j)x + (b_i - b_j)]^2$$

当 $A = 0$ 时,有 $a_1 = a_2 = \cdots = a_n$,此时原不等式等号成立.

当 $A \neq 0$ 时,$A = \sum_{1\leqslant i<j\leqslant n}(a_i - a_j)^2 > 0$,$f(x)$ 是首项系数为正的二次函数,而由上式可知,对一切实数 x,$f(x) \geqslant 0$ 恒成立,所以其判别式 $B^2 - 4AC \leqslant 0$,不等式获证.

例7 设 $0 < m_1 \leqslant a_i \leqslant M_1$,$0 < m_2 \leqslant b_i \leqslant M_2$,求证:

$$\frac{\sum_{i=1}^{n} a_i^2 \sum_{i=1}^{n} b_i^2}{(\sum_{i=1}^{n} a_i b_i)^2} \leqslant \frac{1}{4}\left(\sqrt{\frac{M_1 M_2}{m_1 m_2}} + \sqrt{\frac{m_1 m_2}{M_1 M_2}}\right)^2$$

(Polya-Szego 不等式).

分析与证明 观察不等式的结构,发现其本身具有"$B^2 - 4AC \geqslant 0$"的结构形式:

$$\left(\sqrt{\frac{M_1 M_2}{m_1 m_2}} + \sqrt{\frac{m_1 m_2}{M_1 M_2}}\right)^2 \left(\sum_{i=1}^{n} a_i b_i\right)^2 \geqslant 4\sum_{i=1}^{n} a_i^2 \sum_{i=1}^{n} b_i^2$$

令 $G = \sqrt{\dfrac{M_1 M_2}{m_1 m_2}}$,则不等式变为

$$\left[\left(G + \frac{1}{G}\right)\left(\sum_{i=1}^{n} a_i b_i\right)\right]^2 - 4\sum_{i=1}^{n} a_i^2 \sum_{i=1}^{n} b_i^2 \geqslant 0$$

再令 $A = \sum_{i=1}^{n} a_i^2$,$B = \left(G + \dfrac{1}{G}\right)\left(\sum_{i=1}^{n} a_i b_i\right)$,$C = \sum_{i=1}^{n} b_i^2$,则不等式变为

$$B^2 - 4AC \geqslant 0$$

考察二次函数
$$f(x) = Ax^2 + Bx + C$$
$$= (\sum_{i=1}^{n} a_i^2)x^2 + \left(G + \frac{1}{G}\right)(\sum_{i=1}^{n} a_i b_i)x + \sum_{i=1}^{n} b_i^2$$
$$= \sum_{i=1}^{n}\left[a_i^2 x^2 + \left(G + \frac{1}{G}\right)a_i b_i x + b_i^2\right]$$
$$= \sum_{i=1}^{n}(a_i x + G b_i)\left(a_i x + \frac{b_i}{G}\right)$$

下面只需证明方程 $f(x) = 0$ 有实根.

由于 $A > 0$, 只需找到 x, 使 $f(x) \leqslant 0$, 一个充分条件是: 存在 x, 使对所有 i (即上式右边每一个项), 都有
$$(a_i x + G b_i)\left(a_i x + \frac{b_i}{G}\right) \leqslant 0$$

解此不等式, 得
$$-\frac{G b_i}{a_i} \leqslant x \leqslant -\frac{b_i}{G a_i}$$

此不等式 $\Leftrightarrow \max\left\{-\frac{G b_i}{a_i}\right\} \leqslant x \leqslant \min\left\{-\frac{b_i}{G a_i}\right\}$

$$\Leftrightarrow -\frac{G m_2}{M_1} \leqslant x \leqslant -\frac{M_2}{G m_1}$$

$$\Leftrightarrow -\frac{m_2}{M_1} \cdot \sqrt{\frac{M_1 M_2}{m_1 m_2}} \leqslant x \leqslant -\frac{M_2}{m_1} \cdot \sqrt{\frac{m_1 m_2}{M_1 M_2}}$$

$$\Leftrightarrow -\sqrt{\frac{m_2 M_2}{m_1 M_1}} \leqslant x \leqslant -\sqrt{\frac{m_2 M_2}{m_1 M_1}}.$$

取 $x_0 = -\sqrt{\dfrac{m_2 M_2}{m_1 M_1}}$, 则

$$f\left(-\sqrt{\frac{m_2 M_2}{m_1 M_1}}\right) = \sum_{i=1}^{n} \frac{(M_1 b_i - m_2 a_i)(m_1 b_i - M_2 a_i)}{m_1 M_1} \leqslant 0$$

所以 $f(x) = 0$ 有实根, 从而其判别式 $\Delta = B^2 - 4AC \geqslant 0$, 不等式

获证.

例 8 设 $\alpha, \beta \in (0, \pi)$,且 $\cos\alpha + \cos\beta - \cos(\alpha + \beta) = \dfrac{3}{2}$,求 α, β 的值.

分析与解 要求 α, β 的值,需知道两个关于 α, β 的方程,但题中只有一个方程,因而要选择主元建立新方程,利用判别式求解.

选择 $\cos\dfrac{\alpha + \beta}{2}$ 为主元,将方程整理为

$$2\cos^2\dfrac{\alpha + \beta}{2} - 2\cos\dfrac{\alpha - \beta}{2}\cos\dfrac{\alpha + \beta}{2} + \dfrac{1}{2} = 0$$

因为上述关于 $\cos\dfrac{\alpha + \beta}{2}$ 的二次方程有实根,所以

$$\Delta = 4\cos^2\dfrac{\alpha - \beta}{2} - 4 \geq 0$$

即 $\cos^2\dfrac{\alpha - \beta}{2} \geq 1$.但 $\cos^2\dfrac{\alpha - \beta}{2} \leq 1$,所以 $\cos^2\dfrac{\alpha - \beta}{2} = 1$.

又 $\alpha, \beta \in (0, \pi)$,所以 $\alpha = \beta = \dfrac{\pi}{3}$.

5.2 模观点

模观点就是从考察题中有关数关于特定模的余数的角度处理当前问题.它通常包括如下三个方面:一是穷举题中有关数关于特定模的余数的各种可能取值,从中发现有关结论.二是将题中有关等式转化为关于特定模的同余式,借以发现问题的特征.三是对某些数按特定的模理解,使数的表现形式变得简单或问题的特征趋于明显.

例 1(2009 中国科大自主招生试题) 设 $A = \{n! + n \mid n \in \mathbf{N}^+\}$,$B = \mathbf{N}^+ \setminus A$.

(1)求证:B 中不存在无限项的等差数列;

(2)试问:B 中是否存在无限项的等比数列?

5 更新观点

分析与解 先考虑(1),它属于否定性命题,可考虑用反证法.

所谓"B 中不存在无限项的等差数列",等价于"任何无限项的等差数列都有一个项在 A 中",也就是说"A 中有一个数为等差数列中的一个项".

怎样的数才能充当等差数列中的一个项呢? 这直接利用等差数列通项公式即可.

反设 B 中存在无限项的等差数列 $\{a_n\}$,设其公差为 d,那么数列中的所有项都可以表示为 $a_1 + kd(k \in \mathbf{N})$ 的形式. 于是,为了导出矛盾,只需在 A 中找一个形如 $n! + n$ 的数 x,使

$$x = a_1 + kd \quad (k \in \mathbf{N})$$

换一个观点,用模 d 处理,则可去掉上述等式中不确定的参数 k,得

$$x = a_1 + kd \equiv a_1 \pmod{d}$$

反之,如果一个正整数 x 满足:$x \geqslant a_1$,且 $x \equiv a_1 \pmod{d}$,那么 $d \mid x - a_1$,进而

$$x - a_1 = kd, \quad x = a_1 + kd$$

所以 x 是 $\{a_n\}$ 的一个项.

下面证明,存在 $x \in A$,使 $x \geqslant a_1$,且 $x \equiv a_1 \pmod{d}$.

一个充分条件是:A 中存在模 d 的一个完系. 注意到形如 $n! + n$ 的数可分拆为两部分:一个部分是 $n!$,另一个部分是 n,而后一个部分当 n 取 d 个连续自然数时构成模 d 的完系. 为了使前一部分 $n!$ 对上述完系没有影响,只需 n 足够大,使 $n!$ 为 d 的倍数即可,比如,取 $n \geqslant d$,则 $n! \equiv 0 \pmod{d}$.

令 $n = d, d+1, \cdots, 2d-1$,考察 A 中的连续 d 个数

$$d! + d, (d+1)! + (d+1), (d+2)! + (d+2),$$
$$\cdots, (2d-1)! + (2d-1)$$

我们证明它们构成模 d 的完系.

实际上,因为 $d+i \geqslant d$,从而 $d \mid (d+i)!$,所以
$$(d+i)! + (d+i) \equiv d+i \equiv i \pmod{d}$$
又 $i = 0, 1, 2, \cdots, d-1$ 构成模 d 的完系,所以
$$d! + d, (d+1)! + (d+1), (d+2)! + (d+2),$$
$$\cdots, (2d-1)! + (2d-1)$$
是模 d 的完系.所以,这 d 个数中必有一个数 $(d+i)! + (d+i)$,使
$$(d+i)! + (d+i) \equiv a_1 \pmod{d}$$
但这个数未必不小于 a_1,还不能保证它是数列 $\{a_n\}$ 的一个项.

改进方案:将上述讨论中的"d"换成 $a_1 d$ 即可,此时 $a_1 d \geqslant a_1$,$a_1 d \geqslant d$.

考察 A 中的连续 d 个数:
$$(a_1 d)! + a_1 d, (a_1 d + 1)! + (a_1 d + 1),$$
$$\cdots, (a_1 d + d - 1)! + (a_1 d + d - 1)$$
只需证明它们构成模 d 的完系.

实际上,因为 $a_1 d + i \geqslant d$,从而 $d \mid (a_1 d + i)!$,所以
$$(a_1 d + i)! + (a_1 d + i) \equiv a_1 d + i \equiv i \pmod{d}$$
又 $i = 0, 1, 2, \cdots, d-1$ 构成模 d 的完系,所以
$$(a_1 d)! + a_1 d, (a_1 d + 1)! + (a_1 d + 1),$$
$$\cdots, (a_1 d + d - 1)! + (a_1 d + d - 1)$$
构成模 d 的完系,(1)获证.

(2) 该问题属于存在性问题,可尝试直接构造.

注意到等比数列的通项具有 $a_n = a \cdot q^{n-1}$ 的形式,可尝试其简单情形,这里有两种选择:一是取 a 尽可能简单,比如取 $a = 1$;二是取 q 尽可能简单,比如取 $q = 2$.

先考虑第一种选择(它不同于原来解答中的构造):考察数列 $\{q^n\}$,我们只需选择适当的 q,使数列 $\{q^n\}$ 不含 A 中的数.

5 更新观点

假设存在 m,使 $m! + m = q^n$,则 $m \mid q^n$.

为了便于利用这一结果,取 q 为质数,则由上述结论,有 $m = q^r$ ($r < n$),代入方程,得

$$(q^r)! + q^r = q^n \quad 即 \quad (q^r - 1)! + 1 = q^{n-r}$$

试验 $q = 2, 3, 5$,发现都有解,而 $q = 7$ 时,方程无解.

实际上,若 $(7^r - 1)! + 1 = 7^{n-r}$,则当 $r = 0$ 时,有 $(7^0 - 1)! + 1 = 7^n$,即 $2 = 7^n$,矛盾.

当 $r = 1$ 时,有 $(7^1 - 1)! + 1 = 7^{n-1}$,即 $721 = 7^{n-1}$,所以 $103 = 7^{n-2}$,矛盾.

当 $r \geq 2$ 时,有 $(7^r - 1)! \geq 48! \equiv 0 \pmod 7$,于是由 $(7^r - 1)! + 1 = 7^{n-r}$,有 $7 \mid 1$,矛盾.

于是,数列 $\{7^n\}$ 是 B 中的无限等比数列.

再考虑第二种选择(原来的解答):取 $q = 2$,考察数列 $\{a \cdot 2^{n-1}\}$,我们只需选择适当的 a,使数列 $\{a \cdot 2^{n-1}\}$ 不含 A 中的数.

适当实验,发现 $a = 1, 2$ 都不合乎要求,但 $a = 3$ 则合乎要求.

实际上,反设 $\{a \cdot 2^{n-1}\}$ 中有一个项在 A 中,不妨设 $3 \cdot 2^{n-1} = k! + k$,那么,$k \mid 3 \cdot 2^{n-1}$,于是 $k = 3^0 \cdot 2^i$ ($i \in \mathbf{N}, i \leq n-1$),或 $k = 3 \cdot 2^i$ ($i \in \mathbf{N}, i \leq n-2$).

(i) 当 $k = 2^i$ ($i \in \mathbf{N}, i \leq n-1$) 时,有

$$3 \cdot 2^{n-1} = (2^i)! + 2^i$$

约去 2^i,得

$$3 \cdot 2^{n-i-1} = (2^i - 1)! + 1$$

若 $i \geq 2$,则 $2^i - 1 \geq 3$,于是,$3 \mid (2^i - 1)!$,又 $3 \mid 3 \cdot 2^{n-i-1}$,所以 $3 \mid 1$,矛盾. 所以 $i = 0, 1$,即 $k = 1, 2$. 于是

$$3 \cdot 2^{n-1} = 1 + 1 = 2 \quad 或 \quad 3 \cdot 2^{n-1} = 2 + 2 = 4$$

以上两式都无解,矛盾.

(ⅱ)当 $k=3 \cdot 2^i (i \in \mathbf{N}, i \leqslant n-2)$ 时,有
$$3 \cdot 2^{n-1} = (3 \cdot 2^i)! + 3 \cdot 2^i$$
约去 $3 \cdot 2^i$,得
$$2^{n-i-1} = (3 \cdot 2^i - 1)! + 1$$
因为 $3 \cdot 2^i - 1 \geqslant 3 - 1 = 2$,于是 $2 \mid (3 \cdot 2^i - 1)!$,又 $i \leqslant n-2$,有 $2 \mid 2^{n-i-1}$,所以 $2 \mid 1$,矛盾.

注:B 中的无限等比数列有无数个,可以证明,对任何质数 p, q, $p \neq q, p \neq 2, a_n = p \cdot q^{n-1}$ 都合乎条件.

例 2(原创题) 一盒火柴有 m 根,甲乙轮流取出火柴,甲先取,每次可取 1 或 n 根($n \neq 1$),但不能不取,规定取得最后一根者为胜.试问:对给定的正整数 $m, n (m > n)$,谁有必胜策略?

分析与解 先研究操作规则:每次操作可取 1 或 n 根火柴,从而操作可表示为 $m \to m-1$ 或 $m-n$.

由于操作一次后的结果具有不确定性,我们要用一种新的观点来看待上述操作,使在此观点下,上述操作的两种可能结果是一致的.

这就要求 $m-1, m-n$ 在特定的意义下是一致的,自然想到模处理:选择常数 t,使
$$m - 1 \equiv m - n \pmod{t}$$
显然,上式 $\Leftrightarrow -1 \equiv -n \pmod{t} \Leftrightarrow n - 1 \equiv 0 \pmod{t}$.

于是,取 $t = n - 1$ 即可,但其中要求 $n - 1 \geqslant 2$,即 $n \geqslant 3$,从而这一处理方法不适应 $n = 2$ 的情形,需对 $n = 2$ 的情形进行单独讨论.

但 $n = 2$ 时的问题,与原问题相比并没有降低难度,所以我们放弃这一思路.

再改变观点:注意到操作中将一个数增加"$+1$"还是增加"-1",都可改变该数的奇偶性,于是想到将操作形式"$m \to m-1$ 或 $m-n$"想象为"$m \to m-1$ 或 $m+1$",这就要寻找常数 t,使

$$m+1 \equiv m-n \pmod{t}$$

显然,上式 $\Leftrightarrow 1 \equiv -n \pmod{t} \Leftrightarrow n+1 \equiv 0 \pmod{t}$.

于是,取 $t = n+1$ 即可,此时原操作可表示为

$$m \to m \pm 1 \pmod{n+1}$$

这是因为 $m - n \equiv m - n + (n+1) \equiv m + 1 \pmod{n+1}$.

也就是说,在模 $n+1$ 的意义下,原操作是将当前的火柴数增加 1 或减少 1,由此可见,其操作中出现的状态的奇偶性在模 $n+1$ 的意义下交替出现.

当然,状态的奇偶性并不是真正的奇偶交替,它有例外:当余数为 n 时,加 1 以后变成 $n+1 \equiv 0 \pmod{n+1}$ 为偶,如果 n 为偶,则状态是从偶到偶,并非奇偶交替,此时,需要对此情形进行单独处理.

设 $m \equiv r \pmod{n+1}$,其中 $0 \leqslant r \leqslant n$.

(1) 当 r 为奇数时,甲有必胜策略.

实际上,甲先取 1 根,则剩余的火柴数

$$m_1 = m - 1 \equiv r - 1 \pmod{n+1}$$

其中 $r - 1 \leqslant n - 1$,且 $r - 1$ 为偶数,即甲取后使剩余的火柴数模 $n+1$ 为小于 n 的偶数.

显然,甲取后剩余的火柴数不是 n 也不是 1,从而乙一次不可能将剩余的火柴全部取走.如果乙取 p 根,则甲取 $n+1-p$ 根(两人合取 $n+1$ 根),从而甲每次取后都可使剩余的火柴数模 $n+1$ 为小于 n 的偶数.如此下去,直至剩 $2k$ 根($0 \leqslant 2k < n$).至此,乙每次只能取 1 根,总使剩余火柴数为奇数,从而不能取得最后一根,甲胜.

(2) 当 r 为偶数,且 $r = n$ 时,甲有必胜策略.

实际上,甲先取 r 根,则剩余的火柴数

$$m_1 = m - r \equiv 0 \pmod{n+1}$$

即甲取后使剩余的火柴数模 $n+1$ 为 0.

以后,若乙取 p 根,则甲取 $n+1-p$ 根(两人合取 $n+1$ 根),甲

取后使剩余的火柴数模 $n+1$ 为 0，如此下去，乙不能取得最后一根，甲胜.

(3) 当 r 为偶数,且 $r<n$ 时,乙有必胜策略.

(i) 若 $r=0$，则甲取 p 根,乙可取 $n+1-p$ 根(两人合取 $n+1$ 根),乙取后使剩余的火柴数模 $n+1$ 为 0，如此下去,甲不能取得最后一根,乙胜.

(ii) 若 r 为偶数 $(0<r<n)$，且 $m=r$，则甲每次只能取 1 根,总使剩余火柴数为奇数,从而不能取得最后一根,乙胜.

(iii) 若 r 为偶数 $(0<r<n)$，且 $m>r$，则甲取 p 根,乙可取 $n+1-p$ 根(两人合取 $n+1$ 根),乙取后使剩余的火柴数模 $n+1$ 为 r，如此下去,直至火柴数为 r，化归为(ii),乙胜.

例 3(第 28 届 IMO 备选题)　对状态 $A=(a_1,a_2,\cdots,a_{2n})$，定义操作 T，在此操作下,状态 A 变为 $T(A)=(a_{n+1},a_1,a_{n+2},a_2,\cdots,a_{n-1},a_{2n},a_n)$. 试问:对哪些自然数 n，上述操作是周期的,即操作有限次后出现以前出现过的状态?

分析与解　先试验特例,发现 $n=1,2,3,\cdots$ 都合乎要求,由此可猜想,一切正整数 n 都合乎要求.

下面证明:对任何正整数 n，都存在 $1\leqslant r\leqslant 2n$，使 $T^r(A)=A$.

对任一状态 $A=(a_1,a_2,\cdots,a_{2n})$，考察 A 的第 i 个分量 a_i 在 $T(A)$ 中的位置 $(i=1,2,\cdots,2n)$，不难发现以下结果.

a_1 是 $T(A)$ 的第 2 个分量, a_2 是 $T(A)$ 的第 4 个分量……a_n 是 $T(A)$ 的第 $2n$ 个分量, a_{n+1} 是 $T(A)$ 的第 1 个分量, a_{n+2} 是 $T(A)$ 的第 3 个分量……a_{2n} 是 $T(A)$ 的第 $2n-1$ 个分量.

为叙述问题方便,我们更换观点来描述上面的结论,利用模 $2n+1$ 理解,则

A 中的第 $i(i=1,2,\cdots,2n)$ 个分量 a_i 是 $T(A)$ 中的第 $2i(\bmod 2n+1)$ 个分量　　　　　　　　　　　　(*)

5 更新观点

实际上, 当 $i \leqslant n$ 时, ($*$) 显然成立.

当 $i > n$ 时, 令 $i = n + k (1 \leqslant k \leqslant n)$, 那么对 $A = (a_1, a_2, \cdots, a_{2n})$, 由

$$T(A) = (a_{n+1}, a_1, a_{n+2}, a_2, \cdots, a_{n+k}, a_k, \cdots, a_{n-1}, a_{2n}, a_n)$$

可知, a_{n+k} 是 $T(A)$ 的第 $2k - 1$ 个分量. 但

$$2i = 2(n+k) = 2n + 2k = (2n+1) + 2k - 1 \equiv 2k - 1 \pmod{2n+1}$$

所以 ($*$) 结论成立.

考察 A 中的第 i 个分量 a_i, 在模 $2n+1$ 的意义下, 它是 $T(A)$ 中的第 $2i$ 个分量, 是 $T^2(A)$ 中的第 $2^2 i$ 个分量, $\cdots$, 是 $T^r(A)$ 中的第 $2^r i$ 个分量.

问题等价于存在 r, 使 $2^r i \equiv i \pmod{2n+1}$. 找一个充分条件: 选择 r, 使 $2^r \equiv 1 \pmod{2n+1}$.

这个 r 是容易找到的, 利用欧拉定理:

$$2^{\varphi(2n+1)} \equiv 1 \pmod{2n+1}$$

取 $r = \varphi(2n+1)$ 即可, 其中 φ 为欧拉函数.

这样一来, 由上面的讨论可知, 对任何 $i = 1, 2, \cdots, 2n$, 状态 A 中的第 i 个分量 a_i 是状态 $T^r(A)$ 中的第 $2^r i \equiv i \pmod{2n+1}$ 个分量, 从而 $T^r(A) = A$.

因为 $r = \varphi(2n+1) \leqslant 2n$, 故命题获证.

例 4(2001 年加拿大数学奥林匹克试题) 设 t 为正整数, 给定一个矩阵, 其元素都是正整数, 允许进行如下两种操作.

第一种操作: 选择一行, 将该行中的每个数都乘以 t;

第二种操作: 选择一列, 将该列中的每个数都减少 t.

求 t 的所有可能取值, 使对任何正整数的 $n \times n (n \geqslant 2)$ 矩阵 H, 都能通过有限次操作, 使 H 的各数都变成 0.

分析与解 我们称第一种操作为"行乘 t"的操作, 第二种操作为"列减 t"的操作.

稍作试验,即可发现 t 只有唯一的合乎要求的取值:$t=2$.

先证 t 只可能是 2. 考虑任意一个矩阵的 2 阶子矩阵(对任何阶矩阵具有某种性质,对 2 阶子矩阵当然具有该性质).

若 $t\neq 2$,考察其左上角的 2×2 子矩阵 $\boldsymbol{A}=\begin{pmatrix}a&b\\c&d\end{pmatrix}$,定义 $f(\boldsymbol{A})=(a+d)-(b+c)$.

(1) 当 $t=1$ 时,在"行乘 t"的操作下 $f(\boldsymbol{A})$ 不变:设 $\boldsymbol{A}\to\boldsymbol{A}'$,则有 $\boldsymbol{A}'=\boldsymbol{A}$,从而 $f(\boldsymbol{A})=f(\boldsymbol{A}')$;

在"列减 t"的操作下,$\boldsymbol{A}\to\boldsymbol{A}'=\begin{pmatrix}a-1&b\\c-1&d\end{pmatrix},\begin{pmatrix}a&b-1\\c&d-1\end{pmatrix}$,于是仍有 $f(\boldsymbol{A})=f(\boldsymbol{A}')$.

于是,不论是哪种操作,都有 $f(\boldsymbol{A})$ 在操作中不变.

取矩阵 $\boldsymbol{A}_0=\begin{pmatrix}1&1\\1&2\end{pmatrix}$,则 $f(\boldsymbol{A}_0)=1$,从而 $\boldsymbol{A}_0$ 不可能变成使 $f(\boldsymbol{A}_1)=0$ 的 $\boldsymbol{A}_1=\begin{pmatrix}0&0\\0&0\end{pmatrix}$,所以 $t\neq 1$.

(2) 当 $t>2$ 时,考察其左上角的 2×2 矩阵 $\boldsymbol{A}=\begin{pmatrix}a&b\\c&d\end{pmatrix}$,经一次操作,有

$$\boldsymbol{A}\to\boldsymbol{A}'=\begin{pmatrix}a-t&b\\c-t&d\end{pmatrix},\begin{pmatrix}a&b-t\\c&d-t\end{pmatrix},\begin{pmatrix}ta&tb\\c&d\end{pmatrix},\begin{pmatrix}a&b\\tc&td\end{pmatrix}$$

当 $\boldsymbol{A}'=\begin{pmatrix}a-t&b\\c-t&d\end{pmatrix},\begin{pmatrix}a&b-t\\c&d-t\end{pmatrix}$ 时,$f(\boldsymbol{A})=f(\boldsymbol{A}')$;

当 $\boldsymbol{A}'=\begin{pmatrix}ta&tb\\c&d\end{pmatrix}$ 时,有

$$f(\boldsymbol{A})-f(\boldsymbol{A}')=(a-b)-t(a-b)=(t-1)(b-a)\neq 0$$

更换观点,使上述操作结果统一为同一形式. 采用模处理,我们

5 更新观点

期望找到 x,使
$$f(\boldsymbol{A}) - f(\boldsymbol{A}') = (t-1)(b-a) \equiv 0 (\bmod x)$$

这里取 $x = t-1$ 即可. 此时,若 $\boldsymbol{A}' = \begin{pmatrix} a & b \\ tc & td \end{pmatrix}$,则在 $t-1$ 的意义下,同样有

$$f(\boldsymbol{A}) - f(\boldsymbol{A}') = (d-c) - t(d-c) = (t-1)(c-d) \equiv 0 (\bmod t-1)$$

于是操作使 $f(\boldsymbol{A})(\bmod t-1)$ 不变.

取矩阵 $\boldsymbol{A}_0 = \begin{pmatrix} 1 & 1 \\ 1 & 2 \end{pmatrix}$,则 $f(\boldsymbol{A}_0) \equiv 1(\bmod t-1)$,从而 $\boldsymbol{A}$ 不可能变成使 $f(\boldsymbol{A}_1) \equiv 0(\bmod t-1)$ 的 $\boldsymbol{A}_1 = \begin{pmatrix} 0 & 0 \\ 0 & 0 \end{pmatrix}$,所以 $t \leqslant 2$.

由(1)、(2)可知,只能是 $t=2$. 下面证明 $t=2$ 合乎条件.

先考察列矩阵 $\boldsymbol{A} = (a_1, a_2, \cdots, a_m)^T$,我们证明:可适当操作,使各数变得相同(为都变成 0 打下基础).

采用逐步扩充逼近的方法,先证明:可对 $\boldsymbol{A} = (a_1, a_2, \cdots, a_m)^T$ 进行有限次操作,使前两个数变得相同.

设最初的前两个数为 a, b,不妨设 $a < b$.

若存在自然数 k,使 $b = 2^k a$,则结论显然成立,连续进行 k 次"行乘 2"的操作即可.

此外,以 $\{2^k a\}(k=1,2,\cdots)$ 为划分数列,将所有正整数分为若干段,注意到 $2^k a \to \infty$,则当 b 不是形如 $2^k a$ 的数时,一定存在自然数 k,使

$$2^{k-1} a < b < 2^k a$$

此时 $2^k a < 2b < 2^{k+1} a$.

这样,可依次进行如下操作
$$\boldsymbol{A} = (a, b, a_3, a_4, \cdots, a_m)^T$$
$$\to (2^k a, 2b, a_3, a_4, \cdots, a_m)^T$$

$$\rightarrow (2^k a - 2t, 2b - 2t, a_3, a_4, \cdots, a_m)^{\mathrm{T}}$$

其中 t 待定.

显然 $2^k a - 2t < 2b - 2t$,期望有 $2b - 2t = 2(2^k a - 2t)$,解得 $t = 2^k a - b$.于是

$$(2^k a - 2t, 2b - 2t, a_3, a_4, \cdots, a_m)^{\mathrm{T}}$$
$$= (b - t, 2b - 2t, a_3, a_4, \cdots, a_m)^{\mathrm{T}}$$
$$\rightarrow (2b - 2t, 2b - 2t, a_3, a_4, \cdots, a_m)^{\mathrm{T}}$$

于是,先将 a 连续进行 k 次"行乘 2"的操作,列矩阵变为

$$\boldsymbol{A} = (2^k a, b, a_3, \cdots, a_m)^{\mathrm{T}}$$

再对 b 进行一次"行乘 2"的操作,列矩阵变为

$$\boldsymbol{A} = (2^k a, 2b, a_3, \cdots, a_m)^{\mathrm{T}}$$

再对列矩阵连续进行 $2^k a - b \geqslant 1$ 次"列减 2"的操作,则前两个数分别变为 $2b - 2^k a, 2(2b - 2^k a)$,最后对 $2b - 2^k a$ 进行一次"行乘 2"的操作即可使前两个数变得相同.

这表明,对任何列矩阵 $\boldsymbol{A} = (a_1, a_2, \cdots, a_m)^{\mathrm{T}}$,都可进行有限次操作,使前两个数变得相同.

假定若干次操作后,列矩阵 $\boldsymbol{A}$ 的前 k 个数变得一样,将这 k 个数捆绑在一起看成一个数(如果某次操作对 k 个数中的某一个操作,则对另外的 $k-1$ 个数也进行同样的操作,可使这 k 个数一直保持相同,从而可看成是一个数),于是,又可按类似的方法将第 $k+1$ 个数变得与它们相同,如此下去,可使所有数变得相同.

对一般的矩阵 $\boldsymbol{A}$(一列列进行即可),由上面的讨论,先通过有限次"行乘 2"的操作和有限次对第一列进行的"列减 2"的操作,使第一列的数变得相同.

如果有必要,将 $\boldsymbol{A}$ 的每一行都进行一次"行乘 2"的操作,使 $\boldsymbol{A}$ 的第一列是相同的偶数.

再对 $\boldsymbol{A}$ 的第一列进行若干次"列减 2"的操作,可使 $\boldsymbol{A}$ 的第一列都变成 0.

注意到 A 的其他列都未进行"列减 2"的操作,各数仍是正整数,于是又可进行类似的操作,使第二列变成 0,由于第一列变成全为 0 之后再未进行"列减 2"的操作,从而第一列一直保持全为 0.

如此下去,可使所有列都变成 0,命题获证.

例 5(原创题) 若一个集合含有偶数个元素,则称之为偶集.设 n 是给定的正偶数,$M=\{1,2,\cdots,n\}$,如果存在 M 的 k 个偶子集:$A_1,A_2,\cdots,A_k$,使对任何 $1\leqslant i<j\leqslant k$,都有 $A_i\bigcap A_j$ 不是偶集,求 k 的最大值.

分析与解 先构造尽可能多的合乎条件的偶子集.因为这些偶子集中任何两个的交不是偶子集,即交为奇子集,可找一个充分条件:任何两个的交是单元集,则当然不是偶子集.

于是,选定 M 中的一个元素,比如 n,选取偶子集:$A_1,A_2,\cdots,A_k$,使 $A_i\bigcap A_j=\{n\}$.

为了使 k 尽可能大,自然想到每个偶子集的容量 $|A_i|(1\leqslant i\leqslant k)$ 尽可能小,于是,取 $|A_i|=2(1\leqslant i\leqslant k)$,这样,令

$$A_i=\{i,n\} \quad (i=1,2,\cdots,n-1)$$

则对任何 $1\leqslant i<j\leqslant n-1$,都有 $A_i\bigcap A_j=\{n\}$ 不是偶集,所以 $k=n-1$ 合乎条件.

下面证明 $k\leqslant n-1$.

用反证法.假设 $k\geqslant n$,则存在 M 的 n 个偶子集:$A_1,A_2,\cdots,A_n$,使对任何 $1\leqslant i<j\leqslant n$,都有 $A_i\bigcap A_j$ 不是偶集.

我们从另一个角度来理解 $M=\{1,2,\cdots,n\}$ 的子集 A.对 M 的每一个元素 $j(1\leqslant j\leqslant n)$,它与 A 的关系只有两种可能:要么 $j\in A$,此时,我们令 j 与 1 对应;要么 $j\notin A$,此时,我们令 j 与 0 对应.

这样,对确定的 $A\subseteq M$,由上述对应,M 中的数 $1,2,\cdots,n$ 所对应的数组成一个 0,1 排列,记为

$$\vec{\alpha_A} = (a_1, a_2, \cdots, a_n)$$

其中 $a_j = \begin{cases} 1, & \text{当 } j \in A \\ 0, & \text{当 } j \notin A \end{cases}$.

那么,由向量数量积的定义可知,当且仅当 $\vec{\alpha_{A_i}} \cdot \vec{\alpha_{A_j}}$ 为偶数时,$A_i \cap A_j$ 是偶集. 于是,若 n 个偶子集:$A_1, A_2, \cdots, A_n$ 合乎条件,则对任何 $i \neq j$,有

$$\vec{\alpha_{A_i}} \cdot \vec{\alpha_{A_j}} \equiv 1 \pmod{2} \qquad (*)$$

对 $X \subseteq M$,定义 $\vec{S_X} = \sum_{x \in X} \vec{\alpha_{A_x}}$.

我们先证明,对任何 $X \neq \varnothing$,有 $\vec{S_X} \not\equiv (0, 0, \cdots, 0) \pmod{2}$.

实际上,反设 $\vec{S_X} \equiv (0, 0, \cdots, 0)$.

一方面,取 $u \in X$,有

$$0 \equiv \vec{S_X} \cdot \vec{\alpha_{A_u}} = \left(\sum_{x \in X} \vec{\alpha_{A_x}} \right) \cdot \vec{\alpha_{A_u}} = \sum_{x \in X} (\vec{\alpha_{A_x}} \cdot \vec{\alpha_{A_u}})$$

$$= \vec{\alpha_{A_u}} \cdot \vec{\alpha_{A_u}} + \sum_{x \in X \setminus \{u\}} (\vec{\alpha_{A_x}} \cdot \vec{\alpha_{A_u}})$$

因为 A_u 是偶集,所以 $\vec{\alpha_{A_u}} \cdot \vec{\alpha_{A_u}} \equiv 0$,而 $x \neq u$ 时,由式$(*)$,有 $\vec{\alpha_{A_x}} \cdot \vec{\alpha_{A_u}} \equiv 1$. 所以

$$0 \equiv \vec{\alpha_{A_u}} \cdot \vec{\alpha_{A_u}} + \sum_{x \in X \setminus \{u\}} (\vec{\alpha_{A_x}} \cdot \vec{\alpha_{A_u}})$$

$$\equiv 0 + \sum_{x \in X \setminus \{u\}} 1 = |X| - 1 \pmod{2}$$

即 $|X|$ 为奇数.

另一方面,注意到 $|M| = n$ 为偶数,所以 $X \neq M$. 取 $v \notin X$,有

$$0 \equiv \vec{S_X} \cdot \vec{\alpha_{A_v}} = \left(\sum_{x \in X} \vec{\alpha_{A_x}} \right) \cdot \vec{\alpha_{A_v}} = \sum_{x \in X} (\vec{\alpha_{A_x}} \cdot \vec{\alpha_{A_v}})$$

因为 $v \notin X$,所以 $x \neq v$,从而由式$(*)$,有 $\vec{\alpha_{A_x}} \cdot \vec{\alpha_{A_v}} \equiv 1$,所以

$$0 \equiv \sum_{x \in X} (\vec{\alpha_{A_x}} \cdot \vec{\alpha_{A_v}}) \equiv \sum_{x \in X} 1 = |X|$$

所以 $|X|$ 为偶数,矛盾. 所以,对任何 $X \neq \varnothing$,有

$$\vec{S_X} \not\equiv (0,0,\cdots,0)(\bmod 2)$$

由此可见,对 $X \neq Y$,有 $\vec{S_X} \not\equiv \vec{S_Y} (\bmod 2)$.

实际上,若 $\vec{S_X} \equiv \vec{S_Y}$,令 $T = (X \cup Y) \setminus (X \cap Y)$,有

$$\vec{S_T} = \vec{S_X} + \vec{S_Y} - 2\vec{S_{X \cap Y}} \equiv \vec{S_X} + \vec{S_Y} \equiv (0,0,\cdots,0)$$

矛盾.

于是,当 X 取遍 M 的所有子集时,可得到模 2 意义下的 2^n 个不同的向量 $\vec{S_X}$.但是,由于 $\vec{S_X} = \sum\limits_{x \in X} \vec{\alpha_{A_x}}$,而 A_x 是偶集,所以 A_x 各分量的和为偶数.

于是 $\vec{S_X}$ 各分量的和为偶数,所以 $\vec{S_X}$ 的第 n 个分量的奇偶性由前 $n-1$ 个分量的和的奇偶性唯一确定,于是 $\vec{S_X}$ 在模 2 意义下只有 2^{n-1} 种取值,矛盾.

所以 $k \leqslant n-1$.

综上所述,k 的最大值为 $n-1$.

5.3 函数观点

所谓函数观点,就是借助函数思想来处理当前问题.它或者由当前问题本身具有某种函数结构直接引入相应的函数;或者通过引入一个全新的函数,使之包含或者派生出问题中的某些对象;或者并不引入函数,而只是运用函数的思想:相关对象的依赖关系来处理问题.

所引入的函数通常包括:结构函数、主元函数、母函数、生成母函数等.所谓结构函数,就是与当前问题某些对象结构相近的函数.所谓主元函数,就是在某些问题中,选取若干个独立变量为主元,而其他变元都表示为主元的函数.所谓母函数,就是将有关数值转化为某个函数 $f(x)$ 在某点 x_0 处的函数值 $f(x_0)$,或者是某个多项式函数

$f(x)$ 的某项的系数,称这样的函数 $f(x)$ 为母函数. 比如,计算 $S = \sum_{i=0}^{n} C_n^i$,可这样处理

$$S = \sum_{i=0}^{n} C_n^i x^i \Big|_{x=1} = (1+x)^n \Big|_{x=1} = f(1) = 2^n$$

一般地,计算 $S = \sum_{k=1}^{n} a_k$,有如下两种构造母函数的方法

$$S = \sum_{k=1}^{n} a_k x^{p_k} \Big|_{x=1} = f(x) \Big|_{x=1} = f(1)$$

其中 $f(x) = \sum a_k x^{p_k}$.

$$S = \sum_{k=1}^{n} a_k g(x_0) = \sum_{k=1}^{n} a_k g(x) \Big|_{x=x_0} = f(x) \Big|_{x=x_0} = f(x_0)$$

其中 $g(x)$ 满足 $g(x_0) = 1$.

所谓生成函数,就是以给定的系列各项为系数的一个多项式函数. 一般地,对于数列 $a_0, a_1, a_2, \cdots, a_n, \cdots$,其生成函数为

$$f(x) = a_0 + a_1 x + a_2 x^2 + \cdots + a_n x^n + \cdots$$

关于生成函数,有以下几个常用公式

$$\frac{1}{1-x} = \sum_{n=0}^{\infty} x^n = 1 + x + x^2 + \cdots + x^n + \cdots \quad (|x| < 1) \quad (1)$$

注意,在生成函数的运用中,通常只需比较等式两边的系数,从而所构造的函数中可限定 $|x| < 1$. 对式(1)两边求导,得

$$\frac{1}{(1-x)^2} = \sum_{n=0}^{\infty} n x^{n-1} = \sum_{n=1}^{\infty} n x^{n-1} = \sum_{n=0}^{\infty} (n+1) x^n$$
$$= 1 + 2x + 3x^2 + \cdots + (n+1) x^n + \cdots \quad (|x| < 1) \quad (2)$$

再对式(2)求导,得

$$-\frac{2(1-x)(-1)}{(1-x)^4} = \sum_{n=0}^{\infty} n(n-1) x^{n-2}$$

$$\frac{1}{(1-x)^3} = \sum_{n=0}^{\infty} \frac{n(n-1)}{2} x^{n-2} = \sum_{n=2}^{\infty} C_n^2 x^{n-2} = \sum_{n=0}^{\infty} C_{n+2}^2 x^n$$

$$= 1 + C_3^2 x + C_4^2 x^2 + \cdots + C_{n+2}^2 x^n + \cdots \quad (|x| < 1) \quad (3)$$

一般地,我们有

$$\frac{1}{(1-x)^r} = \sum_{k=0}^{\infty} C_{n+r-1}^{r-1} x^n$$

$$= 1 + C_r^{r-1} x + C_{r+1}^{r-1} x^2 + \cdots + C_{r+n-1}^{r-1} x^n + \cdots$$

例1(1986年IMO中国国家队选拔考试题) 设 α, β, γ 是模不大于1的复数,求使不等式

$$1 + |\alpha + \beta + \gamma| + |\alpha\beta + \beta\gamma + \gamma\alpha| + |\alpha\beta\gamma|$$
$$\geqslant \lambda(|\alpha| + |\beta| + |\gamma|)$$

恒成立的实数 λ 的最大值.

分析与解 先分离参数,得

$$\lambda \leqslant \frac{1 + |\alpha + \beta + \gamma| + |\alpha\beta + \beta\gamma + \gamma\alpha| + |\alpha\beta\gamma|}{|\alpha| + |\beta| + |\gamma|}$$

下面求

$$A = \frac{1 + |\alpha + \beta + \gamma| + |\alpha\beta + \beta\gamma + \gamma\alpha| + |\alpha\beta\gamma|}{|\alpha| + |\beta| + |\gamma|}$$

的最小值.

因为 A 中含有3个变元,我们选择其中一个为主元来构造主元函数.因为不等式关于字母 α, β, γ 对称,从而不妨设 $1 \geqslant |\alpha| \geqslant |\beta| \geqslant |\gamma|$.先限定 $\alpha \neq 0$,再变形为

$$A = \frac{1 + |\alpha + \beta + \gamma| + |\alpha\beta + \beta\gamma + \gamma\alpha| + |\alpha\beta\gamma|}{|\alpha| + |\beta| + |\gamma|}$$

$$= \frac{1 + \left|1 + \frac{\beta}{\alpha} + \frac{\gamma}{\alpha}\right| \cdot |\alpha| + \left|\frac{\beta}{\alpha} + \frac{\beta\gamma}{\alpha^2} + \frac{\gamma}{\alpha}\right| \cdot |\alpha|^2 + \left|\frac{\beta\gamma}{\alpha^2}\right| \cdot |\alpha|^3}{\left(1 + \left|\frac{\beta}{\alpha}\right| + \left|\frac{\gamma}{\alpha}\right|\right) \cdot |\alpha|}$$

选择 $x = |\alpha|$ 为主元,记 $b = \frac{\beta}{\alpha}, c = \frac{\gamma}{\alpha}$,其中 $0 < b, c \leqslant 1$,则原不等式化为

$$\lambda \leqslant \frac{1+|1+b+c|x+|b+c+bc|x^2+|bc|x^3}{(1+|b|+|c|)x} = f(x)$$

下面求 $f(x)$ 的最小值.

对分子、分母分别处理,通过放缩消元,消去字母 b,c.

对于分子,先将 x 的所有幂都放缩为 x^3,以便提取公因式,然后再放缩系数:由于 $0<x\leqslant 1$,有 $x,x^2\geqslant x^3$,所以

$$1+|1+b+c|x+|b+c+bc|x^2+|bc|x^3$$
$$\geqslant 1+|1+b+c|x^3+|b+c+bc|x^3+|bc|x^3$$
$$= 1+(|1+b+c|+|b+c+bc|+|bc|)x^3$$
$$\geqslant 1+[(1+b+c)+(-b-c-bc)+bc]x^3 = 1+x^3$$

对于分母,注意条件 $1\geqslant|b|\geqslant|c|$,有 $(1+|b|+|c|)x\leqslant 3x$,所以

$$f(x) = \frac{1+|1+b+c|x+|b+c+bc|x^2+|bc|x^3}{(1+|b|+|c|)x} \geqslant \frac{1+x^3}{3x}$$
$$= \frac{1}{3}\cdot\left(\frac{1}{x}+x^2\right) = \frac{1}{3}\cdot\left(\frac{1}{2x}+\frac{1}{2x}+x^2\right) \geqslant \sqrt[3]{\left(\frac{1}{2x}\right)^2 x^2} = \frac{\sqrt[3]{2}}{2}$$

若等号成立,则

$$\frac{1}{2x} = x, \quad 1+b+c = 0, \quad b+c+bc = 0, \quad |bc| = 1$$

于是 $b+c = -1, bc = -b-c = 1$,解得

$$x = \frac{\sqrt[3]{4}}{2}, \quad b = -\frac{1}{2}+\frac{\sqrt{3}}{2}i, \quad c = -\frac{1}{2}-\frac{\sqrt{3}}{2}i$$

所以 $\lambda \leqslant f(x)_{\min} = \frac{\sqrt[3]{2}}{2}$.

若 $\alpha = 0$,则 $0 = |\alpha|\geqslant|\beta|\geqslant|\gamma|$,所以 $\beta = \gamma = 0$,此时 $\lambda\leqslant 1 < \frac{\sqrt[3]{2}}{2}$.

综上所述,恒有 $\lambda\leqslant\frac{\sqrt[3]{2}}{2}$.

当 $\lambda = \dfrac{\sqrt[3]{2}}{2}$ 时,不等式显然成立,故 λ 的最大值为 $\dfrac{\sqrt[3]{2}}{2}$.

例 2 设 $X_n = \{1, 2, 3, \cdots, n\}$,对 X_n 的任何非空子集 A,令 $T(A)$ 是 A 中所有数之积,求 $\sum\limits_{A, A \subseteq X_n} T(A)$.

分析与解 先考虑 $n = 3$ 的情形,此时

$$\sum_{A, A \subseteq X_3} T(A) = 1 + 2 + 3 + 1 \times 2 + 1 \times 3 + 2 \times 3 + 1 \times 2 \times 3$$

设想构造母函数 $f(x)$,使

$$1 + 2 + 3 + 1 \times 2 + 1 \times 3 + 2 \times 3 + 1 \times 2 \times 3 = f(x)\big|_{x=1}$$

容易发现 $1 + 2 + 3 + 1 \times 2 + 1 \times 3 + 2 \times 3 + 1 \times 2 \times 3 = (1+1)(1+2)(1+3) - 1$,自然想到构造多项式函数

$$\begin{aligned} f(x) &= (x+1)(x+2)(x+3) - 1 \\ &= x^3 + (1+2+3)x^2 + (1 \times 2 + 1 \times 3 + 2 \times 3 + 1)x \\ &\quad + 1 \times 2 \times 3 - 1 \\ &= x^3 + \sum_{|A|=1} T(A) x^{3-|A|} + \sum_{|A|=2} T(A) x^{3-|A|} \\ &\quad + \sum_{|A|=3} T(A) x^{3-|A|} - 1 \\ &= x^3 - 1 + \sum_{A, A \subseteq X_3} T(A) x^{3-|A|} \end{aligned}$$

一般地,令

$$\begin{aligned} f(x) &= x^n - 1 + \sum_{A, A \subseteq X_n} T(A) x^{n-|A|} \\ &= x^n - 1 + (1 + 2 + \cdots + n) x^{n-1} + x^{n-2} \sum_{1 \leqslant i < j \leqslant n} (i \times j) \\ &\quad + x^{n-3} \sum_{1 \leqslant i < j < k \leqslant n} (i \times j \times k) + \cdots + n! x^0 \\ &= (x+1)(x+2)(x+3) \cdots (x+n) - 1 \end{aligned}$$

则

$$\sum_{A, A \subseteq X_n} T(A) = f(1) = (1+1)(1+2)(1+3)\cdots(1+n) - 1$$

$$= (n+1)! - 1$$

注：上述母函数中将"1"换成"x^n"，结论同样成立，此时母函数的表现形式更简单：

$$f(x) = \sum_{A, A \subseteq X_n} T(A) x^{n-|A|}$$

例3（原创题） 设 $X = \{1, 2, \cdots, n\}$，对 X 的任何非空子集 T，记 $\pi(T)$ 为 T 中所有元素的积，$|T|$ 表示 T 中元素的个数，求

$$\frac{\sum_{k=1}^{n}\left(\sum_{|T|=k, T \subseteq X} k \cdot \pi(T)\right)}{\sum_{k=1}^{n} \frac{k}{k+1}}$$

之值.

分析与解 考察母函数

$$f(x) = (x+1)(2x+1)\cdots(nx+1)$$

$$= 1 + (1+2+\cdots+n)x + \left(\sum_{1 \leqslant i < j \leqslant n} ij\right)x^2 + \cdots + (n!)x^n$$

则

$$f'(x) = 1 \cdot (1+2+\cdots+n) + \left(2\sum_{1 \leqslant i < j \leqslant n} ij\right)x + \cdots + n \cdot (n!)x^{n-1}$$

令 $x = 1$，得

$$f'(1) = 1 \cdot (1+2+\cdots+n) + 2\sum_{1 \leqslant i < j \leqslant n} ij + \cdots + n \cdot (n!)$$

$$= \sum_{k=1}^{n}\left(\sum_{|T|=k, T \subseteq X} k \cdot π(T)\right) \qquad (*)$$

又

$$f'(x) = [(x+1)(2x+1)\cdots(nx+1)]'$$

$$= (x+1)(2x+1)\cdots((n-1)x+1)n$$

$$\quad + (x+1)(2x+1)\cdots((n-2)x+1)(n-1)(nx+1)$$

$$\quad + (x+1)(2x+1)$$

5 更新观点

$$\cdots((n-3)x+1)(n-2)((n-1)x+1)(nx+1)$$
$$+(x+1)(2x+1)\cdot 3 \cdot (4x+1)(5x+1)\cdots(nx+1)$$
$$+(x+1)\cdot 2 \cdot (3x+1)(4x+1)\cdots(nx+1)$$
$$+1\cdot(2x+1)(3x+1)\cdots(nx+1)$$

令 $x=1$,得

$$\begin{aligned}f'(1)&=(1+1)(2+1)\cdots((n-1)+1)n\\&+(1+1)(2+1)\cdots((n-2)+1)(n-1)(n+1)\\&+(1+1)(2+1)\\&\quad\cdots((n-3)+1)(n-2)((n-1)+1)(n+1)\\&+(1+1)(2+1)\cdot 3 \cdot (4+1)(5+1)\cdots(n+1)\\&+(1+1)\cdot 2 \cdot (3+1)(4+1)\cdots(n+1)\\&+1\cdot(2+1)(3+1)\cdots(n+1)\\&=\frac{n\cdot(n+1)!}{n+1}+\frac{(n-1)\cdot(n+1)!}{n}+\cdots\\&\quad+\frac{2\cdot(n+1)!}{3}+\frac{1\cdot(n+1)!}{2}\\&=(n+1)!\cdot\left(\frac{1}{2}+\frac{2}{3}+\frac{3}{4}+\cdots+\frac{n}{n+1}\right)\\&=(n+1)!\cdot\sum_{k=1}^{n}\frac{k}{k+1}\end{aligned}$$

结合式(*),得

$$(n+1)!\cdot\sum_{k=1}^{n}\frac{k}{k+1}=\sum_{k=1}^{n}\Big(\sum_{|T|=k,T\subseteq X}k\cdot\pi(T)\Big)$$

所以

$$\frac{\sum_{k=1}^{n}\Big(\sum_{|T|=k,T\subseteq X}k\cdot\pi(T)\Big)}{\sum_{k=1}^{n}\frac{k}{k+1}}=(n+1)!$$

例4 计算:$\sum_{k=1}^{n} k^2 C_n^k$.

分析与解 为构造 $\sum_{k=1}^{n} k^2 C_n^k$ 的母函数,先考察 $\sum_{k=1}^{n} C_n^k$ 的母函数

$$f(x) = C_n^1 x + C_n^2 x^2 + \cdots + C_n^n x^n = (1+x)^n - 1$$

两边求导,得

$$C_n^1 + 2C_n^2 x + \cdots + n C_n^n x^{n-1} = n(1+x)^{n-1}$$

上式两边同乘以 x,得

$$C_n^1 x + 2C_n^2 x^2 + \cdots + n C_n^n x^n = nx(1+x)^{n-1}$$

两边再求导,得

$$C_n^1 + 2^2 C_n^2 x + \cdots + n^2 C_n^n x^{n-1}$$
$$= n[(1+x)^{n-1} + (n-1)x(1+x)^{n-2}] = g(x)$$

于是

$$C_n^1 + 2^2 C_n^2 + \cdots + n^2 C_n^n = g(1) = n[2^{n-1} + (n-1)2^{n-2}]$$
$$= n(n+1)2^{n-2}$$

例5 计算:$(C_n^0)^2 + (C_n^1)^2 + \cdots + (C_n^n)^2$.

分析与解 注意到 $(C_n^k)^2 = C_n^k \cdot C_n^{n-k}$,从而

$$(C_n^0)^2 + (C_n^1)^2 + \cdots + (C_n^n)^2 = \sum_{k=0}^{n} C_n^k \cdot C_n^{n-k}$$

考察母函数:

$$f(x) = (C_n^0 + C_n^1 x + C_n^2 x^2 + \cdots + C_n^n x^n)$$
$$\cdot (C_n^n + C_n^{n-1} x + C_n^{n-2} x^2 + \cdots + C_n^0 x^n)$$

则

$$f(x) = (C_n^0 + C_n^1 x + C_n^2 x^2 + \cdots + C_n^n x^n)$$
$$\cdot (C_n^0 + C_n^1 x + C_n^2 x^2 + \cdots + C_n^n x^n)$$
$$= (1+x)^{2n}$$

由多项式乘法法则可知,$\sum_{k=0}^{n} C_n^k \cdot C_n^{n-k}$ 是母函数 $f(x)$ 展开式中

x^n 的系数,于是
$$\sum_{k=0}^{n} C_n^k \cdot C_n^{n-k} = C_{2n}^n$$

例 6(美国《数学月刊》1996 年第 8 期问题 10332) 设整数 n, k 满足 $0 \leqslant k \leqslant n$,求证:$C_{2n}^{n+k} = \sum_{j} 2^{n-k-2j} C_n^j C_{n-j}^{j+k}$,其中 $\sum_{j}$ 表示 j 跑遍所有满足 $n - k - 2j \geqslant 0$ 的整数.

分析与证明 考察母函数
$$f(x) = (1+x)^{2n}$$
一方面,C_{2n}^{n+k} 为 $f(x)$ 的展开式中 x^{n-k} 的系数.另一方面有
$$f(x) = (1+2x)^{2n} = [x^2 + (1+2x)]^n = \sum_{j=0}^{n} C_n^j x^{2j} (1+2x)^{n-j}$$
$$= \sum_{j=0}^{n} \left(C_n^j x^{2j} \sum_{i=0}^{n-j} C_{n-j}^i 2^i x^i \right)$$

于是,含 x^{n-k} 的项是由 $\sum_{j=0}^{n} C_n^j x^{2j}$ 中含 x^{2j} 的项与 $\sum_{i=0}^{n-j} C_{n-j}^i 2^i x^i$ 中含 x^{n-k-2j} 的项相乘而成的,这里要求 $n - 2j - k \geqslant 0$.

因为 $\sum_{j=0}^{n} C_n^j x^{2j}$ 中含 x^{2j} 的项的系数为 C_n^j,$\sum_{i=0}^{n-j} C_{n-j}^i 2^i x^i$ 中含 x^{n-k-2j} 的项的系数为 $C_{n-j}^{n-k-2j} 2^{n-k-2j}$,所以展开式中 x^{n-k} 的系数为 $\sum_{j} C_n^j C_{n-j}^{n-k-2j} 2^{n-k-2j}$,等式获证.

另证 考察母函数
$$f(x) = \left(\sqrt{x} + \frac{1}{\sqrt{x}} \right)^{2n}$$
一方面,C_{2n}^{n+k} 为 $f(x)$ 的展开式中 x^k 的系数.另一方面有
$$f(x) = \left(\sqrt{x} + \frac{1}{\sqrt{x}} \right)^{2n} = \left(x + \frac{1}{x} + 2 \right)^n = \sum_{j=0}^{n} C_n^j \left(\frac{1}{x} \right)^j (x+2)^{n-j}$$
$$= \sum_{j=0}^{n} C_n^j \cdot \frac{(x+2)^{n-j}}{x^j}$$

于是，对每一个 j，$\dfrac{(x+2)^{n-j}}{x^j}$ 中含 x^k 的项就是 $(x+2)^{n-j}$ 中含 x^{j+k} 的项，其系数为 $C_n^j C_{n-j}^{j+k} 2^{n-j-(j+k)} = C_n^j C_{n-j}^{j+k} 2^{n-k-2j}$，故展开式中 x^k 的系数为 $\sum_j C_n^j C_{n-j}^{j+k} 2^{n-k-2j}$.

本题原来是用组合方法证明的，介绍如下.

首先，注意恒等式可变为 $C_{2n}^{n-k} = \sum_j 2^{n-k-2j} C_n^j C_{n-j}^{n-k-2j}$. 显然，等式左边是从 $2n$ 个元素中选取 $n-k$ 个元素的方法数.

另一方面，将 $2n$ 个元素划分为 n 个子集 $A_1, A_2, \cdots, A_n$，其中 $|A_1| = |A_2| = \cdots = |A_n| = 2$，先假定有 j 个子集中的元素全取，显然 $2j \leqslant n-k$（所取人数总数），选取 j 个集合有 C_n^j 种方法. 现在还要选取 $n-k-2j$ 个人，在剩下的 $n-j$ 个子集中选取，每个集合至多取一个元素.

先确定在哪些子集中取，有 $C_{n-j}^{n-k-2j} = C_{n-j}^{j+k}$ 种方法，又被选取的子集中选一个元素，都有 2 种选择，所以元素有 2^{n-k-2j} 种选择，于是所有的方法数为 $\sum_j 2^{n-k-2j} C_n^j C_{n-j}^{n-k-2j}$，命题获证.

例7（1994 年中国数学奥林匹克试题） 对任何正整数 n，求证：$\sum_{k=0}^n C_n^k 2^k C_{n-k}^{\left[\frac{n-k}{2}\right]} = C_{2n+1}^n$.

分析与证明 考察母函数
$$f(x) = (1+x)^{2n+1}$$
一方面，C_{2n+1}^n 为 $f(x)$ 的展开式中 x^n 的系数. 另一方面有
$$\begin{aligned}f(x) &= (1+x)^{2n+1} = (1+x)^{2n}(1+x) \\ &= [2x + (1+x^2)]^n \cdot (1+x) \\ &= \sum_{k=0}^n C_n^k 2^k x^k (1+x^2)^{n-k} (1+x) \\ &= \sum_{k=0}^n C_n^k 2^k x^k (1+x^2)^{n-k} + \sum_{k=0}^n C_n^k 2^k x^{k+1} (1+x^2)^{n-k} \quad (*)\end{aligned}$$

当 $n-k$ 为偶数时,$C_n^k 2^k x^k (1+x^2)^{n-k}$ 中含 x^n 的项为
$$C_n^k 2^k x^k C_{n-k}^{[\frac{n-k}{2}]} x^{2[\frac{n-k}{2}]} = C_n^k 2^k C_{n-k}^{[\frac{n-k}{2}]} x^n$$
而 $C_n^k 2^k x^{k+1} (1+x^2)^{n-k}$ 中没有含 x^n 的项.

当 $n-k$ 为奇数时,$C_n^k 2^k x^{k+1} (1+x^2)^{n-k}$ 中含 x^n 的项为
$$C_n^k 2^k x^{k+1} C_{n-k}^{[\frac{n-k}{2}]} x^{2[\frac{n-k}{2}]} = C_n^k 2^k C_{n-k}^{[\frac{n-k}{2}]} x^n$$
而 $C_n^k 2^k x^k (1+x^2)^{n-k}$ 中没有含 x^n 的项. 于是,(*) 右端 x^n 的系数为 $\sum_{k=0}^{n} C_n^k 2^k C_{n-k}^{[\frac{n-k}{2}]}$,等式获证.

另证 一方面,等式右边是从 $2n+1$ 个元素中选取 n 个元素的方法数.

另一方面,将 $2n+1$ 个元素划分为 $n+1$ 个子集 $A_1, A_2, \cdots, A_n, A_{n+1}$,其中 $|A_1| = |A_2| = \cdots = |A_n| = 2$,$|A_{n+1}| = 1$,先假定 $A_1, A_2, \cdots, A_n$ 中有 k 个子集中的恰取一个元素,显然 $k \leqslant n$(所取人数总数),选取 k 个集合有 C_n^k 种方法. 又被选取的子集中选一个元素,都有 2 种选择,所以元素有 2^k 种选择.

现在还要选取 $n-k$ 个人,在剩下的 $n+1-k$ 个子集中选取,每个集合中的元素全取或全不取.

如果 $n-k$ 为偶数,则因 $|A_{n+1}| = 1$,从而 A_{n+1} 中的元素不取,在其他 $n-k$ 个子集中选取 $\frac{n-k}{2} = [\frac{n-k}{2}]$ 个子集,有 $C_{n-k}^{[\frac{n-k}{2}]}$ 种方法;如果 $n-k$ 为奇数,则因 $|A_{n+1}| = 1$,从而取 A_{n+1} 中的元素,在其他 $n-k$ 个子集中选取 $\frac{n-k-1}{2} = [\frac{n-k}{2}]$ 个子集,有 $C_{n-k}^{[\frac{n-k}{2}]}$ 种方法. 所以不论哪种情况,选取 $n-k$ 个人都有 $C_{n-k}^{[\frac{n-k}{2}]}$ 种方法,于是共有 $\sum_{k=0}^{n} C_n^k 2^k C_{n-k}^{[\frac{n-k}{2}]}$ 种方法,命题获证.

例 8(第 36 届 IMO 备选题) 对 $j = 0, 1, 2$,证明:对给定的正

整数 n，有 $\sum_{i\geq 0}(-1)^n C_n^{3i+j} \geq \dfrac{(-2)^n-1}{3}$，其中规定 $k<n$ 时，$C_n^k = 0$。

分析与证明 记 $S_j = \sum_{i\geq 0}(-1)^n C_n^{3i+j}$ ($j=0,1,2$)，则原题即证
$$S_j \geq \dfrac{(-2)^n-1}{3} \quad (j=0,1,2)$$

构造母函数
$$f(x) = (-1)^n(1+x)^n = \sum_{k=0}^{n}(-1)^n C_n^k x^k$$
$$= \sum_{i\geq 0}(-1)^n C_n^{3i} x^{3i} + \sum_{i\geq 0}(-1)^n C_n^{3i+1} x^{3i+1}$$
$$+ \sum_{i\geq 0}(-1)^n C_n^{3i+2} x^{3i+2}$$

于是
$$f(1) = S_0 + S_1 + S_2 \tag{1}$$

设 $\omega^3=1, \omega\neq 1$（即 ω 是(1)的单位虚根），则 $\omega^{3i+j}=\omega^j$，于是
$$f(\omega) = S_0 + S_1\omega + S_2\omega^2 \tag{2}$$
$$f(\omega^2) = S_0 + S_1\omega^2 + S_2\omega \tag{3}$$

因为 $1+\omega+\omega^2=0$，三式相加并除以3，消去 S_1, S_2 得

$$S_0 = \dfrac{1}{3}[(-2)^n + \omega^{2n} + \omega^n]$$
$$= \dfrac{1}{3}[(-2)^n-1] + \dfrac{1}{3}(1+\omega^n+\omega^{2n})$$
$$= \dfrac{1}{3}[(-2)^n-1] + \begin{cases} 3 & (3\mid n) \\ 0 & (3\nmid n) \end{cases} \geq \dfrac{(-2)^n-1}{3}$$

式(1)+式(2)$\times\omega^2$+式(3)，消去 S_0, S_2 得
$$S_1 = \dfrac{1}{3}[(-2)^n + \omega^{2n+2} + \omega^{n+1}]$$
$$= \dfrac{(-2)^n-1}{3} + \dfrac{1}{3}[1+\omega^{2(n+1)}+\omega^{n+1}]$$

$$= \frac{1}{3}[(-2)^n - 1] + \begin{cases} 3 & (3 \mid n+1) \\ 0 & (3 \nmid n+1) \end{cases} \geq \frac{(-2)^n - 1}{3}$$

式(1) + 式(2)×ω + 式(3)×ω^2,消去 S_0, S_1 得

$$S_2 = \frac{(-2)^n - 1}{3} + \frac{1}{3}(1 + \omega^{2n+1} + \omega^{n+2})$$

$$= \frac{(-2)^n - 1}{3} + \frac{1}{3}(1 + \omega^{2n+4} + \omega^{n+2})$$

$$= \frac{(-2)^n - 1}{3} + \begin{cases} 3 & (3 \mid n+2) \\ 0 & (3 \nmid n+2) \end{cases} \geq \frac{(-2)^n - 1}{3}$$

例 9(原创题) 设 $X = \{1, 2, 3, \cdots, p\}$,其中 p 为质数,对 X 的一个子集 A,如果 A 中所有元素的和(空集的元素和规定为 0)为 p 的倍数,则称 A 是 X 的一个倍子集,试求 X 的所有倍子集的个数 S.

分析与解 当 $p = 2$ 时,$X = \{1, 2\}$,此时 X 有 2 个倍子集:$\{1\}$,$\{2\}$,所以 $S = 2$.

当 $p > 2$ 时,p 为奇质数,令

$$f(x) = (1+x)(1+x^2)\cdots(1+x^p)$$
$$= a_0 + a_1 x + a_2 x^2 + \cdots + a_m x^m$$

考察 $X = \{1, 2, 3, \cdots, p\}$ 的其元素和为 t 的所有子集的个数.

当 $t > 0$ 时,它就是不定方程 $i_1 + i_2 + \cdots + i_r = t$ 的正整数解 $(r, i_1, i_2, \cdots, i_r)$(其中 $i_1 < i_2 < \cdots < i_r$)的个数,也就是 $f(x)$ 的展开式中 x^t 的系数 a_t.

当 $t = 0$ 时,其和为 t 的子集只有空集,子集的个数为 $1 = a_0$.

所以 X 的所有倍子集的个数,就是 $f(x)$ 的展开式中那些次数为 p 的倍数的项的系数和,即

$$S = a_0 + a_p + a_{2p} + \cdots$$

设 $\omega = \cos\frac{2\pi}{p} + i\sin\frac{2\pi}{p}$,则当 n 是 p 的倍数时有

$$1 + \omega^n + \omega^{2n} + \cdots + \omega^{(p-1)n} = p$$

而 n 不是 p 的倍数时有

$$1 + \omega^n + \omega^{2n} + \cdots + \omega^{(p-1)n} = \frac{1-(\omega^n)^p}{1-\omega^n} = 0$$

于是由 $f(x) = a_0 + a_1 x + a_2 x^2 + \cdots + a_m x^m$,得

$$\begin{aligned}
& f(1) + f(\omega) + f(\omega^2) + \cdots + f(\omega^{p-1}) \\
&= a_0 + a_1 + a_2 \cdots + a_m + a_0 + a_1\omega + a_2\omega^2 + \cdots + a_m\omega^m \\
&\quad + a_0 + a_1\omega^2 + a_2\omega^4 + \cdots + a_m\omega^{2m} + \cdots \\
&\quad + a_0 + a_1\omega^{p-1} + a_2\omega^{2(p-1)} + \cdots + a_m\omega^{m(p-1)} \\
&= p(a_0 + a_p + a_{2p} + \cdots) = pS
\end{aligned}$$

又 $f(x) = (1+x)(1+x^2)\cdots(1+x^p)$,所以

$$f(1) + f(\omega) + f(\omega^2) + \cdots + f(\omega^{p-1}) = 2^p + \sum_{k=1}^{p-1} f(\omega^k)$$

其中 $f(\omega^k) = (1+\omega^k)(1+\omega^{2k})\cdots(1+\omega^{pk})$.

注意到 $k = 1, 2, \cdots, p-1$ 时,$(k, p) = 1$,所以 $k, 2k, \cdots, pk$ 是模 p 的完系.

而 $\omega^{pr+t} = \omega^t$,所以 $\omega^k, \omega^{2k}, \cdots, \omega^{pk}$ 是 $\omega, \omega^2, \cdots, \omega^p$ 的一个排列,所以

$$f(\omega^k) = (1+\omega)(1+\omega^2)\cdots(1+\omega^p) \quad (k = 1, 2, \cdots, p-1)$$

又因为 $x^p - 1 = (x-\omega)(x-\omega^2)\cdots(x-\omega^p)$,而 p 为奇数,取 $x = -1$,得

$$(1+\omega)(1+\omega^2)\cdots(1+\omega^p) = 2$$

所以

$$f(\omega^k) = (1+\omega)(1+\omega^2)\cdots(1+\omega^p) = 2 \quad (k = 1, 2, \cdots, p-1)$$

所以

$$\begin{aligned}
& f(1) + f(\omega) + f(\omega^2) + \cdots + f(\omega^{p-1}) \\
&= 2^p + \sum_{k=1}^{p-1} f(\omega^k) = 2^p + \sum_{k=1}^{p-1} 2 = 2^p + 2(p-1)
\end{aligned}$$

比较两式的右边,得

$$pS = 2^p + 2(p-1)$$

故

$$S = \frac{1}{p}(2^p + 2p - 2) \quad (p > 2)$$

综上所述，$S = \begin{cases} 2, & (p = 2) \\ \dfrac{1}{p}(2^p + 2p - 2), & (p \text{ 为奇质数}) \end{cases}$.

例10（原创题） 有一种这样的电脑游戏：游戏者先在 $1, 2, \cdots, n$ 中选择一个数作为自己的代号，其中 n 是给定的大于 2 的质数，然后按动一次鼠标，屏幕上就随机地显示 $1, 2, \cdots, n$ 中的若干个不同的数. 如果屏幕上显示的数的和与他的代号关于模 n 同余，则他中奖. 试问：游戏者选择哪个数作为自己的代号，其中奖的可能性最大？

分析与解 注意到题中的关键条件：如果屏幕上显示的数相加所得的和除以 n 的余数恰好是他的代号，则他中奖，由此想到，考察各种可能的"若干个"数的和，看哪个余数出现的次数最多.

设 $X = \{1, 2, \cdots, n\}$，对 X 的任意非空子集 A，定义 $S(A)$ 是 A 中各元素的和.

对 X 的非空子集 A，若 $S(A) \equiv r \pmod{n}$，则称 A 是 X 的一个 r 类子集 ($r = 1, 2, \cdots, n$). 对每一个 r，设 X 的所有 r 类子集构成的集合为 M_r，即

$$M_r = \{A \mid S(A) \equiv r \pmod{n}, A \subseteq X\}$$

我们证明：$|M_1| = \cdots = |M_{n-1}| = |M_n| - 1$.

对给定的正整数 k，考察 $X = \{1, 2, 3, \cdots, n\}$ 的其元素和为 k 的所有子集的个数 $\varphi(k)$.

若 $A = \{i_1, i_2, \cdots, i_t\}$ ($i_1 < i_2 < \cdots < i_t \leqslant n$) 是一个合乎上述条件的子集，则

$$i_1 + i_2 + \cdots + i_t = k$$

于是，$\varphi(k)$ 就是不定方程 $i_1 + i_2 + \cdots + i_t = k$ 的满足 $i_1 < i_2 < \cdots <$

$i_t \leqslant n$ 的正整数解 $(t, i_1, i_2, \cdots, i_t)$ 的个数. 令

$$f(x) = (1+x)(1+x^2)\cdots(1+x^n)$$
$$= 1 + a_1 x + a_2 x^2 + \cdots + a_m x^m \qquad ①$$

由多项式乘法法则可知, $\varphi(k)$ 是式①中 $f(x)$ 展开式 x^k 的系数 a_k. 所以

$$|M_r| = a_r + a_{n+r} + a_{2n+r} + \cdots$$

记

$$\omega = \cos\frac{2\pi}{n} + i\sin\frac{2\pi}{n}$$

(1) 当 $r = n$ 时,由上题可知

$$|M_n| = \frac{1}{n}(2^n + n - 2)$$

(2) 当 $r \neq n$ 时,考察

$$x^{n-r} \cdot f(x) = x^{n-r} \cdot (1+x)(1+x^2)\cdots(1+x^n)$$
$$= a_0 x^{n-r} + a_1 x^{n+1-r} + a_2 x^{n+2-r} + \cdots + a_m x^{n+m-r} \qquad ②$$

此时 $|M_r| = a_r + a_{n+r} + a_{2n+r} + \cdots$ 为式②右边 x 的幂次为 n 的正整数倍的项的系数和.

在 $x^{n-r} \cdot f(x) = a_0 x^{n-r} + a_1 x^{n+1-r} + a_2 x^{n+2-r} + \cdots + a_m x^{n+m-r}$ 中,令 $x = 1, \omega, \omega^2, \cdots, \omega^{n-1}$,得

$1^{n-r} \cdot f(1) = a_0 + a_1 + a_2 + \cdots + a_m$

$\omega^{n-r} \cdot f(\omega) = a_0 \omega^{n-r} + a_1 \omega^{n-r+1} + a_2 \omega^{n-r+2} + \cdots + a_m \omega^{n-r+m}$

$(\omega^2)^{(n-r)} \cdot f(\omega^2) = a_0 (\omega^2)^{n-r} + a_1 (\omega^2)^{n-r+1}$
$\qquad\qquad + a_2 (\omega^2)^{n-r+2} + \cdots + a_m (\omega^2)^{n-r+m}$

……

$(\omega^{n-1})^{(n-r)} \cdot f(\omega^{n-1}) = a_0 (\omega^{n-1})^{n-r} + a_1 (\omega^{n-1})^{n-r+1}$
$\qquad\qquad + a_2 (\omega^{n-1})^{n-r+2} + \cdots + a_m (\omega^{n-1})^{n-r+m}$

将以上各式相加,右边以 a_{kn+r} 为系数的各项的和为 na_{kn+r},以

5 更新观点

$a_j (j \neq kn+r)$ 为系数的各项的和为 0,于是

$$1^{n-r} \cdot f(1) + \omega^{n-r} \cdot f(\omega) + (\omega^2)^{(n-r)} \cdot f(\omega^2) + \cdots$$
$$+ (\omega^{n-1})^{(n-r)} \cdot f(\omega^{n-1}) = n \cdot |M_r|$$

注意到

$f(1) = 2^n$

$f(\omega^k) = (1+\omega^k)(1+\omega^{2k})\cdots(1+\omega^{nk})$

$\qquad = (1+\omega)(1+\omega^2)\cdots(1+\omega^n) = 2 \quad (k=1,2,\cdots,n-1)$

所以

$n \cdot |M_r| = 2^n + 2\omega^{n-r} + 2(\omega^2)^{(n-r)} + \cdots + 2(\omega^{n-1})^{(n-r)}$

$\qquad = (2^n - 2) + 2[1 + \omega^{n-r} + (\omega^2)^{(n-r)} + \cdots + (\omega^{n-1})^{(n-r)}]$

$\qquad = (2^{n-1} - 2) + 2 \cdot \dfrac{1-(\omega^{n-r})^n}{1-\omega^{n-r}}$

$\qquad = 2^n - 2 \; |M_r| = \dfrac{1}{n}(2^n - 2)$

综合(1)、(2),得 $|M_1| = \cdots = |M_{n-1}| = |M_n| - 1$,故选择 n 作为代号的中奖可能性最大.

注:若电脑只显示 $X = \{1, 2, \cdots, n-1\}$ 中的数,则 $|M_1| = |M_2| = \cdots = |M_n|$,即中奖机会均等.

因为 $n > 2$,所以 n 为奇质数,令 $f(x) = (1+x)(1+x^2)\cdots(1+x^{n-1}) = 1 + a_1 x + a_2 x^2 + \cdots + a_m x^m$,考察 $X = \{1, 2, 3, \cdots, n-1\}$ 的其元素和为 $p(p>0)$ 的所有子集的个数,它就是不定方程 $i_1 + i_2 + \cdots + i_t = p$ 的正整数解 $(t, i_1, i_2, \cdots, i_t)$(其中 $i_1 < i_2 < \cdots < i_t$)的个数,也就是 $f(x)$ 的展开式中 x^p 的系数 a_p.

所以,$|M_r|$ 为 $f(x)$ 的展开式中形如 $x^{kn+r}(k, r \in \mathbf{N}$,且 k, r 不同为 0)的项的系数和.

设 $\omega = \cos\dfrac{2\pi}{n} + \mathrm{i}\sin\dfrac{2\pi}{n}$,则当 m 是 n 的倍数时,$1 + \omega^m + \omega^{2m} + \cdots + \omega^{(n-1)m} = n$,而 m 不是 n 的倍数时,$1 + \omega^m + \omega^{2m} + \cdots +$

$$\omega^{(n-1)m} = \frac{1-(\omega^m)^n}{1-\omega^m} = 0.$$

(1) 当 $r=n$ 时，$|M_n|$ 为 $f(x)$ 的展开式中 x 的幂次为 n 的正整数倍的项的系数和：$a_n + a_{2n} + \cdots$，于是

$$f(1) + f(\omega) + f(\omega^2) + \cdots + f(\omega^{n-1}) = n(a_0 + a_n + a_{2n} + \cdots)$$
$$= n(1 + |M_n|)$$

另一方面有

$$f(1) + f(\omega) + f(\omega^2) + \cdots + f(\omega^{n-1}) = 2^{n-1} + \sum_{k=1}^{n-1} f(\omega^k)$$

注意到 $k = 1, 2, \cdots, n-1$ 时，$(k, n) = 1$，所以 $k, 2k, \cdots, nk$ 是模 n 的完系，而 $\omega^{nr+t} = \omega^t$，所以 $\omega^k, \omega^{2k}, \cdots, \omega^{nk}$ 是 $\omega, \omega^2, \cdots, \omega^n$ 的一个排列，注意到 $\omega^{nk} = \omega^n = 1$，所以 $\omega^k, \omega^{2k}, \cdots, \omega^{(n-1)k}$ 是 $\omega, \omega^2, \cdots, \omega^{n-1}$ 的一个排列，所以

$$f(\omega^k) = (1+\omega^k)(1+\omega^{2k})\cdots(1+\omega^{(n-1)k})$$
$$= (1+\omega)(1+\omega^2)\cdots(1+\omega^{n-1}) \quad (k=1,2,\cdots,n-1)$$

又因为 $x^n - 1 = (x-\omega)(x-\omega^2)\cdots(x-\omega^n)$，且 n 为奇数，取 $x = -1$，得

$$(1+\omega)(1+\omega^2)\cdots(1+\omega^n) = 2$$
$$(1+\omega)(1+\omega^2)\cdots(1+\omega^{n-1}) = 1$$

即 $f(\omega^k) = 1$，所以

$$f(1) + f(\omega) + f(\omega^2) + \cdots + f(\omega^{n-1})$$
$$= 2^{n-1} + \sum_{k=1}^{n-1} f(\omega^k) = 2^{n-1} + \sum_{k=1}^{n-1} 1$$
$$= 2^{n-1} + (n-1)$$

所以 $n(1 + |M_n|) = 2^{n-1} + (n-1)$，即 $|M_n| = \frac{1}{n}(2^{n-1} - 1)$.

(2) 当 $r \neq n$ 时，考察

$$x^{n-r} \cdot f(x) = x^{n-r} \cdot (1+x)(1+x^2)\cdots(1+x^{n-1}) = a_0 x^{n-r} +$$

$a_1 x^{n+1-r} + a_2 x^{n+2-r} + \cdots + a_m x^{n+m-r}$,而 $|M_r| = a_r + a_{n+r} + a_{2n+r} + \cdots$,所以 $|M_r|$ 为 $x^{n-r} \cdot f(x)$ 的展开式中 x 的幂次为 n 的正整数倍的项的系数和(其中注意 $x^{n-r} \cdot f(x)$ 的展开式中常数项为 0,从而不必去掉 a_0),令 $x = 1, \omega, \omega^2, \cdots, \omega^{n-1}$,并将所得的式子相加,得

$$1^{n-r} \cdot f(1) + \omega^{n-r} \cdot f(\omega) + (\omega^2)^{(n-r)} \cdot f(\omega^2) + \cdots + (\omega^{n-1})^{(n-r)} \cdot f(\omega^{n-1}) = n \cdot |M_r|$$

注意到
$f(1) = 2^{n-1}$
$f(\omega^k) = (1 + \omega^k)(1 + \omega^{2k}) \cdots (1 + \omega^{(n-1)k})$
$\quad = (1 + \omega)(1 + \omega^2) \cdots (1 + \omega^{n-1}) = 1 \quad (k = 1, 2, \cdots, n-1)$

所以
$n \cdot |M_r| = 2^{n-1} + \omega^{n-r} + (\omega^2)^{(n-r)} + \cdots + (\omega^{n-1})^{(n-r)}$
$\quad = (2^{n-1} - 1) + 1 + \omega^{n-r} + (\omega^2)^{(n-r)} + \cdots + (\omega^{n-1})^{(n-r)}$
$\quad = (2^{n-1} - 1) + \dfrac{1 - (\omega^{n-r})^n}{1 - \omega^{n-r}} = 2^{n-1} - 1$

所以 $|M_r| = \dfrac{1}{n}(2^{n-1} - 1)$.

综合(1)、(2),对 $r = 1, 2, \cdots, n$,都有 $|M_r| = \dfrac{1}{n}(2^{n-1} - 1)$,故 $|M_1| = |M_2| = \cdots = |M_n|$.

下面举两个利用生成函数法求递归数列通项的例子.

例 11 设 $a_0 = -1, a_1 = 1, a_n = 2a_{n-1} + 3a_{n-2} + 3^n (n \geq 2)$,用生成函数法求 a_n.

分析与解 考察无穷序列 $\{a_n\}$ 的生成函数
$$f(x) = a_0 + a_1 x + a_2 x^2 + \cdots + a_n x^n + \cdots$$
注意到递归关系可变为 $a_n - 2a_{n-1} - 3a_{n-2} = 3^n$,于是,由生成函数变形,得

$$2xf(x) = 2a_0 x + 2a_1 x^2 + 2a_2 x^3 + \cdots + 2a_{n-1}x^n$$
$$+ 2a_n x^{n+1} + \cdots$$
$$3x^2 f(x) = 3a_0 x^2 + 3a_1 x^3 + \cdots + 3a_{n-2}x^n + 3a_{n-1}x^{n+1}$$
$$+ 3a_n x^{n+2} + \cdots$$

由以上三式,得

$$(1 - 2x - 3x^2)f(x) = a_0 + a_1 x - 2a_0 x + 3^2 x^2 + 3^3 x^3 + \cdots$$
$$+ 3^n x^n + \cdots$$
$$= -1 + x + 2x + 3^2 x^2 + 3^3 x^3 + \cdots + 3^n x^n + \cdots$$
$$= -1 + 3x + 3^2 x^2 + 3^3 x^3 + \cdots + 3^n x^n + \cdots$$
$$= -1 + \frac{3x}{1-3x} = \frac{6x-1}{1-3x}$$

所以

$$f(x) = \frac{6x-1}{(1+x)(1-3x)^2}$$

其中限定 $|3x| < 1$,因为我们只需构造在局部有定义的生成函数.

为求 a_n,我们需要将生成函数表示成多项式形式,这可利用泰勒公式展开,或先化为部分分式,然后利用前面介绍的几个公式.于是,令

$$\frac{6x-1}{(1+x)(1-3x)^2} = \frac{A}{1+x} + \frac{B}{1-3x} + \frac{C}{(1-3x)^2} \quad (*)$$

式 $(*)$ 两边同乘以 $1+x$,再令 $x = -1$,得

$$A = \left.\frac{6x-1}{(1-3x)^2}\right|_{x=-1} = -\frac{7}{16}$$

式 $(*)$ 两边同乘以 $(1-3x)^2$,再令 $x = \frac{1}{3}$,得

$$C = \left.\frac{6x-1}{1+x}\right|_{x=\frac{1}{3}} = \frac{3}{4}$$

式(*)两边同乘以 x，再令 $x \to \infty$，得 $0 = A - \dfrac{B}{3}$，所以

$$B = 3A = -\dfrac{21}{16}$$

其中注意：式(*)对定义域中的所有 x 都成立，从而可令 x 取 $f(x)$ 定义域（$|3x|<1$）以外的值. 所以

$$f(x) = -\dfrac{7}{16}\dfrac{1}{1+x} - \dfrac{21}{16}\dfrac{1}{1-3x} + \dfrac{3}{4}\dfrac{1}{(1-3x)^2}$$

$$= -\dfrac{7}{16}\sum_{n=0}^{\infty}(-x)^n - \dfrac{21}{16}\sum_{n=0}^{\infty}(3x)^n + \dfrac{3}{4}\sum_{n=0}^{\infty}(n+1)(3x)^n$$

$$= \sum_{n=0}^{\infty}\left[\dfrac{(4n-3)\cdot 3^{n+1} - 7\cdot(-1)^n}{16}\right]x^n$$

故

$$a_n = \dfrac{(4n-3)\cdot 3^{n+1} - 7\cdot(-1)^n}{16}$$

例 12 设 $a_0 = a_1 = 1, a_n = a_{n-1} + 2a_{n-2} + n - 1$，求 a_n.

分析与解 考察无穷序列 $\{a_n\}$ 的生成函数：

$$f(x) = a_0 + a_1 x + a_2 x^2 + \cdots + a_n x^n + \cdots$$

注意到递归关系可以变为 $a_n - a_{n-1} - 2a_{n-2} = n - 1$，于是，将生成函数变形，得

$$xf(x) = a_0 x + a_1 x^2 + a_2 x^3 + \cdots + a_{n-1} x^n + a_n x^{n+1} + \cdots$$

$$2x^2 f(x) = 2a_0 x^2 + 2a_1 x^3 + \cdots + 2a_{n-2} x^n + 2a_{n-1} x^{n+1}$$
$$+ 2a_n x^{n+2} + \cdots$$

由以上三式，得

$$(1 - x - 2x^2)f(x) = a_0 + a_1 x - a_0 x + x^2 + 2x^3 + \cdots$$
$$+ (n-1)x^n + \cdots$$
$$= 1 + x - x + x^2 + 2x^3 + \cdots + (n-1)x^n + \cdots$$
$$= 1 + x^2(1 + 2x + 3x^2 + 4x^3 + \cdots$$

$$+ (n+1)x^n + \cdots)$$
$$= 1 + \frac{x^2}{(1-x)^2}$$
$$= \frac{2x^2 - 2x + 1}{(1-x)^2} \quad (\text{限定 } |3x| < 1)$$

令

$$f(x) = \frac{2x^2 - 2x + 1}{(1+x)(1-2x)(1-x)^2}$$
$$= \frac{A}{1+x} + \frac{B}{1-2x} + \frac{C}{1-x} + \frac{D}{(1-x)^2} \quad (*)$$

式(*)两边同乘以 $1+x$，再令 $x = -1$，得

$$A = \left.\frac{2x^2 - 2x + 1}{(1-2x)(1-x)^2}\right|_{x=-1} = \frac{5}{12}$$

式(*)两边同乘以 $1-2x$，再令 $x = \frac{1}{2}$，得

$$B = \left.\frac{2x^2 - 2x + 1}{(1+x)(1-x)^2}\right|_{x=\frac{1}{2}} = \frac{4}{3}$$

式(*)两边同乘以 $(1-x)^2$，再令 $x = 1$，得

$$D = \left.\frac{2x^2 - 2x + 1}{(1+x)(1-2x)}\right|_{x=1} = -\frac{1}{2}$$

式(*)两边同乘以 x，再令 $x \to \infty$，得 $0 = A - \frac{B}{2} - C$，所以

$$C = A - \frac{B}{2} = -\frac{1}{4}$$

所以

$$f(x) = \frac{5}{12} \frac{1}{1+x} + \frac{4}{3} \frac{1}{1-2x} - \frac{1}{4} \frac{1}{1-x} - \frac{1}{2} \frac{1}{(1-x)^2}$$
$$= \frac{5}{12} \sum_{n=0}^{\infty} (-x)^n + \frac{4}{3} \sum_{n=0}^{\infty} (2x)^n - \frac{1}{4} \sum_{n=0}^{\infty} x^n - \frac{1}{2} \sum_{n=0}^{\infty} (n+1)x^n$$
$$= \sum_{n=0}^{\infty} \left[\frac{5 \cdot (-1)^n}{12} + \frac{4 \cdot 2^n}{3} - \frac{1}{4} - \frac{n+1}{2} \right] x^n$$

5 更新观点

$$= \sum_{n=0}^{\infty} \left[\frac{2^{n+4} + 5 \cdot (-1)^n - 6n - 9}{12} \right] x^n$$

所以

$$a_n = \frac{2^{n+4} + 5 \cdot (-1)^n - 6n - 9}{12}$$

下面介绍本题两个不利用生成函数的解法.

解法 1 设 $a_n + p a_{n-1} = q(a_{n-1} + p a_{n-2}) + n - 1$,即

$$a_n = (q - p) a_{n-1} + pq a_{n-2} + n - 1$$

令 $q - p = 1, qp = 2$,则 $(p, q) = (1, 2)$ 或 $(-2, -1)$. 于是

$$a_n + a_{n-1} = 2(a_{n-1} + a_{n-2}) + n - 1$$
$$a_n - 2 a_{n-1} = -(a_{n-1} - 2 a_{n-2}) + n - 1$$

再令 $u_n = a_n + a_{n-1}, v_n = a_n - 2 a_{n-1} (n \in \mathbf{N})$,则

$$u_n = 2 u_{n-1} + n - 1, \quad v_n = -v_{n-1} + n - 1$$

将其变形,得

$$u_n + n + 1 = 2[u_{n-1} + (n-1) + 1] = \cdots = (u_1 + 1 + 1) \times 2^{n-1}$$

$$v_n - \frac{n}{2} + \frac{1}{4} = -\left(v_{n-1} - \frac{n-1}{2} + \frac{1}{4} \right) = \cdots$$

$$= \left(u_1 - \frac{1}{2} + \frac{1}{4} \right) \times (-1)^{n-1}$$

所以

$$u_n = 2^{n+1} - n - 1, \quad v_n = \frac{5}{4}(-1)^n + \frac{n}{2} - \frac{1}{4}$$

即

$$a_n + a_{n-1} = 2^{n+1} - n - 1, \quad a_n - 2 a_{n-1} = \frac{5}{4}(-1)^n + \frac{n}{2} - \frac{1}{4}$$

消去 a_{n-1},得

$$a_n = \frac{1}{12} \left[2^{n+4} + 5 \cdot (-1)^n - 6n - 9 \right]$$

解法 2 设 $a_n + pn + q = [a_{n-1} + p(n-1) + q] + 2[a_{n-2} + $

$p(n-2)+q]$,即 $a_n = a_{n-1} + 2a_{n-2} + 2pn + 2q - 5p$,令 $2p=1, 2q-5p=-1$,则 $(p,q)=\left(\dfrac{1}{2}, \dfrac{3}{4}\right)$.

于是
$$a_n + \dfrac{n}{2} + \dfrac{3}{4} = \left(a_{n-1} + \dfrac{n-1}{2} + \dfrac{3}{4}\right) + 2\left(a_{n-2} + \dfrac{n-2}{2} + \dfrac{3}{4}\right)$$

再令 $b_n = a_n + \dfrac{n}{2} + \dfrac{3}{4}$,则 $b_n = b_{n-1} + 2b_{n-2}$.

由方程 $a^2 = a + 2$ 解得两个根为 $2, -1$,由此可得
$$b_n = \dfrac{4}{3} \cdot 2^n + \dfrac{5}{12} \cdot (-1)^n$$

所以
$$a_n = \dfrac{1}{12}\left[2^{n+4} + 5 \cdot (-1)^n - 6n - 9\right]$$

习题 5

1. (1997年全国高中数学联赛试题) 设 x, y 为实数,且满足:$(x-1)^3 + 1997(x-1) = -1, (y-1)^3 + 1997(y-1) = 1$,求 $x+y$.

2. 设 $a, b, c, \alpha, \beta, \gamma$ 为常数,解关于 x, y, z 的方程组:
$$\dfrac{x}{\alpha+a} + \dfrac{y}{\alpha+b} + \dfrac{z}{\alpha+c} = 1$$
$$\dfrac{x}{\beta+a} + \dfrac{y}{\beta+b} + \dfrac{z}{\beta+c} = 1$$
$$\dfrac{x}{\gamma+a} + \dfrac{y}{\gamma+b} + \dfrac{z}{\gamma+c} = 1$$

3. 设 a_i, α_i 是互异实数,解方程组
$$\sum_{i=1}^{n} \dfrac{x_i}{a_i + \alpha_1} = 1, \quad \sum_{i=1}^{n} \dfrac{x_i}{a_i + \alpha_2} = 1, \quad \cdots, \quad \sum_{i=1}^{n} \dfrac{x_i}{a_i + \alpha_n} = 1$$

4. 用判别式法证明柯西不等式:若 $a_i, b_i \in \mathbf{R}, i = 1, 2, \cdots, n$,

则 $\sum_{i=1}^{n} a_i^2 \sum_{i=1}^{n} b_i^2 \geqslant (\sum_{i=1}^{n} a_i b_i)^2$.

5. 设 α,β,γ 分别是复数 z_1,z_2,z_3 的辐角主值,且 $|z_1|=1, |z_2|=k, |z_3|=2-k, z_1+z_2+z_3=0$,求 $\cos(\beta-\gamma)$ 的最值.

6. 给定 $2n$ 个互不相同的复数 $a_1,a_2,\cdots,a_n,b_1,b_2,\cdots,b_n$,将它们按下列规则填入 $n\times n$ 方格表中:第 i 行和第 j 列相交处的方格内填 $a_i+b_j(i,j=1,2,\cdots,n)$.证明:若各列数的乘积相等,则各行数的乘积也相等.

7. (第 27 届美国数学奥林匹克试题) 设集合 $\{1,2,3,\cdots,1998\}$ 被划分为 999 个彼此不相交的二元子集 $\{a_i,b_i\}$,且对于 $1\leqslant i\leqslant 999$,都有 $|a_i-b_i|=1$ 或 6.求 $\sum_{i=1}^{999}|a_i-b_i|$ 的个位数字.

8. 能否将 $1,2,3,\cdots,21$ 分别填入图 5.1 中的每个圈中,使从第二行起,每个数都是它肩上的两个数的差的绝对值(比如图中 $c=|a-b|$)?

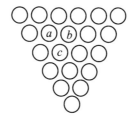

图 5.1

9. 圆周上 800 个点,按顺时针方向标号为 $1,2,\cdots,800$,它们将圆周分为 800 段弧,今任选一点染红色,然后按下述法则染红其他点:若点 k 为红,则按顺时针方向转过 k 段弧,将所达到的点染红,如此下去,问至多可得到多少个红点?

10. (第 17 届 IMO 试题) 设 $\{a_n\}$ 是严格递增的无限的正整数序列,求证:对每一个自然数 p,存在自然数 $x,y,q(p<q)$,使序列

中有无限多个项 a_m 可以表示成 $a_m = xa_p + ya_q$.

11. 设 $a_1, a_2, a_3, \cdots, a_{1979}$ 是 $1, 2, 3, \cdots, 1979$ 的一个排列,为了配对,令 $a_{1980} = 0$,计算 $b_i = |a_{2i-1} - a_{2i}|$,得到数列:$b_1, b_2, \cdots, b_{990}$. 再计算 $c_i = |b_{2i-1} - b_{2i}|$,得到数列:$c_1, c_2, \cdots, c_{495}$. 为了配对,令 $c_{496} = 0$,计算 $d_i = |c_{2i-1} - c_{2i}|$,得到数列:$d_1, d_2, \cdots, d_{248}$,如此下去,最后得到一个数 x,求证:x 是偶数.

12. 设 $a_1, a_2, \cdots, a_{2010} \in \{1, -1\}$,求证:$a_1 + 2a_2 + 3a_3 + \cdots + 2010a_{2010} \neq 0$.

13. (1990年瑞士数学奥林匹克试题) 设不等式 $7 - \dfrac{m^2}{n^2} \geq \dfrac{t}{n^2}$ 对任何满足 $\dfrac{m}{n} < \sqrt{7}$ 的自然数 m, n 成立,求 t 的最大值.

14. 求方程 $x^2 - 3y^2 = 2z^2$ 的整数解.

15. 给定奇数 k,求方程 $x^2 + y^2 + z^2 = 7k^{2n}$ 的正整数解.

16. 求证:方程 $x^3 - 3xy^2 + y^3 = 2891$ 无正整数解.

17. (1987年加拿大数学奥林匹克试题) 求方程 $a^2 + b^2 = n!$ 的所有正整数解 (a, b, n),使 $a \leq b, n < 14$.

18. 求证:$\sum\limits_{k=1}^{n} C_n^{k-1} C_n^k = C_{2n}^{n-1}$.

19. 求证:$\sum\limits_{k=0}^{2n} (-1)^k C_m^k C_m^{2n-k} = (-1)^n C_m^n$.

20. 求证:$C_{m+n}^k = C_m^0 C_n^k + C_m^1 C_n^{k-1} + C_m^2 C_n^{k-2} + \cdots + C_m^k C_n^0$.

21. 计算:$C_n^1 + 2C_n^2 + 3C_n^3 + \cdots + nC_n^n$.

22. 计算:$\sum\limits_{k=1}^{n} k(k-1) C_n^k$.

23. (1991年上海市数学奥林匹克试题) 设自然数 $n > 2$,$Y_n = \{2, 3, \cdots, n\}$,对 Y_n 中每一个非空子集 A,令 $T(A)$ 是 A 中所有元素之积,求 $\sum\limits_{A, A \subseteq Y_n} T(A)$.

5 更新观点

24. 求证:存在两个自然数组成的不同集合 $A = \{a_1, a_2, \cdots, a_n\}$,$B = \{b_1, b_2, \cdots, b_n\}$,使得 $\{a_i + a_j \mid 1 \leqslant i < j \leqslant n\}$ 与 $\{b_i + b_j \mid 1 \leqslant i < j \leqslant n\}$ 相同的充分必要条件是 n 是 2 的幂,这里允许集合内相同的元素重复出现.

25. 设 $a_i \in \mathbf{R}^+, 0 \leqslant x_i \leqslant 1, \sum_{i=1}^{n} a_i = 1$,求证: $\sum_{i=1}^{n} \dfrac{a_i}{1 + x_i} \leqslant \dfrac{1}{1 + x_1^{a_1} x_2^{a_2} \cdots x_n^{a_n}}$.

习题 5 解答

1. 设 $f(t) = t^3 + 1997t$,则 $f(t)$ 为 $\mathbf{R}$ 内单调递增的奇函数. 由条件有 $f(x-1) = 1 = -f(y-1) = f(1-y)$,所以 $x - 1 = 1 - y$,故 $x + y = 2$.

2. 由条件可知,α, β, γ 是关于 t 的方程的三个根: $\dfrac{x}{t+a} + \dfrac{y}{t+b} + \dfrac{z}{t+c} = 1$. 去分母,得

$$(t+a)(t+b)(t+c) - x(t+b)(t+c)$$
$$- y(t+c)(t+a) - z(t+a)(t+b) = 0 \quad (*)$$

由于 $t = \alpha, \beta, \gamma$ 是式 $(*)$ 的三个互异实根,于是方程左边的多项式应含有因式 $(t-\alpha), (t-\beta), (t-\gamma)$,再注意到首项系数为 1,所以由因式定理,有

$$(t+a)(t+b)(t+c) - x(t+b)(t+c)$$
$$- y(t+c)(t+a) - z(t+a)(t+b)$$
$$= (t-\alpha)(t-\beta)(t-\gamma)$$

注意上式对任何实数 t 成立(恒等式),在上式中分别令 $t = -a, -b, -c$,得

$$x = \dfrac{(a+\alpha)(a+\beta)(a+\gamma)}{(a-b)(a-c)}$$

$$y = \frac{(b+\alpha)(b+\beta)(b+\gamma)}{(b-a)(b-c)}$$

$$z = \frac{(c+\alpha)(c+\beta)(c+\gamma)}{(c-a)(c-b)}$$

3. 仿照 5.1 小节例 3 的方法,得方程组的解为 $x_j = \dfrac{\prod\limits_{j=1}^{n}(a_i+\alpha_i)}{\prod\limits_{i\neq j}(a_j-a_i)}(j=1,2,\cdots,n)$.

4. 先将不等式变形为 $b^2-4ac\leqslant 0$ 的形式:$(2\sum\limits_{i=1}^{n}a_ib_i)^2 - 4\sum\limits_{i=1}^{n}a_i^2\sum\limits_{i=1}^{n}b_i^2\leqslant 0$.令 $B=2\sum\limits_{i=1}^{n}a_ib_i, A=\sum\limits_{i=1}^{n}a_i^2, C=\sum\limits_{i=1}^{n}b_i^2$,则原不等式等价于 $B^2-4AC\leqslant 0$.令 $f(x)=Ax^2+Bx+C$,则 $f(x)=\sum\limits_{i=1}^{n}a_i^2x^2+2\sum\limits_{i=1}^{n}a_ib_ix+\sum\limits_{i=1}^{n}b_i^2=\sum\limits_{i=1}^{n}(a_ix+b_i)^2\geqslant 0$,所以,$B^2-4AC\leqslant 0$,即 $\sum\limits_{i=1}^{n}a_i^2\sum\limits_{i=1}^{n}b_i^2\geqslant (\sum\limits_{i=1}^{n}a_ib_i)^2$.

5. 令 $z_1=(\cos\alpha+i\sin\alpha), z_2=k(\cos\beta+i\sin\beta), z_3=(2-k)\cdot(\cos\gamma+i\sin\gamma)$,三式相加,得 $\cos\alpha+k\cos\beta+(2-k)\cos\gamma=0, \sin\alpha+k\sin\beta+(2-k)\sin\gamma=0$,消去 α(因为目标函数 $\cos(\beta-\gamma)$ 中无 α),得 $1=(k-2)^2+k^2-2k(k-2)\cos(\beta-\gamma)$,以 k 为主元整理得 $[2-2\cos(\beta-\gamma)]k^2+[4\cos(\beta-\gamma)-4]k+3=0$.

令
$\cos(\beta-\gamma)=t$,则 $(2-2t)k^2+(4t-4)k+3=0$ (*)

由 $|z_2|=k, |z_3|=2-k$,知 $0\leqslant k\leqslant 2$,所以关于 k 的方程(*)在 $[0,2]$ 上有实根,所以 $\Delta=(4t-4)^2-12(2-2t)=16t^2-8t-8=8(2t+1)(t-1)\geqslant 0$,解得 $t\leqslant -\dfrac{1}{2}$ 或 $t\geqslant 1$.但 $\cos(\beta-\gamma)=t$,知 $-1\leqslant t\leqslant 1$,求交集得 $-1\leqslant t\leqslant -\dfrac{1}{2}$ 或 $t=1$.当 $t=1$ 时,方程(*)变为

$3=0$,矛盾,所以 $t\neq 1$,所以 $-1\leqslant t\leqslant -\dfrac{1}{2}$. 将 $t=-\dfrac{1}{2}$ 代入方程 (∗),解得 $k=1$,将 $t=-1$ 代入方程(∗),解得 $k=\dfrac{1}{2}$. 所以 $t=\cos(\beta-\gamma)$ 的最大值、最小值分别为 $-\dfrac{1}{2},-1$.

6. 设各列数的乘积都等于 c,考虑多项式 $f(x)=(x+a_1)\cdots(x+a_n)-c$. 由已知条件得 $f(b_i)=0(i=1,2,\cdots,n)$. 由于 b_i 互不相等,这表明 n 次多项式 $f(x)$ 有 n 个不同的根,因此有 $f(x)=(x-b_1)\cdots(x-b_n)$. 故得出等式 $(x+a_1)\cdots(x+a_n)-c=(x-b_1)\cdots(x-b_n)$. 取 $x=-a_i(i=1,2,\cdots,n)$,得 $(a_i+b_1)\cdots(a_i+b_n)=(-1)^{n+1}c$,即各行数的积是 $(-1)^{n+1}c$.

7. 因为 $|a_i-b_i|=1$ 或 6,所以 $|a_i-b_i|\equiv 1\pmod 5$ (统一表现形式),故 $\sum_{i=1}^{999}|a_i-b_i|\equiv\sum_{i=1}^{999}1=999\equiv 4\pmod 5$. 于是 $\sum_{i=1}^{999}|a_i-b_i|$ 的个位数字为 4 或 9.

又 $|a_i-b_i|\equiv a_i-b_i\equiv a_i+b_i\pmod 2$(利用模去掉绝对值符号),所以 $\sum_{i=1}^{999}|a_i-b_i|\equiv\sum_{i=1}^{999}(a_i+b_i)=\sum_{i=1}^{1998}i=1999\times 999\equiv 1\pmod 2$. 故 $\sum_{i=1}^{999}|a_i-b_i|$ 的个位数字为 9.

8. 假定可以按要求填数,考察所填 21 个数的和 S,有 $S=1+2+\cdots+21=21\cdot 11$ 为奇数. 设第 1 行填的 6 个数为 $a_1,a_2,\cdots,a_6$,第 2 行填的 5 个数为 $b_1,b_2,\cdots,b_5$,第 3 行填的 4 个数为 c_1,c_2,c_3,c_4,第 4 行填的 3 个数为 d_1,d_2,d_3,第 5 行填的 2 个数为 e_1,e_2,第 6 行填的 1 个数为 f_1,依题意,$b_1=|a_1-a_2|\equiv a_1+a_2\pmod 2$. 同理,$b_2\equiv a_2+a_3,b_3\equiv a_3+a_4,\cdots,b_5\equiv a_5+a_6,c_1\equiv b_1+b_2,c_2\equiv b_2+b_3,\cdots,c_4\equiv b_4+b_5,\cdots,f_1\equiv e_1+e_2\pmod 2$. 记第 i 行的数的和为 S_i,则个 S_i 可用 $a_1,a_2,\cdots,a_6$ 表示 $\pmod 2$. $S_1=a_1+a_2+a_3+a_4+a_5+$

$a_6, S_2 = b_1 + b_2 + \cdots + b_5 = (a_1 + a_2) + (a_2 + a_3) + (a_3 + a_4) + (a_4 + a_5) + (a_5 + a_6) = a_1 + 2(a_2 + a_3 + a_4 + a_5) + a_6 \equiv a_1 + a_6 \pmod{2}, S_3 = c_1 + c_2 + c_3 + c_4 = (b_1 + b_2) + (b_2 + b_3) + (b_3 + b_4) + (b_4 + b_5) = b_1 + 2(b_2 + b_3 + b_4) + b_5 \equiv b_1 + b_5 \equiv a_1 + a_2 + a_5 + a_6 \pmod{2}, S_4 = d_1 + d_2 + d_3 = (c_1 + c_2) + (c_2 + c_3) + (c_3 + c_4) = c_1 + 2(c_2 + c_3) + c_4 \equiv c_1 + c_4 = (b_1 + b_2) + (b_4 + b_5) = (a_1 + a_2) + (a_2 + a_3) + (a_4 + a_5) + (a_5 + a_6) = a_1 + 2(a_2 + a_5) + a_3 + a_4 + a_6 \equiv a_1 + a_3 + a_4 + a_6 \pmod{2}, S_5 = e_1 + e_2 = (d_1 + d_2) + (d_2 + d_3) = d_1 + 2d_2 + d_3 \equiv d_1 + d_3 = (c_1 + c_2) + (c_3 + c_4) = (b_1 + b_2) + (b_2 + b_3) + (b_3 + b_4) + (b_4 + b_5) = b_1 + 2(b_2 + b_3 + b_4) + b_5 \equiv b_1 + b_5 \equiv a_1 + a_2 + a_5 + a_6 \pmod{2}$, 将以上各式相加, 得 $S = S_1 + S_2 + \cdots + S_6 \equiv (a_1 + a_2 + a_3 + a_4 + a_5 + a_6) + (a_1 + a_6) + (a_1 + a_2 + a_5 + a_6) + (a_1 + a_3 + a_4 + a_6) + (a_1 + a_2 + a_5 + a_6) = 6(a_1 + a_6) + 4(a_2 + a_5) + 2(a_3 + a_4) \equiv 0 \pmod{2}$, 与 S 为奇数矛盾, 故合乎要求的填数不存在.

9. 设第一个红点的标号为 k, 则所有红点的标号依次为 $k, 2k, 2^2 k, \cdots, 2^n k, \cdots$, 现在要寻找正整数 k (下标最小的红点), 使 $X_k = \{2^n k \pmod{800} \mid n = 0, 1, 2, \cdots\}$ 有最多的元素. 当 $n \geq 5$ 时, 对任何正整数 k, $2^n k \equiv 0 \pmod{32}$, 即 $2^n k \pmod{32}$ 只有唯一的取值, 而 $n = 0, 1, 2, 3, 4$ 时至多有 5 个不同的取值.

又对任何正整数 k, $2^n k \pmod{25}$ 以 $\varphi(25) = 20$ 为周期 ($n = 5, 6, \cdots$). 实际上, 由欧拉定理, $2^{\varphi(25)} \equiv 1 \pmod{25}$, 所以 $2^{n+20} k = 2^{20} 2^n k \equiv 2^n k \pmod{25}$, 于是 $2^n k \pmod{25}$ 至多有 20 个不同的取值. 因为 $(25, 32) = 1$, 所以 $2^n k \pmod{800}$ 在 $n = 5, 6, \cdots$ 时, 至多有 20 个不同的取值.

又 $2^n k \pmod{800}$ 在 $n = 0, 1, 2, 3, 4$ 时至多有 5 个不同的取值, 所以 $|X_k| \leq 20 + 5 = 25$. 取 $k = 1$, 则 $X_k = \{1, 2, 4, 8, 16, 32, 64, 128,$

5 更新观点

$256,512,224,448,96,192,384,768,736,672,544,288,576,352,704,608,416\}$,此时,$|X_k|=25$.故红点个数的最大值为 25.

10. 取 $y=1$,证明有无限多个项 a_m 可以表示成 $a_m=xa_p+a_q$. 换一个观点,即 $a_m-a_q=xa_p\equiv 0\pmod{a_p}$.适当地选取 q,使有无限多个项 a_m,它与 a_q 关于模 a_p 同余,将 $a_1,a_2,\cdots,a_n,\cdots$ 归入模 a_p 的剩余类,必有一个项含有序列中的无限多个项,设此类中大于 a_p(以保证 $q>p$)的最小项为 a_q,那么,此类中大于 a_q 的项有无限个,命题获证.

11. 因为 $|u-v|\equiv u-v\equiv u+v\pmod{2}$,所以 $b_1+b_2+\cdots+b_{990}=|a_1-a_2|+|a_3-a_4|+\cdots+|a_{1979}-a_{1980}|\equiv(a_1-a_2)+(a_3-a_4)+\cdots+(a_{1979}-a_{1980})\equiv(a_1+a_2)+(a_3+a_4)+\cdots+(a_{1979}+a_{1980})\equiv 1+2+\cdots+1979\equiv 0\pmod{2}$.同理,$c_1+c_2+\cdots+c_{490}\equiv b_1+b_2+\cdots+b_{990}\equiv 0\pmod{2}$,如此下去,$x\equiv 0\pmod{2}$,所以 x 是偶数.

12. 因为 $a_k=1,-1$,所以 $a_k\equiv 1\pmod{2}$,于是
$$a_1+2a_2+3a_3+\cdots+2010a_{2010}\equiv 1+2+3+\cdots+2010$$
$$\equiv 1005\cdot 2011\equiv 1\pmod{2}$$
故 $a_1+2a_2+3a_3+\cdots+2010a_{2010}\neq 0$.

13. 将不等式化为 $t\leqslant 7n^2-m^2=f(m,n)$,它等价于 $t\leqslant \min_{m<\sqrt{7}n,m,n\in\mathbf{N}}f(m,n)$.

下求 $f(m,n)$ 的最小值,其中 $m<\sqrt{7}n$,且 m,n 为自然数,即 $7n^2-m^2>0$,且 $m,n\in\mathbf{N}^+$.因为 $(m+7)^2\equiv m^2\pmod{7}$,所以 $\{m^2\pmod{7}\}$ 是以 7 为周期的数列,它的前 7 项为 $1,4,2,2,4,1,0$.所以 $m^2\equiv 0,1,2,4\pmod{7}$.于是,$7n^2-m^2\equiv-m^2\equiv 0,6,5,3\pmod{7}$.

因为 $7n^2-m^2>0$,所以 $7n^2-m^2\geqslant 3$.又 $(m,n)=(1,2)$ 时,有 $7n^2-m^2=3$,所以 $f(m,n)$ 的最小值为 3.故 $t_{\max}=3$.

14. 易知,$(0,0,0)$ 是原方程的解.下证原方程无其他解.设 $(x,$

$y,z)$ 是原方程的任意一个解. 若 $(x,y,z)=d>1$, 则令 $x=dx_1$, $y=dy_1$, $z=dz_1$, 代入原方程得 $x_1^2-3y_1^2=2z_1^2$. 因此, 不妨设 $(x,y,z)=1$.

对方程两边模 3 (系数), 得 $x^2 \equiv 2z^2 \pmod{3}$. 由 $x^2 \equiv 0$ 或 $1 \pmod{3}$, 以及 $2z^2 \equiv 0$ 或 $2 \pmod{3}$, 有 $x^2 \equiv 2z^2 \equiv 0 \pmod{3}$, 所以 $x \equiv z \equiv 0 \pmod{3}$.

设 $x=3x_1$, $z=3z_1$, 代入原方程得 $3x_1^2-y^2=3z_1^2$. 由此可知, $3 \mid y^2$. 又 $3 \mid x$, $3 \mid z$, 所以 $(x,y,z) \geqslant 3 > 1$, 矛盾. 综上所述, 所求方程的整数解为 $(x,y,z)=(0,0,0)$.

15. 设 (x,y,z) 是方程的正整数解, 因为平方数 $t^2 \equiv 0,1,4 \pmod{8}$, 又 k 为奇数, 必有 $k^2 \equiv 1 \pmod{8}$, 所以 $x^2+y^2+z^2 = 7k^{2n} \equiv 7 \pmod{8}$. 但 $x^2+y^2+z^2 \equiv 0,1,2,3,4,5,6 \pmod{8}$, 矛盾. 故原方程无正整数解.

16. 注意到系数 3, 方程两边模 3, 得 $x^3+y^3 \equiv 2 \pmod{3}$, 由于 $x^3 \equiv x$, 所以

$$x+y \equiv 2 \pmod{3} \qquad (*)$$

(1) 若 $x \equiv 1 \pmod{3}$, 则由式 $(*)$, 有 $y \equiv 1 \pmod{3}$, 此时原方程两边模 9, 有 $1-3+1 \equiv 2891 \equiv 2 \pmod{9}$, 矛盾.

(2) 若 $x \equiv 0 \pmod{3}$, 则由式 $(*)$, 有 $y \equiv 2 \pmod{3}$, 此时原方程两边模 9, 有 $0-0+2^3 \equiv 2891 \equiv 2 \pmod{9}$, 矛盾.

(3) 若 $x \equiv 2 \pmod{3}$, 则由式 $(*)$, 有 $y \equiv 0 \pmod{3}$, 此时原方程两边模 9, 有 $2^3-0+0 \equiv 2891 \equiv 2 \pmod{9}$, 矛盾.

17. 首先, 方程有一个 $a=b$ 的显然的解: $(a,b,n)=(1,1,2)$. 此外, 显然 $n>2$. 当 $n=3$ 时, 不难发现方程无解, 从而猜想 $n>2$ 时, 原方程无解. 为了证明这一猜想, 可讨论 $n>2$ 时 $n!$ 的性质. 设 $n>2$, 则 $6 \mid n!$, 从而 (6 含有质因数 2 和 3) $a^2+b^2 \equiv 0 \pmod{3}$. 但 $a^2 \equiv 0,1 \pmod{3}$, $b^2 \equiv 0,1 \pmod{3}$, 所以 $a^2+b^2 \equiv 0 \pmod{3}$, 所以 $a \equiv b \equiv 0$, 所以 $n! = a^2+b^2 \equiv 0 \pmod{9}$, 从而 $n>5$.

5　更新观点

(1) 若 $n=6$，由 $3|a, 3|b$，可令 $a=3a_1, b=3b_1$，得 $a_1^2+b_1^2=\dfrac{6!}{9}=24\times 5$，于是 a_1, b_1 同奇偶。若 a_1, b_1 同为奇，则 $a_1^2+b_1^2\equiv 1+1=2\pmod 4$，矛盾。所以 a_1, b_1 同为偶数，令 $a_1=2a_2, b_1=2b_2$，代入方程，得 $a_2^2+b_2^2=2^2\times 5$。同样，a_2, b_2 同为偶数，令 $a_2=2a_3, b_2=2b_3$，代入方程，得 $a_3^2+b_3^2=5=2^2+1$。易知，$a_3<b_3$，所以 $a_3=1, b_3=2$。代回原变量得 $(a,b)=(12,24)$，此时 $(a,b,n)=(12,24,6)$。

(2) 若 $n>6$，则 $7|n!$，所以 $a^2+b^2\equiv 0\pmod 7$，所以 $a\equiv b\equiv 0\pmod 7$，于是，$n!\equiv a^2+b^2\equiv 0\pmod{49}$，所以 $n>13$，矛盾。综上所述，原方程的解为 $(a,b,n)=(1,1,2),(12,24,6)$。

18. 利用母函数 $(1+x)^{2n}=(1+x)^n(1+x)^n$，比较 x^{n-1} 的系数，并注意 $C_n^{k-1}C_n^k=C_n^{k-1}\cdot C_n^{n-k}$ 即证。

19. 利用母函数 $(1-x^2)^m=(1+x)^m(1-x)^m$，比较 x^{2n} 的系数即证。

20. 利用母函数 $(1+x)^{m+n}=(1+x)^m(1+x)^n$，比较 x^k 的系数即证。

21. 考察 $C_n^1+C_n^2+\cdots+C_n^n$ 的母函数 $f(x)=C_n^1 x+C_n^2 x^2+\cdots+C_n^n x^n=(1+x)^n-1$，两边求导，得 $C_n^1+2C_n^2 x+\cdots+nC_n^n x^{n-1}=n(1+x)^{n-1}=g(x)$，于是，$C_n^1+2C_n^2+\cdots+nC_n^n=g(1)=n\cdot 2^{n-1}$。

22. 考察 $C_n^1+C_n^2+\cdots+C_n^n$ 的母函数 $f(x)=C_n^1 x+C_n^2 x^2+\cdots+C_n^n x^n=(1+x)^n-1$，两边求导，得 $C_n^1+2C_n^2 x+3C_n^3 x^2+\cdots+nC_n^n x^{n-1}=n(1+x)^{n-1}$，再求导，得 $2C_n^2+3\times 2C_n^3 x+\cdots+n(n-1)C_n^n x^{n-2}=n(n-1)(1+x)^{n-2}=g(x)$，所以 $\sum\limits_{k=1}^{n}k(k-1)C_n^k=g(1)=n(n-1)2^{n-2}$。

23. 构造母函数 $f(x)=\sum\limits_{A, A\subseteq X_n}T(A)x^{n-|A|-1}=(2+\cdots+n)x^{n-2}+x^{n-3}\sum\limits_{2\leqslant i<j\leqslant n}(i\times j)+x^{n-4}\sum\limits_{2\leqslant i<j<k\leqslant n}(i\times j\times k)+\cdots+n!$

$x^0 = (x+2)(x+3)\cdots(x+n) - x^{n-1}$,于是 $\sum\limits_{A, A \subseteq Y_n} T(A) = 2 + 3$
$+ \cdots + n + \sum\limits_{2 \leqslant i < j \leqslant n}(i \times j) + \sum\limits_{2 \leqslant i < j < k \leqslant n}(i \times j \times k) + \cdots + n! = f(1)$
$= (1+2)(1+3)\cdots(1+n) - 1 = \dfrac{1}{2}(n+1)! - 1.$

24. 必要性:构造母函数 $f(x) = x^{a_1} + x^{a_2} + \cdots + x^{a_n}$,$g(x) = x^{b_1} + x^{b_2} + \cdots + x^{b_n}$. 则 $f^2(x) - f(x^2) = 2\sum\limits_{1 \leqslant i < j \leqslant n} x^{a_i + a_j}$,$g^2(x) - g(x^2) = 2\sum\limits_{1 \leqslant i < j \leqslant n} x^{b_i + b_j}$,所以 $f^2(x) - f(x^2) = g^2(x) - g(x^2)$,即 $f^2(x) - g^2(x) = f(x^2) - g(x^2)$. 因为 $f(1) - g(1) = 0$,所以 $x - 1 | f(x) - g(x)$.

进而,存在 $h \in \mathbf{N}^+$,使得 $(x-1)^h P(x) = f(x) - g(x)$,$P(x) \neq 0$,$f^2(x) - f(x^2) = (x^2 - 1)^h P(x^2)$,$[f(x) + g(x)](x-1)^h P(x) = (x^2 - 1)^h P(x^2)$,所以 $f(x) + g(x) = \dfrac{(x+1)^h P(x^2)}{P(x)}$. 令 $x = 1$,则 $2n = 2^h$,所以 $n = 2^{h-1}$,即 n 为 2 的幂. 充分性:当 $n = 2^k$ 时,取 $\binom{k+1}{2l}$ 个 $2l$ $\left(l = 0, 1, \cdots, \left[\dfrac{k+1}{2}\right]\right)$,构成集合 A,此时 $|A| = \binom{k+1}{0} + \binom{k+1}{2} + \cdots + \binom{k+1}{2\left[\frac{k+1}{2}\right]} = \dfrac{1}{2} \cdot 2^{k+1} = 2^k$;再取 $\binom{k+1}{2l+1}$ 个 $2l+1$ $\left(l = 0, 1, \cdots, \left[\dfrac{k}{2}\right]\right)$,构成集合 B,此时 $|B| = \binom{k+1}{1} + \binom{k+1}{3} + \cdots + \binom{k+1}{2\left[\frac{k}{2}\right]+1} = \dfrac{1}{2} \cdot 2^{k+1} = 2^k$,则这两个集合满足要求.

25. 若某个 $x_i = 0$,则不等式显然成立;下设 $0 < x_i \leqslant 1$,先处理右边的 $x_1^{a_1} x_2^{a_2} \cdots x_n^{a_n}$,设 $A = x_1^{a_1} x_2^{a_2} \cdots x_n^{a_n}$,则 $\ln A = a_1 \ln x_1 + a_2 \ln x_2 + \cdots + a_n \ln x_n$.

于是,$\ln A = a_1 \ln x_1 + a_2 \ln x_2 + \cdots + a_n \ln x_n =$

$\dfrac{a_1\ln x_1 + a_2\ln x_2 + \cdots + a_n\ln x_n}{a_1 + a_2 + \cdots + a_n}$,所以 $A = \mathrm{e}^{\frac{a_1\ln x_1 + a_2\ln x_2 + \cdots + a_n\ln x_n}{a_1 + a_2 + \cdots + a_n}}$. 再将不等式左边也变成这样的形式,则不等式等价于 $\sum\limits_{i=1}^{n}\dfrac{a_i}{1+\mathrm{e}^{\ln x_i}} \leqslant \dfrac{1}{1+\mathrm{e}^{a_1\ln x_1 + a_2\ln x_2 + \cdots + a_n\ln x_n}}$. 令 $\ln x_i = y_i$,则不等式等价于 $\sum\limits_{i=1}^{n}\dfrac{a_i}{1+\mathrm{e}^{y_i}} \leqslant \dfrac{1}{1+\mathrm{e}^{a_1 y_1 + a_2 y_2 + \cdots + a_n y_n}}$. 引入函数 $f(y) = \dfrac{1}{1+\mathrm{e}^y}$,则不等式等价于

$$\sum_{i=1}^{n} a_i f(y_i) \leqslant f\Big(\sum_{i=1}^{n} a_i y_i\Big), \quad 即 \quad \dfrac{\sum\limits_{i=1}^{n} a_i f(y_i)}{a_1 + a_2 + \cdots + a_n} \leqslant f\left(\dfrac{\sum\limits_{i=1}^{n} a_i y_i}{a_1 + a_2 + \cdots + a_n}\right),$$

这只需 $f(y)$ 是凹函数. $f''(y) = \dfrac{\mathrm{e}^y(\mathrm{e}^y - 1)}{(1+\mathrm{e}^y)^3} < 0$,所以 $f(y)$ 是凹函数,不等式获证.